III Weiterführung der Differential- und Integralrechnung

Anmerkung: In der Kurzausgabe werden Nummern von Paragraphen, Definitionen, Sätzen und Aufgaben übersprungen, damit die Numerierung mit der Vollausgabe übereinstimmt. Beide Ausgaben können daher nebeneinander verwendet werden.

Die im Buch verwendeten Kennzeichnungen haben folgende Bedeutung:

▸ *Keil vor der Aufgabennummer:* die Aufgabe stellt höhere Ansprüche an den Schüler und sollte nicht ohne zusätzliche Erläuterungen als Hausaufgabe gestellt werden.

10. *schwarze Aufgabennummer* (ohne oder mit Keil): die Aufgabe sollte möglichst nicht weggelassen werden;

18. *grüne Aufgabennummer* (ohne oder mit Keil): zusätzliche Aufgabe, zur freien Wahl gestellt.

D 1 Definition; Festlegung der Bedeutung und Verwendung eines neuen Namens (Zeichens).

S 1 Satz; aus schon Bekanntem wird eine Folgerung gezogen; ist der Satz fettgedruckt, so ist er für die Weiterarbeit wichtig und soll für dauernd eingeprägt werden.

R 1 Regel; wichtiges Rechenverfahren in Kurzfassung.

❶ Diese in kleinerer Schrift gedruckten Vorübungen führen an den neuen Stoff heran; sie sind nicht Lehrtext.

Beispiele sind grün gedruckt; bei eiliger Wiederholung des Stoffes wird es genügen, nur sie durchzuarbeiten.

Änderungen gegenüber der ersten Auflage:

1. Folgende Definitionen wurden geändert:
   § 13 | D 3, § 13 | D 9, § 26 | D 3, § 29 | D 2.
2. Die Tabelle auf Seite 55 wurde mit Hilfe des in § 13 | D 3 neu eingeführten Begriffes der Lücke ergänzt.

Alle Drucke der ersten beiden Auflagen können im Unterricht nebeneinander benutzt werden.

---

2. Auflage 27 6 5 | 1973 72 71

Die letzte Zahl bezeichnet das Jahr dieses Druckes.

Einbandentwurf: S. u. H. Lämmle, Stuttgart Zeichnungen: G. Wustmann, Stuttgart

Gesamtherstellung: Druckkaus Sellier OHG Freising vormals Dr. F. P. Datterer & Cie.

ISBN 3-12-736900-X

1 Eine Einführung in die Analysis

Wer zum erstenmal ein Mathematikbuch mit dem Titel „Analysis" oder „Infinitesimalrechnung"[1] in die Hand nimmt, wird fragen: Was bedeutet dieser Titel? Um welche Fragen, Inhalte und Methoden handelt es sich hier? Aus welchem Grund wird dieses mathematische Teilgebiet in der Schule behandelt, und zwar auf der Oberstufe? Seit wann gibt es diesen Zweig der Mathematik, den man Analysis nennt?

Die letzte Frage wollen wir zuerst beantworten: Die „Analysis" ist eine Schöpfung der Neuzeit. Die größten Verdienste gebühren dabei dem deutschen Mathematiker, Philosophen und Staatsmann *Gottfried Wilhelm Leibniz* (1646—1716) und dem englischen Physiker und Mathematiker *Isaak Newton* (1643—1727). Beide haben gleichzeitig und unabhängig voneinander grundlegende und entscheidende Ergebnisse bei der Entwicklung dieses Wissenschaftszweiges erzielt. Die Mathematik hat dadurch ein ganz neues Gesicht erhalten. Ihre theoretische Leistungsfähigkeit und ihre praktischen Anwendungsmöglichkeiten wurden außerordentlich vergrößert. Der gewaltige Aufschwung von Naturwissenschaft und Technik in der Neuzeit wäre ohne die Infinitesimalrechnung nicht möglich gewesen. Bei der stets wachsenden Bedeutung, welche mathematische Denk- und Verfahrensweisen in den letzten Jahrzehnten auf weiten Gebieten des Lebens gewonnen haben, gehören gerade auch die charakteristischen Methoden der Analysis zu den besonders geeigneten, ja unentbehrlichen Hilfsmitteln bei der Lösung zahlreicher Probleme. Darüber hinaus haben diese Methoden ganz neue Wege aufgezeigt, um mathematische Erkenntnisse zu gewinnen und Fragen zu beantworten, die früher nicht bewältigt werden konnten. Es ist daher verständlich, daß die Analysis im Mathematikunterricht der Oberstufe einer höheren Schule eine bedeutende Rolle spielt.

Beispiel 1: Analysis und Geometrie

In früheren Klassen haben wir gesehen, daß es nicht leicht ist, Formeln für den Flächeninhalt eines Kreises oder für den Rauminhalt einer Kugel exakt herzuleiten. Die Analysis stellt sich nun unter anderem die Aufgabe, den *Rauminhalt beliebiger „Drehkörper"* zu bestimmen (Fig. 2.1).

---

1. infinitum (lat.), unendlich. Wie schon die folgenden Beispiele zeigen, läßt man in der Analysis oft Zahlenfolgen „unbegrenzt" zu- oder abnehmen.

1—7369/2

Sie verwendet dabei immer dasselbe Verfahren. Wir wollen es an einem einfachen Beispiel zeigen. Um den Gedankengang nicht unterbrechen zu müssen, beantworten wir zunächst die folgende

2.1. Drehkörper

Vorfrage: Wie groß ist die *Summe der n ersten natürlichen Zahlen*

$$s_n = 1 + 2 + 3 + 4 + \cdots + (n-1) + n\,?$$

Lösung: Beispiel (Fig. 3.1): $s_6 = 1 + 2 + 3 + 4 + 5 + 6$

oder auch $s_6 = 6 + 5 + 4 + 3 + 2 + 1$

also $2s_6 = 7 + 7 + 7 + 7 + 7 + 7$

$$2s_6 = 6 \cdot 7; \quad s_6 = \tfrac{1}{2} \cdot 6 \cdot 7 = 21$$

Allgemeiner Fall ($n \in \mathbb{N}$):

$$\begin{aligned} s_n &= 1 + 2 + 3 + \cdots + (n-1) + n \\ s_n &= n + (n-1) + (n-2) + \cdots + 2 + 1 \\ \hline 2s_n &= (n+1) + (n+1) + (n+1) + \cdots + (n+1) + (n+1) \\ 2s_n &= n \cdot (n+1); \quad s_n = \tfrac{1}{2}\, n\,(n+1) \end{aligned}$$

Ergebnis: $$\boldsymbol{s_n = 1 + 2 + 3 + 4 + \ldots + (n-1) + n = \tfrac{1}{2}\, n\,(n+1)}, \quad (n \in \mathbb{N}) \qquad (1)$$

Wir sagen: Zu der Zahlenfolge 1; 2; 3; 4; 5; 6; ...; n

gehört die Folge der Summen: 1; 3; 6; 10; 15; 21; ...; $\frac{1}{2}\, n \cdot (n+1)$

Hauptfrage: In Fig. 2.2 ist der Graph der *Funktion* $y = x^2$ für $-1 \leqq x \leqq 1$ gezeichnet. Welchen *Rauminhalt V* hat der Drehkörper K, der entsteht, wenn das grün umrandete Flächenstück um die y-Achse rotiert?

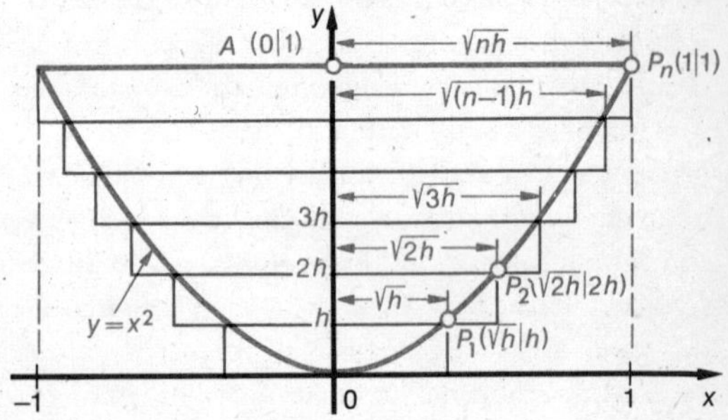

2.2.

Lösung (Fig. 2.2): Wir ersetzen den Körper K näherungsweise durch einen äußeren Treppenkörper, der aus n gleichhohen zylindrischen Platten besteht. Ist $h = \frac{1}{n}$ die Maßzahl der Plattenhöhe, so bedeuten $\sqrt{h}, \sqrt{2\,h}, \sqrt{3\,h}, \ldots, \sqrt{n\,h}$ die Maßzahlen der Radien, die zu den n Platten gehören. Addiert man die Inhalte aller Platten, so hat der Gesamtinhalt die Maßzahl

$$V_n = \pi\, h^2 + 2\pi\, h^2 + 3\pi\, h^2 + \cdots + n\pi\, h^2 = \pi\, h^2 \cdot (1 + 2 + 3 + \cdots + n) \qquad (2)$$

Aus (1), (2) und $h = \frac{1}{n}$ folgt:

$$V_n = \pi\, \frac{1}{n^2} \cdot \frac{1}{2}\, n\,(n+1) = \frac{1}{2}\,\pi \cdot \frac{n\,(n+1)}{n^2} = \frac{1}{2}\,\pi \cdot \left(1 + \frac{1}{n}\right) \qquad (3)$$

Zu jeder Plattenzahl n gehört eine Maßzahl V_n; wir sagen dafür: diese Zuordnung $n \to V_n$ definiert eine *Funktion* „auf der Menge $\mathbb{N}$“.

6. Berechne bei a) 1, 4, 7, ... a_{11} und s_{11}, b) 5, 9, 13, ... a_{16} und s_{16},
c) 98, 92, 86, ... a_{30} und s_{30}. Gib jeweils auch a_n und s_n an.

7. Berechne s_{12} bei 3, 10, 17, ... b) s_{20} bei 100, 85, 70, ...

8. Drücke s_n mittels a_1, n und d aus; löse dann Aufg. 7, ohne a_n zu bestimmen.

9. Berechne: a) $2 + 5 + 8 + \cdots + 56$, b) $500 + 488 + 476 + \cdots + 80$.

10. Wieviel Glieder von 4, 8, 12, ... (von 1, $1\frac{1}{2}$, 2, ...) ergeben die Summe 1200 (1540)?

11. Wieviel durch 3 (11) teilbare Zahlen liegen zwischen 1 und 1000?

12. Wieviel 3-stellige (4-stellige) Zahlen sind durch 7 (13) teilbar?

▶ **13.** Vom wievielten Gliede ab sind die Glieder der arithmetischen Folge
a) 1, 7, 13, ... größer als 10^4 b) 100, 88, 76, ... kleiner als -10^3?

Beispiel: Bei 15, 50, 85, ... sei $a_n = 15 + (n-1) \cdot 35$ das 1. Glied, das größer als 10^5 ist.

Es gilt dann:

$$\begin{aligned} 15 + (n-1)\,35 &> 100000 \\ 35\,n - 20 &> 100000 \\ 35\,n &> 100020 \\ 7\,n &> 20004 \\ n &> 2857\tfrac{5}{7} \\ \text{also } n &= 2858 \end{aligned}$$

Ergebnis:
Vom 2858sten Glied ab sind die Glieder größer als 100000.

14. a) Schalte zwischen $a_1 = 16$ und $a_{25} = 160$ so viele Zahlen ein, daß eine arithmetische Folge von 25 Gliedern entsteht.

b) Erzeuge durch Einschalten von k Gliedern zwischen a und b eine arithmetische Folge.

Arithmetische Folgen 1. Ordnung und lineare Funktionen

15. Trage bei den nachstehenden arithmetischen Folgen die Nummer n jedes Gliedes als x-Wert, den Wert a_n des zugehörigen Gliedes als y-Wert in ein Achsenkreuz ein. Zeige, daß die erhaltenen Punkte auf einer Gerade liegen. Wie lautet deren Gleichung?

a) 2, 4, 6, 8, ... b) 3, 5, 7, 9, ... c) 2, $2\frac{1}{2}$, 3, $3\frac{1}{2}$, ... d) 8, $6\frac{1}{2}$, 5, $3\frac{1}{2}$, ...

Stellt man bei der arithmetischen Folge a_1, $a_1 + d$, $a_1 + 2d$, ... das Paar (n, a_n) (wie in Aufg. 15) durch den Punkt $P_n(x_n \mid y_n)$ in einem Achsenkreuz dar (Fig. 7.1), so besteht für die Zuordnung $x \to y$ die Funktionsgleichung

$$y = a_1 + (x-1)\,d = d \cdot x + (a_1 - d), \quad (x \in \mathbb{N}).$$

Aus der Figur und durch Vergleich mit $y = m\,x + b$ sieht man, daß die Punkte $P_n(x_n \mid y_n)$ auf einer Gerade mit der Steigung $m = d$ und dem y-Achsenabschnitt $b = a_1 - d$ liegen.

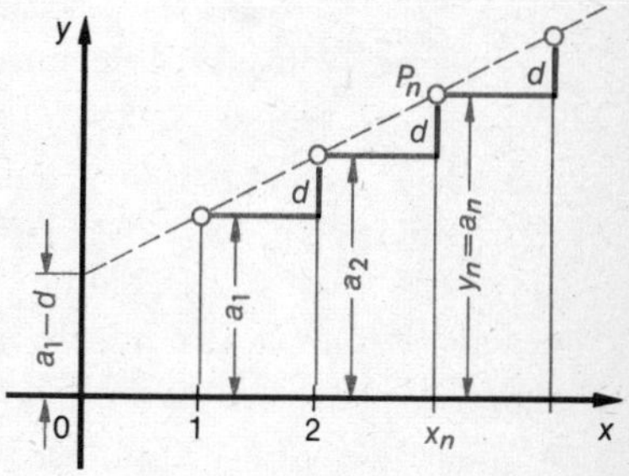

7.1. $y = d \cdot x + (a_1 - d)$

S 3 Wir sehen: *Bei einer arithmetischen Folge 1. Ordnung* $a_1, a_2, a_3, \ldots$ *geschieht die Zuordnung* $n \to a_n$ *durch eine lineare Funktion (eine Polynomfunktion 1. Grades), falls* $d \neq 0$ *ist.*

S 4 Wie schon Fig. 7.1 zeigt, gilt umgekehrt: *Durchläuft in* $y = ax + b$ *die Variable* x *eine arithmetische Folge 1. Ordnung und ist* $a \neq 0$, *so bilden auch die* y*-Werte eine arithmetische Folge 1. Ordnung* (vgl. auch Aufg. 16 und 17).

16. Wähle $x \in \{1, 2, 3, \ldots\}$ in a) $y = \frac{1}{2}x$, b) $y = \frac{1}{2}x + 2$, c) $y = -\frac{3}{2}x + 4$, d) $y = ax + b$. Gib für die Folge der y-Werte die konstante Differenz an.

▶ **17.** Löse Aufg. 16 d) für $x \in \{c, \ c+h, \ c+2h, \ c+3h, \ \ldots\}$, $(c \in \mathbb{R}, \ h \in \mathbb{R} \setminus \{0\})$.

18. Begründe: Sind $a_1, a_2, a_3, \ldots$ und $b_1, b_2, b_3, \ldots$ arithmetische Folgen 1. Ordnung mit der Differenz d_1 bzw. d_2, so ist auch $p a_1 + q b_1 + r$, $p a_2 + q b_2 + r$, $p a_3 + q b_3 + r, \ldots$ eine arithmetische Folge 1. Ordnung $(d_1 \neq 0, \ d_2 \neq 0; \ p, q, r \in \mathbb{R})$. Wie groß ist die zugehörige Differenz? Warum dürfen p und q nicht beide gleich Null sein?

Anwendungen

19. Aus der Logarithmentafel liest man ab:
lg 2190 = 3,3404
lg 2200 = 3,3424
lg 2210 = 3,3444
lg 2220 = 3,3464

a) Was kann man über die Folge der angegebenen Numeri und Logarithmen aussagen? Zeichne wie in Aufg. 15.
b) Gib durch Zwischenschalten die Logarithmen der ganzen Zahlen zwischen 2190 und 2200 auf 4 Dezimalen an.
c) Zeichne zum Vergleich die Kurve mit der Gleichung $y = \lg x$ für $0{,}1 \leqq x \leqq 10$. Woher rührt es, daß die Punkte in a) auf einer Gerade und nicht wie in c) auf einer gekrümmten Kurve liegen?

20. Eine Schraubenfeder wird mit verschiedenen Metallstücken vom Gewicht G belastet und jedesmal ihre Länge l gemessen. Welche Funktion drückt die Zuordnung $G \to l$ aus?

a)

Gewicht G in p	0	2	4	6	8
Länge l in cm	12,0	12,9	13,8	14,7	15,6

b)

G in kp	0	5	10	15	20
l in mm	7,5	8,1	8,7	9,3	9,9

21. Die trapezförmige Fläche eines Walmdaches enthält in der obersten Reihe 30 Ziegel, in jeder folgenden einen Ziegel mehr. Im ganzen sind es 28 Reihen.

22. Wie viele Schläge macht innerhalb 24 Stunden
a) eine Wanduhr, die nur ganze und halbe Stunden schlägt,
b) eine Turmuhr mit 1, 2, 3, 4 Viertelstundenschlägen und den Stundenschlägen?

23. Beim freien Fall legt ein Körper in der 1. Sekunde 4,9 m, in jeder folgenden 9,8 m mehr zurück als in der vorhergehenden. (Vom Luftwiderstand wird dabei abgesehen.)
Wie groß ist der Fallweg a) in der 7-ten Sekunde, b) im ganzen nach 7 Sekunden, c) in der n-ten Sekunde, d) im ganzen nach n Sekunden?

▶ **24.** Beim senkrechten Wurf aufwärts legt ein Körper beim Steigen in jeder Sekunde 9,8 m weniger zurück als in der vorhergehenden. Wie lange und wie hoch steigt ein Körper, der in der 1. Sekunde eine Höhe von 73,5 m erreicht?

Schwingung: $s = c \sin \frac{2\pi t}{T}$ (Schwingungsdauer)

a)

s für $t = \frac{1}{12}T$, $\frac{2}{12}T$; $\frac{3}{12}T$; $\frac{12}{12}T$

Wann s = 0? wann |s| am größten

b) Geschwindigkeit v und Beschleun. a für

für obige Werte von t | v und a am größten? | Klg

c) s | t Kurve

v | t "

a | t "

d) in jedem Augenblick ist der

Betrag der wirkenden Kraft

proportional zu s von der Ruhelage

LAMBACHER-SCHWEIZER

MATHEMATISCHES UNTERRICHTSWERK

Herausgegeben von Oberstudiendirektor Professor WILHELM SCHWEIZER, Tübingen,
in Verbindung mit Gymnasialprofessor WALTER GÖTZ, Stuttgart-Bad Cannstatt;
Oberstudiendirektor HELMUT RIXECKER, Saarbrücken; Professor KURT SCHÖNWALD, Hamburg;
Oberschulrat Dr. PAUL SENGENHORST, Rodenberg (Han.); Professor Dr. HANS-GEORG STEINER, Bayreuth

Analysis

Kurzausgabe

Bearbeitet von Oberstudiendirektor Professor WILHELM SCHWEIZER, Tübingen,
und Gymnasialprofessor KURT ARZT, Tübingen;
unter Mitarbeit von Gymnasialprofessor WALTER GÖTZ, Stuttgart-Bad Cannstatt;
Oberstudienrat KARL MÜTZ, Tübingen;
Oberschulrat Dr. PAUL SENGENHORST, Rodenberg (Han.),
und unter Mitarbeit der Verlagsredaktion Mathematik

ERNST KLETT VERLAG STUTTGART

INHALT

Wählt man also für n die *Zahlenfolge* 1; 2; 3; 4 ...; so durchläuft h die *Zahlenfolge* $1, \frac{1}{2}, \frac{1}{3}, \frac{1}{4}, \ldots$ und $1 + \frac{1}{n}$ die *Folge* $2, 1\frac{1}{2}, 1\frac{1}{3}, 1\frac{1}{4}, \ldots$. Wächst die Plattenzahl n unbegrenzt, so werden die Platten beliebig dünn; $h = \frac{1}{n}$ kommt der Zahl 0 beliebig nahe. Man sagt dafür auch: $h = \frac{1}{n}$ strebt gegen den **Grenzwert** 0; $1 + \frac{1}{n}$ strebt gegen den *Grenzwert* 1; V_n strebt gegen den *Grenzwert* $\frac{1}{2}\pi$. Dies meint man, wenn man sagt:

Ergebnis: Für den Körper K ist die Maßzahl des Volumens $\boldsymbol{V = \frac{1}{2}\pi}$.

Aufgaben

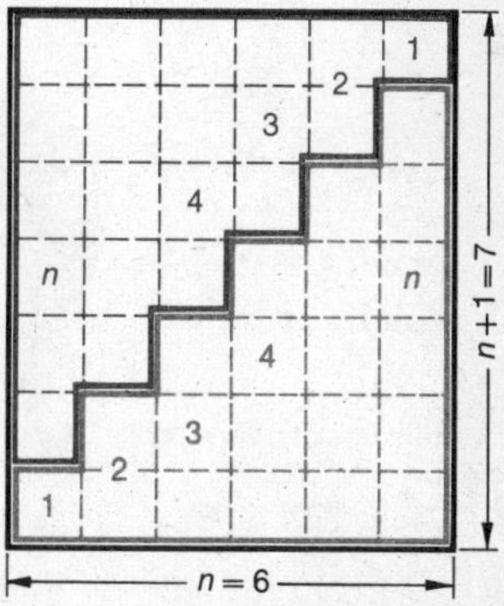

3.1. $s_6 = \frac{1}{2} \cdot 6 \cdot 7 = 21$

1. Wieso ist in Fig. 3.1 Formel (1) geometrisch verdeutlicht?
2. a) Bestimme nach (1): s_9, s_{14}, s_{49}.
   b) Drücke $s_{n-1} = 1 + 2 + 3 + \cdots + (n-1)$ kurz aus.
3. Vergleiche das Volumen des Körpers K mit dem Volumen eines senkrechten Kreiszylinders (Kreiskegels) mit dem Grundkreisradius $\overline{AP_n}$ und der Höhe $\overline{AO}$ in Fig. 2.2.
4. Gib das Volumen des Körpers K (Fig. 2.2) in cm^3 an, wenn die Einheit 2 cm beträgt.
5. Zeige, daß man in Fig. 2.2 einen „inneren Treppenkörper" für den Körper K erhält, wenn man die oberste Platte wegläßt und alle anderen je um h hebt. Um wieviel unterscheiden sich die Rauminhalte beider Treppenkörper? Wie ändert sich diese Differenz, wenn n unbegrenzt wächst?
6. Bestimme wie in Beispiel 1 das Volumen, wenn der Parabelbogen für $-2 \leqq x \leqq 2$ genommen wird. Wähle dabei $h = \frac{4}{n}$.

Beispiel 2: Analysis und Physik

Eine Kugel rollt auf einer schiefen Ebene (Fig. 3.2). Durch Messung hat sich die Weg-Zeit-Gleichung $s = \frac{1}{2}a t^2$ mit $a = 0{,}2\ \text{m/sec}^2$ ergeben. Dabei bedeutet t die Zeit in sec, s den Weg in m. Obwohl die Bewegung offenbar ständig schneller wird, haben wir doch die Überzeugung, daß in jedem Moment eine ganz bestimmte Geschwindigkeit vorhanden ist. Wir wollen diese „*Momentangeschwindigkeit*" nun für den Zeitpunkt $t = 2\ \text{sec}$ auf Grund der Gleichung $s = \frac{1}{2}a t^2$ bestimmen.

Lösung: Zur Zeit $t = 2\ \text{sec}$ ist der Weg $s = 0{,}1 \cdot 2^2\ \text{m} = 0{,}4\ \text{m}$ zurückgelegt (Fig. 3.2), zur Zeit $t = 5\ \text{sec}$ der Weg $s = 2{,}5\ \text{m}$. Zur Zeitdifferenz[1] $\Delta t = 5\ \text{sec} - 2\ \text{sec} = 3\ \text{sec}$ gehört also hier die Wegdifferenz $\Delta s = 2{,}5\ \text{m} - 0{,}4\ \text{m} = 2{,}1\ \text{m}$. In 3 sec wurden 2,1 m zurückgelegt. Wir sagen dann: Die *mittlere Geschwindigkeit* in diesem Zeitabschnitt ist

$$\frac{2{,}1\ \text{m}}{3\ \text{sec}} = 0{,}7\ \frac{\text{m}}{\text{sec}}.$$

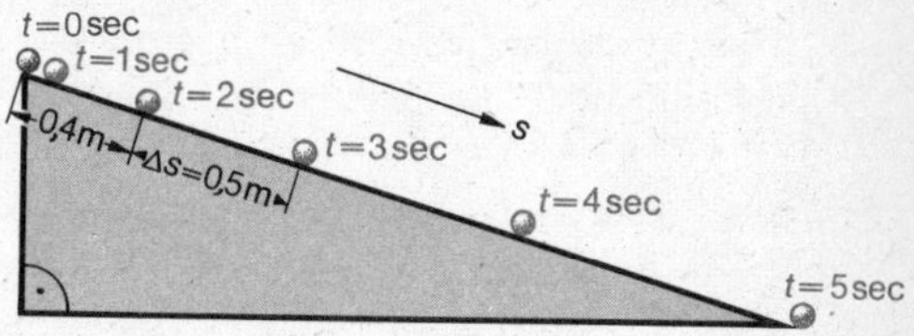

3.2. $s = \frac{1}{2} a t^2$

1. Δt lies: Delta t; der griechische Buchstabe Δ(D) soll an „Differenz" erinnern.

Die mittlere Geschwindigkeit ist also der Quotient $\frac{\Delta s}{\Delta t}$. Wir wollen nun beobachten, wie sich diese mittlere Geschwindigkeit ändert, wenn wir den Zeitzuwachs Δt, den wir zu $t = 2$ sec hinzufügen, gegen 0 sec abnehmen lassen. Dazu stellen wir die folgende Tabelle auf:

Zeitpunkt t in sec	2	5	4	3	2,5	2,1	2,01	2,001
zurückgelegter Weg s in m	0,4	2,5	1,6	0,9	0,625	0,441	0,40401	0,4004001
Zeitzuwachs Δt (ab $t = 2$ sec)		3	2	1	0,5	0,1	0,01	0,001
Wegzuwachs Δs (ab $s = 0{,}4$ m)		2,1	1,2	0,5	0,225	0,041	0,00401	0,0004001
mittl. Geschwindigkeit $\frac{\Delta s}{\Delta t}\left(\text{in } \frac{\text{m}}{\text{sec}}\right)$ im Zeitabschnitt Δt		0,7	0,6	0,5	0,45	0,41	0,401	0,4001

Wir sehen: Strebt Δt gegen 0 sec, so strebt offensichtlich $\frac{\Delta s}{\Delta t}$ gegen $0{,}4\,\frac{\text{m}}{\text{sec}}$. Man sagt: Die *mittlere Geschwindigkeit* hat für Δt gegen 0 sec den *Grenzwert* $0{,}4\,\frac{\text{m}}{\text{sec}}$. Diese Größe bezeichnet man als die *Momentangeschwindigkeit* im Zeitpunkt $t = 2$ sec.
Beachte, daß wir bei der vorstehenden Herleitung statt Δt nie 0 sec setzen durften (warum nicht?).

Aufgaben

7. Bestimme wie in Beispiel 2 die Momentangeschwindigkeit für $t = 1$ sec ($t = 3$ sec).

8. Mache dasselbe wie in Beispiel 2, wenn $s = v\,t$ mit $v = 2$ m/sec ist.

9. Berechne in Beispiel 2 den Wegzuwachs $\Delta s = \frac{1}{2}\,a\,(t_1 + \Delta t)^2 - s_1$ mit $a = 0{,}2$ m/sec², $t_1 = 2$ sec, $s_1 = 0{,}4$ m und bilde dann $\frac{\Delta s}{\Delta t}$. Was ergibt sich jetzt für Δt gegen 0 sec? Behandle Aufg. 7 auf gleiche Art.

Die Beispiele und Aufgaben auf S. 1 bis 4 sollen einen ersten Einblick in das Reich der Analysis geben. Wir haben uns dabei bewußt auf einfache Zahlen und auf die Anschauung gestützt. Die Analysis behandelt solche Probleme ganz allgemein und in voller Strenge. Häufig ist dazu eine viel geringere Rechenarbeit nötig als in den Beispielen. Als zentraler Begriff wird sich dabei (wie schon in den Beispielen) der Begriff des *Grenzwerts bei Folgen und anderen Funktionen* erweisen. Mit diesen Begriffen werden wir uns daher im folgenden eingehend beschäftigen. Wir beginnen in § 2 und 3 mit besonders einfachen und wichtigen Folgen. An ihnen werden wir in anschaulicher Weise Begriffe und Verfahren kennenlernen, die wir dann später auf allgemeine Folgen übertragen.

2 Arithmetische Folgen

❶ Gib bei den nachstehenden „Zahlenfolgen" an, nach welchem Gesetz die ersten 5 Glieder vermutlich entstanden sind und setze jede Folge nach diesem Gesetz fort:

a) 1, 2, 3, 4, 5, ... b) 5, 10, 15, 20, 25, ...

c) −1, −3, −5, −7, −9, ... d) 1, 2, 4, 8, 16, ...

e) $1, -\frac{1}{2}, \frac{1}{4}, -\frac{1}{8}, \frac{1}{16}, \ldots$ f) 1, 4, 9, 16, 25, ...

❷ Wie lautet bei den Folgen in Vorüb. 1 das n-te Glied?

❸ Setze in die Terme a) $2n+1$, b) $4n-1$, c) $10-3n$ für n nacheinander 1, 2, 3, 4, ... ein. Welche gemeinsamen Eigenschaften besitzen die 3 Folgen?

❹ Berechne wie auf S. 2 die Summen
a) $1+2+3+\cdots+20$, b) $1+2+3+\cdots+99$.

D 1 Ordnet man den natürlichen Zahlen 1, 2, 3, 4, ... durch irgendeine Vorschrift je genau eine reelle Zahl zu, so entsteht eine (*unendliche*) **Zahlenfolge.** Die zugeordneten Zahlen heißen die **Glieder** der Folge. Wir bezeichnen das erste Glied mit a_1, das zweite mit $a_2, \ldots,$ das n-te mit a_n (Fig. 5.1). Durch die Zuordnung $n \to a_n$ ist eine *Funktion* definiert.
Die Folge selbst bezeichnen wir kurz mit (a_n), lies: Folge a_n.

Beispiele: In Vorüb. 1 b) ist $a_4 = 20$, $a_n = 5n$; in Vorüb. 1 d) ist $a_5 = 16 = 2^4$, $a_n = 2^{n-1}$.

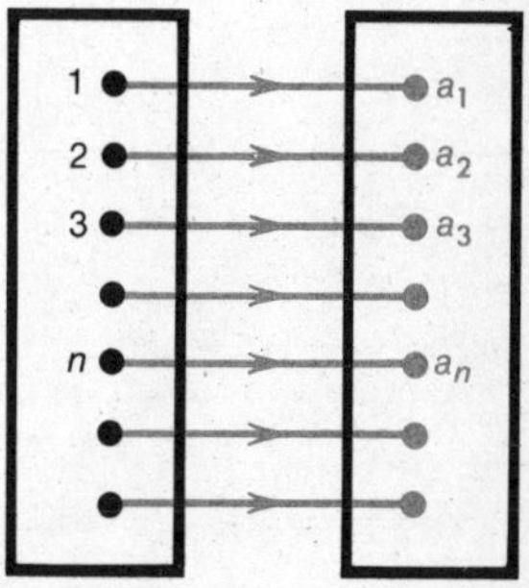

5.1. $n \to a_n$

D 2 Ordnet man den Zahlen 1, 2, 3, 4, ... nur bis zu einer festen Zahl n_0 je eine reelle Zahl zu, so hat man eine *endliche* Folge.

Beispiele: Mit 4, 7, 10, 13, ... ist eine unendliche Folge gemeint, bei der jedes Glied um 3 größer ist als das vorhergehende; 4, 7, 10, 13, 16 ist eine endliche Folge mit $n_0 = 5$.

Arithmetische Folgen 1. Ordnung

D 3 Eine Folge, bei der die Differenz d zweier aufeinanderfolgender Glieder immer gleich groß ist, heißt eine **arithmetische Folge 1. Ordnung:** $\boldsymbol{a_{n+1} - a_n = d}$, $n \in \mathbb{N}$, $a_1 \neq 0$.

Beispiele: Bei 4, 7, 10, ... ist $d = 3$; bei 20, 16, 12, ... ist $d = -4$.

D 4 Ist $a_1 < a_2 < a_3 < \cdots$, also $d > 0$, so hat man eine *steigende Folge*; ist $a_1 > a_2 > a_3 > \cdots$, also $d < 0$, so liegt eine *fallende Folge* vor.
Im Fall $d = 0$ hat man eine Folge aus gleichen Gliedern, eine *konstante Folge*. Man rechnet sie nicht zu den arithmetischen Folgen 1. Ordnung.

Bemerkungen:

1. Man kann auch sagen: Bei einer arithmetischen Folge 1. Ordnung entsteht jedes Glied aus dem vorhergehenden durch Addition derselben Zahl, der Differenz d.

2. Bildet man die Glieder einer arithmetischen Folge 1. Ordnung auf der Zahlengerade ab (Fig. 6.1), so entsteht eine „*Punktfolge*“, bei welcher der Abstand benachbarter Punkte gleich der konstanten Differenz d ist. Vergleiche die Fälle $d > 0$ und $d < 0$.

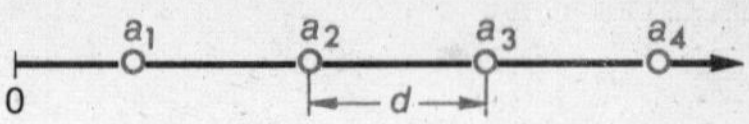

6.1. Bild einer arithmetischen Folge 1. Ordnung

3. Man erkennt: Bei einer arithmetischen Folge 1. Ordnung ist (außer dem Anfangsglied) jedes Glied das *arithmetische Mittel* der beiden benachbarten Glieder: $a_n = \frac{1}{2}(a_{n-1} + a_{n+1})$, $n \in \{2; 3; 4; \ldots\}$ (vgl. Fig. 6.1). Hieraus erklärt sich der Name „arithmetische“ Folge.

S 1 Eine arithmetische Folge 1. Ordnung mit dem Anfangsglied a_1 und der Differenz d lautet:
$a_1,\ a_1 + d,\ a_1 + 2d,\ a_1 + 3d, \ldots$. Das *n-te Glied* ist $\boldsymbol{a_n = a_1 + (n-1)\,d}$, $d \neq 0$ (I)

S 2 Die Summe s_n der n ersten Glieder dieser Folge ist $\boldsymbol{s_n = \frac{1}{2}n\,(a_1 + a_n)}$ (II)

Beweis von (II):

$$s_n = a_1 + (a_1 + d) + (a_1 + 2d) + \cdots + (a_n - 2d) + (a_n - d) + a_n$$
$$s_n = a_n + (a_n - d) + (a_n - 2d) + \cdots + (a_1 + 2d) + (a_1 + d) + a_1$$
$$2s_n = (a_1 + a_n) + (a_1 + a_n) + (a_1 + a_n) + \cdots + (a_1 + a_n) + (a_1 + a_n) + (a_1 + a_n)$$
$$2s_n = n \cdot (a_1 + a_n), \quad \text{also} \quad s_n = \tfrac{1}{2}n\,(a_1 + a_n).$$
Vgl. auch Fig. 6.2.

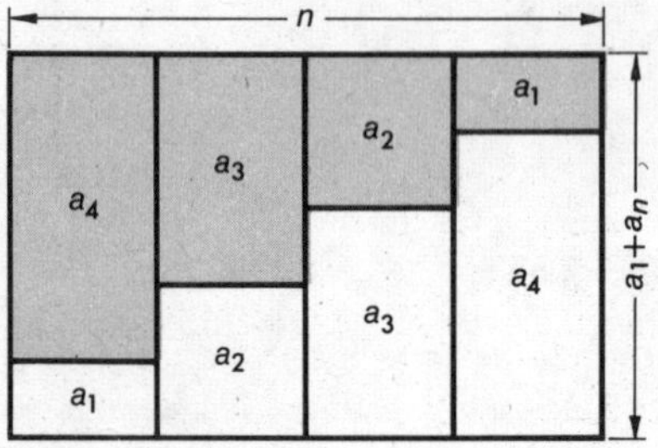

6.2. $2s_n = n\,(a_1 + a_n)$

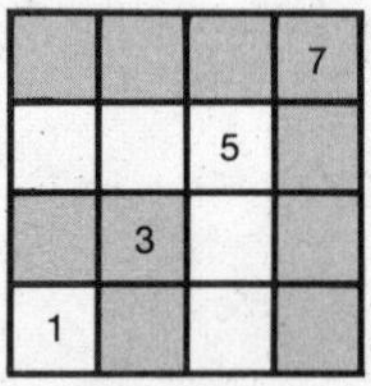

6.3. $1 + 3 + 5 + 7 = 4^2$

Beispiel: Bei 4, 7, 10, 13, $\cdots$ ist $a_9 = 4 + 8 \cdot 3 = 28$, $s_9 = \frac{1}{2} \cdot 9 \cdot (4 + 28) = 9 \cdot 16 = 144$.

Bemerkung: Zwischen a_1, d, n, a_n, s_n bestehen die Gleichungen (I) und (II). Sind 3 der 5 Werte gegeben, so kann man die beiden übrigen berechnen.

Aufgaben Löse Aufg. 1 bis 3 ohne Benutzung der Formel (II).

1. a) $1 + 2 + 3 + \cdots + 200$ b) $1 + 2 + 3 + \cdots + 999$ c) $1 + 2 + 3 + \cdots + n$

2. a) $2 + 4 + 6 + \cdots + 100$ b) $2 + 4 + 6 + \cdots + 2n$ c) $36 + 40 + 44 + \cdots + 360$

3. a) $1 + 3 + 5 + \cdots + 199$ b) $1 + 3 + 5 + \cdots + (2n - 1)$ c) $75 + 80 + 85 + \cdots + 150$

4. Verdeutliche an Fig. 6.3: a) $1 + 3 + 5 + 7 = 4^2$ b) $1 + 3 + 5 + \cdots + (2n - 1) = n^2$

5. Welche der Folgen in Vorüb. 1 bis 3 sind arithmetische Folgen 1. Ordnung?

3 Geometrische Folgen

1 Welches Bildungsgesetz vermutet man bei nachstehenden Folgen? Setze die Folgen fort.

a) 1, 2, 4, 8, ... b) $1, \frac{1}{2}, \frac{1}{4}, \frac{1}{8}, \ldots$

c) 2, 6, 18, 54, ... d) 81, −27, 9, −3, ...

2 Wie lautet in Vorüb. 1 jeweils das n-te Glied?

3 Bilde in Vorüb. 1 a) bis c) das „geometrische Mittel" aus irgend einem Glied und dem übernächsten. Was fällt auf?

D 1 Eine Folge $a_1, a_2, a_3, \ldots$, bei der der Quotient zweier aufeinanderfolgender Glieder immer gleich groß ist, heißt **geometrische Folge.** $\boldsymbol{a_{n+1} : a_n = q}$, $q \neq 0$, $n \in \mathbb{N}$, $a_1 \neq 0$

Beispiele: Bei der Folge 2, 6, 18, 54, ... ist $q = 3$; bei $1, -\frac{1}{2}, \frac{1}{4}, -\frac{1}{8}, \ldots$ ist $q = -\frac{1}{2}$. Ist $a_1 > 0$ und $q > 1$, so *steigt* die Folge, für $a_1 > 0$ und $0 < q < 1$ *fällt* sie. (Wie ist es bei $a_1 < 0$?)

D 2 Für $q < 0$ haben die Glieder ständig wechselnde Zeichen, man hat eine *alternierende Folge*[1].

Bemerkungen:

1. Man kann auch sagen: Bei einer geometrischen Folge entsteht jedes Glied aus dem vorhergehenden durch Multiplikation mit derselben Zahl, dem Quotienten q.

2. Drei aufeinanderfolgende Glieder einer geometrischen Folge haben die Form c, cq, cq^2. Wegen $\sqrt{c \cdot cq^2} = \sqrt{(cq)^2} = |cq|$ gilt: Bei einer geometrischen Folge ist (außer beim Anfangsglied) der Betrag jedes Gliedes das *geometrische Mittel* aus den beiden benachbarten Gliedern.

S 1 Eine geometrische Folge mit dem Anfangsglied $a_1 \neq 0$ und dem Quotienten $q \neq 0$ lautet: $a_1, a_1 q, a_1 q^2, a_1 q^3, \ldots$. Das *n-te Glied* ist

$$\boldsymbol{a_n = a_1 \cdot q^{n-1}} \qquad \text{(I)}$$

Beispiele:

Bei 5, 15, 45, ... ist $a_7 = 5 \cdot 3^6 = 3645$; bei 4, −2, 1, ... ist $a_8 = 4 \cdot (-\frac{1}{2})^7 = -\frac{1}{32}$.

S 2 Die *Summe der n ersten Glieder* einer geometrischen Folge mit dem Anfangsglied a_1 und dem Quotienten $q \neq 1$ ist

$$\boldsymbol{s_n = a_1 \cdot \frac{q^n - 1}{q - 1} = a_1 \cdot \frac{1 - q^n}{1 - q}} \qquad \text{(II)}$$

Beweis:

$$\begin{aligned} s_n &= a_1 + a_1 q + a_1 q^2 + \cdots + a_1 q^{n-2} + a_1 q^{n-1} \\ q s_n &= \phantom{a_1 + {}} a_1 q + a_1 q^2 + \cdots + a_1 q^{n-2} + a_1 q^{n-1} + a_1 q^n \end{aligned}$$

$$q s_n - s_n = a_1 q^n - a_1 \;\Rightarrow\; s_n(q-1) = a_1(q^n - 1) \;\Rightarrow\; s_n = a_1 \frac{q^n - 1}{q - 1} = a_1 \frac{1 - q^n}{1 - q}$$

Bemerkungen:

3. Für $|q| > 1$ ist die 1. Form von s_n vorteilhafter, für $0 < |q| < 1$ die 2. Form.

4. Für $q = 1$ ist (II) nicht definiert, in diesem Fall ist $s_n = a_1 n$.

5. Zwischen den 5 Zahlen a_1, q, n, a_n, s_n bestehen die Gleichungen (I) und (II). Sind 3 der 5 Zahlen in geeigneter Weise gegeben, so sind die beiden anderen aus (I) und (II) berechenbar. Bei der Berechnung können aber schwierige Gleichungen auftreten (wieso?).

1. alternare (lat.), abwechseln

Aufgaben

1. Bestimme ohne Benutzung der Summenformel (II):

a) $2^1 + 2^2 + 2^3 + \cdots + 2^{10}$ b) $3^1 + 3^2 + 3^3 + \cdots + 3^7$ c) $1 + \frac{1}{2} + \frac{1}{4} + \cdots + \frac{1}{64}$

d) $x^1 + x^2 + x^3 + \cdots + x^n$ e) $1 + x + x^2 + \cdots + x^{n-1}$ f) $1 + x^2 + x^4 + \cdots + x^{12}$

2. Verdeutliche nach Fig. 10.1 und bestätige durch Rechnung:

a) $1 + \frac{1}{2} + \frac{1}{4} + \frac{1}{8} = 2 - \frac{1}{8}$ b) $1 + \frac{1}{2} + \frac{1}{2^2} + \cdots + \frac{1}{2^n} = 2 - \frac{1}{2^n}$

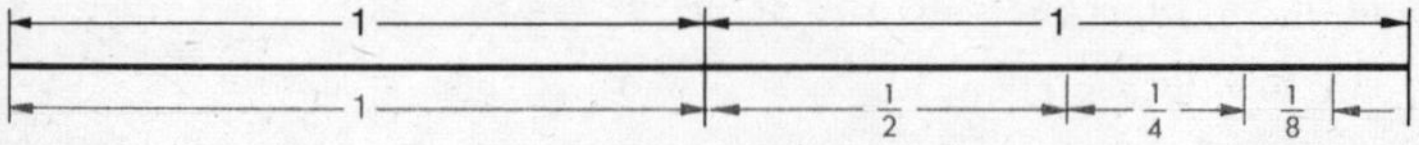

10.1. $s_4 = 1 + \frac{1}{2} + \frac{1}{4} + \frac{1}{8}$

3. Berechne a_n und s_n für die geometrischen Folgen:

a) 3, 6, 12, ... für $n = 10$, b) 36, 12, 4, ... für $n = 7$, c) 50, −20, 8, ... für $n = 6$

4. Gib in Aufg. 3 das n-te Glied und die Summe der n ersten Glieder an.

5. Bestimme die Gliederzahl und den Wert folgender Summen:

a) $1 + 5 + 25 + \cdots + 15625$ b) $2 + 6 + 18 + \cdots + 4374$

6. a) Wie viele Glieder der Folge 5, 10, 20, ... ergeben als Summe 5115?

b) Wie viele Glieder der Folge 32, 48, 72, ... ergeben als Summe 665?

7. Wie viele Potenzen von 2 (von 3) mit positiven ganzen Hochzahlen liegen zwischen 1 und 100000 (zwischen 1 und 1000000)?

▸ **8.** Vom wievielten Gliede ab sind die Glieder der Folge

a) 5, 10, 20, ... größer als 10^6 b) $1, \frac{1}{3}, \frac{1}{9}, \ldots$ kleiner als 10^{-5}

c) $1, \frac{9}{10}, \frac{81}{100}, \ldots$ kleiner als 10^{-4} d) 1000, 800, 640, ... kleiner als 10^{-6}?

Beispiel: Bei 400, 300, 225, ... sei das n-te Glied erstmals kleiner als 10^{-3}. Dann gilt:

$$400 \cdot \left(\frac{3}{4}\right)^{n-1} < 10^{-3} \quad \Big| : 400$$

$$\left(\frac{3}{4}\right)^{n-1} < \frac{1}{4} \cdot \frac{1}{10^5}$$

Kehrwert[1]: $$\left(\frac{4}{3}\right)^{n-1} > 4 \cdot 10^5$$

Durch Logarithmieren folgt:

$$(n-1)(\lg 4 - \lg 3) > 5 + \lg 4$$

$$n - 1 > \frac{5 + \lg 4}{\lg 4 - \lg 3} = 44{,}8$$

Ergebnis: Wenn $n > 45{,}8$, also $n = 46$ ist, ist erstmals $a_n < 0{,}001$.

9. a) Schalte zwischen 5 und 5120 vier natürliche Zahlen so ein, daß eine geometrische Folge von 6 Gliedern entsteht.

b) Schalte ebenso zwischen je 2 Glieder der Folge 16; 36; 81; ... ein weiteres Glied so ein, daß wieder eine geometrische Folge entsteht.

---

1. Beispiel: Es ist $\frac{1}{5} < \frac{1}{4}$, aber $5 > 4$

10. Schalte zwischen $a \in \mathbb{R}^+$ und $2a$ zwei (drei) positive Zahlen so ein, daß eine geometrische Folge von vier (fünf) Gliedern entsteht.

11. Zeige: Bei der geometrischen Folge $a_1, a_2, a_3, \ldots$ gilt für $n > 1$: $|a_n| = \sqrt{a_{n-1} \cdot a_{n+1}}$. Warum sind die Betragsstriche bei a_{n-1} und a_{n+1} entbehrlich? (Vgl. Bemerkung 2.)

14. a) In Fig. 11.1 ist zu $a,\ q \in \mathbb{R}^+$ eine Strecke mit der Maßzahl $a\,q$ konstruiert. Wieso?
b) Erläutere die Konstruktion von $a\,q^2$ und $a\,q^3$ in Fig. 11.2 und führe sie für $q > 1$ (steigende Folge) und für $q < 1$ (fallende Folge) bis $a\,q^6$ fort.
c) Erläutere die Konstruktion von $a\,q^2$, $a\,q^3$, $a\,q^4$ und von $s_2, s_3, s_4, \ldots$ in Fig. 11.3. Führe die Zeichnung aus bis $a\,q^4$ für $a = \frac{8}{3}$, $q = \frac{5}{4}$ bzw. $q = \frac{3}{4}$.

11.1.

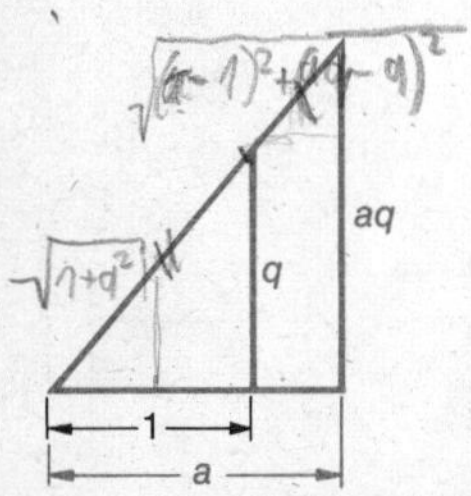

11.2.

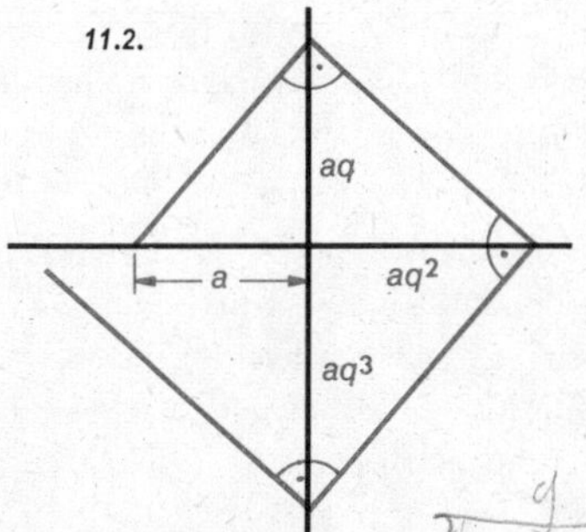

11.3.

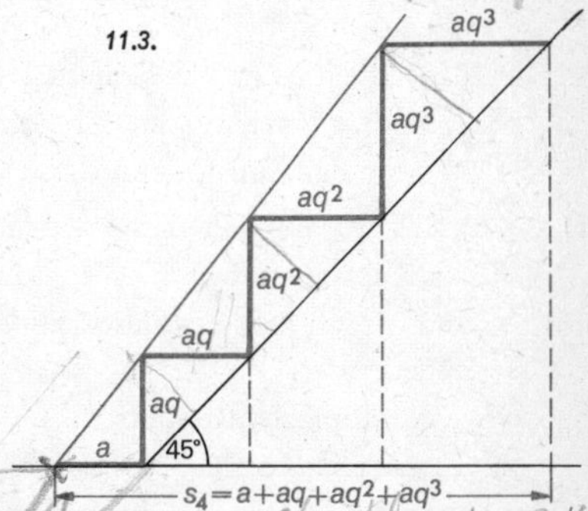

Geometrische Folgen und Exponentialfunktionen

15. Trage bei den nachstehenden geometrischen Folgen die Nummer n jedes Gliedes als x-Wert, den Wert a_n als y-Wert in ein Achsenkreuz ein. Durch welche Gleichung zwischen x und y wird die Zuordnung $x \rightarrow y$ geleistet? Wie ändert sich der Graph dieser Gleichung, wenn man $x \in \mathbb{R}$ statt $x \in \mathbb{N}$ wählt?
a) 0,6; 1,2; 2,4; … b) 0,2; 0,6; 1,8; … c) 12; 6; 3; …

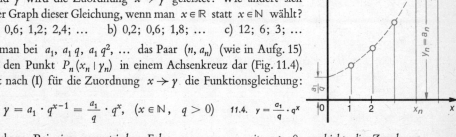

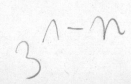

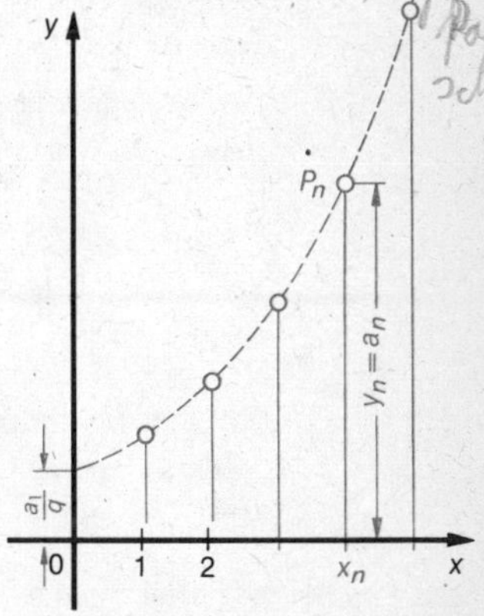

Stellt man bei $a_1,\ a_1 q,\ a_1 q^2, \ldots$ das Paar (n, a_n) (wie in Aufg. 15) durch den Punkt $P_n(x_n \mid y_n)$ in einem Achsenkreuz dar (Fig. 11.4), so gilt nach (I) für die Zuordnung $x \rightarrow y$ die Funktionsgleichung:

$$y = a_1 \cdot q^{x-1} = \frac{a_1}{q} \cdot q^x, \quad (x \in \mathbb{N},\ q > 0)$$

11.4. $y = \frac{a_1}{q} \cdot q^x$

S 3 Wir sehen: Bei *einer geometrischen Folge* $a_1, a_2, a_3, \ldots$ *mit* $q > 0$ *geschieht die Zuordnung* $n \rightarrow a_n$ *durch eine Exponentialfunktion.*

S 4 Umgekehrt gilt: *Durchläuft bei einer Exponentialfunktion mit der Gleichung* $y = k \cdot a^x$ *die Variable x eine arithmetische Folge 1. Ordnung, so bilden die zugehörigen y-Werte eine geometrische Folge.* Dabei ist $a \in \mathbb{R}^+$, $k \in \mathbb{R} - \{0\}$.

Beweis: Bedeuten x und $x + h$ zwei aufeinanderfolgende x-Werte, so ist der Quotient der zugehörigen y-Werte: $k\,a^{x+h} : k\,a^x = a^h$, also konstant.

16. Setze $x \in \{1, 2, 3, \ldots\}$ in a) $y = 2^x$, b) $y = 0{,}1 \cdot 3^x$, c) $y = 20 \cdot 2^{-x}$.
Gib für die Folge der y-Werte den konstanten Quotienten an. Zeichne Graphen.

Anwendungen

17. Ein Kartoffelkäferweibchen legt ungefähr 1200 Eier. In einem Jahr entwickeln sich 3 bis 4 Generationen. Rechne, wenn $\frac{2}{3}$ der Eier zugrunde gehen und die Hälfte des Restes Weibchen ergibt.

18. Ein Mottenweibchen legt rund 150 Eier. In einem Jahr entwickeln sich bis zu 5 Generationen. Jede Raupe frißt etwa 20 mg Wolle. Rechne wie in Aufg. 17.

19. Eine Flasche ist mit 100 cm³ konzentrierter Lösung von 40 g Farbstoff gefüllt. Beim Leeren bleiben 0,5 cm³ Lösung im Gefäß. Nachdem man die Flasche zweimal mit Wasser nachgefüllt und sie jedesmal wieder bis auf 0,5 cm³ geleert hat, ist das Wasser nach einer weiteren Füllung immer noch deutlich gefärbt. Wieviel g Farbstoff befinden sich nach jeder Füllung noch in der Flasche?

22. Bei den DIN-Papierformaten A 0, A 1, A 2, …, A 10 entsteht jedes Format aus dem vorhergehenden durch Falten um dessen kleine Symmetrieachse (Fig. 12.1). b_0 ist also zugleich a_1, $\frac{1}{2}a_0$ zugleich b_1. Das Seitenverhältnis $a_0 : b_0$ ist so gewählt, daß das zweite Rechteck ähnlich zum ersten ist. (Warum sind dann auch alle weiteren Rechtecke ähnlich?)

a) Bestimme $a_0 : b_0$ (und damit auch $a : b$ bei allen Formaten).

b) Drücke $a_1, a_2, a_3, \ldots, a_{10}$ durch a_0 aus. Was für eine Folge liegt vor?

c) Nach Festsetzung hat DIN A 0 die Fläche 1 m². Bestimme daraus a_0 und b_0 in Millimetern.

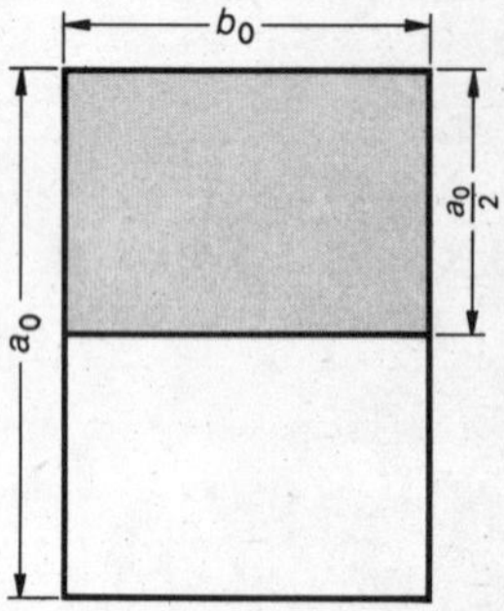

12.1. DIN-Format

24. Michael Stifel (1487–1567) stellte nebenstehende Folgen einander gegenüber und bereitete dadurch das Rechnen mit Logarithmen vor.

−4	−3	−2	−1	0	1	2	3	4
$\frac{1}{16}$	$\frac{1}{8}$	$\frac{1}{4}$	$\frac{1}{2}$	1	2	4	8	16

a) Vergleiche die Folgen. Wie hängen sie zusammen?

b) Zeige allgemein: Die Logarithmen der Glieder einer geometrischen Folge mit positiven Gliedern bilden eine arithmetische Folge. Wie hängt dies mit S 4 zusammen?

Merkwürdiges und Scherzhaftes

25. Der indische König Schehram verlangte, daß Sessa, der Erfinder des Schachspiels, sich eine Belohnung wählen solle. Dieser erbat sich die Summe der Weizenkörner, die sich ergibt, wenn für das erste Feld des Schachbretts 1 Korn, für das zweite 2 Körner, für das dritte 4 Körner usw. gerechnet werden.

a) Wieviel Stellen hat die Gesamtzahl der Körner?

b) Wieviel t wiegt die Gesamtmenge, wenn 20 Körner 1 g wiegen?

c) Wieviel ergibt sich, wenn auf das erste Feld 1 Korn, auf das zweite 3 Körner, auf das dritte 5 Körner usw. kommen?

4 Zinseszinsrechnung

❶ Auf welchen Betrag wachsen 400 DM bei einem Zinssatz von 5 % in 3 Jahren an, wenn der Zins a) am Ende des 3. Jahres, b) am Ende eines jeden Jahres zum Kapital geschlagen wird? („Zinseszins".)

❷ Auf welchen Betrag wächst ein Kapital a bei 5 % Zinseszinsen in 1, 2, 3, . n Jahren an? Zeige, daß sich nach 1 Jahr $a \cdot 1{,}05$, nach 2 Jahren $a \cdot 1{,}05^2$, nach n Jahren $a \cdot 1{,}05^n$ ergibt.

D 1 Ein Kapital steht auf Zinseszins, wenn die Zinsen regelmäßig nach einer bestimmten Zeit zum Kapital hinzugefügt und mit ihm weiter verzinst werden. Der Zuschlag erfolgt gewöhnlich am Ende eines jeden Jahres.

S 1 **Ein Kapital K_0 wächst in n Jahren bei $p\%$ mit Zinseszinsen an auf**

$$K_n = K_0\, q^n \qquad \textbf{(Zinseszinsformel)} \qquad \text{(I)}$$

Dabei ist $$q = 1 + \frac{p}{100} \qquad \textbf{(Zinsfaktor)}$$

Beweis: Im 1. Jahr wächst K_0 an auf $K_0 + K_0 \cdot \frac{p}{100} = K_0\left(1 + \frac{p}{100}\right) = K_0\, q$.

Im 2. Jahr wächst $K_0\, q$ an auf $(K_0\, q)\, q = K_0\, q^2$.

. . . .

Am Ende des n-ten Jahres beträgt das Endkapital $K_0\, q^n$.

Bemerkungen:

1. Die Kapitalien $K_0, K_1, K_2, \ldots$ in (I) bilden die geometrische Folge $K_0,\ K_0\, q,\ K_0\, q^2, \ldots$.

2. Man sagt: K_n entsteht aus K_0 durch *Aufzinsung*, q heißt daher auch *Aufzinsungsfaktor*[1].

3. Ist eine Zahlung K_n nach n Jahren fällig, so hat sie heute den *Barwert* $K_0 = \frac{K_n}{q^n}$.
Man sagt dann: K_0 entsteht aus K_n durch *Abzinsung*. Die Zahl $1 : q$ bezeichnet man als *Abzinsungsfaktor*. Das Berechnen des Barwertes heißt *Diskontieren*[2]. Um Zahlungen vergleichen zu können, die zu verschiedenen Zeiten geleistet werden, ist es notwendig, sie auf denselben Tag zu diskontieren.

4. Sind drei der Größen K_0, p, n, K_n gegeben, so läßt sich die fehlende berechnen. Im Geschäftsleben verwendet man hierzu Tabellen.

Beispiel[3]: Auf welchen Betrag wachsen 625 DM bei 4,5% Zinseszinsen in 8 Jahren an?

		lg
$K_0 = 625$ DM	q	0,0191163
$p = 4{,}5$	q^n	0,1529
$q = 1{,}045$	K_0	2,7959
$n = 8$		
$K_n = 888{,}8$ DM	K_n	2,9488

Lösung: $K_n = K_0 \cdot q^n$; $\underline{\underline{K_n = 888{,}8 \text{ DM}}}$

1. In Sieber, Mathematische Tafeln, Ernst Klett Verlag, S. 62, ist q^n tabelliert für $3\% \leqq p \leqq 8\%$ und $1 \leqq n \leqq 50$
2. disconto (ital.), Abrechnung, Abzug
3. Da $\lg q$ bei Zinseszinsrechnungen häufig mit mehrstelligen Hochzahlen multipliziert wird, ist er in der Logarithmentafel auf 7 Stellen angegeben (vgl. Sieber, S. 65)

Aufgaben

1. Auf welchen Betrag wachsen folgende Kapitalien bei Zinseszins an?
a) 750 DM bei 4% in 6 Jahren; b) 1240 DM bei 5,5% in 11 Jahren.

2. Ein Vater legte seinem Sohn auf 1. Januar 1966 ein Sparbuch über 200 DM (450 DM) an. Welcher Kontostand ergibt sich am 1. Januar 1973 (1980) bei 4,5%?

3. Auf welche Summe wachsen 100 DM bei 4% Zinseszins in 5, 10, 15, ... 30 Jahren an? Stelle die Ergebnisse in einem rechtwinkligen Achsenkreuz dar und verbinde die erhaltenen Punkte durch eine möglichst einfache Kurve (I in Fig. 14.1).
b) Zeige, daß die geordneten Paare (n, K_n) zu einer Exponentialfunktion gehören.
c) Stelle zum Vergleich das Anwachsen des Kapitals bei einfachen Zinsen dar. Was für eine Funktion und Kurve ergibt sich jetzt? (II in Fig. 14.1.)
d) Die Zinsesformel gilt zunächst für ganze n. Innerhalb eines jeden Jahres werden einfache Zinsen gerechnet. Was ist also das genaue Bild des Anwachsens? (Die Abweichung von I ist ganz gering.)
e) Zeichne I, wenn der Zinssatz 5% (3%) beträgt.

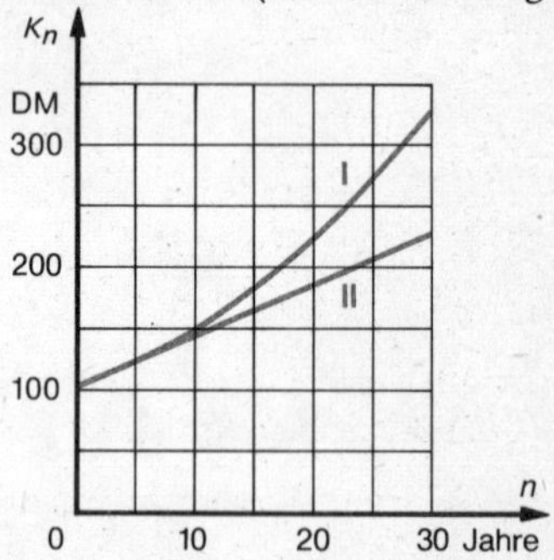

14.1. Zinseszins und einfacher Zins

4. a) Welches Kapital ergibt in 8 Jahren bei 4,5% Zinseszins 1500 DM?
b) Eine Schuld von 24000 DM ist in 10 Jahren fällig, wenn 5% Zinseszins gerechnet werden? Welchen Barwert hat sie heute?

5. a) Eine Zahlung von 12500 DM ist in 5 Jahren fällig. Diskontiere bei 5,5% Zinseszins.
b) Welchen Betrag muß jemand bei der Geburt seiner Tochter anlegen, damit sie mit 20 Jahren 5000 DM abheben kann? (Zinssatz 4%.)

7. Bei wieviel Prozent a) verdoppelt, b) verdreifacht sich ein Kapital in 20 (30) Jahren?

8. In wieviel Jahren a) verdoppelt, b) verdreifacht sich ein Kapital bei 4% (3%, 5%) Zinseszins? Lies das Ergebnis auch aus Fig. 14.1 ab.

9. Eine Stadt zählt heute 276800 (84650) Einwohner. Es ist mit einem jährlichen Zuwachs von $2\frac{1}{2}$% (von $1\frac{1}{2}$%) zu rechnen. Welche Einwohnerzahl ist in 5 (4) Jahren zu erwarten?

10. Die Bevölkerung Deutschlands betrug in Millionen:

1890	1900	1920	1930
49,43	56,37	61,80	65,08

Bestimme den jährlichen Zuwachs in %
a) von 1890 bis 1900, b) von 1920 bis 1930.

11. In welcher Zeit verdoppelt sich eine Bevölkerung? Jährl. Wachstumssatz a) 1,3%, b) 1,1%.

14. Der Anschaffungspreis für eine Maschinenanlage beträgt $a = 24000$ DM. Nach jedem Jahr werden 6% (10%) des jeweiligen „Buchwertes" abgeschrieben. (Die Abschreibung ist häufig wesentlich höher. Vgl. Sieber, S. 61.)
a) Zeige: die Anlage hat nach n Jahren den Buchwert $b_n = a\left(1 - \frac{p}{100}\right)^n$.
b) Berechne b_n für $n = 5, 10, 15, 20, 25$. Zeichne ein Schaubild.
c) Nach wieviel Jahren ist $b_n = 10000$ DM? Beachte das Schaubild.
d) Wieviel % muß man jährlich abschreiben, wenn die Anlage nach 20 (25) Jahren nur noch einen „Schrottwert" von 1500 DM besitzt?

Wachstum bei Zuschlag nach $\frac{1}{n}$ Jahr

Bei vielen Wertpapieren wird der Zins halbjährlich ausbezahlt; bei Darlehen, die von Banken gewährt werden, besteht meist vierteljährliche Zinszahlung.

S 2 In solchen Fällen wird S 1 ersetzt durch den S 2: **Wächst ein Anfangswert K_0 beim Prozentsatz p% pro Jahr und erfolgt der Zuschlag jeweils nach $\frac{1}{n}$ Jahr, so ist der Endwert**

a) **nach 1 Jahr** $\quad K_1 = K_0 \left(1 + \frac{p}{100\,n}\right)^n \quad$ (II)

b) **nach t Jahren** $\quad K_t = K_0 \left(1 + \frac{p}{100\,n}\right)^{nt} \quad$ (III)

Beweis zu a): K_0 wächst in $\frac{1}{n}$ Jahr an auf $\quad K_0 + \frac{K_0\,p}{100\,n} = K_0\left(1 + \frac{p}{100\,n}\right)$

$K_0\left(1 + \frac{p}{100\,n}\right)$ wächst in $\frac{1}{n}$ Jahr an auf $\quad K_0\left(1 + \frac{p}{100\,n}\right)^2$, usw.

Beweis zu b): K_1 wächst im 2. Jahr an auf $K_2 = K_1\left(1 + \frac{p}{100\,n}\right)^n = K_0\left(1 + \frac{p}{100\,n}\right)^{2n}$

21. Welche Formel erhält man aus S 2 für $n = 1$?

22. Führe den Beweis von S 2 bei a) und b) noch je um 2 Zeilen fort.

23. Schreibe K_1, K_2, K_3 in S 2 an für a) $p = 4$, $n = 2$, b) $p = 3$, $n = 4$.

24. Welchen Zins tragen 1000 DM in 1 Jahr (in 5 Jahren) bei 4% (6%), wenn man a) jährlichen, b) halbjährlichen, c) vierteljährlichen Zuschlag annimmt? Vergleiche!

In Aufg. 24 hat sich ergeben, daß sich die Endwerte in a), b), c) nur wenig unterscheiden. Ein deutlicher Unterschied gegenüber a) kommt zustande, wenn man in Abweichung von der Bankpraxis, also rein theoretisch, einen sehr hohen Prozentsatz p nimmt und den Zuschlag in recht kleinen Zeitabschnitten vollzieht, also für n eine große Zahl wählt. Nimmt man z. B. $p = 100$, so folgt aus (II):

$$K_1 = K_0 \cdot \left(1 + \frac{1}{n}\right)^n \qquad \text{(IV)}$$

Für den Faktor $\left(1 + \frac{1}{n}\right)^n$ ergibt sich die Tabelle[1]:

n	1	2	5	10	100	1000	10000
$\left(1 + \frac{1}{n}\right)^n$	2,000	2,250	2,488	2,594	2,705	2,717	2,718

Wir sehen: Werden die Zeitabschnitte immer kleiner, so wächst der Endwert K_1 überraschenderweise nicht über alle Grenzen, sondern strebt allem Anschein nach gegen einen „Grenzwert", der dicht bei 2,718 liegt. Er wird mit e bezeichnet und spielt in der Mathematik, Naturwissenschaft und Technik eine große Rolle. Wir werden ihn in § 11 näher untersuchen.

25. Eine Stiftung stellt für begabte Schüler einer Stadt jährlich 1800 DM zur Verfügung. Welchen Barwert hat diese „ewige Rente"? ($4\frac{1}{2}$%)

26. Wächst ein Kapital bei 3% Zinseszinsen in 5 Jahren mehr an als bei 5% in 3 Jahren? Wie ist es bei einfachen Zinsen?

---

1. Vgl. Sieber, Mathematische Tafeln, S. 59. Die Zahlen sind gerundet.

5 Unendliche geometrische Folgen und Reihen

Grenzwert bei unendlichen geometrischen Folgen

❶ Setze in $x_n = 0{,}2^n$ für n nacheinander 1, 2, 3, … . Wie ändert sich x_n mit wachsendem n? Von welchem n ab ist a) $x_n < 0{,}001$, b) $x_n < 0{,}0001$? Mache dasselbe bei $0{,}3^n$.

❷ Mache dasselbe für $y_n = (-0{,}2)^n$. Von welchem n ab ist $|y_n| < 0{,}001$?

❸ Von welchem n ab ist a) $2^n > 1000$, b) $2^n > 1\,000\,000$?

Beispiel 1: Bei der geometrischen Folge $0{,}6; 0{,}6^2; 0{,}6^3; \ldots$ ist $q = 0{,}6$. Schreibt man die Folge in der Form 0,6; 0,36; 0,216; 0,1296; …, so erkennt man, daß die Glieder mit wachsendem n ständig abnehmen und der Zahl 0 beliebig nahe kommen. Man kann z. B. die Nummer n von $a_n = 0{,}6^n$ so wählen, daß

$$0{,}6^n < 0{,}00001, \quad \text{also} \quad \left(\frac{3}{5}\right)^n < 10^{-5}, \quad \text{d.h.} \quad \left(\frac{5}{3}\right)^n > 10^5 \quad \text{ist.}$$

Dies ist der Fall, wenn $n(\lg 5 - \lg 3) > 5$ (durch Logarithmieren erhalten),

das heißt, wenn $n > \dfrac{5}{\lg 5 - \lg 3} = \dfrac{5}{0{,}2219} = 22{,}5$ ist.

Ergebnis: Für $n > 22$ ist $0{,}6^n < 0{,}00001$.

Beispiel 2: Bei der Folge $-0{,}6; (-0{,}6)^2; (-0{,}6)^3; (-0{,}6)^4; \ldots; (-0{,}6)^n; \ldots$ ist $q = -0{,}6$. Schreibt man die Folge in der Form −0,6; +0,36; −0,216; +0,1296; …, so sieht man, daß zwar die Vorzeichen dauernd wechseln, daß aber die Beträge der Glieder ständig abnehmen und die Glieder mit wachsendem n gegen Null streben. Für $n > 22$ ist z. B. $|(-0{,}6)^n| < 0{,}00001$. — Die Vorübungen sowie Beispiel 1 und 2 führen uns zu den Sätzen:

S 1 *Ist $|q| > 1$, so wird $|q^n|$ bei genügend großem n schließlich größer als jede gegebene Zahl.*

Beweis: Da $|q^n| = |q|^n$ ist, kann man sich auf positive q beschränken. Ist $q > 1$, also $\lg q > 0$, so läßt sich n so bestimmen, daß z. B. $q^n > 10^6$ ist. Dies ist der Fall, wenn $n \cdot \lg q > 6$, also $n > (6 : \lg q)$ ist. (Anderer Beweis siehe S. 25, Aufg. 14.)

S 2 **Ist $|q| < 1$, so strebt q^n mit wachsendem n gegen 0,** (q reell, $n \in \mathbb{N}$).

D 1 Wir sagen: Ist $|q| < 1$, so hat die Folge $q^1, q^2, q^3, \ldots$ mit wachsendem n den **Grenzwert 0.** Oder: Der Grenzwert von q^n für n gegen unendlich ist Null,

geschrieben[1]: $\lim\limits_{n \to \infty} q^n = 0$ (lies: limes q^n für n gegen unendlich ist gleich Null).

D 2 Eine Folge, die den Grenzwert 0 hat, nennt man eine **Nullfolge.**

Beweis von S 2: Man kann sich wieder auf $q > 0$ beschränken. Ist $0 < q < 1$, so ist $\dfrac{1}{q} = r > 1$ und daher $\lg r > 0$. Will man nun z. B. erreichen, daß $q^n < 10^{-6}$ ist, so muß gelten: $r^n > 10^6$. Dies tritt ein, wenn $n \cdot \lg r > 6$, also $n > (6 : \lg r)$ ist.

Bemerkung: Ist $q \neq 0$, so ist auch $q^n \neq 0$ für $n \in \mathbb{N}$. Es gibt also kein Glied der Folge, das gleich dem Grenzwert 0 ist. Die Glieder kommen aber beliebig nahe an 0 heran.

---

1. limes (lat.), Grenze; das Zeichen ∞ bedeutet „unendlich", *es gibt aber keine Zahl ∞.*

Aufgaben

1. Welche Zahlen ergeben sich aus folgenden Termen, wenn man $n \in \{1, 2, 3, 4, 5, 6\}$ setzt?

a) $v_n = \left(\frac{4}{5}\right)^n$ b) $w_n = \left(-\frac{4}{5}\right)^n$ c) $x_n = \left(\frac{5}{4}\right)^n$ d) $y_n = \left(-\frac{5}{4}\right)^n$

Was ergibt sich, wenn n unbegrenzt wächst? Zeichne die zugehörigen Punktfolgen auf der Zahlengerade oder in einem rechtwinkligen Achsenkreuz (vgl. Aufg. 15 von § 3).

2. Von welchem n ab ist a) $0{,}3^n < 0{,}001$ b) $0{,}9^n < 10^{-4}$ c) $\left(\frac{5}{6}\right)^n < 10^{-7}$?

3. Von welchem n ab ist a) $|(-0{,}75)^n| < 10^{-6}$ b) $\left(\frac{1}{2}\sqrt{2}\right)^n < 10^{-5}$ c) $\left(\frac{80}{81}\right)^n < 10^{-9}$?

4. Von welchem n ab ist a) $1{,}05^n > 100$ b) $\left|(-\sqrt{3})^n\right| > 10^8$

5. Bestimme n so, daß a) $5 \cdot \left(\frac{2}{3}\right)^n < 0{,}01$ b) $20 \cdot (0{,}7)^n < 10^{-3}$ c) $\frac{1}{4} \cdot 1{,}1^n > 100$ ist.

S 3 **6.** Begründe: Ist $a \in \mathbb{R}$ und $|q| < 1$, so ist $\lim\limits_{n \to \infty} (a\, q^n) = 0$.

7. Welche Folge ergibt q^n, wenn a) $q = 1$, b) $q = -1$ c) $q = 0$ ist? Welche dieser Folgen hat einen Grenzwert?

8. Es ist $0{,}9^{22} \approx 0{,}0985 < 0{,}1$ (prüfe nach). Was läßt sich dann über $0{,}9^{44}$ sagen, über $0{,}9^{66}$? Von welchem n an ist sicher $0{,}9^n < 0{,}0001$?

Grenzwert bei unendlichen geometrischen Reihen

❹ Bestimme für die geometrische Folge $1, \frac{1}{2}, \frac{1}{4}, \frac{1}{8}, \ldots$ durch Zeichnung und Rechnung die Summen $s_1 = 1$, $s_2 = 1 + \frac{1}{2}$, $s_3 = 1 + \frac{1}{2} + \frac{1}{4}$, ... (vgl. § 3, Aufg. 2). Welchem Wert s nähert sich s_n, wenn man immer mehr Glieder nimmt? Um wieviel unterscheidet sich s_n jeweils von s?

❺ Trage in Vorüb. 4 die Nummer n als x-Wert, den Wert s_n als y-Wert in einem rechtwinkligen Achsenkreuz ab (Einheit 2 cm) für $n = 1$ bis 8 und verbinde die erhaltenen Punkte durch eine Kurve wie in Fig. 11.4. Welcher Parallele zur x-Achse kommt diese Kurve bei wachsendem n beliebig nahe?

Beispiel 3: Bildet man bei der geometrischen Folge $1; \frac{1}{5}; \left(\frac{1}{5}\right)^2; \left(\frac{1}{5}\right)^3; \ldots$ die Summe s_n der n ersten Glieder, so erhält man nach Formel (II) von S. 9:

$$s_n = \frac{1-\left(\frac{1}{5}\right)^n}{1-\frac{1}{5}} = \frac{1-\left(\frac{1}{5}\right)^n}{\frac{4}{5}} = \frac{5}{4}\left[1-\left(\frac{1}{5}\right)^n\right] = \frac{5}{4} - \frac{5}{4}\cdot\left(\frac{1}{5}\right)^n$$

So ist z. B. die Summe der 3, 4, 5 ersten Glieder:

$$s_3 = \frac{5}{4} - \frac{1}{100}; \quad s_4 = \frac{5}{4} - \frac{1}{500}; \quad s_5 = \frac{5}{4} - \frac{1}{2500}$$

Nimmt man hinreichend viele Glieder, wählt also n hinreichend groß, so kann dadurch der Bruch $\left(\frac{1}{5}\right)^n$ beliebig nahe an 0 gerückt werden. Entsprechendes gilt offenbar für $\frac{5}{4}\cdot\left(\frac{1}{5}\right)^n$.

2—7369/2

Die Summen s_n unterscheiden sich also schließlich beliebig wenig von der Zahl $\frac{5}{4}$, sie streben

D 3 gegen $\frac{5}{4}$. Man sagt dafür auch: s_n hat für n gegen ∞ den Grenzwert $\frac{5}{4}$. Man schreibt kurz $\lim\limits_{n \to \infty} s_n = \frac{5}{4}$ (lies: limes s_n für n gegen ∞ ist gleich $\frac{5}{4}$).

Bildet man bei der allgemeinen geometrischen Folge $a, aq, aq^2, \ldots$ die Summe s_n der n ersten Glieder, so erhält man nach Formel (II), S. 9, für $q \neq 1$:

$$s_n = a\,\frac{1-q^n}{1-q} = \frac{a}{1-q} - \frac{a}{1-q}\cdot q^n$$

Ist $|q| < 1$ und strebt n gegen unendlich, so strebt nach S 2 q^n gegen 0.

Da $\frac{a}{1-q}$ fest bleibt, strebt also $\frac{a}{1-q} - \frac{a}{1-q}\cdot q^n$ gegen $\frac{a}{1-q}$.

S 4 **Die Summen $s_n = a + aq + aq^2 + \cdots + aq^{n-1}$ streben im Falle $|q| < 1$ mit unbegrenzt wachsendem n gegen den Grenzwert $s = \frac{a}{1-q}$.**

Es ist also: $\lim\limits_{n \to \infty} s_n = s$ oder $\lim\limits_{n \to \infty} a\,\frac{1-q^n}{1-q} = \frac{a}{1-q}$ für $|q| < 1$

Geometrischer Beweis (für positives q):

In Fig. 18.1 sind $a, aq, aq^2, \ldots$ und s_n wie in Fig. 11.1 und 11.3 konstruiert. Ist $q < 1$, so schneiden sich die schrägen Geraden in dem „Grenzpunkt" S.

Nach dem Strahlensatz ist dann

$$\frac{s-a}{s} = \frac{aq}{a} \qquad s - sq = a$$

$$\frac{s-a}{s} = q \qquad s = \frac{a}{1-q}$$

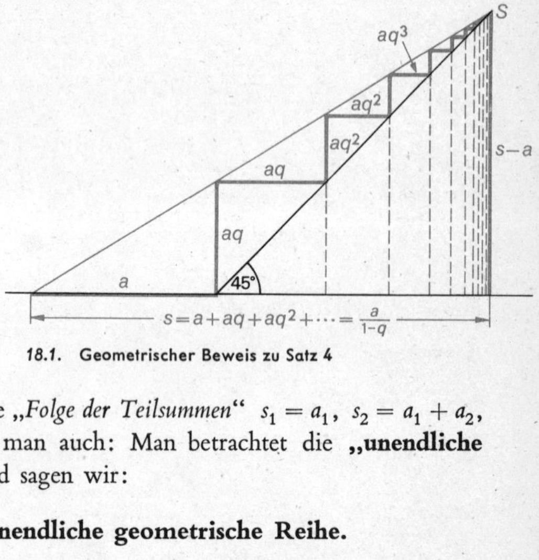

18.1. Geometrischer Beweis zu Satz 4

Zu jeder Folge $a_1, a_2, a_3, \ldots$ kann man die „*Folge der Teilsummen*" $s_1 = a_1$, $s_2 = a_1 + a_2$, $s_3 = a_1 + a_2 + a_3, \ldots$ bilden. Dafür sagt man auch: Man betrachtet die **„unendliche Reihe"** $a_1 + a_2 + a_3 + \ldots$. Entsprechend sagen wir:

D 4 Man nennt $a + aq + aq^2 + \ldots$ eine **unendliche geometrische Reihe.**

Dies bedeutet: zu der Folge $a, aq, aq^2, \ldots$ soll die **Folge der Teilsummen** $s_1 = a$, $s_2 = a + aq$, $s_3 = a + aq + aq^2, \ldots$ gebildet werden. Tritt die Reihe allerdings in Gleichungen auf (wie z.B. bei D 5), so bedeutet sie dort den Grenzwert der Teilsummen.

D 5 Den Grenzwert $s = \frac{a}{1-q}$ der Summen s_n, der für $|q| < 1$ vorhanden ist, bezeichnet man als die **„Summe" s der unendlichen geometrischen Reihe** und schreibt kurz

$$s = a + aq + aq^2 + \cdots = \frac{a}{1-q}, \quad |q| < 1$$

D 6 Man sagt dann auch: Die unendliche geometrische Reihe $a + aq + aq^2 + \dots$ ist für $|q| < 1$ **konvergent**[1]. Für $|q| \geqq 1$ und $a \neq 0$ ist die Reihe **divergent**[2]. Die Summen s_n streben in diesem Fall *nicht* gegen einen Grenzwert.

Beispiele für divergente geometrische Reihen:

a) Für $1 + 2 + 4 + 8 + \dots$ ist $q = 2$; $s_n = 2^n - 1$ wächst unbegrenzt für n gegen ∞.

b) Für $1 - 2 + 4 - 8 + - \dots$ ist $q = -2$; s_n wechselt ständig sein Zeichen, $|s_n|$ wächst unbegrenzt.

c) Für $1 + 1 + 1 + \dots$ ist $q = 1$; $s_n = n$ wächst unbegrenzt.

d) Für $1 - 1 + 1 - 1 + \dots$ ist $q = -1$; s_n hat abwechselnd den Wert 1 oder 0, strebt also nicht gegen einen Grenzwert.

Bemerkungen:

1. Die „Summe" einer unendlichen Reihe ist keine Summe im üblichen Sinn, da man immer nur endlich viele Glieder addieren kann. Die Bezeichnung „Summe" stellt lediglich eine Abkürzung für „Grenzwert der Folge von Teilsummen" dar.

2. Ist $|q| < 1$ und bricht man die unendliche Reihe $a + aq + aq^2 + \dots$ nach dem n-ten Glied ab, bildet also die Teilsumme s_n, so unterscheidet sich s_n bei genügend großem n um beliebig wenig von dem Grenzwert s. Der „Fehler" oder „Rest" beträgt:

$$r_n = s - s_n = \frac{a}{1-q} - \frac{a(1-q^n)}{1-q} = \frac{a q^n}{1-q}, \quad |q| < 1$$

Strebt n gegen ∞ so strebt q^n gegen 0, also auch $(s - s_n)$ gegen 0. Es läßt sich aber kein Wert von n angeben, für den $s - s_n = 0$, also $s = s_n$ ist ($a \neq 0$ und $q \neq 0$).

Beispiel 4: In $1 + \frac{1}{2} + \frac{1}{4} + \frac{1}{8} + \dots$ ist $s_n = 2 - \frac{1}{2^{n-1}}$ und $s = 2$ (vgl. Fig. 10.1), also

$$r_n = s - s_n = \frac{1}{2^{n-1}}.$$ Für $n > 10$ ist $r_n < 10^{-3}$, für $n > 20$ ist $r_n < 10^{-6}$.

Periodische Dezimalzahlen als unendliche Reihen

6 **Zeige, daß für die Folge der Zehnerbrüche 0,3; 0,03; 0,003; ... die Summe der n ersten Glieder den Wert $s_n = \frac{1}{3} - \frac{1}{3 \cdot 10^n}$ hat. Gegen welchen Grenzwert s strebt s_n, wenn n immer größer wird? Wie groß ist $s - s_n$ für $n = 1; 2; 3; \dots$?**

7 **Schreibe in Vorüb. 4 die gegebene Folge und die Summen $s_1, s_2, s_3, \dots$ mit Dezimalzahlen. Wie stellt sich jetzt der Grenzwert s als Dezimalzahl dar?**

Mit Hilfe von S 4 und der unendlichen geometrischen Reihe ist es möglich, die schon in früheren Klassen aufgetretenen periodischen Dezimalzahlen als Grenzwerte darzustellen.

Beispiel 5: Die periodische Dezimalzahl $0,\overline{7}$ bedeutet:

$$0,\overline{7} = 0,777\dots = \frac{7}{10} + \frac{7}{100} + \frac{7}{1000} + \dots$$

Dies ist eine unendliche geometrische Reihe mit $a = \frac{7}{10}$ und $q = \frac{1}{10}$.

Ihre Summe beträgt: $s = \frac{0,7}{1-0,1} = \frac{7}{9}$, also ist $0,\overline{7} = \frac{7}{9}$.

1. convérgere (lat.), zusammenlaufen   2. divérgere (lat.), auseinanderlaufen

Bricht man die Dezimalzahl nach der n-ten Stelle nach dem Komma ab, so beträgt der Fehler:

$$r_n = s - s_n = \frac{\frac{7}{10} \cdot \left(\frac{1}{10}\right)^n}{1 - \frac{1}{10}} = \frac{7}{9} \cdot \left(\frac{1}{10}\right)^n$$

Beispiel 6: $0{,}2\overline{36} = 0{,}2\ 36\ 36 \ldots = \frac{2}{10} + \left(\frac{36}{10^3} + \frac{36}{10^5} + \ldots\right)$

$$= \frac{2}{10} + \frac{36}{10^3} \cdot \frac{1}{1 - \frac{1}{100}} = \frac{2}{10} + \frac{36}{990} = \frac{2}{10} + \frac{4}{110} = \frac{13}{55}$$

S 5 *Jede periodische Dezimalzahl läßt sich als unendliche geometrische Reihe deuten und kann daher mit Hilfe der Summenformel als Bruch geschrieben werden.*

Aufgaben

9. Bestimme die folgenden Grenzwerte:

a) $\lim\limits_{n \to \infty} \left(1 + \frac{1}{2^n}\right)$ b) $\lim\limits_{n \to \infty} \frac{1 - 0{,}9^n}{1 - 0{,}9}$ c) $\lim\limits_{n \to \infty} 6 \cdot \frac{1 - \left(-\frac{5}{8}\right)^n}{1 + \frac{5}{8}}$

Zeichne Punktfolgen wie in Aufg. 1.

10. Bilde bei den folgenden unendlichen geometrischen Reihen die Teilsummen s_n und zeige (wie auf S. 19), daß sie gegen einen Grenzwert s streben, wenn n gegen ∞ strebt. Wie groß ist s und der Fehler, wenn man die Reihe nach dem n-ten Glied abbricht?

a) $1 + \frac{2}{3} + \frac{4}{9} + \frac{8}{27} + \ldots$ b) $5 - \frac{5}{3} + \frac{5}{9} - \frac{5}{27} + - \ldots$

Bestimme in Aufg. 11 bis 14 die Summen der unendlichen geometrischen Reihen.

11. a) $1 + \frac{1}{4} + \left(\frac{1}{4}\right)^2 + \left(\frac{1}{4}\right)^3 + \ldots$ b) $1 + \frac{3}{4} + \left(\frac{3}{4}\right)^2 + \left(\frac{3}{4}\right)^3 + \ldots$

c) $1 - \frac{1}{4} + \frac{1}{16} - \frac{1}{64} + - \ldots$ d) $1 - \frac{3}{4} + \frac{9}{16} - \frac{27}{64} + - \ldots$

12. a) $1 + \frac{5}{6} + \frac{25}{36} + \ldots$ b) $1 - \frac{2}{3} + \frac{4}{9} - + \ldots$

c) $1 - 0{,}4 + 0{,}4^2 - + \ldots$ d) $1 + 0{,}8 + 0{,}64 + \ldots$

13. a) $2 + 2 \cdot \frac{1}{3} + 2 \cdot \left(\frac{1}{3}\right)^2 + \ldots$ b) $4 + \frac{5}{2} + \frac{25}{16} + \ldots$

c) $3 - 2 + \frac{4}{3} - + \ldots$ d) $5 - \frac{3}{2} + \frac{9}{20} - + \ldots$

e) $2{,}5 + 0{,}5 + 0{,}1 + \ldots$ f) $0{,}1 - 0{,}02 + 0{,}004 - + \ldots$

14. a) $1 + \frac{1}{3^2} + \frac{1}{3^4} + \ldots$ b) $1 + \frac{1}{2^3} + \frac{1}{2^6} + \ldots$

c) $\frac{1}{4} - \frac{1}{4^4} + \frac{1}{4^7} - + \ldots$ d) $\frac{1}{5^2} - \frac{1}{5^4} + \frac{1}{5^6} - + \ldots$

15. Verwandle die folgenden periodischen Dezimalzahlen in Brüche:

a) $0{,}\overline{6}$ b) $0{,}\overline{5}$ c) $0{,}\overline{9}$ d) $0{,}\overline{27}$ e) $0{,}\overline{09}$

f) $0{,}\overline{037}$ g) $0{,}\overline{009}$ h) $0{,}8\overline{3}$ i) $0{,}4\overline{72}$ k) $0{,}74\overline{9}$

16. Wie erkennt man aus Fig. 11.3 und 18.1, daß die unendliche geometrische Reihe $a + a\,q + a\,q^2 + \ldots$ für $q > 1$ divergiert ($a \neq 0$)?

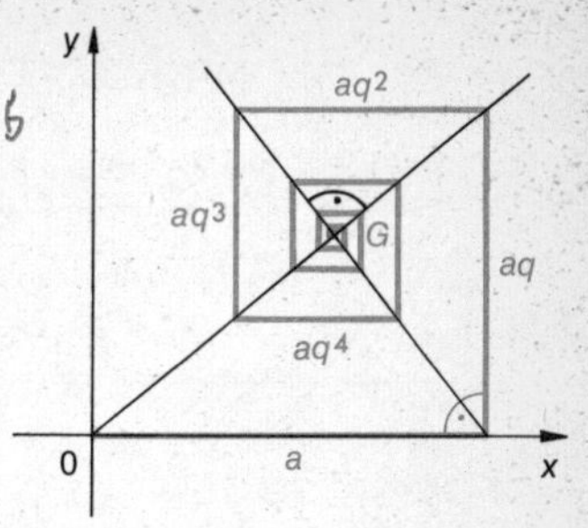

21.1.

17. a) Erläutere die Konstruktion in Fig. 21.1.
b) Bestimme auf verschiedene Weise die Koordinaten des „Grenzpunktes" G, dem der rechtwinklige Streckenzug zustrebt, falls $0 < q < 1$ ist. c) Was ändert sich bei $q = 1$?

Geometrische Aufgaben

18. In ein gleichseitiges Dreieck mit der Seite a wird das Mittendreieck gezeichnet, in dieses wieder das Mittendreieck usw. Wie groß ist die Summe aller Umfänge (Inhalte)?

19. Löse Aufg. 18 für ein Quadrat (regelmäßiges Sechseck).

20. In ein Quadrat mit der Seite a wird der Inkreis gezeichnet, in diesen wieder ein Quadrat usw. Bestimme die Summe der Umfänge (der Inhalte) a) aller Quadrate, b) aller Kreise.

▶ **21.** Übertrage Aufg. 20 auf einen Würfel und dessen Inkugel.

22. In $\triangle\, ABC$ sei $c > b$.
Es wird $\triangle\, C'AC \sim \triangle\, CAB$ gezeichnet, dann $\triangle\, C''AC' \sim C'AC$, usw. Berechne die Summe aller Dreiecksumfänge (Dreiecksinhalte).

Merkwürdiges. Denkaufgaben

24. Sophisma[1] des Philosophen Zeno von Elea (um 450 v. Chr.): Achilles verfolgt eine Schildkröte, die einen Vorsprung von 1 Stadion[2] hat, mit 10facher Geschwindigkeit. Wenn Achilles dahin gelangt, wo die Schildkröte anfangs war, so ist diese um $\frac{1}{10}$ Stadion voraus; hat Achilles diese Strecke durchlaufen, so ist die Schildkröte um $\frac{1}{100}$ Stadion weitergekrochen usw. Achilles kann also die Schildkröte nie einholen. Worin liegt der Trugschluß? Wo holt Achilles die Schildkröte wirklich ein? Zeichne einen „graphischen" Fahrplan dieser Verfolgung (Strecke waagrecht, Zeitachse nach oben; vergleiche Fig. 18.1).

25. Ein Jäger kehrt mit seinem Hund nach Hause zurück. Als beide noch 400 m vom Haus entfernt sind, läuft der Hund voraus, kehrt am Haus wieder um und läuft zurück zu seinem Herrn; dann läuft er wieder heim usw. Welchen Gesamtweg legt der Hund zurück, wenn er die 3fache Geschwindigkeit seines Herrn hat?

28. Berechne näherungsweise mittels geometrischer Reihen: a) $1:0{,}94$, c) $1:1{,}08$.

Beispiel: $1:0{,}97 = \dfrac{1}{1-0{,}03} = 1 + 0{,}03 + 0{,}03^2 + 0{,}03^3 + \ldots \approx 1 + 0{,}03 + 0{,}0009 \approx 1{,}03.$

29. Gib im Kopf Näherungswerte an für a) $1:0{,}98$, b) $1:0{,}986$, c) $1:1{,}07$.

---

1. Spitzfindige Folgerung, von sophos (griech.) klug **2.** rund 192 m

6 Die vollständige Induktion

❶ Setze in dem Term $n^2 + n + 11$ für n nacheinander 1, 2, 3 ... 9. Was für eine Eigenschaft haben die erhaltenen Zahlen? Welche Vermutung liegt nahe? Prüfe sie nach für $n = 10$.

❷ Wiederhole die Herleitung von

$$s_n = 1 + 2 + 3 + \cdots + n = \frac{1}{2} n (n + 1).$$

Für welche Werte von $n \in \mathbb{N}$ gilt der Satz?

❸ Lies aus Fig. 22.1 ab: a) $1^3 + 2^3 = 1 + 8 = 9 = (1 + 2)^2$,

b) $1^3 + 2^3 + 3^3 = 1 + 8 + 27 = 36 = (1 + 2 + 3)^2 = \left[\frac{1}{2} \cdot 3 \cdot 4\right]^2$

c) $1^3 + 2^3 + 3^3 + 4^3 = 1 + 8 + 27 + 64 = 100 = (1 + 2 + 3 + 4)^2$

$= \left[\frac{1}{2} \cdot 4 \cdot 5\right]^2$

Welche Vermutung ergibt sich hieraus für die Summe $1^3 + 2^3 + 3^3 + \cdots + n^3$?

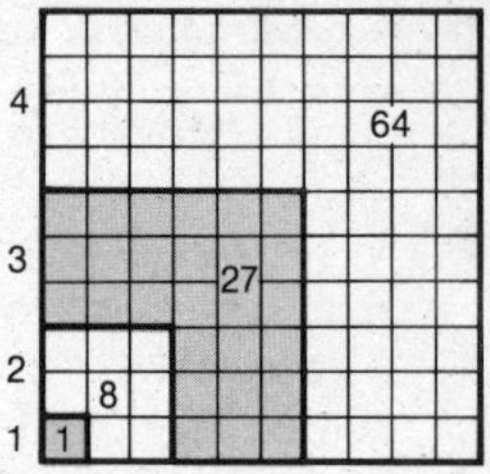

22.1. Summe der Kubikzahlen

In den folgenden drei Beispielen werden wir ein *Beweisverfahren* kennenlernen, das in der Mathematik eine grundlegende Rolle spielt und in vielen Fällen anwendbar ist.

Beispiel 1: Will man ohne die Sätze von Seite 6 die Summe $s_n = 1 + 3 + 5 + \cdots + (2n - 1)$ bestimmen, so liegt es nahe, zunächst Teilsummen anzuschreiben: $s_1 = 1$, $s_2 = 1 + 3 = 4$, $s_3 = 1 + 3 + 5 = 9$, $s_4 = 1 + 3 + 5 + 7 = 16$. Man gelangt so zu der Behauptung:

S 1 $\boldsymbol{s_n = 1 + 3 + 5 + \cdots + (2n - 1) = n^2}$. Sie ist sicher richtig für $n \in \{1, 2, 3, 4\}$.

Wenn man nun weiß, daß für einen *solchen* Wert von n die Formel $s_n = n^2$, also Summe $=$ (Index)^2, gilt, so drängt sich die Frage auf, ob diese Berechnung auch bei den folgenden Werten von n gilt, insbesondere beim nächstgrößeren Wert $n + 1$. Für ihn ist $s_{n+1} = s_n + (2n + 1) = n^2 + (2n + 1)$, also $s_{n+1} = (n + 1)^2$. Man sieht: Gilt die Beziehung Summe $=$ (Index)^2 für irgend einen Wert von n, so gilt sie auch für den nächstgrößeren Wert $n + 1$. Nun kann man sagen: Da die Behauptung $s_n = n^2$ für $n = 4$ gilt, so gilt sie nach dem Vorstehenden auch für $n = 5$; da sie für $n = 5$ gilt, gilt sie auch für $n = 6$, usw. Der Satz 1 gilt also offenbar für jedes beliebig gewählte $n \in \mathbb{N}$.

Beispiel 2: Die Summe der Kubikzahlen $S_n = 1^3 + 2^3 + 3^3 + 4^3 \cdots + n^3$, $(n \in \mathbb{N})$

Bildet man	$s_1 = 1$;	$s_2 = 1 + 2 = 3$;	$s_3 = 1 + 2 + 3 = 6$
und vergleicht mit	$S_1 = 1$;	$S_2 = 1^3 + 2^3 = 9$;	$S_3 = 1^3 + 2^3 + 3^3 = 36$,
so fällt auf, daß	$S_1 = s_1^2$;	$S_2 = s_2^2$;	$S_3 = s_3^2$ ist.

Diese Beispiele und Vorüb. 3 legen die Behauptung nahe, daß für die Summe S_n der n ersten Kubikzahlen gilt: $S_n = 1^3 + 2^3 + 3^3 + \cdots + n^3 = (1 + 2 + 3 + \cdots + n)^2$,

S 2 nach Vorüb. 2 also: $\boldsymbol{S_n = 1^3 + 2^3 + 3^3 + \cdots + n^3 = \frac{1}{4} n^2 \cdot (n + 1)^2}$

Man schreibt kurz: $S_n = \sum_{k=1}^{n} k^3 = \frac{1}{4} n^2 (n + 1)^2$ (lies: „Summe k^3 von $k = 1$ bis n").

Die Behauptung wurde auf Grund der Fälle $n \in \{1, 2, 3\}$ aufgestellt. Wie Vorüb. 1 zeigt, braucht eine Vermutung, die aus Einzelfällen gewonnen wurde, nicht für alle $n \in \mathbb{N}$ richtig zu sein. Ein Beweis von S 2 ist daher nötig, wir führen ihn in 3 Schritten.

Schritt I: Wir stellen fest: Satz 2 ist richtig für $n = 1$ (sogar für $n \in \{1, 2, 3\}$).

Schritt II: Wir nehmen an: S 2 ist richtig für ein gewisses $n \in \mathbb{N}$.

Für dieses n setzen wir also voraus, daß $S_n = \frac{1}{4} n^2 (n+1)^2$ ist. (*)

Nach der Definition von S_n entsteht S_{n+1} aus S_n durch Addition von $(n+1)^3$, also ist

$$S_{n+1} = S_n + (n+1)^3 = \tfrac{1}{4} n^2 \cdot (n+1)^2 + (n+1)^3 = \tfrac{1}{4}(n+1)^2 \cdot [n^2 + 4(n+1)]$$
$$= \tfrac{1}{4}(n+1)^2 \cdot (n+2)^2.$$

Damit ergab sich gerade auch der Term, den man erhält, wenn man die Formel (*) für $(n+1)$ statt für n anschreibt. Dies besagt: Wenn S 2 für irgend ein n gilt, so gilt er auch für $n+1$.

Schritt III: (Folgerung aus *I* und *II*)
Da der Satz für $n = 1$ gilt, so gilt er auch für $n = 2$;
da der Satz für $n = 2$ gilt, so gilt er auch für $n = 3$;
da der Satz für $n = 3$ gilt, so gilt er auch für $n = 4$; usw.

Auf diese Weise kann man die Gültigkeit für ein beliebig gewähltes $n \in \mathbb{N}$ in endlich vielen Schritten aufzeigen.

Beispiel 3: Die **Bernoullische**[1] **Ungleichung.**

Für $x \neq 0$ ist $(1+x)^2 = 1 + 2x + x^2 > 1 + 2x$.

Hieraus folgt für $1 + x > 0$: $(1+x)^3 > (1+2x)(1+x)$, also

$(1+x)^3 > 1 + 3x + 2x^2 > 1 + 3x$.

S 3 Wir vermuten: $\mathbf{(1+x)^n > 1 + nx}$ für $n > 1$ und $x \neq 0,\ 1 + x > 0$.

Beweis: I) Der Satz ist richtig für $n = 2$.

II) Der Satz gelte für ein gewisses $n \geqq 2$. Für dieses n setzen wir also voraus, daß $(1+x)^n > 1 + nx$ ist. Dann gilt für $n+1$ (da ja $1 + x > 0$ ist):

$$(1+x)^{n+1} = (1+x)^n \cdot (1+x) > (1+nx)(1+x)$$
$$= 1 + nx + x + nx^2 > 1 + (n+1)x.$$

Diese Ungleichung erhält man aber gerade in S 3, wenn man n durch $n+1$ ersetzt. Der Satz gilt also auch für $n+1$. — Schritt III wie in Beispiel 2 (ohne die erste Zeile). Man sagt:

D 1 Die Sätze in Beispiel 1 bis 3 wurden **„durch Schluß von n auf $n+1$"** oder **„durch vollständige Induktion"**[2] bewiesen. Dieses Verfahren wird in der Mathematik oft verwendet.

Bemerkungen:

1. In der Naturwissenschaft werden Gesetze oft durch *unvollständige Induktion*, d.h. aus einer begrenzten Anzahl von Einzeltatsachen (z.B. aus Messungen, Experimenten) gewonnen. In der Mathematik dagegen wird durch das Prinzip der vollständigen Induktion die Gesamtheit aller möglichen Fälle bei einem Problem erfaßt und dadurch die Gültigkeit des Ergebnisses für jedes beliebig gewählte $n \in \mathbb{N}$ gesichert.

2. Das Verfahren der vollständigen Induktion kann freilich erst verwendet werden, nachdem die zu beweisende Behauptung gefunden worden ist oder vermutet wird (vgl. Aufg. 2c).

3. Beim Beweis durch vollständige Induktion ist notwendig und hinreichend, daß sowohl der Sachverhalt in Schritt I als auch der in Schritt II erfüllt ist. Schritt III folgt dann aus I und II.

1. Jakob Bernoulli (1654—1705), berühmter Mathematiker aus Basel
2. inducere (lat.), hineinführen

I, 6

Gegenbeispiel 1:
Behauptung: $n^2 + 1$ ist gerade.

Beweis:

I) $n = 1$ ergibt 2. I) ist erfüllt.

II) Ist $n^2 + 1 = 2p$, also gerade, so ist

$$\begin{aligned}(n+1)^2 + 1 &= (n^2 + 1) + (2n + 1)\\ &= 2p + (2n + 1)\\ &= 2(p + n) + 1,\end{aligned}$$

also ungerade. II) ist nicht erfüllt, die Behauptung gilt nicht für alle $n \in \mathbb{N}$.

Gegenbeispiel 2:
Behauptung: $n^2 + n + 1$ ist gerade.

Beweis:

I) $n = 1$ ergibt 3; I) ist nicht erfüllt.

II) Ist $n^2 + n + 1 = 2p$, also gerade, so ist

$$\begin{aligned}&(n+1)^2 + (n+1) + 1\\ &= (n^2 + n + 1) + (2n + 2)\\ &= 2p + 2n + 2 = 2(p + n + 1),\end{aligned}$$

also gerade.

I) ist nicht erfüllt. Die Behauptung ist falsch.

Aufgaben

1. Beweise mit vollständiger Induktion folgende (bekannte) Sätze (vgl. § 1 und 2).

a) $1 + 2 + 3 + \cdots + n = \frac{1}{2}n(n+1)$

b) $1 + 4 + 7 + \cdots + (3n - 2) = \frac{1}{2}n(3n - 1)$

c) $1 + 2 + 4 + \cdots + 2^{n-1} = 2^n - 1$

d) $1 + \frac{1}{2} + \frac{1}{4} + \cdots + \frac{1}{2^{n-1}} = 2\left(1 - \frac{1}{2^n}\right)$

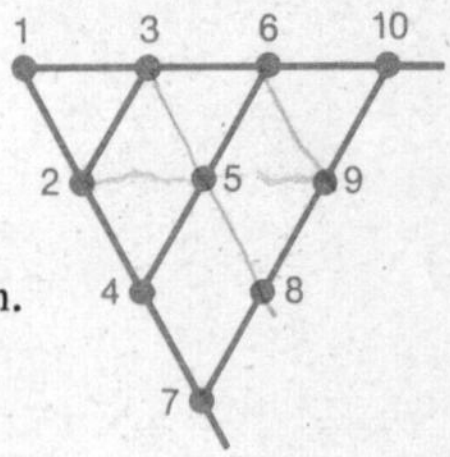

24.1. Dreieckszahlen

2. Die Zahlen 1, 3, 6, 10, ... in Fig. 24.1 nennt man Dreieckszahlen.

a) Erläutere ihre Entstehung.

b) Bilde die Folge ihrer Differenzen und zeige so, daß es sich um eine arithmetische Folge handelt. Welche Ordnung hat sie?

c) Zeige: Die n-te Dreieckszahl heißt $a_n = \frac{1}{2}n \cdot (n+1)$.

d) Beweise: Die Summe $a_n + a_{n+1}$ zweier aufeinander folgender Dreieckszahlen ist eine Quadratzahl:

$$a_n + a_{n+1} = (n+1)^2.$$

e) Beweise durch Schluß von n auf $n + 1$: Die Summe der n ersten Dreieckszahlen ist $s_n = \frac{1}{6}n \cdot (n+1) \cdot (n+2)$. Zeige nach b), daß s_n die Form $s_n = an^3 + bn^2 + cn$ hat?

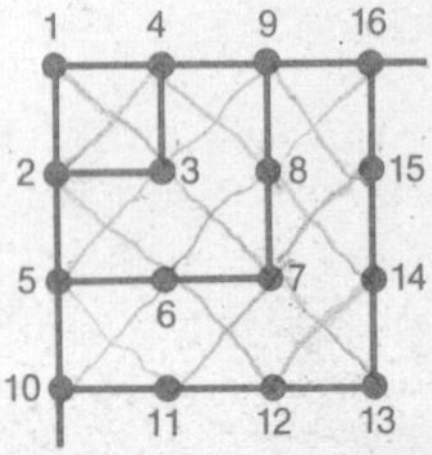

24.2. Viereckszahlen

3. Fig. 24.2 zeigt die Viereckszahlen, Fig. 24.3 die Fünfeckszahlen.

a) Löse die den Aufg. 2 a) bis c) entsprechenden Aufgaben.

b) Setze die Summe der n ersten Vierecks-(Fünfecks-)zahlen in der Form $s_n = an^3 + bn^2 + cn$ an und bestimme a, b und c durch Einsetzen von $n \in \{1, 2, 3\}$.

c) Beweise die Formel durch Schluß von n auf $n + 1$.

d) Wende das Verfahren in b) auf die Dreieckszahlen an.

6. Beweise durch Schluß von n auf $n + 1$:

$$\sum_{k=1}^{n} k^2 = 1^2 + 2^2 + 3^2 + \cdots + n^2 = \frac{1}{6}n \cdot (n+1) \cdot (2n+1)$$

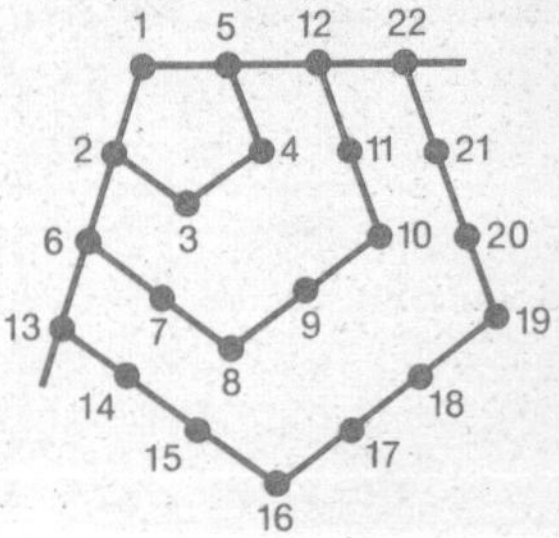

24.3. Fünfeckszahlen

8. Beweise: $\frac{1}{1\cdot 2} + \frac{1}{2\cdot 3} + \frac{1}{3\cdot 4} + \cdots + \frac{1}{n(n+1)} = \frac{n}{n+1}$

9. Zeige: Bildet man bei der Folge 1, 4, 9, 16, ... die Differenzen benachbarter Glieder (die Differenzenfolge), so erhält man eine arithmetische Folge 1. Ordnung.

10. Beweise: $n^3 - n$ ist durch 6 teilbar für alle $n \in \mathbb{N}$.

11. Beweise: Die Ungleichung $2^n > 2n + 1$ ist richtig für $n \geqq 3$.

12. Beweise: a) $2^n > n$ für $n \in \mathbb{N}$, b) $2^n > n^2$ für $n \geqq 5$, c) $2^n > n^3$ für $n \geqq 10$.

▸ 13. Beweise: $7^n - 1$ ist für alle $n \in \mathbb{N}$ durch 6 teilbar.

14. Beweise mit Hilfe der Bernoullischen Ungleichung Satz 1 von S. 20.
(Anleitung: Setze $q = 1 + z$ mit $z > 0$.)

8 Funktionen

Begriff der Funktion

❶ Bei einem Quadrat kann man der Seitenlänge (x cm) den zugehörigen Flächeninhalt (y cm²) zuordnen. Gib für die so definierte „Funktion" die *Zuordnungsvorschrift* in Form einer Gleichung an. Nenne die Menge der Zahlen, die man für x setzen kann (den „*Definitionsbereich*" der Funktion), ferner die Menge der Zahlen, die sich für y ergibt (den „*Wertevorrat*" der Funktion). Zeichne ein Schaubild der Funktion.

Versuche entsprechende Aussagen bei Vorüb. 2 bis 8 zu machen.

❷ Jeder positiven reellen Zahl werde die Zahl 1, jeder negativen die Zahl −1 zugeordnet.

❸ Nimmt man in Vorüb. 1 statt des Quadrats ein Rechteck mit dem Umfang 10 cm (Fig. 25.1), so ist $y = x(5 - x)$.

❹ Zu jedem Winkel gehört ein bestimmter Sinuswert.

❺ Jeder natürlichen Zahl kann man ihre Kehrzahl zuordnen.

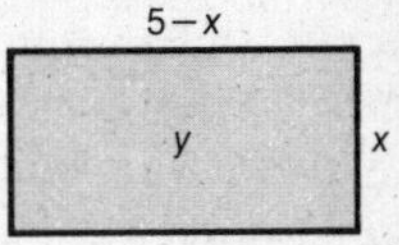

25.1. $y = x(5 - x)$

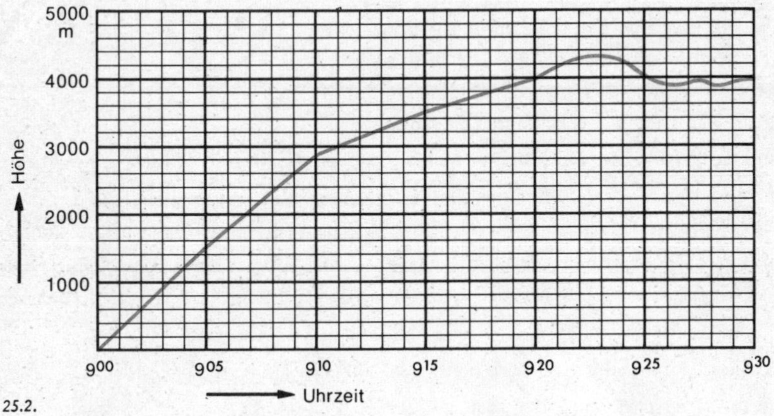

25.2.

❻ In der untenstehenden Tabelle ist das Ergebnis einer Mathematikarbeit in einer Klasse aufgeführt.

Note x	1	2	3	4	5
Anzahl y	3	5	8	6	2

❼ Bei einer Schraubenfeder ruft ein Körper vom Gewicht G (in p) eine Dehnung s (in cm) hervor.

G	50	80	120	150	180	220
s	0,75	1,2	1,8	2,25	2,7	3,3

⑧ Der Höhenmesser eines Flugzeugs zeichnet die Kurve in Fig. 25.2 auf. In welchem Bereich von t (von h) gehört zu jedem Wert von t (von h) genau *ein* Wert von h (von t)?

⑨ Fig. 26.1 gibt den Wohnort M, T, U der Schüler *C, D, E, H, K* an. Fig. 26.2 ihre Zugehörigkeit zum Fußballklub (F), Schachklub (S) und Ruderklub (R). Wodurch unterscheiden sich die beiden Schaubilder?

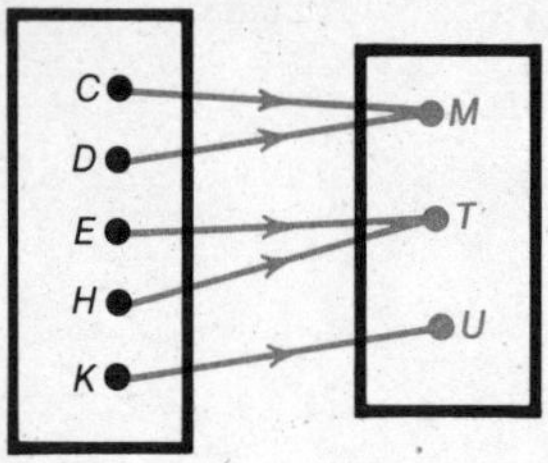

26.1.

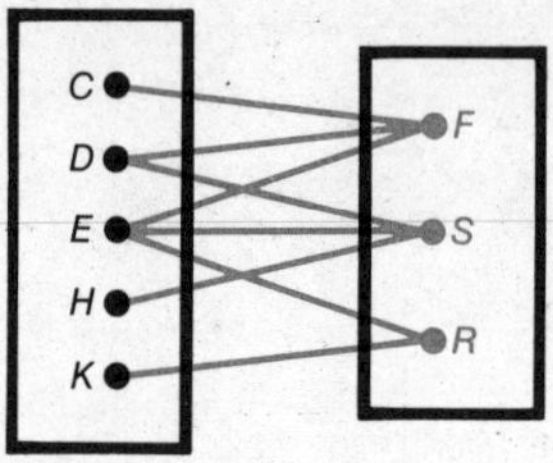

26.2.

Wie die Vorübungen zeigen, bestehen in der Mathematik, in den Naturwissenschaften und in anderen Gebieten des Lebens sehr oft *Zusammenhänge* zwischen den Zahlen oder Größen oder Elementen eines Bereichs und denen eines andern Bereichs: Zur Seitenlänge eines Quadrates gehört ein bestimmter Flächeninhalt; jedem Winkel ist ein Sinuswert zugeordnet, jeder Belastung einer Feder entspricht eine bestimmte Dehnung, usw. Bei einem *solchen* Zusammenhang sagen wir, es liege eine *Funktion* vor; ihre kennzeichnenden Eigenschaften drücken wir in der folgenden Definition aus.

D 1 **Ist jedem Element x einer Menge A als Bild genau ein Element y einer Menge B zugeordnet, so nennt man eine solche Zuordnung eine Funktion** (Fig. 26.3). Verschiedene Elemente von A können *dasselbe* Element von B als Bild haben (26.1 und 26.3). Es kann vorkommen, daß *alle* Elemente von B als Bild erscheinen (Fig. 26.1) oder nur ein Teil von ihnen (Fig. 26.3). Im ersten Fall sagt man: „*A ist auf B abgebildet*", im zweiten Fall: „*A ist in B abgebildet*". Bei uns wird gewöhnlich der 1. Fall vorliegen, da man die Bildmenge von A als Menge B wählen kann. Wir können dann also sagen:

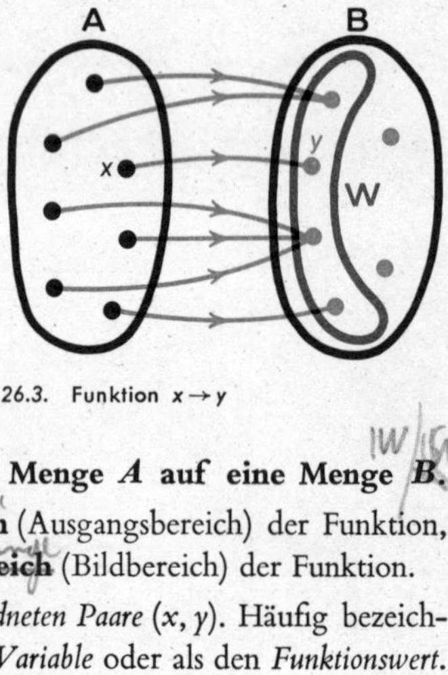

26.3. Funktion $x \to y$

Eine Funktion ist eine eindeutige Abbildung einer Menge A auf eine Menge B.

D 2 Die Menge $\boldsymbol{A}$ der x-Werte heißt der **Definitionsbereich** (Ausgangsbereich) der Funktion, die Menge $\boldsymbol{B}$ der zugeordneten y-Werte ist der **Wertebereich** (Bildbereich) der Funktion.

Die Funktion wird dargestellt durch die Menge der *geordneten Paare* (x, y). Häufig bezeichnet man x als die *unabhängige Variable*, y als die *abhängige Variable* oder als den *Funktionswert*.

D 3 Um die Zuordnung zwischen x und y auszudrücken, schreibt man

$\boldsymbol{x \to y}$ (lies: x abgebildet auf y) oder $\boldsymbol{x \to f(x)}$ (lies: x abgebildet auf f von x).

f bedeutet die *Vorschrift*, nach der man zu $x \in A$ den *Funktionswert* $f(x)$ erhält.

D 3a Man schreibt auch $\boldsymbol{x \to y}$ **mit** $\boldsymbol{y = f(x)}$ und nennt $y = f(x)$ eine *Funktionsgleichung*. Sie wird häufig zur Darstellung der Funktion verwendet (Vorüb. 3). Andere Möglichkeiten der Darstellung sind: Mengenbild, Funktionsgraph, Wertetafel, Menge geordneter Paare (vgl. Vorübungen und Beispiele).

Beispiele: a) Wird der natürlichen Zahl x ihre Kubikzahl y zugeordnet, so schreibt man $x \to y$ mit $y = x^3$ für $x \in \mathbb{N}$ (Fig. 27.1). Die Funktion wird dargestellt durch die Menge der geordneten Paare $\{(1;\, 1),\, (2;\, 8),\, (3;\, 27),\, \ldots,\, (n;\, n^3),\, \ldots\}$. Der Funktionswert ist hier $f(x) = x^3$.

b) Für $x \to y$ mit $y = \lg x$
sei $A = \{x \mid 1 \leqq x \leqq 100\}$;
dann ist $B = \{y \mid 0 \leqq y \leqq 2\}$.

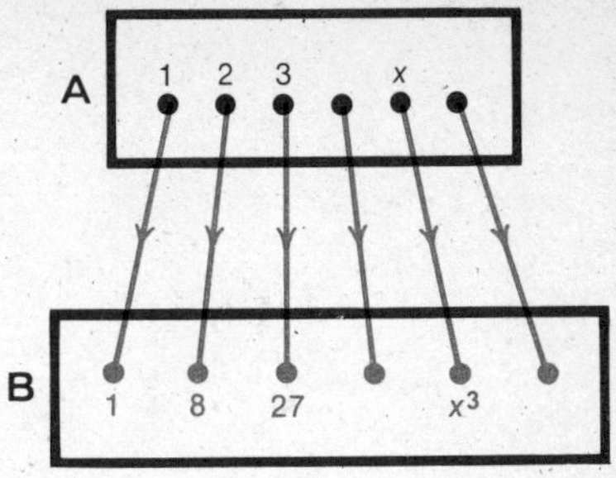

27.1. $x \to x$ mit $y = x^3$

Bemerkungen:

1. In der wichtigen Darstellungsform durch die Funktionsgleichung $y = f(x)$ bedeutet also f die Zuordnungsvorschrift, $f(x)$ bzw. y den Funktionswert. Die Funktion $x \to y$ mit $y = x^3$ läßt sich auch kurz durch $x \to x^3$ oder $y = x^3$ darstellen.

2. Statt „die Funktion $x \to y$ mit $y = f(x)$" sagt man häufig kurz „*die Funktion* $y = f(x)$".

3. Als Variable verwendet man außer x und y auch s, t, u, v, w, z (vgl. $s = \frac{1}{2} a t^2$). Statt $f(x)$ benutzt man häufig $g(x)$, $F(x)$, $y(x)$; vgl. $s = f(t)$, $v = g(t)$, $a = h(t)$.

4. Ist allen Elementen $x \in A$ dasselbe Element c zugeordnet, so schreibt man $x \to c$ oder $y = c$ und sagt:

D 4 *Die Funktion* $x \to c$ *heißt konstante Funktion* (vgl. Fig. 27.2).

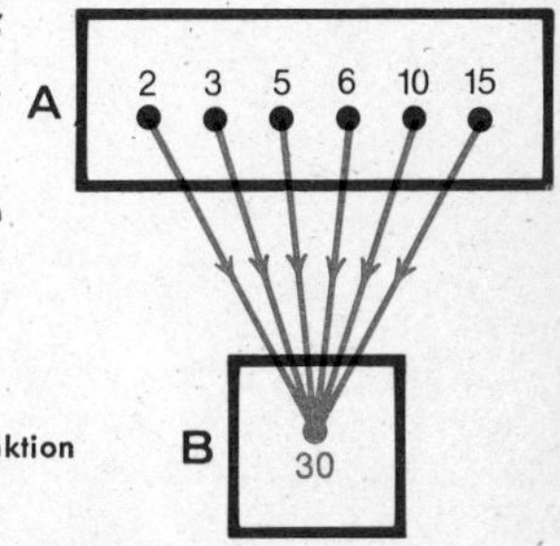

27.2. Konstante Funktion

Aufgaben aus der Geometrie

1. Es bedeute x den Mittelpunktswinkel, y die Fläche eines Kreisausschnitts im Einheitskreis. Gib die Funktion $x \to y$ mittels einer Funktionsgleichung an. Bestimme den Wertebereich für y, wenn der Definitionsbereich $A = \{x \mid 0 \leqq x \leqq 2\pi\}$ ist.

2. Die Kanten eines Quaders verhalten sich wie 1 : 2 : 3. Es bedeute x die kleinste Kante, V den Rauminhalt, O die Oberfläche des Quaders. Drücke die Funktionen $x \to V$ und $x \to O$ durch Funktionsgleichungen aus.

3. Auf einen senkrechten Kreiszylinder mit quadratischem Achsenschnitt ist eine Halbkugel aufgesetzt. Gib a) den Rauminhalt, und b) die Oberfläche des Körpers in Abhängigkeit vom Grundkreisradius r an.

Die Funktion und ihr Graph im Achsenkreuz

Stellt man die geordneten Paare (x, y) einer Funktion $x \to y$ mit $y = f(x)$ in einem Koordinatensystem als Punkte mit den Koordinaten x und y dar, so erhält man eine *Punktmenge*.

D 5 Sie heißt ein **Graph** oder ein *Schaubild* der Funktion.

Beispiele: 1. Vorüb. 6, Fig. 27.3, Paarmenge: M

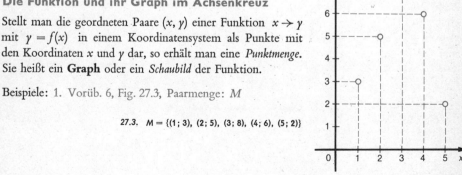

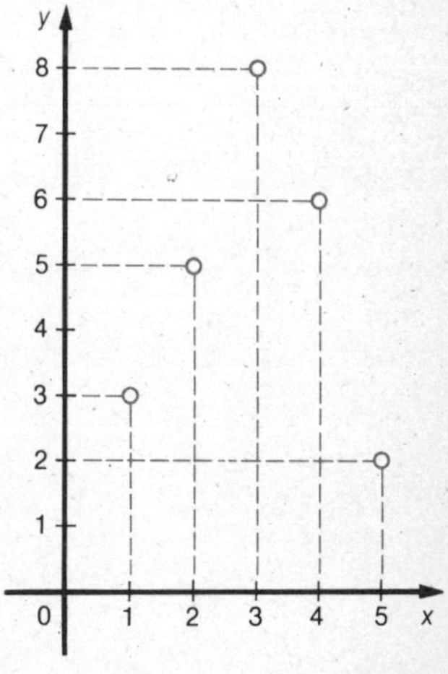

27.3. $M = \{(1;\, 3),\, (2;\, 5),\, (3;\, 8),\, (4;\, 6),\, (5;\, 2)\}$

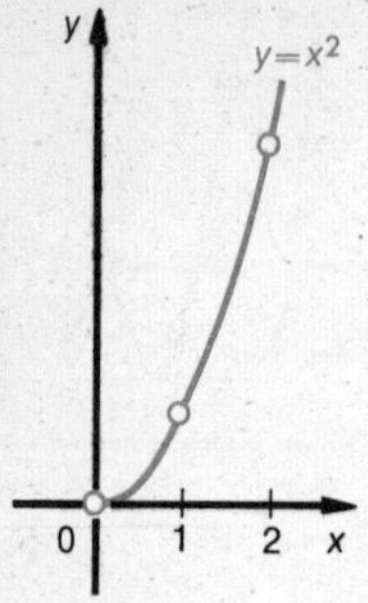

28.1. $x \to x^2$

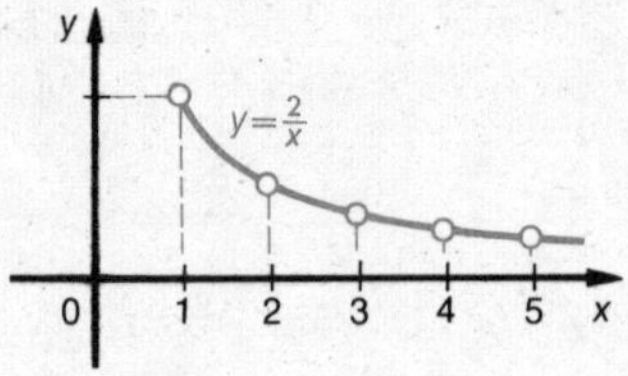

28.2. $x \to \frac{2}{x}$

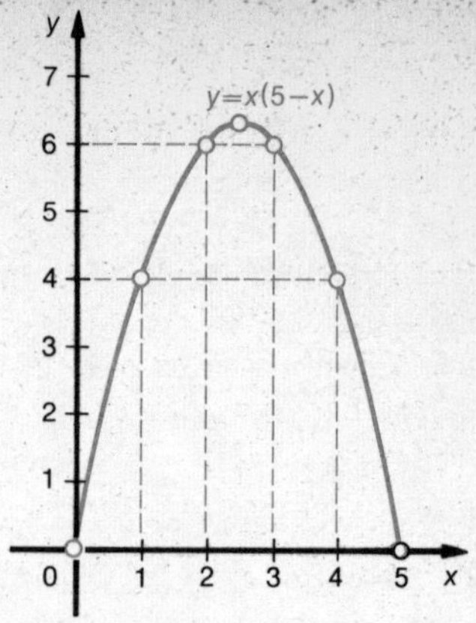

28.3. $x \to x\,(5-x)$

2. Vorüb. 1, Fig. 28.1:

$x \to x^2; \quad y = x^2,$ $\qquad A = \{x \mid x \geqq 0\}, \quad B = \{y \mid y \geqq 0\}.$

3. Fig. 28.2:

$x \to y$ mit $y = \frac{2}{x},$ $\qquad A = \{x \mid x \geqq 1\}, \quad B = \{y \mid 0 < y \leqq 2\}.$

4. Vorüb. 2, Fig. 28.3:

$x \to x\,(5-x); \quad y = x\,(5-x),$ $\qquad A = \{x \mid 0 \leqq x \leqq 5\}, \quad B = \{y \mid 0 \leqq y \leqq 6{,}25\}.$

5. Vorüb. 5, Fig. 28.4:

$x \to y; \quad y = \frac{|x|}{x},$ $\qquad A = \mathbb{R} \setminus \{0\}, \quad B = \{1; -1\}.$

D 6 Ist ein Punkt durch ein Quadrat gekennzeichnet, so gehört er *nicht* zum Schaubild der Funktion.

6. Fig. 28.5:

$x \to f(x); \quad f(x) = |x^2 - 4|,$ $\qquad A = \mathbb{R}, \quad B = \mathbb{R}_0^+$

7. Fig. 28.6: $x \to y$ mit $y = [x].$ $\qquad A = \mathbb{R}, \quad B = \mathbb{Z}$

D 7 $[x]$ bedeutet die größte ganze Zahl, die kleiner oder gleich x ist.

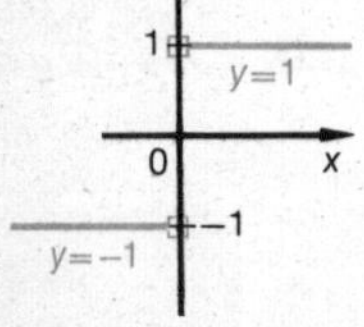

28.4. $x \to \frac{|x|}{x}$

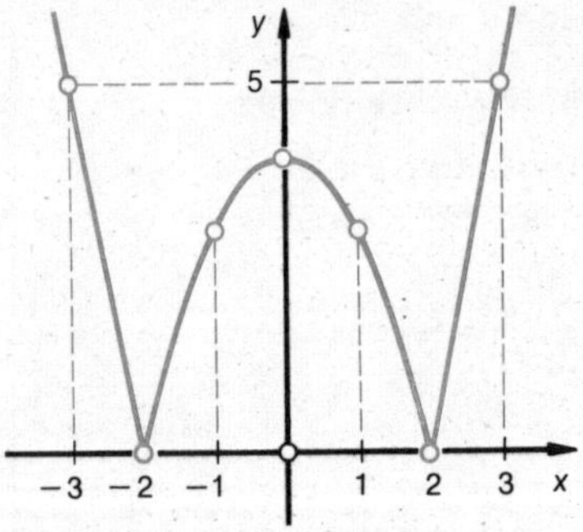

28.5. $x \to |x^2 - 4| \qquad y = |x^2 - 4|$

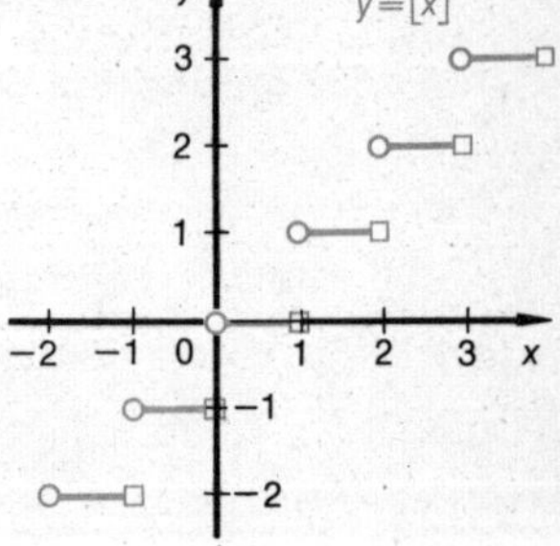

28.6. $x \to [x]$

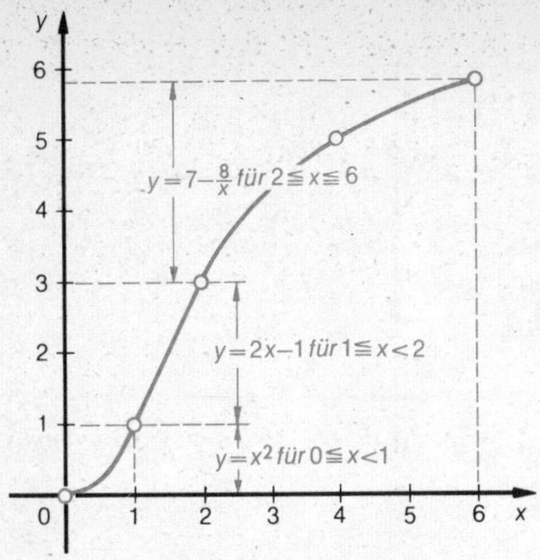

29.1.

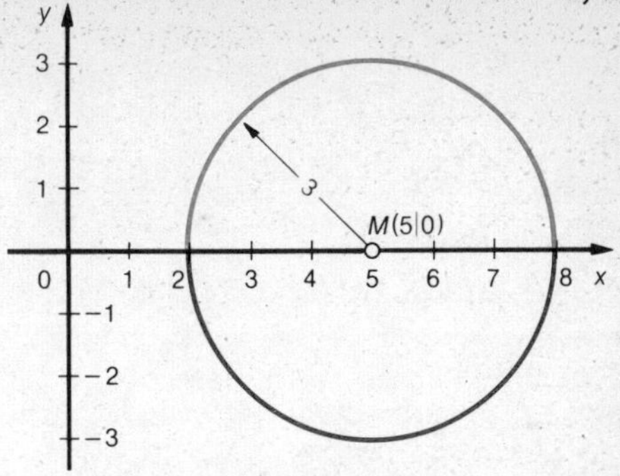

29.3. —— $y_{I} = \sqrt{9-(x-5)^2}$
—— $y_{II} = -\sqrt{9-(x-5)^2}$

8. Fig. 29.1: Abschnittsweise Definition

$$y=\begin{cases} x^2 & \text{für } 0\leqq x<1\\ 2x-1 & \text{für } 1\leqq x<2\\ 7-\dfrac{8}{x} & \text{für } 2\leqq x\leqq 6\end{cases}$$

10. Fig. 29.3: Die Kreisgleichung $(x-5)^2+y^2=9$ führt u.a. zu $y_{\mathrm{I}}=\sqrt{9-(x-5)^2}$. y_{I} ist definiert für $(x-5)^2\leqq 9 \Leftrightarrow -3\leqq x-5\leqq 3$,

d.h. $A=\{x\mid 2\leqq x\leqq 8\}$,
$B=\{y\mid 0\leqq y\leqq 3\}$.

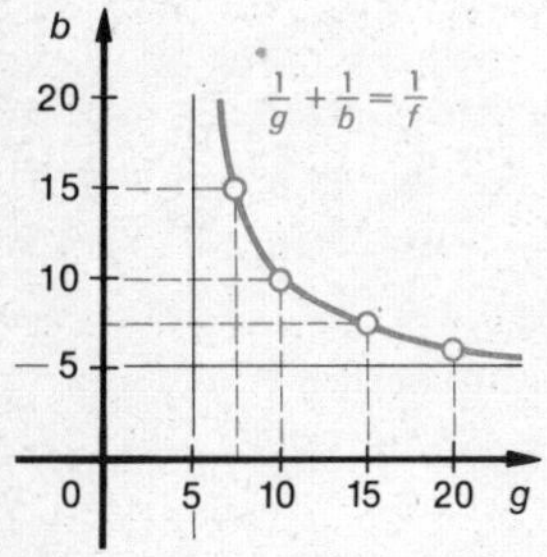

29.2.
$b=\dfrac{fg}{g-f}$

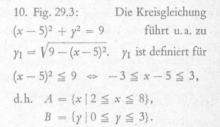

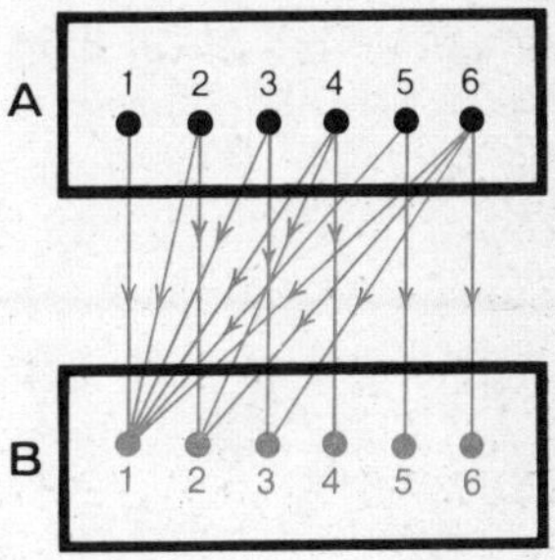

29.4.

9. Fig. 29.2: In der Optik gilt die Linsengleichung $\dfrac{1}{g}+\dfrac{1}{b}=\dfrac{1}{f}$, also $b=\dfrac{fg}{g-f}$. Fig. für $f=5$ cm.

Funktion und Relation

Beispiel 11: Die Kreisgleichung $x^2+y^2=1$ führt nicht nur auf $y_{\mathrm{I}}=\sqrt{1-x^2}$ für $|x|\leqq 1$, sondern z.B. auch auf $y_{\mathrm{II}}=-\sqrt{1-x^2}$ für $|x|\leqq 1$; aber auch $y=\sqrt{1-x^2}$ für $|x|\leqq 1$ und $x\in\mathbb{Q}$ zusammen mit $y=-\sqrt{1-x^2}$ für $|x|\leqq 1$ und $x\in\mathbb{R}\setminus\mathbb{Q}$ sind Funktionen, die sich aus der Kreisgleichung ergeben. Weil die Zuordnung $x\to y$ die durch die Gleichung $x^2+y^2=1$ vermittelt wird, nicht eindeutig ist, sprechen wir nicht von einer *Funktion*, sondern allgemeiner von einer *Relation*, die durch die Gleichung $x^2+y^2=1$ definiert ist.

Beispiel 12: Auch in Fig. 26.2 (Vorüb. 9) liegt keine Funktion, sondern eine Relation vor, weil den Elementen D und E von A *mehrere* Elemente von B zugeordnet sind. Durch Fig. 26.1 wird dagegen eine Funktion dargestellt.

Beispiel 13: Fig. 30.1 ist ein Graph einer Relation. Hier sind jeder der Zahlen $x \in \{1, 2, 3, 4, 5, 6\}$ ihre Teiler t zugeordnet. Die Relation wird erfüllt durch die Paarmenge $\{(1; 1), (2; 1), (2; 2), (3; 1), (3; 3), (4; 1), (4; 2), (4; 4), (5; 1), (5; 5), (6; 1), (6; 2), (6; 3), (6; 6)\}$. Ein Graph im Achsenkreuz ist für sie in Fig. 30.1 gezeichnet.

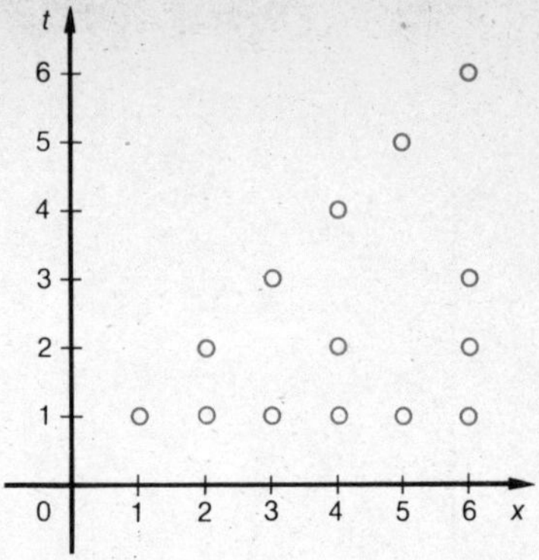

30.1.

Die Beispiele 11 bis 13 führen zu der Definition:

D 8 *Sind jedem Element einer Menge A ein- oder mehrdeutig die Elemente einer Menge B zugeordnet, so nennt man die Zuordnung eine* **Relation** (Fig. 26.2, 29.4, 30.1).

Ist die Zuordnung *eindeutig*, so hat man eine **Funktion**. Eine Funktion ist also ein Sonderfall einer Relation, und zwar ein besonders wichtiger.

Bemerkung: Es gibt Relationen und Funktionen, bei denen die Elemente ein und derselben Menge einander zugeordnet sind (Fig. 29.4). Bei solchen Funktionen wird dann die Menge A in sich bzw. auf sich selbst abgebildet.

Aufgaben

10. Bestimme den Wertebereich B folgender Funktionen und zeichne ihre Schaubilder.
a) $y = 4x - 3$ für $A = \{1; 2; 3; 4; 5\}$ b) $y = \frac{1}{2}x - 3$ für $0 \leqq x \leqq 4$
c) $y = 2^x$ für $A = \{-3; -2; -1; 0; 1; 2; 3\}$ d) $y = \lg x$ für $0 < x \leqq 10$

11. Welche der Zahlenpaare $(1; 1)$, $(2; 0{,}6)$, $(-1; 0)$ sind Zahlenpaare der Funktionen
a) $y = \frac{x+1}{x^2+1}$ für $x \in \mathbb{Z}$ b) $y = 2^x - \frac{1}{2}$ für $x \in \mathbb{R}$ c) $y = \lg x + 1$ für $x \in \mathbb{R}^+$
d) $y = -\frac{3}{10}x^2 + \frac{1}{2}x + \frac{4}{5}$ für $x \in \mathbb{Q}$ e) $y = \frac{5^x - 0{,}2}{4{,}8\,x^2}$ für $x \in \mathbb{N}$?

12. Für $x \to f(x)$ mit $f(x) = x^2$ ist $f(2) = 4$, $f(-2) = 4$, $f(a) = a^2$, $f(x+h) = (x+h)^2$.
Berechne ebenso:
a) $f(0)$; $f(1)$; $f(-1)$; $f(-3)$; $f(a)$; $f(a+b)$; $f(x+h)$ für $f(x) = \frac{1}{3}x^3 - x$
b) $g(0)$; $g(2)$; $g(-2)$; $g(x_1)$; $g(-x_1)$; $g(x + \Delta x)$ für $g(x) = \frac{2x}{x^2+4}$
c) $h(0)$; $h(1)$; $h\left(\frac{1}{2}\right)$; $h(\Delta t)$; $h(1+t)$; $h(1-t)$ für $h(t) = \sqrt{1 - t + t^2}$

13. Es ist $u(x) = x + 2$ und $v(x) = \frac{2}{x}$. Bestimme $u + v$; $u \cdot v$; $\frac{u}{v}$; u^2; v^3; 2^v
für a) $x = 4$;   b) $x = -4$;   c) $x = 0{,}25$.

14. Bestimme den größtmöglichen reellen Definitionsbereich für
a) $y = x^3 - 3x$ b) $y = \frac{1}{x^2+1}$ c) $y = \sqrt{x^2}$ d) $y = 2^x$
e) $y = \frac{1}{x-1}$ f) $y = \frac{1}{2x^2 - 8}$ g) $y = \sqrt{9 - x^2}$ h) $y = \lg x$.

15. Zeichne Graphen: a) $y = \sqrt{2}$, b) $y = -\frac{1}{2}$, c) $y = \lg 1000$, d) $y = 10^{0,301}$

16. Zeichne im angegebenen Bereich die Graphen von
a) $y = \frac{1}{2}x^2 - 5$ für $-2 \leqq x \leqq 3$, b) $y = 4 - \frac{x^2}{4}$ für $-4 \leqq x \leqq 4$.

17. Gib den größtmöglichen reellen Definitionsbereich an und zeichne:
a) $y = |2x|$, b) $y = |x^3|$, c) $y = 2^{|x|}$, d) $y = \frac{x}{|x|}$ e) $y = |\lg x|$

▸ **18.** Zeichne für $-1 \leqq x \leqq 1$ ein Schaubild von a) $y = 1 + [x]$, b) $y = x - [x]$ (vgl. S. 28, Beisp. 7).

19. Zeichne Funktionsgraphen folgender abschnittsweise definierter Funktionen:

a) $y = \begin{cases} x^2 & \text{für } x \leqq 0 \\ x & \text{für } x > 0 \end{cases}$ b) $y = \begin{cases} \frac{1}{x} & \text{für } 0 < x \leqq 1 \\ 2 - x & \text{für } 1 < x \leqq 5 \end{cases}$

c) $s = \begin{cases} 0{,}2\,t^2 & \text{für } 0 \leqq t \leqq 5 \\ 2t - 5 & \text{für } 5 < t \leqq 8 \end{cases}$ d) $F(t) = \begin{cases} 2\sqrt{t} & \text{für } 0 \leqq t < 4 \\ 4 & \text{für } 4 \leqq t \leqq 8 \end{cases}$

Relationen

20. Durch folgende Gleichungen sind Relationen definiert (wieso?). Gib wie in Fig. 29.3 je 2 Funktionen $x \to y$ an, die sich aus den Gleichungen ergeben. Zeichne.
a) $y^2 = x^2$ b) $4x^2 + 4y^2 = 25$ c) $y^2 - 4x = 0$

21. Welche Punktmengen der x, y-Ebene sind durch folgende Relationen bestimmt?
a) $x^2 + y^2 \leqq 4$ b) $y^2 \leqq 2x$ c) $x^2 < 1$ ▸ d) $|x| + |2y| > 4$

e) $\begin{Bmatrix} x^2 + y^2 \leqq 4 \\ \text{und } y \geqq x^2 \end{Bmatrix}$ ▸ f) $\begin{Bmatrix} x^2 + y^2 \leqq 16 \\ \text{und } y \geqq 4 - |x| \end{Bmatrix}$ ▸ g) $\begin{Bmatrix} y \leqq 5 \text{ und} \\ y \geqq |4 - x^2| \end{Bmatrix}$

Beachte: Die 2 Ungleichungen in e) bis g) bedeuten *eine* Relation. Zeige, daß es sich in e) bis g) um den Durchschnitt zweier Mengen handelt.

9 Beschränkte und monotone Funktionen. Umkehrfunktionen

Beschränkte Funktionen

Beispiel 1 (Fig. 31.1): Bei $x \to y$ mit $y = 4 - \frac{6}{x}$ ist für $x \geqq 1$ stets $y \geqq -2$ und $y < 4$.

D 1 Eine Funktion, die für $x \in A$ definiert ist, heißt **nach oben beschränkt,** wenn es eine Zahl K gibt, so daß $f(x) \leqq K$ für alle $x \in A$ gilt (Fig. 32.1). Sie heißt **nach unten beschränkt,** wenn es eine

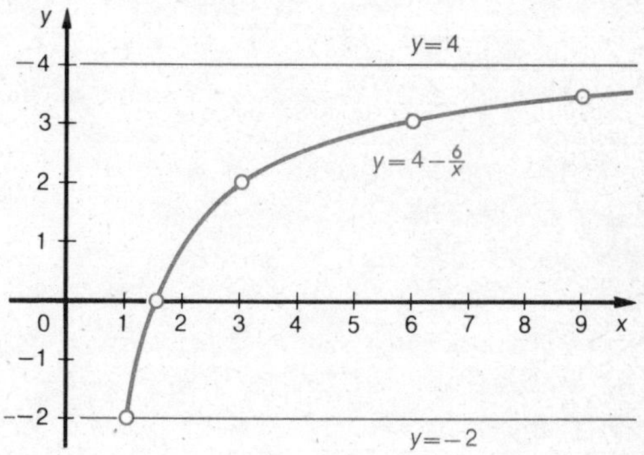

31.1. $-2 \leqq 4 - \frac{6}{x} < 4$ für $x \geqq 1$

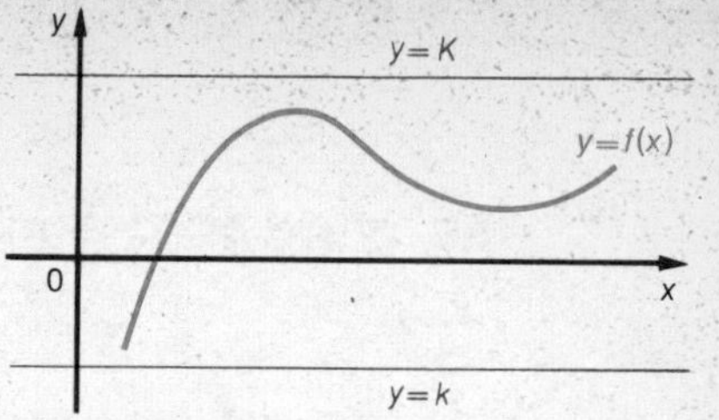

32.1. Obere und untere Schranke

Zahl k gibt, so daß $f(x) \geqq k$ gilt. Eine Funktion heißt **beschränkt,** wenn sie nach **oben und unten** beschränkt ist. Es gibt dann eine Zahl $M > 0$, so daß $|f(x)| \leqq M$ ist für alle $x \in A$. Man nennt k eine **untere Schranke,** K eine **obere Schranke** der Funktion. Ist k eine untere (K eine obere) Schranke, so ist jede kleinere (größere) Zahl untere (obere) Schranke.
Im Beispiel 1 kann man wählen: $k = -2$, $K = 4$ und $M = 4$.

Aufgabe

1. Gib in Beispiel 1 bis 10 von § 8 an, welche Funktionen auf A beschränkt sind und welche nicht. Nenne untere und obere Schranken. Welche Funktionen sind nur nach oben, welche nur nach unten nicht beschränkt?

Monotone Funktionen

Beispiel 2: Ist in Fig. 32.2 $x_2 > x_1$, so ist auch $f(x_2) > f(x_1)$. Wir sehen: wenn x zunimmt, so nimmt auch $f(x)$ zu.

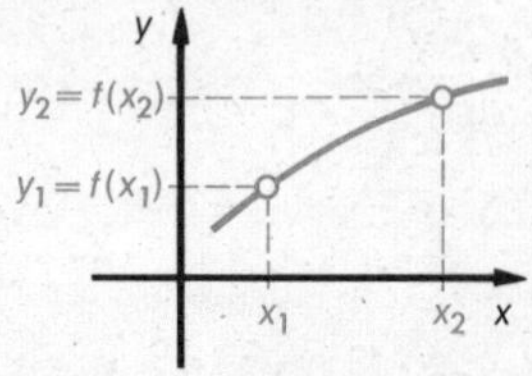

32.2. Strenge Monotonie

D 2 Die Funktion $x \rightarrow f(x)$ heißt in A **streng monoton zunehmend,** wenn für je zwei Werte x_1 *und* x_2 aus A mit $x_2 > x_1$ auch $f(x_2) > f(x_1)$ gilt (Fig. 32.2). Sie heißt **streng monoton abnehmend,** wenn für $x_2 > x_1$ stets $f(x_2) < f(x_1)$ ist. Beides faßt man zusammen unter dem Begriff der „strengen Monotonie". Ist $f(x_2) \geqq f(x_1)$ oder $f(x_2) \leqq f(x_1)$ für $x_2 > x_1$, so spricht man von *allgemeiner Monotonie* (Fig. 32.3 oder konstante Funktionen). Funktionen können auch „abschnittsweise monoton" sein (Fig. 32.4). Es gibt auch Funktionen, die nirgends monoton sind.

$$\left(\text{Vgl. } x \rightarrow f(x) \text{ mit } \begin{cases} f(x) = 1 & \text{für } x \in \mathbb{Q} \\ f(x) = 0 & \text{für } x \in \mathbb{R} \setminus \mathbb{Q}. \end{cases}\right)$$

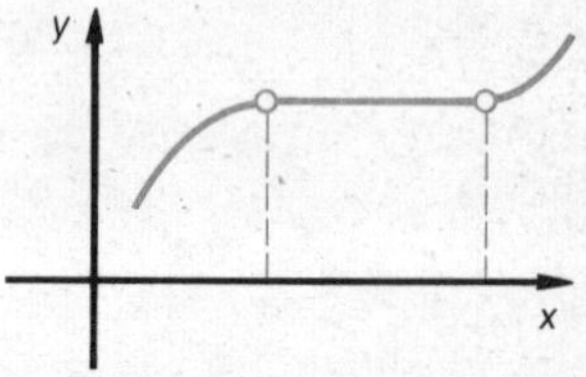

32.3. Allgemeine Monotonie

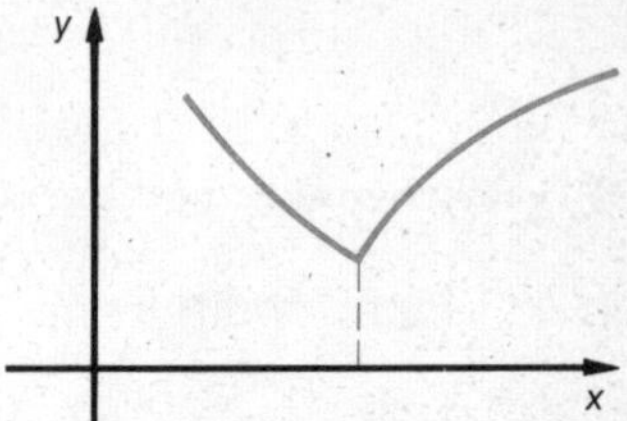

32.4. Abschnittsweise Monotonie

Aufgabe

2. Nenne in Beispiel 1 bis 10 von § 8 Funktionen, die monoton oder abschnittsweise monoton sind.

Umkehrfunktionen (Inverse[1] Funktionen)

Aus dem Schaubild einer streng monotonen Funktion $x \rightarrow f(x)$ (Fig. 32.2) sieht man, daß nicht nur zu jedem $x \in A$ genau *ein* $y \in B$ gehört, sondern umgekehrt zu jedem $y \in B$ wieder genau das Ausgangselement $x \in A$. Die Funktion $y \rightarrow \bar{f}(y)$ (lies: f quer von y), welche den Elementen von B eindeutig diese Elemente von A zuordnet, nennt man die *Umkehrfunktion* (inverse[1] Funktion) zu $x \rightarrow f(x)$.

1. inversus (lat.) umgekehrt

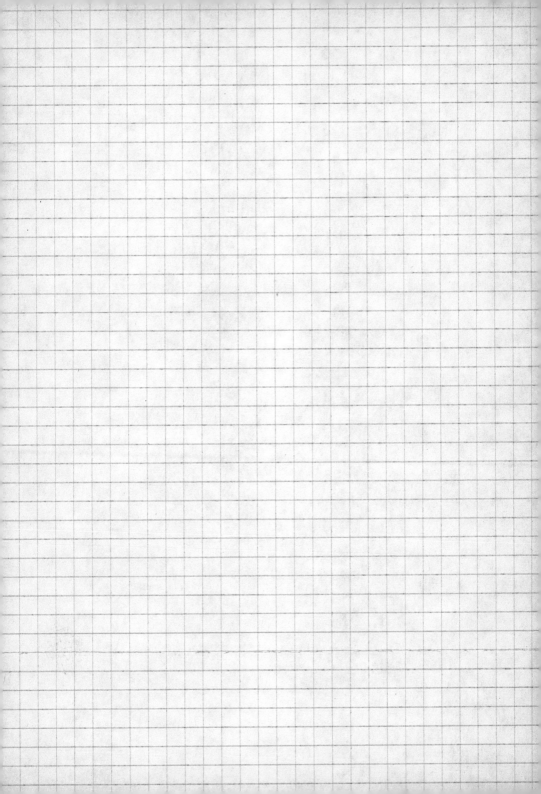

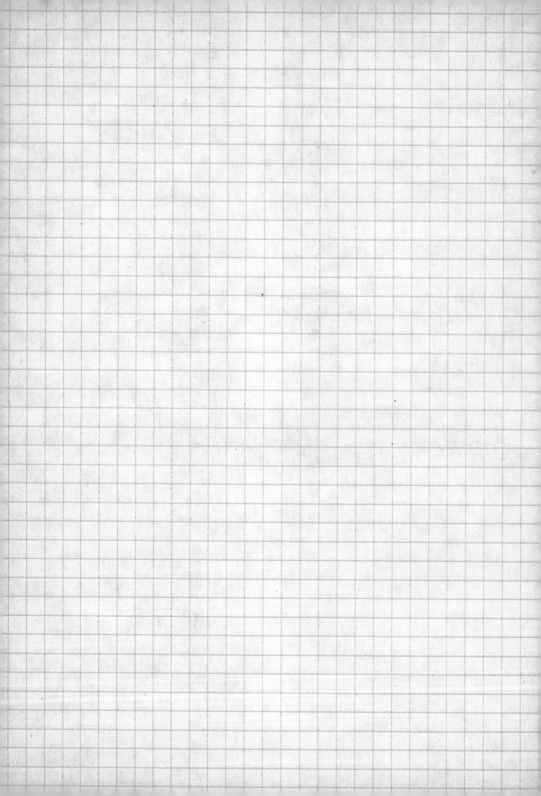

Allgemein sagen wir:

D 3 Wird die Menge A durch die Funktion $x \to y$ mit $y = f(x)$ eindeutig auf die Menge B abgebildet und gehören zu verschiedenen Elementen von A stets auch verschiedene Elemente von B (Fig. 32.2), so ist die Paarbildung (x, y) auch in der umgekehrten Richtung eindeutig. Die Menge dieser neuen geordneten Paare (y, x) stellt die Funktion $y \to x$ mit $x = \bar{f}(y)$ dar, die man die **Umkehrfunktion** der Funktion $x \to y$ mit $y = f(x)$ nennt.

Beispiel 3: Funktion $x \to f(x)$: $\{(2;8), (3;27), (4;64)\}$
Umkehrfunktion $y \to \bar{f}(y)$: $\{(8;2), (27;3), (64;4)\}$

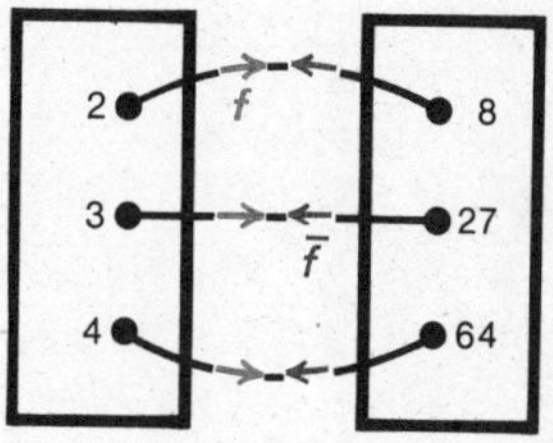

33.1. Funktion und Umkehrfunktion

Die Umkehrfunktion einer Funktion entsteht also, wenn man die Rollen der beiden Mengen A und B als Definitions- und Wertebereich vertauscht und im Mengenbild die Pfeilrichtung umkehrt (Abb. 33.1). Werden die Elemente von A und B durch Variable vertreten, so vertauschen diese ihre Rollen als *unabhängige* und *abhängige* Variable.

Aus den obigen Überlegungen ergibt sich der *Satz* (Fig. 32.2):

S 1 **Zu jeder streng monotonen Funktion gibt es eine Umkehrfunktion.**

Aufgaben

3. Nenne in den Beispielen 1 bis 10 von § 8 die Funktionen, die nach Satz 1 eine Umkehrfunktion haben.

4. Zeige am Beispiel $y = \begin{cases} 0{,}5\,x & \text{für } 0 \leqq x \leqq 2 \\ -0{,}5\,x + 4 & \text{für } 2 < x \leqq 4 \end{cases}$, daß der Kehrsatz zu Satz 1 nicht gilt.

Beispiel 4: Gegeben ist $y = x^2$ mit $A = \{x \mid 0 \leqq x \leqq 3\}$ und $B = \{y \mid 0 \leqq y \leqq 9\}$ (Fig. 33.2). Um die Zuordnungsrichtung umzukehren, löst man $y = x^2$ nach x auf und

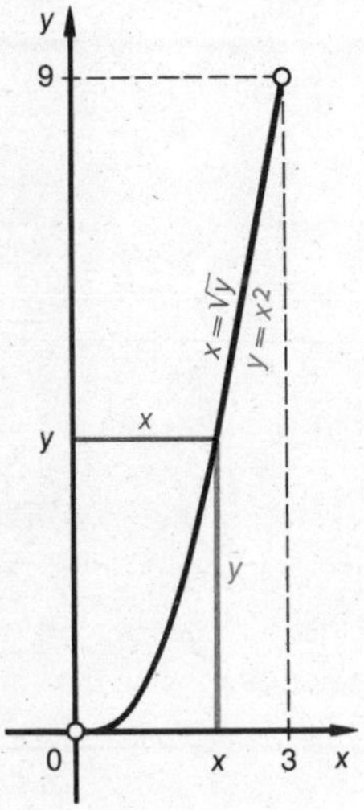

33.2.

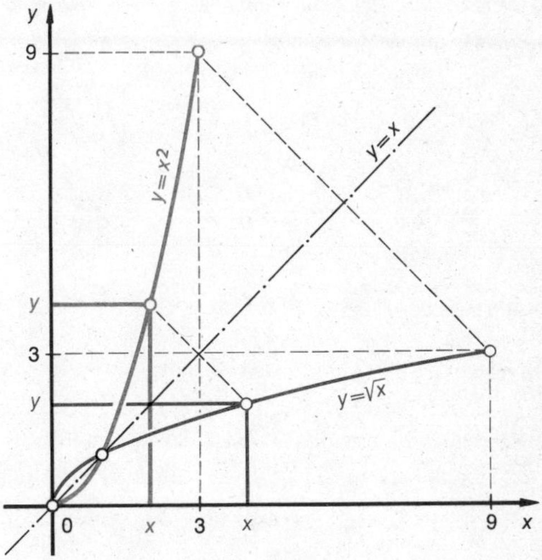

33.3.

3—7369/2

erhält $x = \sqrt{y}$ mit $\bar{A} = \{y \mid 0 \leqq y \leqq 9\}$ und $\bar{B} = \{x \mid 0 \leqq x \leqq 3\}$. Ausgangsbereich und Bildbereich haben ihre Rollen vertauscht. Will man wieder, wie es in der Mathematik üblich ist, die unabhängige Variable x nennen, so vertauscht man die Zeichen y und x und erhält die *Umkehrfunktion von* $y = x^2$ *in der Form* $y = \sqrt{x}$ mit $\bar{A} = \{x \mid 0 \leqq x \leqq 9\}$ und $\bar{B} = \{y \mid 0 \leqq y \leqq 3\}$. Vgl. Fig. 33.2 und 3.

$y = x^2$ und $x = \sqrt{y}$ haben dasselbe Schaubild.

Die Vertauschung von x und y bedeutet: Der Graph wird an der Gerade mit der Gleichung $y = x$ gespiegelt.

R *Ist eine umkehrbare Funktion durch eine Gleichung $y = f(x)$ gegeben, so erhält man die Gleichung $y = \bar{f}(x)$ ihrer Umkehrfunktion, indem man $y = f(x)$ nach x auflöst sowie Definitions- und Wertebereich vertauscht und dann in der neuen Gleichung und in den Bereichen die Buchstaben x und y vertauscht.*

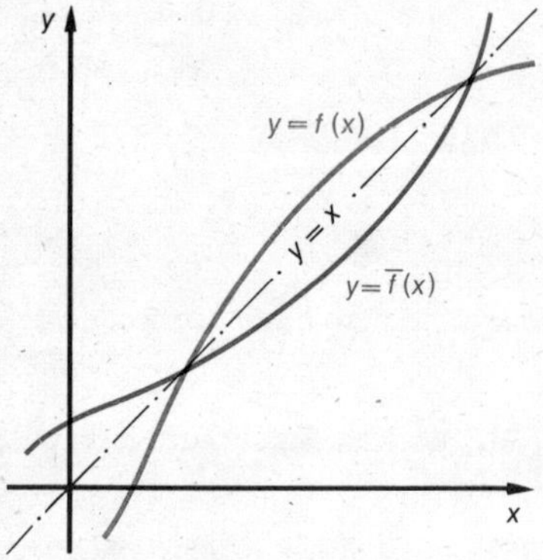

34.1.

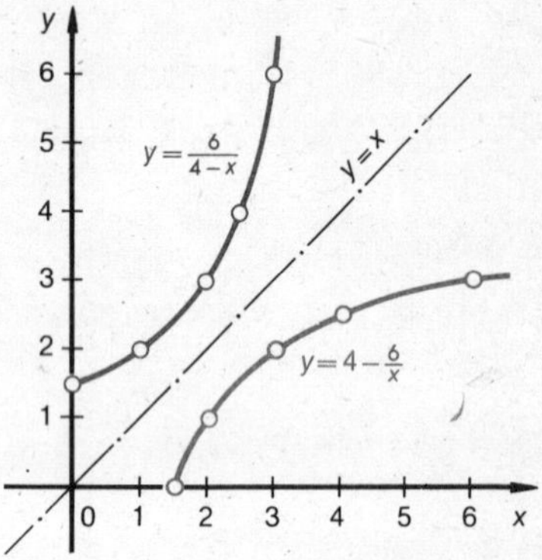

34.2.

R *Der Graph der Umkehrfunktion entsteht, indem man das Schaubild der Ausgangsfunktion an der Gerade mit der Gleichung $y = x$ spiegelt* (Fig. 33.3 und 34.1 und 34.2).

Beispiel 5 (Fig. 34.2): $y = 4 - \frac{6}{x}$ $\begin{cases} A = \{x \mid x \geqq 1{,}5\} \\ B = \{y \mid 0 \leqq y < 4\} \end{cases}$

Auflösen nach x, Vertauschen der Bereiche $x = \frac{6}{4 - y}$ $\begin{cases} \bar{A} = \{y \mid 0 \leqq y < 4\} \\ \bar{B} = \{x \mid x \geqq 1{,}5\} \end{cases}$

Vertauschen von x mit y $y = \frac{6}{4 - x}$ $\begin{cases} \bar{A} = \{x \mid 0 \leqq x < 4\} \\ \bar{B} = \{y \mid y \geqq 1{,}5\} \end{cases}$

Es ist dann also

$\bar{A} = B$

$\bar{B} = A$

Bemerkung: Das Wesentliche bei der Aufstellung einer Umkehrfunktion ist die Änderung der Zuordnungs*richtung* zwischen den beiden Bereichen. Der Tausch der Zeichen x und y ist nur üblich. In der Physik kennt man diese Gewohnheit nicht. Aus dem Ohmschen Gesetz der Form $U = R \cdot I$ errechnet der Physiker immer $I = \frac{U}{R}$.

Aufgaben

5. Welche der folgenden Funktionen sind nach oben, welche nach unten beschränkt? Welche sind also beschränkt?

a) $y = 5 - \frac{1}{x}$; $x > 0$ b) $y = 7 + \frac{1}{x}$; $x < 0$

c) $y = 2^x$; $-\infty < x < \infty$ d) $y = \frac{2x}{x+1}$; $x \geqq 0$. Zeichne Schaubilder!

6. Welche Funktionen in Aufg. 5 (in Aufg. 19 von § 8) sind monoton? Welche sind streng monoton zunehmend, welche streng monoton abnehmend? Welche sind abschnittsweise monoton?

7. Welche Funktionen der Aufg. 6 sind im angegebenen Bereich umkehrbar? Gib die Umkehrfunktionen an.

8. a) Gib eine Funktion an, die in $0 \leqq x \leqq 2$ monoton zunehmend ist, aber in $0 \leqq x \leqq 3$ nicht monoton ist. b) Dasselbe für $1 \leqq x \leqq 3$ und $0 \leqq x \leqq 4$.

10 Zahlenfolgen

In § 1 bis § 6 haben wir schon eine Anzahl spezieller Zahlenfolgen betrachtet. Von jetzt ab beschäftigen wir uns mit Folgen beliebiger Art. Dabei werden wir einige schon bekannte Begriffe zur Wiederholung erneut definieren.

1 Gib bei den nachstehenden Zahlenfolgen an, ob sie wohl nach einem bestimmten Gesetz gebaut sind. Wie könnte man ein solches Gesetz angeben?

a) $1, \frac{1}{4}, \frac{1}{9}, \frac{1}{16}, \frac{1}{25}, \ldots$ b) 4, 7, 10, 13, 16, 19, ...

c) 5, 10, 20, 40, 80, ... d) 2, 8, 18, 32, 50, 72, ...

e) In den Klassenarbeiten Nr. 1 bis 8 erhielt ein Schüler die Noten 4, 2, 5, 3, 4, 2, 2, 3.

f) Der Halleysche Komet erschien in den Jahren 1531, 1607, 1682, 1758, 1834, 1910.

2 Gib in Vorüb. 1 a) bis d) das n-te Glied a_n so an, daß sich aus ihm die angegebenen Glieder berechnen lassen

3 Setze statt n nacheinander 1, 2, 3, 4, ... und schreibe die ersten 5 Glieder der Folge an, für welche a_n gleich

a) $2n + 1$ b) n^3 c) $\left(\frac{1}{2}\right)^n$ d) $(-1)^{n+1}$ e) n^n ist.

4 Bei einer Folge ist $a_1 = 1$ und $a_{n+1} = a_n^2 + 1$ Gib a_2 bis a_6 an.

5 Inwiefern ist durch jede der Folgen in Vorüb. 1 und 4 eine Funktion festgelegt? Gib den Definitionsbereich an.

D 1 Ordnet man den Elementen 1, 2, 3, ... n, ... von $\mathbb{N}$ durch irgendeine Vorschrift je eine reelle Zahl zu, so ist dadurch eine **unendliche Zahlenfolge** definiert. Eine unendliche Zahlenfolge ist also eine *Funktion*, deren Definitionsbereich A die Menge $\mathbb{N}$ ist (vgl. S. 26).

D 2 Ordnet man den Elementen der endlichen Menge $A_n = \{1, 2, 3, \ldots n\}$ je eine reelle Zahl zu, so entsteht eine **endliche Zahlenfolge.**

Beispiele: Alle Folgen in den Vorübungen außer 1 e) und 1 f) sind unendlich.

D 3 Bei einer Folge bezeichnen wir die *Glieder* nacheinander mit $a_1, a_2, a_3, \ldots a_n, \ldots$. Man nennt a_n das n-te Glied. Die durch die Folge ausgedrückte *Funktion* kann man dann in der Form schreiben: $n \rightarrow a_n$ mit $a_n = f(n)$ für $n \in \mathbb{N}$.

Beispiele:

1. $n \to \frac{1}{n^2}$ für $n \in \{1;\ 2;\ 3;\ 4\}$ bedeutet die endliche Folge $1,\ \frac{1}{4},\ \frac{1}{9},\ \frac{1}{16}$.

2. $a_n = \frac{n^2}{n+1}$ für $n \in \mathbb{N}$ gibt die unendliche Folge $\frac{1}{2},\ \frac{4}{3},\ \frac{9}{4},\ \frac{16}{5},\ \ldots,\ \frac{n^2}{n+1},\ \ldots$

3. $a_n = 2 - \frac{1}{2^{n-1}}$ für $n \in \mathbb{N}$ gibt die Folge $1,\ 1\frac{1}{2},\ 1\frac{3}{4},\ 1\frac{7}{8},\ 1\frac{15}{16},\ \ldots,\ 2 - \frac{1}{2^{n-1}},\ \ldots$

Bemerkungen:

1. Bei unendlichen Folgen lassen wir von jetzt ab häufig die Angabe $n \in \mathbb{N}$ weg und fügen dafür, wo dies möglich ist, am Schluß 3 Punkte an (vgl. Bsp. 2 und 3).

2. Haben zwei Folgen dieselben Glieder, aber in verschiedener Reihenfolge, so sind die Folgen verschieden. Beispiel: 1, 2, 3, 4, 5, 6, 7, ... und 1, 3, 2, 5, 4, 7, 6, ...

3. Statt der Vorschrift $a_n = f(n)$ kann man außer a_1 auch die Vorschrift angeben, wie sich a_{n+1} aus a_n berechnen läßt.

Beispiel 4: $a_1 = 1,\quad a_{n+1} = a_n^2 + 1$ gibt 1, 2, 5, 26, ...

Man sagt dann: $a_{n+1} = a_n^2 + 1$ ist eine *Rekursionsformel*[1].

D 4 Wie wir in § 5 S. 18 gesehen haben, nennt man $a_1 + a_2 + a_3 + \cdots$ eine **unendliche Reihe.** Dies bedeutet, daß zu der Folge (a_n) die *Folge der „Teilsummen"* $s_1 = a_1,\ s_2 = a_1 + a_2,\ s_3 = a_1 + a_2 + a_3, \cdots$ gebildet werden soll. Die *n*-te *Teil*summe lautet $s_n = a_1 + a_2 + a_3 + \cdots + a_n$.

Mit Hilfe des Summenzeichens Σ schreiben wir kurz:

$$a_1 + a_2 + a_3 + \cdots + a_k + \cdots + a_n = \sum_{k=1}^{n} a_k$$

(lies: Summe a_k von $k = 1$ bis n)

$$\text{bzw. } a_1 + a_2 + a_3 + \cdots + a_k + \cdots = \sum_{k=1}^{\infty} a_k$$

(lies: Summe a_k von $k = 1$ bis unendlich)

Beispiel 5: $\sum_{k=1}^{4} k^3 = 1^3 + 2^3 + 3^3 + 4^3 = 1 + 8 + 27 + 64 = 100$ (vgl. S. 22)

Beispiel 6: $\sum_{k=1}^{\infty} \frac{1}{2^{k-1}} = 1 + \frac{1}{2} + \frac{1}{2^2} + \frac{1}{2^3} + \cdots = 1 + \frac{1}{2} + \frac{1}{4} + \frac{1}{8} + \cdots$

In Beispiel 6 lautet die Folge der Teilsummen: $s_1 = 1;\quad s_2 = 1 + \frac{1}{2};\quad s_3 = 1 + \frac{1}{2} + \frac{1}{4};$

allgemein: $s_n = 1 + \frac{1}{2} + \frac{1}{2^2} + \cdots + \frac{1}{2^{n-1}} = 2 - \frac{1}{2^{n-1}}$. Hier ist $\lim_{n \to \infty} s_n = 2$ (vgl. S. 19).

Beispiel 7: $a_n = n - \frac{1}{n}$

Definitionsbereich: n	1	2	3	4	5	...	k
Wertebereich: a_n	0	$1\frac{1}{2}$	$2\frac{2}{3}$	$3\frac{3}{4}$	$4\frac{4}{5}$	...	$k - \frac{1}{k}$

---

1. recurrere (lat.), zurücklaufen

R Körper
Gruppen

Aufgaben

1. Berechne die ersten 5 Glieder einer Folge, wenn a_n durch eine Rechenvorschrift gegeben ist. Zeichne ein Schaubild. In d) ist $n! = 1 \cdot 2 \cdot 3 \cdots n$, lies: n Fakultät.)

a) $a_n = n + \frac{1}{n}$ b) $a_n = \frac{n^2}{n+1}$ c) $a_n = \frac{2^n}{n^2}$ d) $a_n = (-1)^n \cdot \frac{2n+1}{n!}$

2. Gib einen Term für a_n an, so daß sich für $n \in \{1, 2, 3, 4, 5, 6\}$ die Folgen ergeben:

a) $1, -\frac{1}{2}, \frac{1}{3}, -\frac{1}{4}, \frac{1}{5}, -\frac{1}{6}$ b) $\frac{1}{2}, \frac{2}{3}, \frac{3}{4}, \frac{4}{5}, \frac{5}{6}, \frac{6}{7}$ c) 0; 1; 0; 1; 0; 1

d) 1,1; 1,01; 1,001; 1,0001; 1,00001; 1,000001 ▸ e) 1; 3; 6; 10; 15; 21

3. Läßt sich a_{n+1} aus a_n oder aus a_n und a_{n-1} berechnen, so sagt man, a_{n+1} lasse sich durch Rekursion bestimmen. Gib die ersten 4 Glieder der Folge an, wenn a_1 (bzw. auch a_2) und eine Rekursionsformel gegeben sind.

a) $a_1 = 2;\ a_{n+1} = \frac{1}{2} a_n + 2$ b) $a_1 = 1;\ a_{n+1} = \frac{1}{a_n} + 1$

c) $a_1 = 1;\ a_2 = 2;\ a_{n+2} = a_{n+1} + a_n$ d) $a_1 = 1;\ a_2 = -2;\ a_{n+1} = a_n \cdot a_{n-1}$

Funktionen Folgen §5 Beträge Intervalle

Beschränkte und monotone Zahlenfolgen

Folgen sind Funktionen; die Begriffe „beschränkt" und „monoton" treten daher auch bei Folgen auf. Insbesondere haben sie Bedeutung bei unendlichen Folgen; hier interessiert vor allem das Verhalten für große n. In Anlehnung an D 1 von S. 31 sagen wir:

D 6 Eine Zahlenfolge heißt *nach oben (unten) beschränkt*, wenn es eine Zahl K (k) gibt, so daß für alle Glieder a_n der Folge gilt: $a_n \leqq K$ ($a_n \geqq k$).
Eine Folge heißt *beschränkt*, wenn sie *nach oben und nach unten* beschränkt ist. Für alle $n \in \mathbb{N}$ ist dann also $k \leqq a_n \leqq K$, bzw. $|a_n| \leqq M$, ($M \in \mathbb{R}^+$). k heißt *untere Schranke*, K heißt *obere Schranke* der Zahlenfolge. Eine untere Schranke darf man verkleinern, eine obere Schranke darf man vergrößern.

Beispiel 3 (S. 36): Hier ist $1 \leqq a_n < 2$; also $|a_n| < 2$, also z. B. $k = 1$, $K = 2$; $M = 2$.

Beispiel 8: $a_n = (-1)^n \cdot \frac{1}{n}$ gibt $-1, \frac{1}{2}, -\frac{1}{3}; \frac{1}{4}, \ldots$; also $-1 \leqq a_n \leqq \frac{1}{2}$; $|a_n| \leqq 1$.

D 7 Eine unendliche Zahlenfolge, die keine obere oder keine untere Schranke besitzt, heißt **nicht beschränkt.**

Beispiel 7: Bei $a_n = n - \frac{1}{n}$ kann man $k = 0$ wählen; K ist nicht vorhanden.

Beispiel 9: Bei $a_n = (-2)^n$ ist weder k noch K vorhanden.

D 8 Eine Zahlenfolge heißt **monoton steigend (fallend)**, wenn für alle $n \in \mathbb{N}$ immer $a_{n+1} \geqq a_n$ ($a_{n+1} \leqq a_n$) ist. Sie ist **streng monoton steigend (fallend)**, wenn stets $a_{n+1} > a_n$ ($a_{n+1} < a_n$) ist. Beachte das Fehlen des Gleichheitszeichens.

Beispiel 10: $a_n = \frac{1}{n}$ ergibt eine beschränkte und streng monoton fallende Folge.

Beispiel 7: $a_n = n - \frac{1}{n}$ gibt eine nicht beschränkte und streng monoton steigende Folge.

Beispiel 11: $a_n = 5$ gibt eine *konstante Folge*; sie ist gleichzeitig monoton steigend und monoton fallend.

monoton: $\langle \frac{3}{n} + 4 \rangle$; $\langle \frac{4}{\sqrt{n}} \rangle$; $\langle \frac{1}{n!} \rangle$

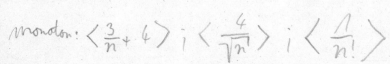

Aufgaben

4. Welche Folgen in Aufg. 1 bis 3 sind a) nach oben beschränkt, b) nach unten beschränkt, c) beschränkt, d) monoton steigend, e) monoton fallend?

5. Beantworte dieselben Fragen und gib Schranken an, wenn a_n für $n \in \mathbb{N}$ gegeben ist durch:

a) $\frac{n-1}{n}$ b) $\frac{n^2+12}{n}$ c) $\lg n$ d) $(-1)^n \cdot \frac{n+1}{n^2}$ e) $(-3)^{-n}$ f) $10^{\frac{1}{n}}$

6. Wähle $x \in \mathbb{N}$ in $y = \frac{4}{x} + \frac{x}{4}$ $(y = 16x \cdot 2^{-x})$.
Von wo ab ist Monotonie vorhanden?

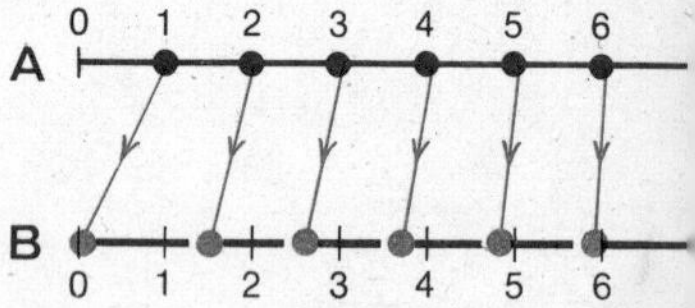

38.1. $a_n = n - \frac{1}{n}$

Intervall und Umgebung

Stellt man die Glieder einer Zahlenfolge durch Punkte auf der Zahlengerade dar (Fig. 38.1), so liegen diese Bildpunkte bei einer beschränkten Folge zwischen k und K.

D 9 Ist $a, b \in \mathbb{R}$ und $a < b$ (Fig. 38.2), so nennt man die Menge aller Zahlen $x \in \mathbb{R}$, welche die Ungleichung $a \leqq x \leqq b$ oder auch $a < x < b$ erfüllen, ein **Intervall.** Im ersten Fall gehören die Endpunkte dazu, das Intervall heißt *abgeschlossen*. Im zweiten Fall heißt das Intervall *offen*.

D 10 Statt „Intervall $a \leqq x \leqq b$" schreibt man oft kurz „Intervall $[a, b]$". Statt „Intervall $a < x < b$" schreibt man entsprechend „Intervall $]a, b[$". Wenn wir $[a, b]$ schreiben, soll stets $a \leqq b$ sein, bei $]a, b[$ ist $a < b$.

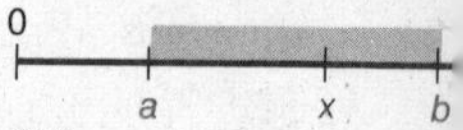

38.2.

D 11 Unter **Umgebung** einer Zahl x_0 versteht man ein offenes Intervall, dem die Zahl x_0 angehört.

Beispiel 12: $]1;\ 4[$ ist eine Umgebung von 2, auch von 3,5, nicht aber von 4.

Beispiel 13: Die Glieder der Folge mit $a_n = (-1)^n \cdot \frac{1}{n}$ liegen im Intervall $-1 \leqq x \leqq \frac{1}{2}$, aber z. B. auch im Intervall $[-5, 7]$ und auch in $]-5, 7[$. Es ist auch $|a_n| \leqq 1$.

7. Wie unterscheiden sich die Intervalle $0 \leqq x \leqq 2$; $0 < x < 2$; $0 \leqq x < 2$; $0 < x \leqq 2$? Verwende auch D 10. Welche Intervalle sind Umgebungen, welche sind „*halboffen*"?

8. Welches Intervall wird beschrieben durch a) $|x| \leqq 2$, b) $|x| < 3$, c) $|3 - x| \leqq \frac{1}{2}$, d) $|5 - x| \leqq 10^{-1}$, e) $|x - \frac{1}{2}| < 10^{-2}$?

9. Welches „Intervall" wird beschrieben durch a) $10 \leqq x < \infty$, b) $-3 \leqq x < \infty$, c) $-\infty < x < -10$, d) $-\infty < x < \infty$?

10. Gib Intervalle an, in denen alle Glieder der Folge mit $a_n = \frac{5n + (-1)^n \cdot 8}{n}$ liegen. Zeichne! Von welchem n ab ist $|a_n - 5| < 1$ ~~$(|a_n - 5| < 10^{-4})$~~?

Vom Rechnen mit Beträgen

11. Es sei $a, b, c \in \mathbb{R}$. Verdeutliche die Beziehungen:

a) $|a + b| \leqq |a| + |b|$ b) $|a - b| \leqq |a| + |b|$ c) $|ab| = |a| \cdot |b|$

d) $|a + b| \cdot |c| = |ac + bc|$ e) $|a - b| \geqq ||a| - |b||$ f) $\left|\frac{a}{b}\right| = \frac{|a|}{|b|}$

11 Grenzwerte von Zahlenfolgen

Konvergenz und Divergenz von Folgen

❶ **Welchen Grenzwert haben die Folgen**

a) $1, \frac{2}{3}, \frac{4}{9}, \dots, \left(\frac{2}{3}\right)^{n-1}, \dots$

b) $3, 2\frac{1}{2}, 2\frac{1}{4}, \dots, 2 + \frac{1}{2^{n-1}}, \dots$

c) $+0{,}1, -0{,}01, +0{,}001, \dots, (-1)^{n-1} \cdot 0{,}1^n, \dots$?

❷ **Bestimme**

a) $\lim\limits_{n \to \infty} \frac{1}{4^n}$, b) $\lim\limits_{n \to \infty} \left(-\frac{3}{5}\right)^n$, c) $\lim\limits_{n \to \infty} (3 - 0{,}4^n)$.

❸ **Wann ist eine geometrische Folge eine Nullfolge?**

Bei den unendlichen geometrischen Folgen haben wir in zahlreichen Aufgaben Grenzwerte bestimmt. Für die „Analysis" (oder „Infinitesimalrechnung") ist der „Grenzwert" ein grundlegender Begriff. Wir werden nun bei allgemeinen Zahlenfolgen und anderen Funktionen Grenzwerte betrachten und untersuchen, wie man mit ihnen rechnet.

Beispiel 1 (Fig. 39.1): Bei der Folge $1, \frac{1}{2}, \frac{1}{3}, \dots, \frac{1}{n}, \dots$ liegen „fast alle" Glieder in einer *beliebig* gewählten Umgebung von 0.

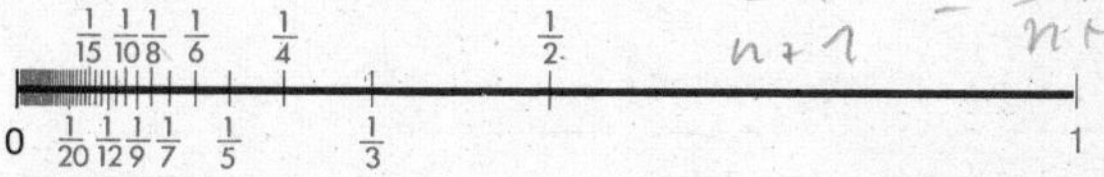

39.1.

D 1 Wenn alle Glieder einer Zahlenfolge oder alle Glieder bis auf endlich viele in einer Umgebung einer Zahl a liegen, so sagt man: *Fast alle* Glieder liegen in dieser Umgebung von a.

Beispiel 2: Ist $a_n = \frac{2n-1}{n+1}$, so hat man die Folge $\frac{1}{2}, \frac{3}{3}, \frac{5}{4}, \frac{7}{5}, \dots, \frac{199}{101}, \dots, \frac{1999}{1001}, \dots$

Fast alle Glieder liegen in *jeder* beliebig ausgewählten Umgebung von 2. Es gibt keine andere Zahl mit dieser Eigenschaft. Die Folge hat den Grenzwert 2.

D 2 Eine Zahl g heißt **Grenzwert** einer Zahlenfolge, wenn *fast alle* Glieder der Zahlenfolge in jeder (beliebig gewählten) Umgebung von g liegen.
Eine Zahlenfolge hat höchstens *einen* Grenzwert. (Begründung?)
Wenn eine Folge einen Grenzwert hat, so heißt sie **konvergent.**

D 3 Ist a_n das n-te Glied einer konvergenten Zahlenfolge mit dem Grenzwert g, so schreibt man $\lim\limits_{n \to \infty} a_n = g$ (lies: limes a_n für n gegen unendlich gleich g); man sagt auch: a_n strebt für n gegen unendlich gegen g. Dabei ist $n \in \mathbb{N}$.

D 4 Eine Zahlenfolge, die *nicht konvergent* ist, heißt **divergent.** Ihre Glieder können nach $+\infty$ oder $-\infty$ streben oder sich um mehrere Zahlen häufen. Auch andere Fälle sind möglich.

Beispiel 3: $a_n = n^2$ strebt mit wachsendem n nach $+\infty$; $a_n = -n^2$ strebt nach $-\infty$.
Beispiel 4: Die Folge $1; \frac{1}{2}; 1\frac{1}{2}; \frac{1}{3}; 1\frac{1}{3}; \frac{1}{4}; 1\frac{1}{4}; \dots$ hat 0 und 1 als „Häufungswerte".

D 5 Eine Zahl h heißt ein *Häufungswert* oder **Häufungspunkt** einer Folge, wenn in *jeder* Umgebung von h unendlich viele Glieder der Folge liegen. Wir sehen: Eine konvergente Folge hat genau *einen* Häufungspunkt, ihren Grenzwert g.

Bemerkungen:

1. In D 1 ist wesentlich, daß es heißt „beliebig ausgewählte" Umgebung, also auch *jede noch so kleine* Umgebung ist gemeint.

2. Ändert man endlich viele Glieder einer Folge ab, so hat dies keinen Einfluß auf den Grenzwert der Folge.
3. Der Grenzwert g einer Folge *kann* ein Glied der Folge sein, er *muß* es aber nicht (Beispiel 2).

Die Definition D 2 einer konvergenten Folge hat den Vorzug, daß sie sehr anschaulich und leicht faßlich ist. Für rechnerische Untersuchungen eignet sich aber besser eine andere Form der Definition. Wir erläutern sie am folgenden Beispiel.

Beispiel 5: Um zu zeigen, daß die Folge mit $a_n = \frac{(-1)^n}{n}$ den Grenzwert 0 hat, wählen wir zunächst die Umgebung $-\frac{1}{10} < x < \frac{1}{10}$ beliebig aus und stellen fest, daß für $n > 10$ alle a_n in diese Umgebung fallen. Nach D 2 sollen aber in *jeder* Umgebung fast alle Glieder liegen. Wir wählen daher irgendeine „*ε-Umgebung*" $]-\varepsilon, +\varepsilon[$ von 0 mit $\varepsilon > 0$ (Fig. 40.1) und fragen, ob es eine Nummer n gibt, von der ab alle a_n in diese Umgebung fallen. Dies ist der Fall, wenn $\frac{1}{n} < \varepsilon$, also $n > \frac{1}{\varepsilon}$ ist. (Für $\varepsilon = 0{,}1$ erhält man wie oben $n > 10$.)

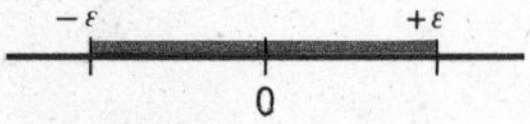

40.1. ε-Umgebung von 0

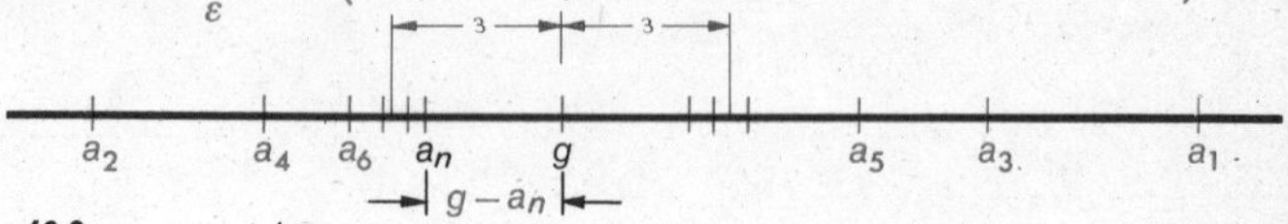

40.2.

Das Beispiel 5 legt nahe, D 2 in der folgenden Form zu schreiben:

D 6 *Eine* **Zahlenfolge** *heißt* **konvergent** *mit dem Grenzwert g, wenn es zu* ***jedem*** $\varepsilon > 0$ *eine Nummer* n_0 *gibt, so daß* $|a_n - g| < \varepsilon$ ist für $n > n_0$.

In Fig. 40.2 ist $n_0 = 6$. Man darf aber auch $n_0 = 7,\ 10,\ 1000$ wählen.

D 7 Folgen mit $g = 0$ heißen **Nullfolgen** (vgl. § 5). Zu jedem $\varepsilon > 0$ gibt es in diesem Falle ein n_0, so daß $|a_n| < \varepsilon$ ist für $n > n_0$.

Bemerkungen: *1.* Zu jedem ε gibt es, wenn (a_n) konvergiert, beliebig viele geeignete Werte n_0. Es ist wesentlich, daß $\varepsilon > 0$ beliebig vorgegeben werden kann und n_0 hieraus berechnet wird, doch ist nicht nötig, das kleinstmögliche n_0 zu wählen.
2. D 6 ermöglicht es, *nachzuprüfen*, ob ein vermuteter Grenzwert richtig ist.
Das *Auffinden* eines Grenzwerts macht dagegen oft erhebliche Schwierigkeiten.

Weitere Beispiele für Konvergenznachweise

6: $a_n = \frac{10}{\sqrt{n}}$. Beh.: $g = 0$. Es ist $\frac{10}{\sqrt{n}} < \varepsilon$, wenn $\frac{\sqrt{n}}{10} > \frac{1}{\varepsilon}$, also $n > \frac{100}{\varepsilon^2}$ ist. Für $\varepsilon = \frac{1}{4}$ z.B. kann man $n_0 = 1600$ wählen. Ist $n > 1600$, so ist $a_n < \frac{1}{4}$. Probe: $a_{1600} = \frac{10}{\sqrt{1600}} = \frac{1}{4}$, die Folge ist streng monoton fallend.

7: $a_n = \frac{2n+3}{n-1}$. Beh.: $g = 2$. Bew.: Es ist $\left|\frac{2n+3}{n-1} - 2\right| < \varepsilon$, wenn $\frac{5}{n-1} < \varepsilon$, also $\frac{n-1}{5} > \frac{1}{\varepsilon}$ ist. Dies ist der Fall, wenn $n > \frac{5}{\varepsilon} + 1$ ist. Wählt man nun etwa $\varepsilon = \frac{1}{100}$, so kann man $n_0 = 501$ wählen. Für $n > 501$ ist $|a_n - g| < \frac{1}{100}$.

Probe: $a_{501} = 2{,}01$; $a_{501} - g = 0{,}01$. Da $a_n = 2 + \frac{5}{n-1}$ ist, ist die Folge streng monoton fallend.

8: $a_n = \dfrac{1}{\lg(n+1)}$. Beh.: $g = 0$. Es ist $\dfrac{1}{\lg(n+1)} < \varepsilon$, wenn $\lg(n+1) > \dfrac{1}{\varepsilon}$ ist, also

$n + 1 > 10^{\frac{1}{\varepsilon}}$ und $n > 10^{\frac{1}{\varepsilon}} - 1$. Für $\varepsilon = \dfrac{1}{10}$ erhält man $n > 10^{10} - 1 \approx 10^{10}$.

Aufgaben

1. Stelle die Folgen in Beispiel 2 bis 6 wie in Fig. 39.1 auf der Zahlengerade dar und beobachte das Konvergenzverhalten. Gib obere und untere Schranken an.
2. Bilde je zwei Beispiele für Nullfolgen, die a) monoton fallen, b) monoton steigen, c) um 0 hin- und herpendeln (alternierende Folge), d) 0 als Element enthalten.
3. Bilde Folgen mit dem Grenzwert a) 4, b) -4, c) $\frac{2}{3}$, d) -1, e) $\sqrt{2}$.
4. Bestimme bei nachstehenden Nullfolgen n_0 so, daß für $n > n_0$ gilt: $|a_n| < \varepsilon$.

a_n	a) $\dfrac{1}{3^{n-1}}$	b) $\dfrac{2}{2n+3}$	c) $\dfrac{4\cdot(-1)^n}{3n-4}$	d) $\dfrac{4}{n^2+3}$	▸ e) $\dfrac{1}{n!}$	▸ f) $\dfrac{(-2)^n}{n!}$
ε	0,01	0,005	0,002	0,001	0,0001	0,01

5. Gib divergente Folgen an, deren Glieder a) gegen $+\infty$ wachsen, b) gegen $-\infty$ abnehmen, c) sich um $+2$ und um -2 häufen.

S 1 6. Zeige: Strebt a_n gegen g, so strebt $|a_n|$ gegen $|g|$ für n gegen ∞.

S 2 7. Zeige: Strebt a_n gegen g, so strebt $|a_n - g|$ gegen 0; $a_n - g$ ist also eine Nullfolge.

8. Vergleiche $\lim\limits_{n\to\infty} \dfrac{1}{n}$ mit $\lim\limits_{n\to\infty}\left(\dfrac{1}{n} + 5\right)$ und $\lim\limits_{n\to\infty} 2\left(\dfrac{1}{n} + 5\right)$.

S 3 9. Beweise mit Benutzung von D 6 den Satz: *Ist $c \in \mathbb{R}$ und strebt a_n gegen g für n gegen ∞, so strebt $(a_n + c)$ gegen $g + c$* und *$c\,a_n$ gegen $c\,g$*.

10. Bestimme nach S 3: a) $\lim\limits_{n\to\infty}\left(\dfrac{3}{n} + 4\right)$ b) $\lim\limits_{n\to\infty} \dfrac{3n+2}{4n}$ c) $\lim\limits_{n\to\infty} \dfrac{6-n^2}{5n^2}$

Monotone Folgen. Intervallschachtelungen. Eigenschaften reeller Zahlen

Monotone Folgen treten bei Intervallschachtelungen in der Algebra wiederholt auf.

Beispiel 9: Um $\sqrt{2}$ zu bestimmen stellten wir zwei Folgen auf:

(a_n): 1,4; 1,41; 1,414; ... mit $a_n^2 < 2$ | (b_n): 1,5; 1,42; 1,415; ... mit $b_n^2 > 2$.

dabei ist $b_n - a_n$: 0,1; 0,01; 0,001; 0,0001; ... eine Nullfolge.

Die Folge der a_n und die der b_n ist monoton und beschränkt (wieso?). Die *Zahlenintervalle* $[a_1, b_1]$, $[a_2, b_2]$, $[a_3, b_3]$ ... bestimmen auf der Zahlengerade *Streckenintervalle*, die ineinandergeschachtelt sind und deren Länge gegen Null strebt. Die dadurch bestimmte „*Intervallschachtelung*“ definiert, wie wir wissen, den *Grenzwert* $\sqrt{2}$.

Allgemeiner Fall (Fig. 41.1):

D 5 Es sei I) $a_1, a_2, a_3, \ldots$ eine monoton steigende Folge, und II) $b_1, b_2, b_3, \ldots$ eine monoton fallende Folge; ferner sei III) $a_n \leqq b_n$ für alle n und IV) $(b_n - a_n)$ eine Nullfolge.

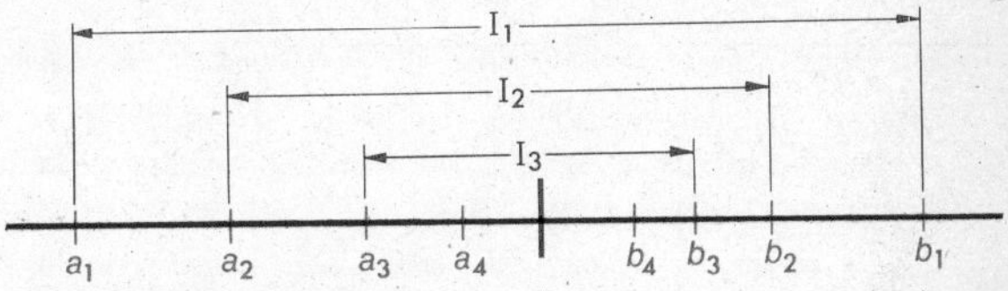

41.1. Intervallschachtelung

Man sagt dann, es sei durch diese Angaben eine **Intervallschachtelung** festgelegt. Die Intervalle $[a_n, b_n]$ liegen ineinander; sie sind in Fig. 42.1 mit $I_1, I_2, I_3, \ldots$ bezeichnet. Auf Grund der Eigenschaften reeller Zahlen (s. u.) gibt es genau *einen* Punkt G, der in *allen* Intervallen liegt und *eine* Zahl $g \in \mathbb{R}$, die zu ihm gehört. In jeder ε-Umgebung von g liegen fast alle a_n und fast alle b_n. Es gilt daher der Satz:

S 4 *Bei einer Intervallschachtelung mit den Intervallen $[a_n, b_n]$ haben (a_n) und (b_n) denselben Grenzwert.*

Beispiel 10: $\left(3 - \frac{1}{2^n}, 3 + \frac{1}{n^2}\right)$ ergibt eine Intervallschachtelung, denn $\left(3 - \frac{1}{2^n}\right)$ steigt monoton, $\left(3 + \frac{1}{n^2}\right)$ fällt monoton; ferner ist $3 - \frac{1}{2^n} < 3 + \frac{1}{n^2}$, und es strebt $\left(3 + \frac{1}{n^2}\right) - \left(3 - \frac{1}{2^n}\right) = \frac{1}{n^2} + \frac{1}{2^n}$ gegen 0 für n gegen ∞, also $\lim\limits_{n \to \infty} a_n = \lim\limits_{n \to \infty} b_n = g = 3$.

Eigenschaften der reellen Zahlen

In Algebra 2 wurde die Menge $\mathbb{Q}$ der *rationalen Zahlen* durch Einführung der irrationalen Zahlen zur Menge $\mathbb{R}$ der *reellen Zahlen* erweitert. Dabei wurde gezeigt, daß alle *Rechengesetze erhalten bleiben* (vgl. Alg. 2, S. 188 | 189).
Zur Definition der einzelnen reellen Zahlen wurden *Intervallschachtelungen* aufgestellt, und das **Axiom** benutzt, daß jede Intervallschachtelung auf der Zahlengerade einen Punkt und eine zugehörige Zahl bestimmt. Da sich umgekehrt zu *jedem* Punkt der Zahlengerade solche Intervallschachtelungen angeben lassen, *überdecken* die Bilder der reellen Zahlen die *Zahlengerade* lückenlos. Diese Grundtatsache nennt man die **Vollständigkeitseigenschaft der reellen Zahlen.** Durch sie ist z.B. auch die Unzulänglichkeit der rationalen Zahlen bei der Lösung von Gleichungen wie $x^2 = 2$ behoben.

Weitere Sätze über konvergente Zahlenfolgen

S 5 *Jede konvergente Zahlenfolge ist beschränkt.*

Beweis: Ist $\lim\limits_{n \to \infty} a_n = g$ und $\varepsilon > 0$, so liegen in der ε-Umgebung von g alle Glieder a_n bis auf endlich viele. Hieraus folgt der Satz (wieso?).

Der Kehrsatz von S 5 gilt im allgemeinen nicht (vgl. 1; −1; 1; −1; ...), wir können aber zeigen, daß er z.B. für monotone Funktionen gültig ist (vgl. Beispiel 10):

Für sie ergibt sich allgemein der anschaulich einleuchtende Satz:

S 6 **Jede monoton steigende und nach oben beschränkte Folge ist konvergent.**

Beweis: Ist a_1 das erste Glied der Folge und b_1 eine beliebige obere Schranke der a_n, so liegen im Intervall $I_1 = [a_1, b_1]$ alle a_n. Halbiert man I_1, so liegen nur in einer der Hälften unendlich viele a_n (wieso?); diese Hälfte heiße I_2. Halbiert man I_2, enthält wieder nur *eine* Hälfte unendlich viele a_n, sie sei I_3. Durch fortgesetzte Halbierung ergibt sich auf diese Weise eine Folge von Intervallen $I_1, I_2, I_3, \ldots$, die ineinander liegen und deren Länge gegen 0 strebt (wieso?). Sie definiert eine Zahl g. Nach der Konstruktion der I_n liegen in jeder ε-Umgebung von g fast alle a_n. Die Folge (a_n) hat also den Grenzwert g.

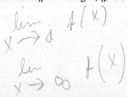

Bemerkungen:

1. Mit Hilfe von S 6 kann man zwar feststellen, *daß* ein Grenzwert existiert. Seine rechnerische Ermittlung kann aber Schwierigkeiten machen.
2. Bei monoton fallenden Folgen, die nach unten beschränkt sind, verläuft der Beweis ähnlich wie bei S 6. b_1 ist nun eine untere Schranke der a_n also $b_1 < a_n$ und $I_1 = [b_1, a_1]$. Vergleiche $a_n = 2 + \frac{1}{n}$.

Summen, Differenzen, Produkte, Quotienten bei Folgen

Beispiel 11: Ist $a_n = 5 + \frac{1}{n}$, $b_n = 3 + \frac{2}{n}$, so strebt a_n gegen 5, b_n gegen 3 für n gegen ∞.

Ferner strebt $a_n + b_n = 5 + 3 + \frac{1}{n} + \frac{2}{n}$ gegen $5 + 3 = 8$,

$$a_n - b_n = 5 - 3 + \frac{1}{n} - \frac{2}{n} \text{ gegen } 5 - 3 = 2,$$

$$a_n \cdot b_n = \left(5 + \frac{1}{n}\right)\left(3 + \frac{2}{n}\right) = 5 \cdot 3 + \frac{10}{n} + \frac{3}{n} + \frac{2}{n^2} \text{ gegen } 5 \cdot 3 = 15$$

S 7 Das Beispiel läßt den Satz vermuten: Ist $\lim\limits_{n \to \infty} a_n = a$ und $\lim\limits_{n \to \infty} b_n = b$, so gilt:

a) $\boldsymbol{\lim\limits_{n \to \infty} (a_n + b_n) = \lim\limits_{n \to \infty} a_n + \lim\limits_{n \to \infty} b_n = a + b}$

b) $\boldsymbol{\lim\limits_{n \to \infty} (a_n - b_n) = \lim\limits_{n \to \infty} a_n - \lim\limits_{n \to \infty} b_n = a - b}$

c) $\boldsymbol{\lim\limits_{n \to \infty} (a_n \cdot b_n) = \lim\limits_{n \to \infty} a_n \cdot \lim\limits_{n \to \infty} b_n = a \cdot b}$

d) $\boldsymbol{\lim\limits_{n \to \infty} (a_n : b_n) = \lim\limits_{n \to \infty} a_n : \lim\limits_{n \to \infty} b_n = a : b}$, $(b \neq 0)$

Bei d) ist wegen $b \neq 0$ von einem gewissen n ab auch $b_n \neq 0$.

Beim Beweis von S 7 a) bis d) kann man wie in Aufg. 11 bis 13 *oder* wie folgt verfahren:

Beweis zu a): Ist $\varepsilon > 0$, so ist $|a_n - a| < \varepsilon$ für $n > n_1$, $|b_n - b| < \varepsilon$ für $n > n_2$. Wählt man nun n_0 als die größere der Zahlen n_1 und n_2, so gilt für $n > n_0$: $|(a_n + b_n) - (a + b)| = |(a_n - a) + (b_n - b)| \leqq |a_n - a| + |b_n - b| < 2\varepsilon$, also rückt $a_n + b_n$ gegen $a + b$ für n gegen ∞.

Anleitung zum Beweis von c): In Aufg. 11c (S. 44) sei $|c_n| < \varepsilon < 1$ und $|d_n| < \varepsilon < 1$ für $n > n_0$; nach Aufg. 11 (S. 38) ist dann $|a\, d_n| < |a| \cdot \varepsilon$ und $|b\, c_n| < |b| \cdot \varepsilon$. Setzt man nun $a_n = a + c_n$, $b_n = b + d_n$, so ist $a_n b_n = a b + a d_n + b c_n + c_n d_n$ und somit $|a_n b_n - a b| \leqq |a\, d_n| + |b\, c_n| + |c_n d_n| < a \cdot \varepsilon + b \cdot \varepsilon + \varepsilon^2 = \varepsilon \cdot (a + b + \varepsilon)$, usw.

Beispiel 12: $\dfrac{5n + 2}{4n + 3} = \dfrac{5 + \frac{2}{n}}{4 + \frac{3}{n}}$ strebt gegen $\frac{5}{4}$, da $5 + \frac{2}{n}$ gegen 5 und $4 + \frac{3}{n}$ gegen 4 strebt, wenn n gegen ∞ strebt.

Beispiel 13: $\dfrac{n^2 + n + 4}{n \cdot (n + 2)} = \dfrac{1 + \frac{1}{n} + \frac{4}{n^2}}{1 + \frac{2}{n}}$ strebt gegen 1, wenn n gegen ∞ strebt.

(Man kürzt in solchen Fällen mit der höchsten Potenz von n.)

Aufgaben

11. Begründe ohne S 7: Strebt c_n gegen 0 und d_n gegen 0 für n gegen ∞, so strebt a) $c_n + d_n$ gegen 0, b) $c_n - d_n$ gegen 0, c) $c_n d_n$ gegen 0, d) c_n^2 gegen 0.

Anleitung zu a): Ist $\varepsilon > 0$, so ist $|c_n| < \varepsilon$ für $n > n_1$ und $|d_n| < \varepsilon$ für $n > n_2$. Schätze nun $|c_n + d_n|$ ab, wenn n_0 die größere der beiden Zahlen n_1 und n_2 ist (vgl. auch Aufg. 11 von § 10).

12. Zeige nach Aufg. 11: Strebt c_n gegen 0, so strebt a) $a \pm c_n$ gegen a, b) $a \cdot c_n$ gegen 0.

13. Beweise S 7 a) bis d) auf Grund von Aufg. 11 und 12 mit Hilfe der Setzungen $a_n = a + c_n$, $b_n = b + d_n$, wobei c_n gegen 0 und d_n gegen 0 streben für n gegen ∞.

14. Zeige: Strebt a_n gegen 0; b_n gegen b für n gegen ∞, so strebt auch $a_n b_n$ gegen 0 und (wenn $b_n \neq 0$ für alle n, $b \neq 0$) auch der Quotient $\frac{a_n}{b_n}$ gegen 0.

15. Zeige, daß nachstehende Folgen monoton sind. Gib bei Konvergenz den Limes an.

a) $a_n = \dfrac{2n+1}{2n}$ b) $a_n = \dfrac{n^2-1}{n}$ c) $a_n = \left(\dfrac{2}{3}\right)^n$ d) $a_n = \dfrac{2n^2+3}{5n^2+6}$

16. Es sei a) $a_n = \dfrac{4n}{8+5n}$, b) $b_n = \dfrac{2n+1}{7-n^2}$, c) $c_n = \dfrac{6-n}{4n-5}$, d) $d_n = \dfrac{n^2+3}{2n+3}$

Bestimme jeweils das Verhalten für n gegen ∞.

17. Beantworte dieselbe Frage für a) $a_n + b_n$; b) $b_n \cdot d_n$; c) $c_n - d_n$; d) $a_n : d_n$.

18. Bestimme a) $\lim\limits_{n\to\infty} \dfrac{n^2+2n+1}{n^2+n+1}$, b) $\lim\limits_{n\to\infty} \dfrac{(5+n)^2}{25-n^2}$, c) $\lim\limits_{n\to\infty} \dfrac{n^2+n-1}{3n-1}$

19. Zeige, daß durch $\left(2 + \dfrac{n}{2n+1},\ 2 + \dfrac{n+1}{2n+1}\right)$ eine Intervallschachtelung bestimmt ist. Gib den Grenzwert an und zeichne ein Bild wie in Fig. 42.1.

Die Zahl $e = \lim\limits_{n\to\infty}\left(1+\frac{1}{n}\right)^n$

Auf S. 15 haben wir eine Aufgabe gelöst, die zwar im Bankwesen keine Rolle spielt, die aber bei Wachstumserscheinungen in der Natur Bedeutung hat: Auf welches Kapital K_1 wächst das Kapital K_0 in einem Jahr beim Zinssatz 100% an, wenn der Zins jeweils nach $\frac{1}{n}$ Jahr zugeschlagen wird? Als Lösung ergab sich $K_1 = K_0 \cdot \left(1+\frac{1}{n}\right)^n$.

Für $a_n = \left(1+\frac{1}{n}\right)^n$ erhielten wir die Tabelle auf S. 15.

Sie führt zu der *Behauptung*: Die Folge der $a_n = \left(1+\frac{1}{n}\right)^n$ ist konvergent.

Beweis: Wir zeigen: $a_n = \left(1+\frac{1}{n}\right)^n$ und $b_n = \left(1+\frac{1}{n}\right)^{n+1}$ bestimmen eine Schachtelung:

(I) $$\frac{a_n}{a_{n-1}} = \left(\frac{n+1}{n}\right)^n \cdot \left(\frac{n-1}{n}\right)^{n-1} = \left(\frac{n^2-1}{n^2}\right)^n \cdot \frac{n}{n-1} = \left(1-\frac{1}{n^2}\right)^n \cdot \frac{n}{n-1} \quad \text{für } n \geqq 2.$$

Mit Hilfe der Bernoullischen Ungleichung folgt: $\dfrac{a_n}{a_{n-1}} > \left(1-\dfrac{1}{n}\right) \cdot \dfrac{n}{n-1} = 1$

(II) $\frac{b_{n-1}}{b_n} = \left(\frac{n}{n-1}\right)^n \cdot \left(\frac{n}{n+1}\right)^{n+1} = \left(\frac{n^2}{n^2-1}\right)^{n+1} \cdot \frac{n-1}{n} = \left(1 + \frac{1}{n^2-1}\right)^{n+1} \cdot \frac{n-1}{n}$

Wie in (I) folgt: $\frac{b_{n-1}}{b_n} > \left(1 + \frac{1}{n-1}\right) \cdot \frac{n-1}{n} = 1$

(III) $\frac{b_n}{a_n} = 1 + \frac{1}{n} > 1$; (IV) $b_n - a_n = \frac{a_n}{n} < \frac{b_n}{n} < \frac{b_1}{n} = \frac{4}{n}$ strebt gegen 0 für n gegen ∞.

In (I) und (II) wird beim Zeichen $>$ die Bernoullische Ungleichung $(1 + x)^n > 1 + nx$ benutzt. Für $n > 1$ folgt aus (I): $a_n > a_{n-1}$, aus (II): $b_{n-1} > b_n$, aus (III): $b_n > a_n$.

Aus (I) bis (IV) folgt, daß die Folge der a_n und b_n konvergiert. Ihren Grenzwert bezeichnet man mit e. Man kann zeigen, daß e eine irrationale Zahl ist. Wir werden später ein Verfahren kennenlernen, nach dem man e mit wenig Mühe beliebig genau berechnen kann; dabei ergibt sich z.B., daß $|e - 2{,}71828| < 0{,}000005$ ist (vgl. die Tabelle).

n	1	2	3	4	5	10	100	1000	10000	100000
$a_n = \left(1 + \frac{1}{n}\right)^n$	2,00	2,25	2,37	2,44	2,49	2,59	2,70	2,717	2,71815	2,71828
$b_n = \left(1 + \frac{1}{n}\right)^{n+1}$	4,00	3,38	3,16	3,05	2,98	2,85	2,73	2,720	2,71842	2,71828

D 6 Zusammenfassend schreiben wir: $\mathbf{e} = \lim_{n \to \infty} \left(1 + \frac{1}{n}\right)^n \approx 2{,}71828$

Aufgabe

20. Berechne logarithmisch a_{1000} und b_{1000}. Entnimm lg 1,001 einer 7-stelligen Tafel der „Zinsfaktoren" (warum?). Zeige so, daß $2{,}717 < e < 2{,}720$ ist.

12 Grenzwerte bei Funktionen

Grenzwerte für x gegen ∞ oder x gegen $-\infty$

❶ Setze in $y = \frac{1}{x}$ für x nacheinander a) 1; 10; 100; 1000, b) −1; −10; −100; −1000. Wie ändert sich y? Wie ist es bei c) $x \in \{5; 50; 500\}$, d) $x \in \{-5; -50; -500\}$?

❷ Mache dasselbe bei a) $y = \frac{x+1}{x}$, b) $y = \frac{x^2+1}{x}$. Vergleiche mit Vorüb. 1.

Beispiel 1: Die Funktionen mit den Gleichungen a) $y = \frac{4}{x}$, b) $y = \frac{x+4}{x} = 1 + \frac{4}{x}$, c) $y = \frac{x^2+4}{x} = x + \frac{4}{x}$ sind für $x \in \mathbb{R} \setminus \{0\}$ definiert.

Fig. 46.1 zeigt ihr Bild für $1 \leqq x \leqq 8$ auf Grund der Tafel:

	x	1	2	3	4	5	6	7	8	9	99	Kurvenfarbe
a)	$\frac{4}{x}$	4	2	$1\frac{1}{3}$	1	$\frac{4}{5}$	$\frac{4}{6}$	$\frac{4}{7}$	$\frac{4}{8}$	$\frac{4}{9}$	$\frac{4}{99}$	schwarz
b)	$1 + \frac{4}{x}$	5	3	$2\frac{1}{3}$	2	$1\frac{4}{5}$	$1\frac{4}{6}$	$1\frac{4}{7}$	$1\frac{4}{8}$	$1\frac{4}{9}$	$1\frac{4}{99}$	rot
c)	$x + \frac{4}{x}$	5	4	$4\frac{1}{3}$	5	$5\frac{4}{5}$	$6\frac{4}{6}$	$7\frac{4}{7}$	$8\frac{4}{8}$	$9\frac{4}{9}$	$99\frac{4}{99}$	grün

Aus der Tabelle und Fig. 46.1 lesen wir ab:
Strebt x gegen ∞, so strebt offenbar $\frac{4}{x}$ gegen 0, ferner $1+\frac{4}{x}$ gegen 1 und $x+\frac{4}{x}$ gegen ∞.
Wir wollen dies wie bei den Zahlenfolgen noch auf eine andere Weise ausdrücken: Wenn man x groß genug wählt, so kann man erreichen,

a) daß $\frac{4}{x}$ beliebig nahe bei 0 liegt,

b) daß $\frac{x+4}{x}$ beliebig nahe bei 1 liegt,

c) daß $\frac{x^2+4}{x}$ beliebig groß wird.

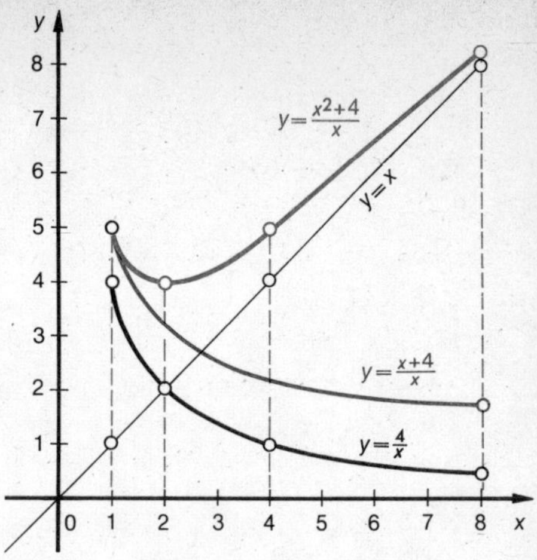

46.1.

Genauer ausgedrückt: Wählt man eine kleine Zahl $\varepsilon > 0$ $\left(\text{z.B. } \varepsilon = \frac{1}{1000}\right)$,

a) so wird $\left|\frac{4}{x}\right| < \varepsilon$, falls $\frac{x}{4} > \frac{1}{\varepsilon}$, also $x > \frac{4}{\varepsilon}$ ist (im Beispiel muß $x > 4000$ sein).

b) Für $x > \frac{4}{\varepsilon}$ wird dann $\left|\left(1+\frac{4}{x}\right)-1\right| = \left|\frac{4}{x}\right| < \varepsilon$, bei c) ist $x+\frac{4}{x} > x$ für $x > 0$, also z.B. $x+\frac{4}{x} > 4000$.

Wie bei den Zahlenfolgen schreibt man:

a) $\lim\limits_{x\to\infty} \frac{4}{x} = 0$, b) $\lim\limits_{x\to\infty} \frac{x+4}{x} = 1$, c) $\lim\limits_{x\to\infty} \frac{x^2+4}{x} = \infty$.

Beispiel 2: Setzt man in der Tabelle von Beispiel 1 für x z.B. die Zahl (-99), so erhält man in a) $-\frac{4}{99}$, in b) $1-\frac{4}{99}$, in c) $-99\frac{4}{99}$. Man kommt zu den Schreibweisen

a) $\lim\limits_{x\to-\infty} \frac{4}{x} = 0$, b) $\lim\limits_{x\to-\infty} \frac{x+4}{x} = 1$, c) $\lim\limits_{x\to-\infty} \frac{x^2+4}{x} = -\infty$.

Bemerkungen:

1. Die Ergebnisse in Beispiel 1 und 2 kann man auch so ausdrücken: Für x gegen ∞ bzw. x gegen $-\infty$ nähert sich a) der Graph von $y=\frac{4}{x}$ immer mehr der x-Achse, b) der Graph von $y=\frac{x+4}{x}$ der Gerade $y=1$, c) der Graph von $y=\frac{x^2+4}{x}$ der Gerade $y=x$ (vgl. Fig. 46.1). Diese Geraden bezeichnet man als *Asymptoten* der betreffenden Kurve.

2. Die Schreibweise $\lim\limits_{x\to\infty} \frac{x^2+4}{x} = \infty$ bedeutet nicht, daß es eine Zahl ∞ gibt, sondern nur, daß $\frac{x^2+4}{x}$ über alle Grenzen wächst, wenn x unbegrenzt wächst. Man spricht in Beispiel 1 c) und 2 c) auch von einem „uneigentlichen" Grenzwert.

3. Aus Beispiel 1 wird deutlich: Wählt man eine Folge von Werten $x_n \in \mathbb{R}^+$ so, daß x_n gegen ∞ strebt, so strebt a) $\frac{4}{x_n}$ gegen 0, b) $\left(1+\frac{4}{x_n}\right)$ gegen 1 und $\left(x_n+\frac{4}{x_n}\right)$ gegen ∞. Entsprechendes gilt für Beispiel 2, wenn x_n gegen $-\infty$ strebt. Dagegen kann man umgekehrt aus der Konvergenz *einer* solchen Folge nicht mit Sicherheit auf einen Grenzwert der Funktion schließen.

Im Anschluß an Beispiel 1 sagen wir allgemein: $f(x)$ strebt für x gegen ∞ gegen einen Grenzwert g, wenn $f(x)$ beliebig nahe bei g liegt, falls x hinreichend groß ist.
Wir fassen dies genauer:

D 1 *Eine Funktion $x \to f(x)$ konvergiert für x gegen ∞ gegen einen Grenzwert g, wenn es zu jeder Zahl $\varepsilon > 0$ eine Zahl K gibt, so daß $|f(x) - g| < \varepsilon$ ist für $x > K$.*
Konvergenz für x gegen $-\infty$ ist vorhanden, wenn $|f(x) - g| < \varepsilon$ ist für $x < k$.

Beispiel 3: Es ist $\lim\limits_{x\to\infty} \frac{2+x}{1+2x} = \lim\limits_{x\to\infty} \frac{\frac{2}{x}+1}{\frac{1}{x}+2} = \frac{1}{2}$. Wählt man z.B. $\varepsilon = \frac{1}{100}$, so ist

$$\left|\frac{2+x}{1+2x} - \frac{1}{2}\right| < \frac{1}{100}, \text{ falls } \left|\frac{4+2x-1-2x}{2(1+2x)}\right| < \frac{1}{100}, \text{ also } \left|\frac{3}{2(1+2x)}\right| < \frac{1}{100} \text{ ist.}$$

Dies ist der Fall, wenn $\frac{2(1+2x)}{3} > 100 \Leftrightarrow 1+2x > 150 \Leftrightarrow x > 74{,}5$ ist.

Bemerkung: Nehmen für x gegen ∞ (bzw. x gegen $-\infty$) die Funktionswerte *unbeschränkt* zu oder unbeschränkt ab, dann sagt man auch, die Funktion hat den *„uneigentlichen Grenzwert“* $+\infty$ oder $-\infty$ und schreibt $\lim\limits_{x\to\infty} f(x) = \infty$ bzw. $\lim\limits_{x\to\infty} f(x) = -\infty$ usw.

Z.B. $\lim\limits_{x\to\infty} x^3 = \infty$ bzw. $\lim\limits_{x\to-\infty} x^5 = -\infty$.

Aufgaben

1. Gib unmittelbar an: a) $\lim\limits_{x\to\infty} \frac{1}{x}$ b) $\lim\limits_{x\to-\infty} \frac{5}{|x|}$ c) $\lim\limits_{x\to\infty} \left|\frac{-5}{2x}\right|$ d) $\lim\limits_{x\to-\infty} \frac{|x|}{x}$

e) $\lim\limits_{x\to\infty} \frac{500}{x^2}$ f) $\lim\limits_{x\to\infty} \left(4 - \frac{8}{x}\right)$ g) $\lim\limits_{x\to\infty} (1 - x^2)$ h) $\lim\limits_{x\to-\infty} x^3$

2. Bestimme $x_0 > 0$ so, daß für $x > x_0$ a) $\left|\frac{1}{x}\right|$ b) $\left|\frac{x}{x+1} - 1\right|$ c) $\left|\frac{3x-2}{x-2} - 3\right|$ kleiner als $\frac{1}{500}$ $\left(\frac{1}{2000}, \frac{1}{10000}\right)$ wird.

3. Bestimme $x_0 > 0$ so, daß für $x < x_0$ a) $\left|\frac{2}{x}\right|$ b) $\frac{1}{x^2+1}$ kleiner als $\frac{1}{5000}$ wird.

4. Rechne und zeichne wie in Beispiel 1 bei
a) $y = \frac{-2}{x}$ b) $y = \frac{3x-2}{x}$ c) $y = \frac{x^2-2}{x}$

5. Von welchem x-Wert ab übersteigt $f(x)$ die Zahl 120?
a) $f(x) = \frac{x^3}{8}$ b) $f(x) = \frac{1-x^2}{1-x}$ c) $f(x) = \left|x - \frac{x^2}{4}\right|$

6. Bestimme folgende Grenzwerte durch geeignete Umformung wie in Beispiel 3:
a) $\lim\limits_{x\to\infty} \frac{4-x}{2+x}$ b) $\lim\limits_{x\to-\infty} \frac{2x^2+3}{5x^2-1}$ c) $\lim\limits_{x\to\infty} \frac{2x+3}{x^2+3}$ d) $\lim\limits_{x\to\infty} \frac{\sqrt{x^2+4}}{2x+5}$

e) $\lim\limits_{x\to\infty} 2^x$ f) $\lim\limits_{x\to-\infty} 2^x$ g) $\lim\limits_{x\to\infty} e^{-x}$ h) $\lim\limits_{x\to\infty} \frac{x^2}{2^x}$

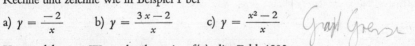

Grenzwerte für x gegen a

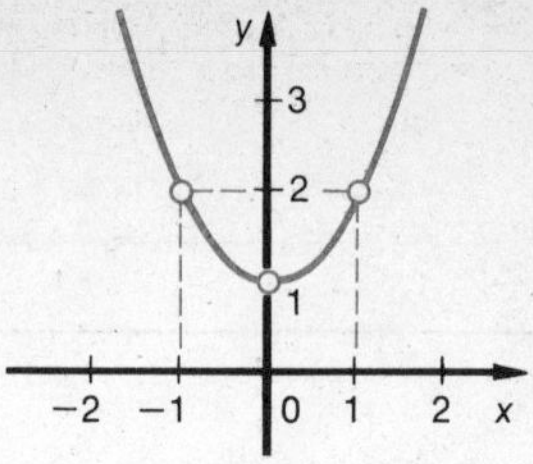

48.1. $y = x^2 + 1$

Beispiel 4: a) $f(x) = x^2 + 1$ mit $x \in \mathbb{R}$ ergibt das Schaubild in Fig. 48.1. Strebt x von rechts (links) gegen 0, so strebt $f(x)$ gegen 1. Der Grenzwert ist diesem Falle zugleich der Funktionswert $f(0) = 1$.
b) $g(x) = (x^3 + x) : x$ ist nur für $x \in \mathbb{R} \setminus \{0\}$ definiert und hier identisch mit $f(x) = x^2 + 1$. Auch für $g(x)$ ist $\lim\limits_{x \to 0} g(x) = 1$.
Der Grenzwert 1 existiert, ist aber für g nicht Funktionswert.

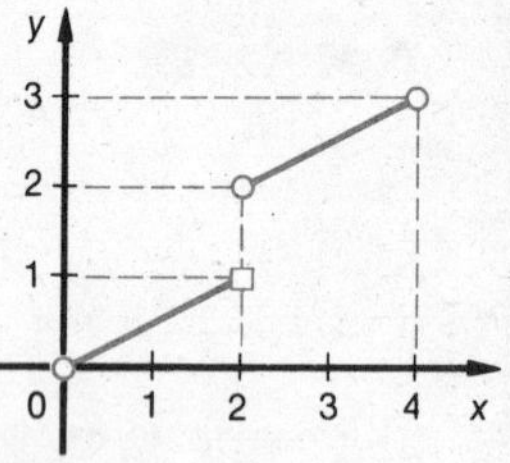

48.2.

Beispiel 5:

Es sei $x \to f(x)$; $f(x) = \begin{cases} \frac{1}{2}x & \text{für } 0 \leqq x < 2 \\ \frac{1}{2}x + 1 & \text{für } 2 \leqq x \leqq 4 \end{cases}$ (Fig. 48.2)

Strebt x von *links* gegen 2, so strebt $f(x)$ gegen 1

Strebt x von *rechts* gegen 2, so strebt $f(x)$ gegen 2, und es ist $f(2) = 2$.

D 2 Im 1. Fall schreibt man $\lim\limits_{x \to 2-0} f(x) = 1$ und nennt 1 einen **linksseitigen Grenzwert.**
Im 2. Fall schreibt man $\lim\limits_{x \to 2+0} f(x) = 2$;
2 heißt **rechtsseitiger Grenzwert.**

Beispiel 6: Fig. 48.3 zeigt das Schaubild von $f(x) = \frac{4}{x}$ für $x \in \mathbb{R} \setminus \{0\}$.
Strebt x von rechts gegen 0, so strebt $f(x)$ gegen $+\infty$
Strebt x von links gegen 0, so strebt $f(x)$ gegen $-\infty$
Man schreibt

$$\lim_{x \to +0} \frac{4}{x} = +\infty; \quad \lim_{x \to -0} \frac{4}{x} = -\infty$$

Für $x = 0$ ist jedoch $f(x)$ nicht definiert.

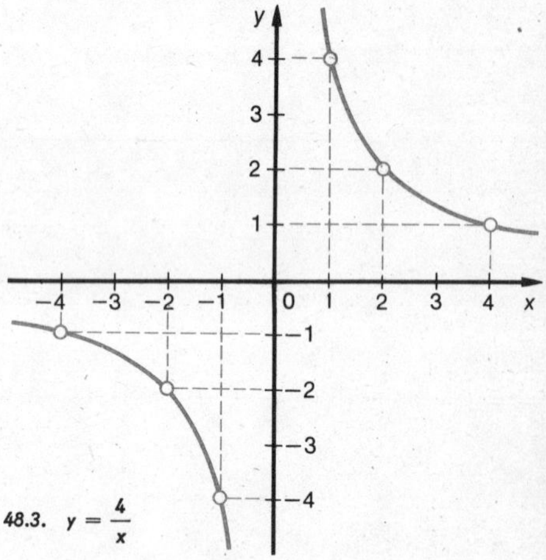

48.3. $y = \frac{4}{x}$

Im Beispiel 4a) strebt $(x^2 + 1)$ gegen 1, wenn x gegen 0 strebt. Man kann dafür auch sagen: Ist $\varepsilon > 0$, so wird $|(x^2 + 1) - 1| = |x^2| < \varepsilon$, falls $|x| < \sqrt{\varepsilon}$, also $-\sqrt{\varepsilon} < x < +\sqrt{\varepsilon}$ ist. Ist $f(x)$ in der Umgebung einer Stelle a definiert – dabei kann die Stelle $x = a$ *ausgenommen* sein – so sagt man entsprechend:

D 3 *Die Funktion $x \to f(x)$ konvergiert für x gegen a gegen den Grenzwert g, wenn $|f(x) - g|$ dadurch beliebig klein gemacht werden kann, daß man $|x - a|$ hinreichend klein wählt $(x \neq a)$.*

D 4 Andere Fassung: *Es ist $\lim\limits_{x \to a} f(x) = g$, wenn es zu jedem $\varepsilon > 0$ eine Zahl $\delta > 0$ gibt, so daß $|f(x) - g| < \varepsilon$ wird, falls $|x - a| < \delta$ ist und $x \neq a$.*

Aus D 3 und D 4 geht hervor, daß ein Grenzwert genau dann vorhanden ist, wenn der rechtsseitige *und* der linksseitige Grenzwert für x gegen a existiert und beide Werte gleich sind.

Geometrische Deutung von D 4: Zeichnet man im Koordinatensystem den Punkt $G(a \mid g)$ und gibt willkürlich die Parallelen zur x-Achse mit den Gleichungen $y = g - \varepsilon$ und $y = g + \varepsilon$ an (Fig. 49.1), so soll es möglich sein, zwei Parallelen zur y-Achse mit den Gleichungen $x = a - \delta$ und $x = a + \delta$ zu finden, so daß alle Bildpunkte von $y = f(x)$, die zwischen den Parallelen zur y-Achse liegen, zugleich auch zwischen den Parallelen zur x-Achse liegen. In Fig. 49.1 ist z.B. $P(x \mid y)$ ein solcher Punkt. Der Punkt mit $x = a$ ist dabei auszunehmen.

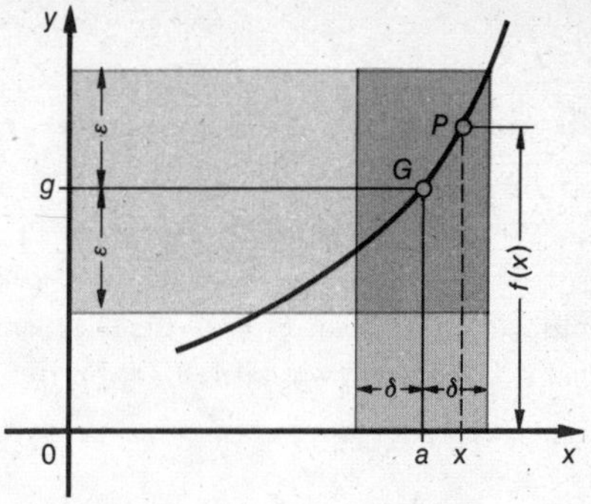

49.1. $|f(x) - g| < \varepsilon$

Bemerkungen:

1. An der Stelle $x = a$ braucht dabei $f(x)$ nicht definiert zu sein (Beispiel 4 b). Wenn $f(a)$ existiert, so kann der Funktionswert $f(a)$ mit dem Grenzwert g übereinstimmen (Beisp. 4 a) oder von ihm verschieden sein (Beisp. 7).

Beispiel 7: $f(x) = (4x^2 - 1) : (2x - 1)$ ist für $x \in \mathbb{R} \setminus \{\frac{1}{2}\}$ definiert, hier ist $f(x) = 2x + 1$. Außerdem setzen wir fest: $f(\frac{1}{2}) = 1$ (Fig. 49.2). Offenbar ist aber $\lim\limits_{x \to \frac{1}{2}} f(x) = 2$.

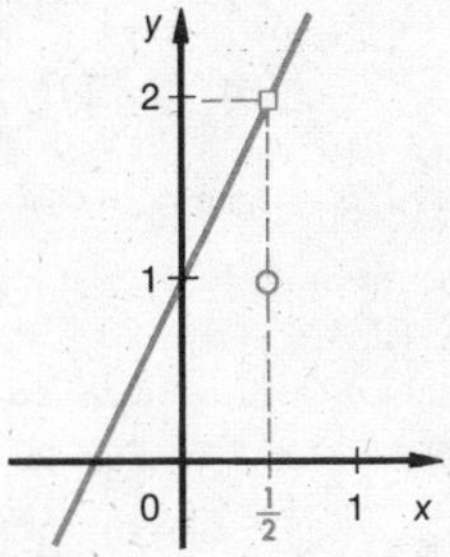

49.2.

2. Nach D 4 hängt δ von ε ab. Dies zeigt auch Beispiel 7.

3. Aus D 3 ergibt sich ferner: Strebt $f(x)$ gegen g für x gegen a, und wählt man irgend eine Folge von Werten x_n, die gegen a streben, aber a nicht enthalten, so strebt auch $f(x_n)$ gegen g. Gelingt es bei einer Funktion $f(x)$, zwei Folgen x_n gegen a und $\bar{x}_n$ gegen a zu finden, die nicht zum selben Grenzwert g führen, so konvergiert $f(x)$ sicher nicht.

4. An Beispiel 5, 6 und 8 sieht man, daß man bei der Definition und dem Nachweis eines *rechtsseitigen Grenzwertes* $\lim\limits_{x \to a+0} f(x) = g_r$ in D 4 statt $|x - a| < \delta$ schreiben muß $0 < (x - a) < \delta$; bei dem Nachweis eines *linksseitigen Grenzwertes* $\lim\limits_{x \to a-0} f(x) = g_l$ statt $|x - a| < \delta$ dagegen $0 < (a - x) < \delta$ (wieso?).

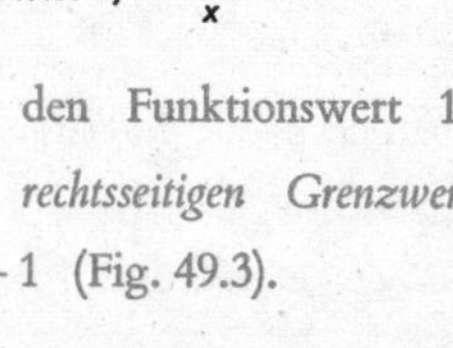

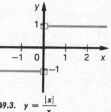

49.3. $y = \frac{|x|}{x}$

Beispiel 8: Bei $f(x) = \frac{|x|}{x}$ $(x \neq 0)$ erhält man für $x > 0$ den Funktionswert 1, für $x < 0$ dagegen den Funktionswert -1. Man hat den *rechtsseitigen Grenzwert* $\lim\limits_{x \to +0} \frac{|x|}{x} = +1$ und den *linksseitigen Grenzwert* $\lim\limits_{x \to -0} \frac{|x|}{x} = -1$ (Fig. 49.3).

Aufgaben

7. Bestimme a) $\lim\limits_{x \to 0} \frac{x}{x+4}$ b) $\lim\limits_{x \to 3} \frac{3x-9}{2x-6}$ c) $\lim\limits_{x \to 4} \frac{x^2-16}{x-4}$. In welcher Teilmenge von $\mathbb{R}$ ist die Funktion definiert? Ist der Grenzwert auch Funktionswert? Zeichne!

4—7369/2

8. Gib rechts- und linksseitige Grenzwerte an: a) $\lim\limits_{x \to 0} \frac{x+2}{x}$ b) $\lim\limits_{x \to 0} \frac{4x}{x-3}$

Grenzwerte bei Summe, Differenz, Produkt und Quotient von Funktionen

Strebt $f(x)$ gegen F, $g(x)$ gegen G für x gegen a, so liegen die Werte $f(x)$ nahe bei F und die Werte $g(x)$ nahe bei G, falls x nahe bei a liegt. Dann liegt $f(x) + g(x)$ nahe bei $F + G$, $f(x) - g(x)$ nahe bei $F - G$, $f(x) \cdot g(x)$ nahe bei $F \cdot G$ und $f(x) : g(x)$ nahe bei $F : G$, falls $g(x) \neq 0$ und $G \neq 0$ ist. Diese anschauliche Vorbetrachtung führt zu der Vermutung, daß sich die Grenzwertsätze S 7 a) bis d) von S. 43 auf beliebige Funktionen übertragen lassen.

S 1 *Sind $f(x)$ und $g(x)$ in einer Umgebung der Stelle a definiert und ist* $\lim\limits_{x \to a} f(x) = F$, *sowie* $\lim\limits_{x \to a} g(x) = G$, *so gilt:*

a) $\lim\limits_{x \to a} [f(x) + g(x)] = \lim\limits_{x \to a} f(x) + \lim\limits_{x \to a} g(x) = F + G$

b) $\lim\limits_{x \to a} [f(x) - g(x)] = \lim\limits_{x \to a} f(x) - \lim\limits_{x \to a} g(x) = F - G$

c) $\lim\limits_{x \to a} [f(x) \cdot g(x)] = \lim\limits_{x \to a} f(x) \cdot \lim\limits_{x \to a} g(x) = F \cdot G$

d) $\lim\limits_{x \to a} [f(x) : g(x)] = \lim\limits_{x \to a} f(x) : \lim\limits_{x \to a} g(x) = F : G, \quad (G \neq 0)$

Bei d) ist wegen $G \neq 0$ auch $g(x) \neq 0$, falls $|x - a|$ kleiner als ein gewisses δ_0 ist.

Beweis zu a): Ist $\varepsilon > 0$ gegeben, so kann man nach D 4 eine Zahl δ_1 bestimmen, daß $|f(x) - F| < \varepsilon$ ist, falls $|x - a| < \delta_1$ ist, und ebenso eine Zahl δ_2, so daß $|g(x) - G| < \varepsilon$ ist, falls $|x - a| < \delta_2$ ist. Ist δ die kleinere der beiden Zahlen δ_1 und δ_2, so gilt für $|x - a| < \delta$:

$$|[f(x) + g(x)] - [F + G]| = |[f(x) - F] + [g(x) - G]| \leqq |f(x) - F| + |g(x) - G| < 2\varepsilon$$

Daraus folgt nach D 2: $f(x) + g(x)$ rückt gegen $F + G$.

Beweis zu c): Es sei $f(x) = F + u(x)$ und $g(x) = G + v(x)$ mit $|u(x)| < \varepsilon$ und $|v(x)| < \varepsilon$ für $|x - a| < \delta$. Dann ist $f(x)\,g(x) = FG + Fv + Gu + uv$. Nun weiter wie auf S. 43.

Mit Hilfe der Grenzwertsätze lassen sich Grenzwerte oft bequem bestimmen.

Beispiel 9:

Für $x \neq 1$ ist $\lim\limits_{x \to 1} \frac{x^4 - 1}{x - 1} = \lim\limits_{x \to 1} \frac{(x^2 - 1)(x^2 + 1)}{x - 1} = \lim\limits_{x \to 1} [(x + 1)(x^2 + 1)] = 2 \cdot 2 = 4.$

Aufgaben

10. Führe die Beweise zu S 1 b) und d) ausführlich durch.

11. Zeige, daß S 1 a) bis d) auch gelten, wenn x gegen ∞ strebt.

12. Zeige mittels S 1: a) $\lim c \cdot f(x) = c \cdot \lim f(x)$ b) $\lim [f(x)]^n = [\lim f(x)]^n$

13. a) Verdeutliche: $\lim\limits_{x \to \infty} \frac{2x^2 + 3x + 4}{x^2 - 5} = \frac{\lim\limits_{x \to \infty} \left(2 + \frac{3}{x} + \frac{4}{x^2}\right)}{\lim\limits_{x \to \infty} \left(1 - \frac{5}{x^2}\right)} = 2$ b) $\lim\limits_{x \to \infty} \frac{x^2 - 2x + 6}{2x^2 - 7}$

15. Bestimme $\lim\limits_{x \to \infty} \frac{x^n}{x^m}$ für a) $n < m$, b) $n > m$, c) $n = m$. (Dasselbe für $x \to -\infty$.)
$(n, m \in \mathbb{N})$

13 Stetige und unstetige Funktionen

In § 12 betrachteten wir Funktionen $x \to f(x)$, die in einer Umgebung von $x = a$ definiert waren, und fragten nach $\lim\limits_{x \to a} f(x)$. Dabei zeichneten sich besonders diejenigen Funktionen aus, bei denen der links- und rechtsseitige Grenzwert an einer Stelle a in *einen* Wert zusammenfielen und dieser Wert zugleich der Funktionswert an der Stelle a war. Bei der Charakterisierung des Verhaltens von Funktionen an der Stelle a unterscheiden wir so:

Fall 1: I) $\lim\limits_{x \to a} f(x) = g$ ist vorhanden, II) $f(a)$ existiert, III) $g = f(a)$ (Fig. 51.1)

Fall 2: Die Funktion hat an der Stelle a nicht die Eigenschaften I oder III.

Beispiele: Fig. 48.2, 48,3, 49.2, 49.3. Welche Eigenschaften fehlen jeweils?

Im Fall 1 kann man sagen: Nähert sich x der Stelle a, so kommt $f(x)$ dem Wert $f(a)$ beliebig nahe. Oder: Wenn x sich wenig von a unterscheidet, so unterscheidet sich $f(x)$ wenig von $f(a)$. Man spricht dann von einer an der Stelle $x = a$ „stetigen" Funktion und definiert:

D 1 **Eine Funktion $x \to f(x)$,** die in $x = a$ und in einer Umgebung von a definiert ist, **heißt an der Stelle $x = a$ stetig, wenn der Grenzwert von $f(x)$ für x gegen a existiert und mit dem Funktionswert an der Stelle a übereinstimmt.**

Es ist dann also: $\lim\limits_{x \to a} f(x) = f(a)$ (1), in anderer Form: $\lim\limits_{h \to 0} f(a + h) = f(a)$ (2)

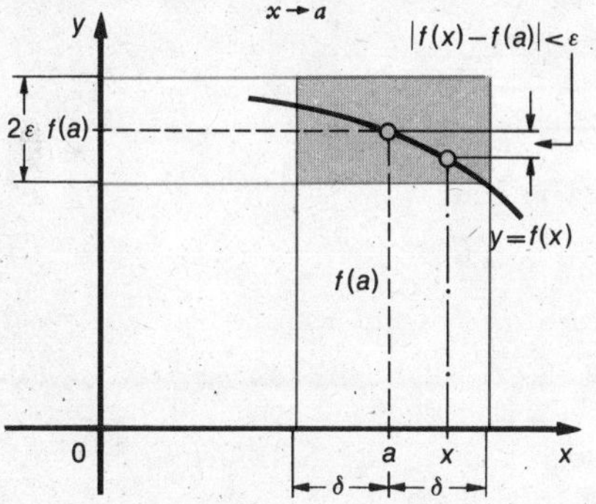

51.1.

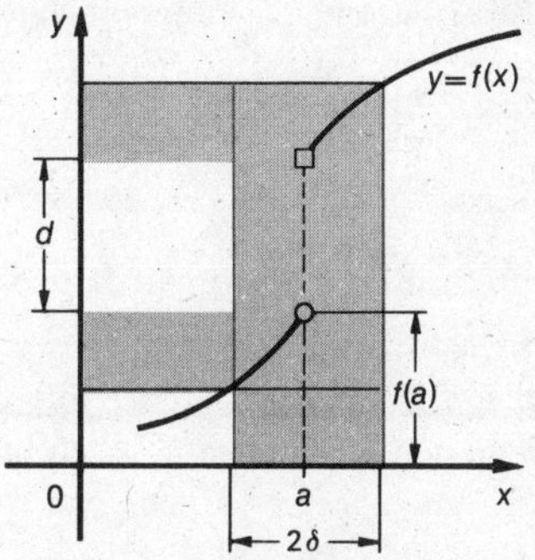

51.2. $\varepsilon < d$ ist unmöglich

D 2 Im Falle 2 sagt man: *Die Funktion $x \to f(x)$ ist an der Stelle a* **unstetig.**

D 3 Wenn $f(x)$ zwar in einer Umgebung der Stelle a definiert ist, nicht aber in a selbst, fehlt also Eigenschaft II, so sagt man: Die Funktion hat an der Stelle a eine **Lücke** (vgl. Fig. 49.2); f ist dann weder stetig noch unstetig.

Auf Grund von § 12, D 4 (S. 48) kann man D 1 in der Form schreiben:

D 4 *Eine in a samt Umgebung definierte Funktion $x \to f(x)$ ist an der Stelle $x = a$ stetig, wenn sich zu jeder noch so kleinen Zahl $\varepsilon > 0$ eine Zahl $\delta > 0$ finden läßt, derart daß $|f(x) - f(a)| < \varepsilon$ wird, sobald $|x - a| < \delta$ ist. Geometrisch* ausgedrückt bedeutet dies: Zu jedem noch so schmalen 2 ε-Streifen (parallel zur x-Achse) läßt sich ein 2 δ-Streifen wie in Fig. 51.1 finden. Gegenbeispiel Fig. 51.2.

D 5 Eine Funktion $x \to f(x)$ heißt **im Intervall** $]x_1, x_2[$ **stetig,** wenn sie an jeder Stelle des Intervalls stetig ist.

Beispiel 2: $y = x$ ist an jeder Stelle $a \in \mathbb{R}$ stetig, also ist $y = x$ in $\mathbb{R}$ stetig.

Beweis: $\lim\limits_{h \to 0} (a + h) = a$. Nach (2) folgt hieraus die Stetigkeit.

Beispiel 3: $y = x^2$ ist an jeder Stelle $a \in \mathbb{R}$ stetig.

Beweis: $\lim\limits_{h \to 0} (a + h)^2 = \lim\limits_{h \to 0} (a^2 + 2\,a\,h + h^2) = a^2$. Die Bedingung (2) ist erfüllt.

Beispiel 4: $y = \frac{1}{x}$ ist an jeder Stelle $a \neq 0$ stetig; also ist $y = \frac{1}{x}$ z. B. in $\mathbb{R}^+$ stetig.

Beweis: Es sei $a \neq 0$ und $a + h \neq 0$; dann gilt:

$$\lim_{h \to 0} \frac{1}{a + h} = 1 : \lim_{h \to 0} (a + h) = \frac{1}{a}.$$

Für $a = 0$ existiert $\frac{1}{a}$ nicht.

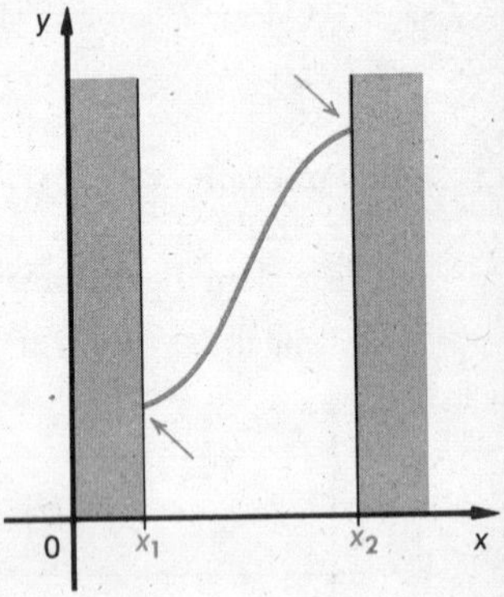

52.1.

Bemerkungen:

1. Aus D 1 folgt, daß der rechts- und linksseitige Grenzwert im Fall der Stetigkeit existieren und beide gleich sein müssen.

2. In einem Randpunkt des Definitionsbereichs kann eine Funktion nicht stetig sein, weil sich keine Umgebung angeben
D 6 läßt, die zum Definitionsbereich gehört. Sind x_1 und x_2 solche Randstellen und ist der rechtsseitige Grenzwert $\lim\limits_{x \to x_1 + 0} f(x) = f(x_1)$ bzw. der linksseitige Grenzwert $\lim\limits_{x \to x_2 - 0} f(x) = f(x_2)$, so spricht man von **rechtsseitiger** bzw. **linksseitiger Stetigkeit** (Fig. 52.1).

3. In anschaulicher, aber unscharfer Weise kann man sagen: Wenn man das Schaubild einer Funktion im Achsenkreuz mit dem Bleistift ohne abzusetzen nachfahren kann, so ist die Funktion in dem betrachteten Intervall stetig. Es gibt aber stetige Funktionen, bei denen sich Schwankungen so häufen, daß ein Nachfahren unmöglich wird. (Vgl. S. 147, Aufg. 51.)

4. Für die „klassische" Naturbetrachtung gilt der Satz: „Die Natur macht keinen Sprung." Danach verlaufen zahlreiche Naturvorgänge „stetig": Das Wachstum von Lebewesen mit der Zeit, die Abnahme des Luftdrucks mit der Höhe, die Zunahme der Beleuchtungsstärke mit der Annäherung an eine Glühlampe. Es gibt aber auch viele sprunghafte (unstetige) Änderungen: Preissenkung, Diskonterhöhung; Dichteänderung an einer Grenzfläche.

Sätze über stetige Funktionen

S 1 **Sind zwei Funktionen an der Stelle *a* stetig, so ist dort auch die Summe, die Differenz, das Produkt und der Quotient dieser Funktionen stetig;** der Quotient dort, wo die Nennerfunktion nicht 0 ist. Der Beweis ergibt sich aus den Grenzwertsätzen S 1 a) bis d) auf S. 50. Die folgenden 4 Sätze sind anschaulich unmittelbar deutlich. Ihre Beweise sind nicht ganz einfach.

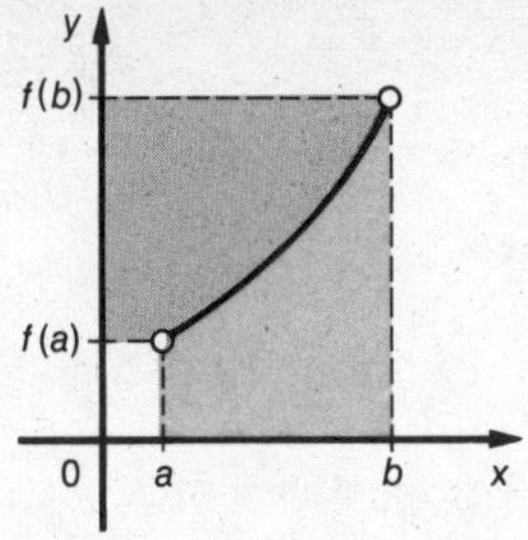

53.1.

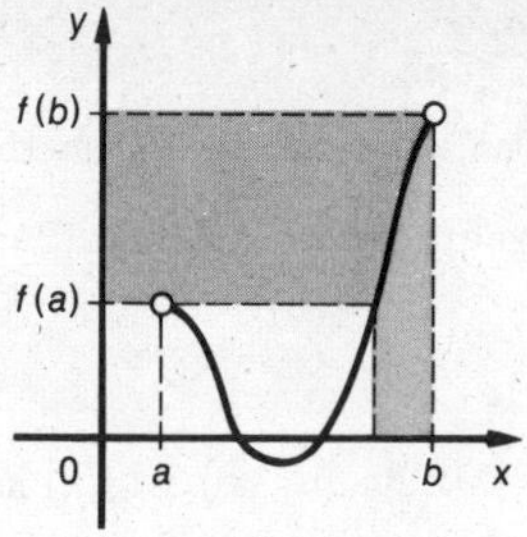

53.2.

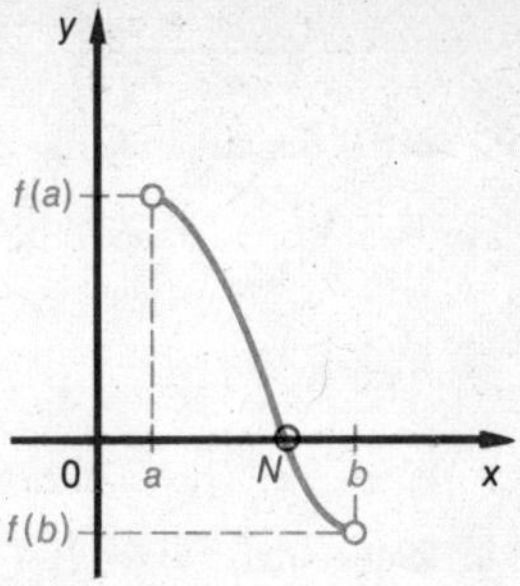

53.3.

S 2 *Eine im Intervall* $a \leqq x \leqq b$ *stetige Funktion* $x \to f(x)$, *bei der* $f(a)$ *und* $f(b)$ *verschiedene Vorzeichen haben, hat in* $]a, b[$ *mindestens eine Nullstelle (Nullstellensatz)* (Fig. 53.3 und 53.4).

S 3 *Eine in* $[a, b]$ *stetige Funktion* $x \to f(x)$, *deren Funktionswerte an den Rändern* $f(a)$ *und* $f(b)$ *sind, nimmt jeden Wert zwischen* $f(a)$ *und* $f(b)$ *mindestens einmal an* (Fig. 53.1 und 53.2, *Zwischenwertsatz*).

S 4 *Eine in* $[a, b]$ *stetige Funktion ist in diesem Intervall beschränkt.*

S 5 *Eine in* $[a, b]$ *stetige Funktion* $x \to f(x)$ *hat dort immer einen kleinsten und größten Wert* (Fig. 53.5/7).

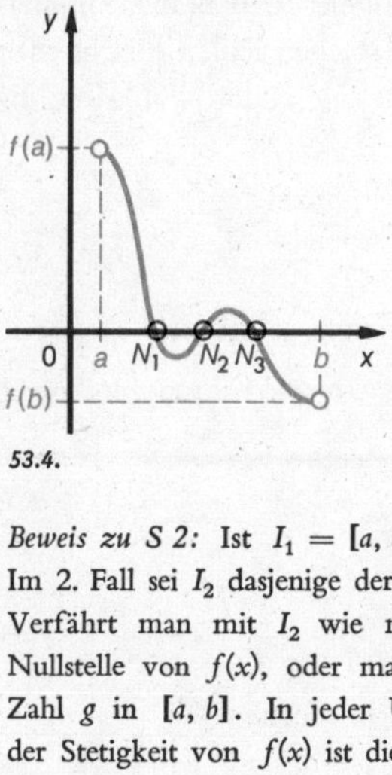

53.4.

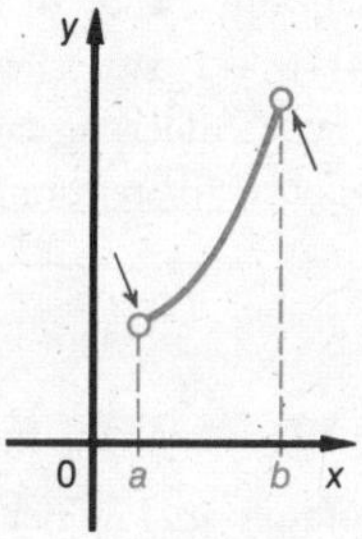

53.5.

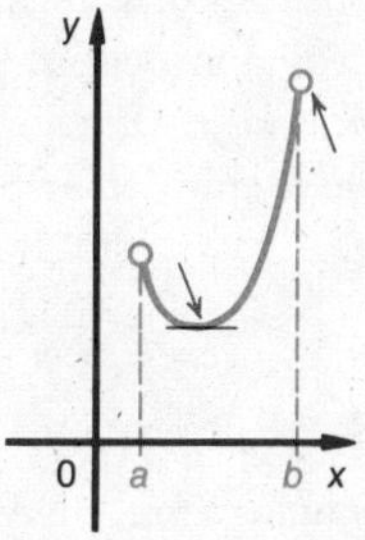

53.6.

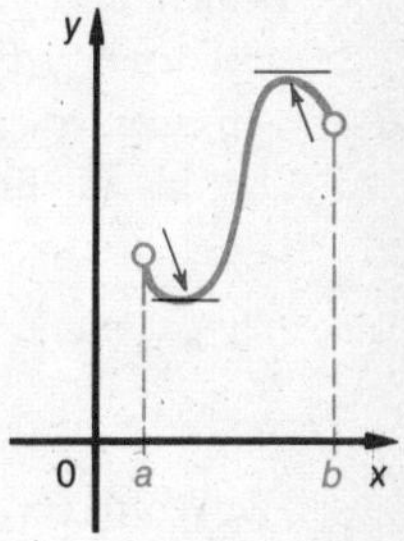

53.7.

Beweis zu S 2: Ist $I_1 = [a, b]$ und x_1 die Mitte von I_1, so ist entweder $f(x_1) = 0$ oder $f(x_1) \neq 0$. Im 2. Fall sei I_2 dasjenige der 2 Teilintervalle, bei dem $f(x)$ Randwerte mit verschiedenen Zeichen hat. Verfährt man mit I_2 wie mit I_1 und setzt dieses Verfahren fort, so kommt man entweder zu einer Nullstelle von $f(x)$, oder man erhält eine Intervallschachtelung $I_1, I_2, I_3, \ldots$. Diese bestimmt eine Zahl g in $[a, b]$. In jeder Umgebung von g, liegen positive und negative Werte von $f(x)$. Wegen der Stetigkeit von $f(x)$ ist dies nur möglich, wenn $f(g) = 0$ ist; es liegt dann g in $]a, b[$.

Beweis zu S 3: Ist $f(b) > c > f(a)$, so ist $g(x) = f(x) - c$ stetig in $[a, b]$. $g(a)$ und $g(b)$ haben verschiedenes Zeichen (wieso?). Nach S 2 gibt es daher mindestens ein x_0 in $]a, b[$ mit $g(x_0) = 0$, also $f(x_0) = c$.

Auf den Beweis von S 4 und S 5 verzichten wir hier.

Aus Satz 1, Beispiel 2 und 3, sowie Aufg. 1 folgt durch Zusammensetzung:

S 6 $y = a_0 + a_1 x + a_2 x^2 + \cdots + a_n x^n$ mit $a_k \in \mathbb{R}$ und $n \in \mathbb{N}_0$ **ist für alle** $x \in \mathbb{R}$ **stetig.**

D 7 Man bezeichnet diese Funktionen als **ganze rationale Funktionen** (vgl. § 18).

S 7 $y = \frac{a_0 + a_1 x + a_2 x^2 + \cdots + a_n x^n}{b_0 + b_1 x + b_2 x^2 + \cdots + b_m x^m}$ mit $(a_k, b_k \in \mathbb{R}, b_m \neq 0)$ und $(n \in \mathbb{N}_0, \ m \in \mathbb{N})$ **ist stetig** bis auf diejenigen Stellen, an denen die Nennerfunktion gleich Null wird.

D 8 Die Funktionen in S 7 heißen **gebrochene rationale Funktionen.**

Aufgaben

1. Zeige: a) Die Funktion $y = c$ ist stetig. b) Ist $f(x)$ in $]\,a, b\,[$ stetig, dann auch $c \cdot f(x)$.
4. Zeige, daß folgende Funktionen bei $x = 0$ stetig sind. Zeichne Graphen.
   a) $y = |x|$ b) $y = |x - \frac{1}{4}x^2|$ c) $y = 2^x$
5. Nenne Gesetze der Physik, die durch stetige Funktionen dargestellt werden.

Verschiedene Formen unstetiger Funktionen

In D 2 haben wir gesagt: $y = f(x)$ ist bei $x = a$ unstetig, wenn mindestens eine der folgenden 2 Eigenschaften *nicht* vorhanden ist:

I) $\lim\limits_{x \to a} f(x) = g$ existiert, III) $g = f(a)$. Wir geben Beispiele (S. 55).

Bemerkung: In Beispiel 8 (9) ist es möglich, die Lücke zu beseitigen; man braucht in Beispiel 8 nur $f(0) = 0$ und in Beispiel 9 $f(1) = -1$ zu setzen. In solchen Fällen spricht man
D 9 von einer *stetigen Fortsetzung*. Durch eine solche Änderung entsteht eine andere Funktion, die aber bis auf Einzelwerte mit der ursprünglichen übereinstimmt.

Aufgaben

6. Stelle in Beispiel 5, 6, 8 von S. 55 eine Wertetafel auf und zeichne selbst ein Schaubild.
7. Wo treten in Beispiel 5 bis 10 Asymptoten auf? Welche Grenzwerte führen zu ihnen?
8. An welchen Stellen sind folgende Funktionen unstetig? (Vgl. S. 28, Bsp. 7.)
   a) $y = 1 + [x], \ (-1 \leqq x \leqq +1)$ b) $y = 1 - x + [x], \ (-1 \leqq x \leqq +1)$
9. Gib die Lücken und Asymptoten an; zeichne Schaubilder:
   a) $y = \frac{-3}{x}$ b) $y = \frac{6}{x+2}$ c) $y = \frac{2x}{x-3}$ d) $y = \frac{3x-2}{2x-3}$
10. Wo haben folgende Funktionen Lücken? Wie kann man sie beheben?
    a) $y = \frac{x^2-9}{x-3}$ b) $y = \frac{9x^2-4}{3x+2}$ c) $y = \frac{x^2+4x+4}{x^2-4}$ d) $y = \frac{x^2+4x}{2x+8}$
11. Untersuche a) $y = \begin{cases} x^2 & \text{für } -1 \leqq x \leqq 1 \\ -x+4 & \text{für } 1 < x \leqq 4 \end{cases}$ b) $y = \begin{cases} x+2 & \text{für } x < 0 \\ 0 & \text{für } x = 0 \\ x-2 & \text{für } x > 0 \end{cases}$
13. Beurteile die Stetigkeit der Funktion $y = f(x) = \begin{cases} 1 & \text{für } x \in \mathbb{Q} \\ 0 & \text{für } x \in \mathbb{R} \setminus \mathbb{Q}. \end{cases}$
14. Gib Beispiele aus der Physik an mit Unstetigkeiten und „endlichem Sprung".

Beispiel	Funktion	ist unstetig oder hat eine Lücke	es fehlt Eigenschaft	rechts- oder linksseitiger Grenzwert	Graph
5	$f(x) = 2^{\frac{1}{x}}$ $A = \mathbb{R} \setminus \{0\}$	Lücke in $x = 0$	II (§ 12; Aufg. 6)	$\lim\limits_{x \to -0} f(x) = 0$ $\lim\limits_{x \to +0} f(x) = \infty$	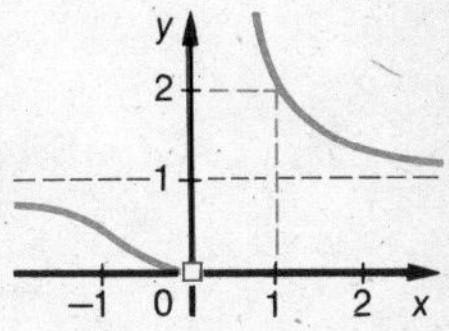
6	$f(x) = \frac{1}{x-1}$ $A = \mathbb{R} \setminus \{1\}$	Lücke in $x = 1$	II	$\lim\limits_{x \to 1+0} f(x) = \infty$ $\lim\limits_{x \to 1-0} f(x) = -\infty$	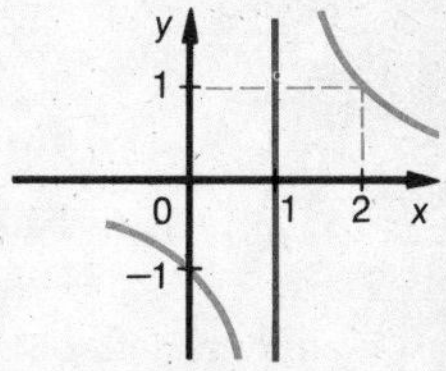
7	$f(x) = \begin{cases} \frac{1}{2}x, & (x<2); \\ \frac{1}{2}x+1, & (x \geqq 2) \end{cases}$	unstetig in $x = 2$ (endlicher Sprung)	I, III (§ 11, Fig. 48.2)	$\lim\limits_{x \to 2+0} f(x) = 2$ $\lim\limits_{x \to 2-0} f(x) = 1$	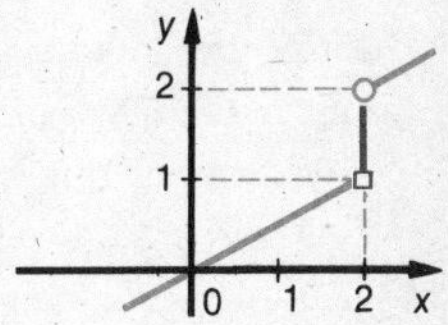
8	$f(x) = 2^{-\frac{1}{x^2}}$ $A = \mathbb{R} \setminus \{0\}$	Lücke in $x = 0$	II (Beispiel 4b, S. 48)	$\lim\limits_{x \to 0} f(x) = 0$	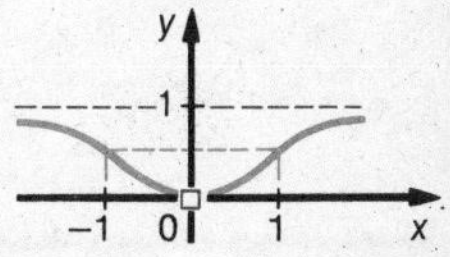
9	$f(x) = \begin{cases} x^2-2x, & (x \neq 1); \\ +1, & (x = 1) \end{cases}$	unstetig in $x = 1$ (Einsiedler E)	III	$\lim\limits_{x \to 1} f(x) = -1$	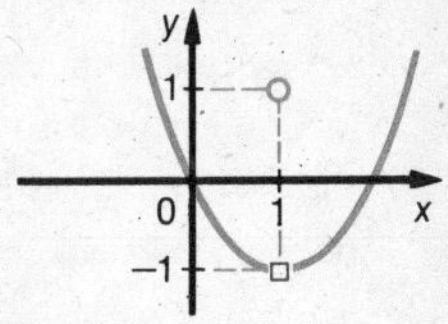
10	$f(x) = \begin{cases} +1, & (x \in \mathbb{Q}); \\ 0, & (x \in \mathbb{R} \setminus \mathbb{Q}) \end{cases}$	unstetig für alle $x \in \mathbb{R}$	I, III	weder rechts- noch linksseitige Grenzwerte	***55.1.* bis *55.5.***

Pol?
Lücke?
endlicher Sprung?
Einsiedler?

14 Aufgabe der Differentialrechnung. Das Tangentenproblem

❶ Fig. 56.1 zeigt die Luftdruckänderung an zwei Orten A und B im Laufe eines Vormittags. Vergleiche die Änderungen des Drucks.

❷ Fig. 56.2 zeigt die Flugbahn eines Steins, der von einem 45 m hohen Turm aus waagrecht geworfen wird. Er befindet sich nach 1 sec in P_1, nach 2 sec in P_2, nach 3 sec in P_3. Welche Fragen kann man im Blick auf diese Figur stellen?

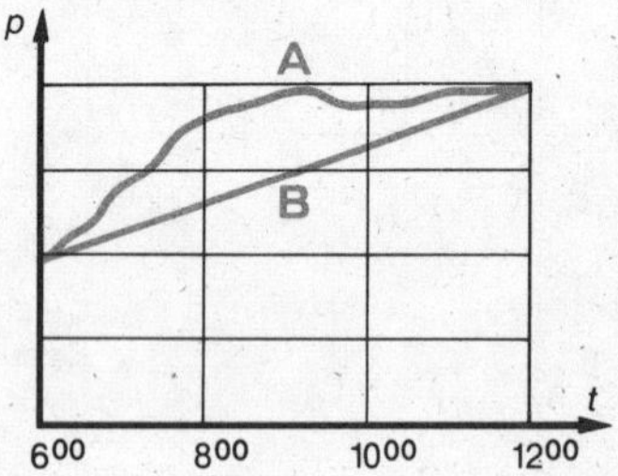

56.1.

Das Wachstum bei stetigen Funktionen

1. Bei vielen Funktionen aus der Erfahrungswelt interessiert es nicht nur, *welche Werte* eine Funktion $y = f(x)$ annimmt und ob sie *stetig* ist, sondern auch, wie rasch bzw. wie stark die y-Werte *zu oder abnehmen*, wenn sich die x-Werte ändern. Der Physiker fragt bei einem Satelliten nicht bloß, wo er sich zu einer bestimmten Zeit befindet, sondern auch, in welcher Richtung und wie schnell er sich bewegt, und wie sich seine Geschwindigkeit ändert. Für den Meteorologen ist bei der Wettervorhersage nicht allein die *Größe* des Luftdrucks wichtig, sondern auch, wie stark der Druck je Stunde steigt oder fällt. Diese Beispiele zeigen, daß es oft darauf ankommt, genaue Aussagen über das *Wachstum von Funktionen* zu machen.

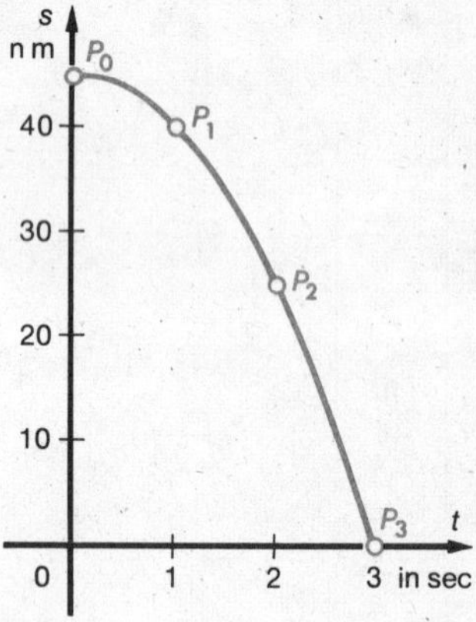

56.2.

2. Um das Wachstum bei einer stetigen Funktion anschaulich zu überblicken, betrachtet man am besten ihr *Schaubild* in einem rechtwinkligen Achsenkreuz (56.3): Ist die Kurve steil (wie in P), so wächst y rasch (mit wachsendem x), ist sie weniger steil (wie in Q), so wächst y langsamer. Bei einer monotonen stetigen Funktion $y = f(x)$ ist also die Steilheit ihres Schaubildes charakteristisch für das Verhalten der Funktionswerte bei wachsenden x-Werten.

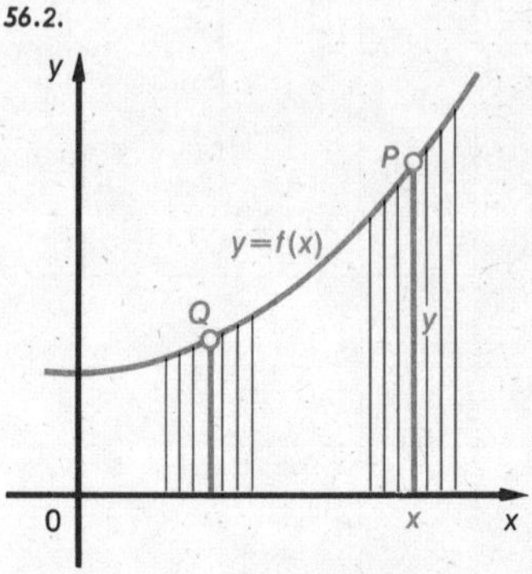

56.3.

Die Steigung von Kurven. Das Tangentenproblem[1]

3. Bei einer *Gerade* wird die Steilheit durch die konstante *Steigung* $m = \tan\alpha$ gemessen (Fig. 57.1). Bei einer *gekrümmten* Kurve ist die Steilheit in einem Punkt P zunächst nicht definiert. Es liegt nahe, P mit einem Nachbarpunkt Q

1. Soweit im folgenden Winkel auftreten, werden gleiche Einheiten auf den Achsen vorausgesetzt.

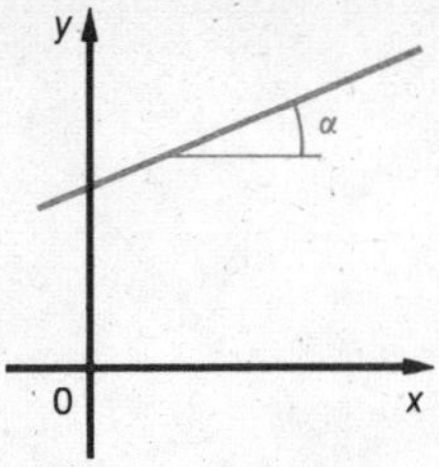

57.1.

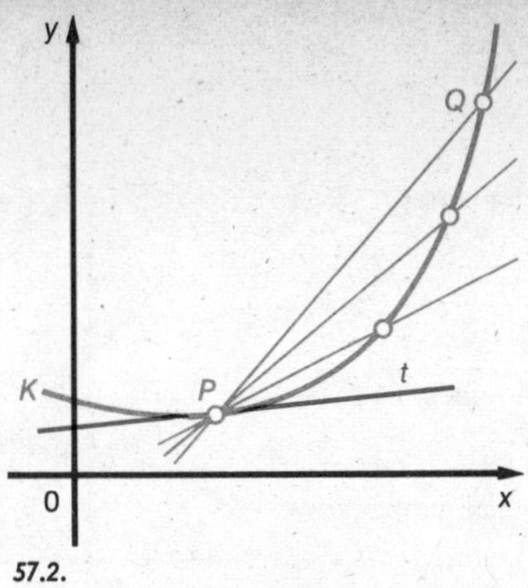

57.2.

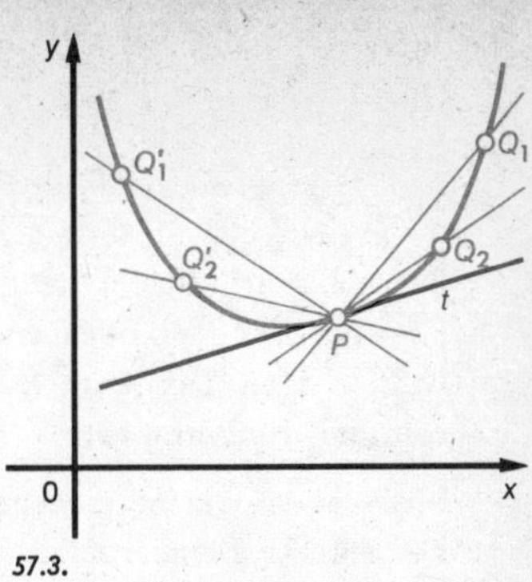

57.3.

der Kurve geradlinig zu verbinden (Fig. 57.2). Die Steigung der Sekante *PQ* kann man dann als *mittlere Steigung des Kurvenstücks PQ* bezeichnen.

Hält man nun den Punkt *P* fest und läßt Q immer näher an *P* heranrücken (Fig. 57.2), so dreht sich die Sekante *PQ* um *P* und nähert sich, wie wir zeigen werden, bei sehr vielen Kurven immer mehr einer *Grenzgerade t*.

D 1 Die Kurve mit der Gleichung $y = f(x)$ sei im Punkt *P* stetig (Fig. 57.3). Rückt der beliebige Kurvenpunkt Q auf der Kurve von links oder rechts gegen *P* und strebt dabei die Sekante *PQ* gegen eine gemeinsame Grenzlage, eine Gerade *t*, so nennt man *t* die **Tangente** der Kurve im Punkt *P*.

4. Besitzt die Sekante *PQ* den Steigungswinkel σ und die Tangente *t* den Steigungswinkel τ (Fig. 57.4), so ist $\tan\sigma$ die Sekantensteigung und $\tan\tau$ die Tangentensteigung.

Wir können dann sagen:

D 2 *Die Tangentensteigung ist der Grenzwert der Sekantensteigung:*

$$\tan\tau = \lim_{Q \to P} \tan\sigma$$

D 3 **Unter der Steigung einer Kurve in einem Punkt *P* versteht man die Steigung der Tangente in *P*.**

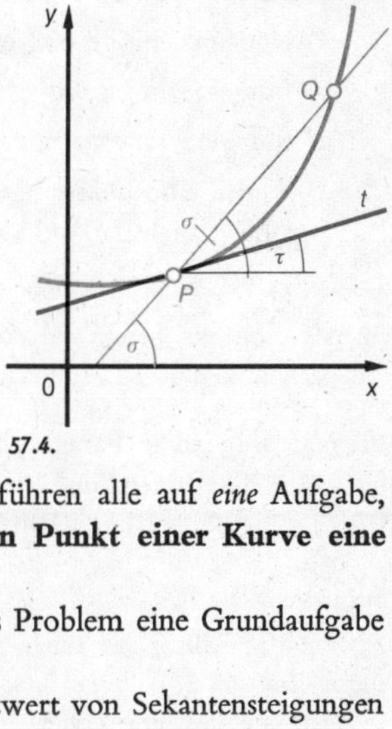

57.4.

Unsere oben aufgeworfenen Fragen (und noch viele andere) führen alle auf *eine* Aufgabe, auf das **Tangentenproblem: Gibt es in einem beliebigen Punkt einer Kurve eine Tangente, und wie groß ist ihre Steigung?**

Man bezeichnet denjenigen Teil der „Analysis“, für den dieses Problem eine Grundaufgabe ist, als **Differentialrechnung**[1].

Da die Lösung der Aufgabe stets darauf hinausläuft, den Grenzwert von Sekantensteigungen zu untersuchen, ist der Begriff **Grenzwert ein Grundbegriff der Differentialrechnung.**

Ein anderes Grenzwertproblem ist das „umgekehrte Tangentenproblem“. Zu gegebenen Tangentensteigungen sind die zugehörigen Kurven zu finden. Die Lösung dieser Aufgabe ermöglicht erstaunlicherweise auch Flächen- und Rauminhaltsberechnungen. Sie werden in der sogenannten **Integralrechnung**[2] behandelt. Differential- und Integralrechnung sind Teile der **Infinitesimalrechnung**[3] oder **Analysis**[4].

1. Die Sekantensteigung wird aus Differenzen der Koordinaten von *P* und Q berechnet. 2. integrare (lat.), wiederherstellen; die Kurven werden aus ihren Steigungen zurückgewonnen. 3. infinitum (lat.), unendlich; bei Grenzwerten strebt häufig *n* gegen ∞. 4. analysis (griech.), Zerlegung; durch die Feststellung der Steigung in jedem Kurvenpunkt wird die Kurve sozusagen in ihre „Elemente“ zerlegt.

Bemerkung: In Fig. 58.1 ist der Graph von $y = |1 - \frac{1}{4}x^2|$ für $-1 \leqq x \leqq 4$ gezeichnet. Die Funktion ist überall stetig, auch in $P_0(2 \mid 0)$. Dort hat der Graph offenbar eine Ecke mit einer

D 4 **linksseitigen Tangente t_l** und einer **rechtsseitigen Tangente t_r.**

In P_0 ist also keine eindeutige Tangente vorhanden. Das Beispiel zeigt:

S 1 Die Stetigkeit von $y = f(x)$ bei x_0 ist *keine hinreichende Bedingung* für die Existenz *einer* Tangente in $P_0(x_0 \mid y_0)$. (Vgl. S. 69.)

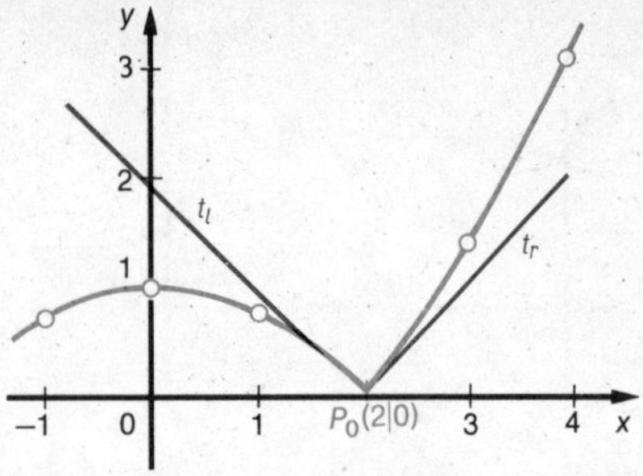

58.1.

Aufgaben

1. Gib auf Grund der Anschauung an, ob an den Unstetigkeitsstellen (einschließlich Lücken) in Fig. 28.4, 28.5, 32.4, 51.2, 55.1, 55.3 und 55.5.
   a) eine linksseitige *und* eine rechtsseitige Tangente,
   b) nur eine linksseitige,
   c) nur eine rechtsseitige,
   d) weder eine linksseitige noch eine rechtsseitige Tangente vorhanden ist.
   Beachte dabei, daß auch bei einer einseitigen Tangente in P_0 die Funktion dort definiert sein muß.

2. Zeichne ein Schaubild von a) $y = |x^2 - 1| + 2$, b) $y = 2^{|x|}$, c) $y = \frac{4x - x^3}{x}$
   Wo besitzt der Graph keine (eindeutige) Tangente?

In den folgenden Paragraphen werden wir nacheinander dieses Tangentenproblem für einzelne Funktionen und Funktionenklassen rechnerisch behandeln. Wir beginnen dabei mit der besonders einfachen Funktion $y = ax^2$.

Bemerkung:
Bei der Behandlung des Tangentenproblems beschränken wir uns auf Funktionen die auf $\mathbb{R}$ oder auf Intervallen von $\mathbb{R}$ definiert sind, obwohl man z. B. auch bei Funktionen, die auf $\mathbb{Q}$ oder auf Teilmengen von $\mathbb{Q}$ definiert sind, von Tangenten sprechen könnte.

15 Ableitung von $y = ax^2$

Steigung und Gleichung einer Gerade

Um die Steigung und Gleichung von Sekanten und Tangenten bei Kurven ausdrücken zu können, benötigen wir einige Hilfsmittel aus der „Analytischen Geometrie“. Sie werden dort ausführlich behandelt (vgl. Lambacher-Schweizer, Anal. Geom. § 3 und 4); im folgenden sind sie kurz zusammengestellt.

D 1 Als **Steigung einer Strecke** bzw. **einer Gerade,** die durch die zwei Punkte $P_1(x_1 \mid y_1)$ und $P_2(x_2 \mid y_2)$ gegeben ist (Fig. 59.1), bezeichnet man den Quotienten $\boldsymbol{m} = \dfrac{\boldsymbol{y_2 - y_1}}{\boldsymbol{x_2 - x_1}}$, falls $x_1 \neq x_2$ ist.

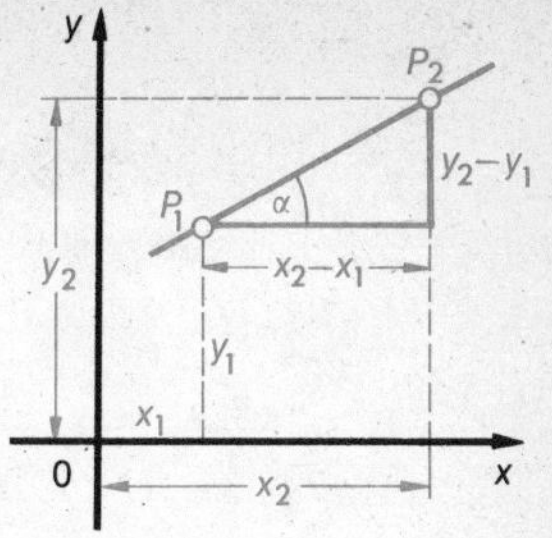

59.1. $m > 0$

S 1 a) ***m* ist positiv,** wenn P_1P_2 mit wachsendem x **steigt,**

b) ***m* ist negativ,** wenn P_1P_2 mit wachsendem x **fällt**

c) Es ist $\boldsymbol{m = 0}$, wenn P_1P_2 **parallel zur *x*-Achse** ist.

D 2 Man schreibt $\boldsymbol{m} = \pm\infty$, wenn P_1P_2 **parallel zur *y*-Achse** ist.

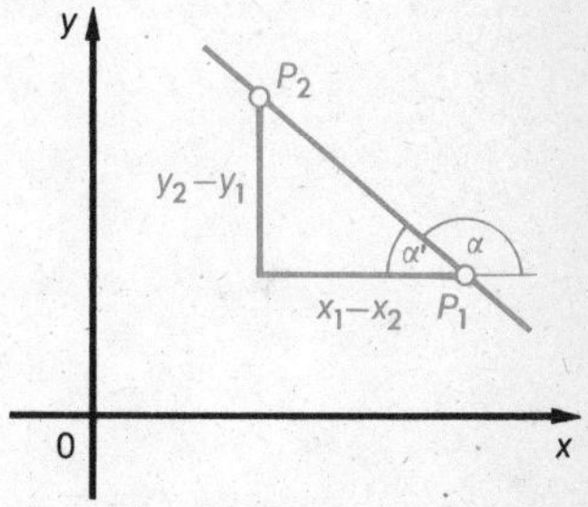

59.2. $m < 0$

Beweis: Liegen P_1 und P_2 im 1. Feld, so folgt die Beh. a) und b) unmittelbar aus Fig. 59.1 und 2. Da sich bei Parallelverschiebung die Differenzen $x_2 - x_1$ und $y_2 - y_1$ nicht ändern, gilt a) und b) in jedem Feld.

Die Beh. c) ergibt sich aus $y_2 - y_1 = 0, \quad x_2 - x_1 \neq 0$.

Läßt man $y_2 - y_1$ in Fig. 59.1 fest und strebt x_2 gegen x_1, so strebt $\dfrac{y_2 - y_1}{x_2 - x_1}$ gegen $+\infty$ oder gegen $-\infty$, und P_1P_2 geht in eine Parallele zur y-Achse über.

Bemerkung: Im Fall a) bis c) ist $m = \tan\alpha$ mit $0° \leqq \alpha < 180°$, wenn der „Steigungswinkel α" wie in Fig. 59.1 und 2 gewählt wird (vgl. Lambacher-Schweizer, Analytische Geometrie).

S 2 Die Gleichung einer nicht achsenparallelen Gerade

a) durch die Punkte $P_1(x_1 \mid y_1)$ und $P_2(x_2 \mid y_2)$ ist

$$\text{für } x \neq x_1 \text{ und } x_2 \neq x_1: \quad \frac{\boldsymbol{y - y_1}}{\boldsymbol{x - x_1}} = \frac{\boldsymbol{y_2 - y_1}}{\boldsymbol{x_2 - x_1}}$$

b) durch $P_1(x_1 \mid y_1)$ mit Steigung m ist

$$\text{für } x \neq x_1 \text{ und } m \neq \pm\infty: \quad \frac{\boldsymbol{y - y_1}}{\boldsymbol{x - x_1}} = \boldsymbol{m}$$

c) mit Steigung $m \neq \pm\infty$ und y-Achsenabschnitt b:

$$\boldsymbol{y = mx + b}$$

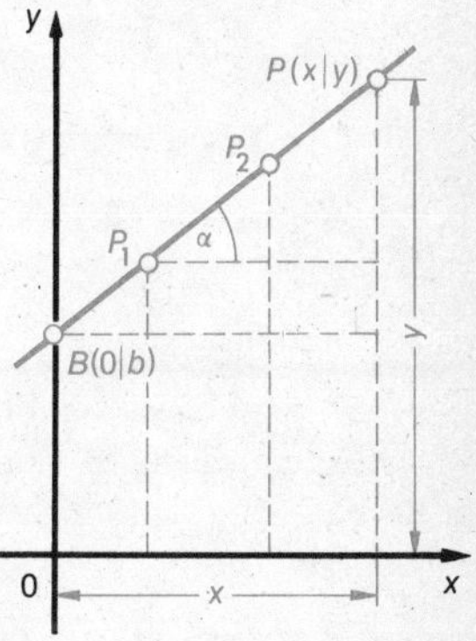

59.3.

Beweis (Fig. 59.3):
zu a) und b) Drücke die Steigung von P_1P_2 bzw. P_1P aus.
zu c): Drücke die Steigung von BP aus.

Sonderfälle (Fig. 59.4): Eine **Parallele**

1. **zur *x*-Achse** hat die Gleichung $\boldsymbol{y = b}$,

2. **zur *y*-Achse** hat die Gleichung $\boldsymbol{x = a}$.
(Wieso folgt 1) auch aus c)?

3. *Die Gleichung der x-Achse ist* $\boldsymbol{y = 0}$.

4. *Die Gleichung der y-Achse ist* $\boldsymbol{x = 0}$.

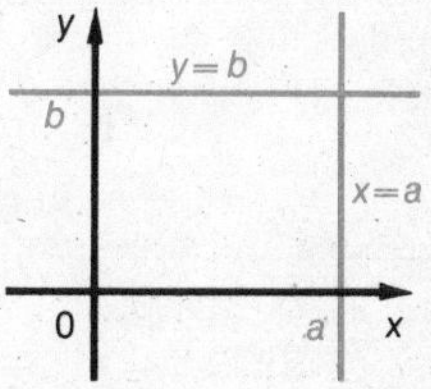

59.4.

Aufgaben

1. Gib die Steigung m von P_1P_2 an und zeichne die Gerade:
   a) $P_1(1\,|\,2)$, $P_2(6\,|\,5)$ b) $P_1(1\,|\,2)$, $P_2(6\,|\,-1)$
   c) $P_1(2\,|\,-1)$, $P_2(-2\,|\,-5)$ d) $P_1(-4{,}5\,|\,0)$, $P_2(0\,|\,-4{,}5)$
   e) $P_1\left(-\frac{1}{4}\,\middle|\,4\right)$, $P_2\left(-\frac{1}{4}\,\middle|\,-1\right)$ f) $P_1\left(\frac{3}{4}\,\middle|\,-\frac{2}{3}\right)$, $P_2\left(-\frac{1}{4}\,\middle|\,-\frac{2}{3}\right)$

2. a) In Fig. 60.1 ist $OP_1 \perp OP_2$, $\overline{OP}_1 = \overline{OP}_2$; $m_1 \neq 0$ und $m_2 \neq 0$ seien die Steigungen von OP_1 und OP_2.
   Zeige: $\boldsymbol{m_1 \cdot m_2 = -1}$, $\boldsymbol{m_2 = -\frac{1}{m_1}}$
   b) Bestimme m_2, wenn $m_1 \in \{3;\ \frac{1}{4};\ \frac{4}{5};\ -\frac{2}{3};\ -2;\ -1;\ 0{,}4\}$ ist.
   c) Wie ist es bei $m_1 = 0$ und $m_1 = \pm\infty$?

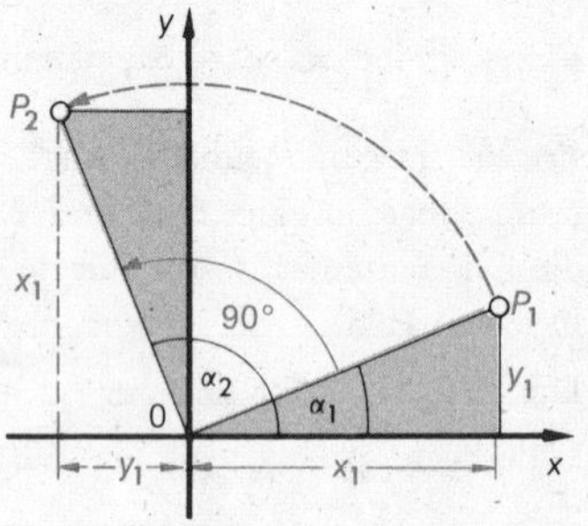

60.1. $m_1 \cdot m_2 = -1$

3. Gib die Gleichung der Gerade P_1P_2 in Aufgabe 1 an.

4. Zeichne die Gerade durch P_1 mit Steigung m. Gib ihre Gleichung an.
   a) $P_1(2\,|\,1)$, $m = \frac{3}{5}$ b) $P_1(-3\,|\,4)$, $m = -2$ c) $P_1(-5\,|\,0)$, $m = -0{,}7$

5. Gib bei folgenden Geraden die Steigung und den y-Achsenabschnitt an:
   a) $y = \frac{3}{4}x - 2$, b) $y = -0{,}4x + 3$, c) $3x + 5y = 0$, d) $5x - 3y = 9$, e) $2y = 7$

Die Tangentensteigung bei der Parabel mit der Gleichung $y = x^2$

❶ Zeichne die Parabel mit der Gleichung $y = x^2$. Lege an sie nach Augenmaß die Tangenten in den Punkten mit $x \in \{0;\ 1;\ 2;\ -1;\ -2\}$. Lies aus der Zeichnung näherungsweise die Steigungen dieser Tangenten ab.

Wir bestimmen rechnerisch die Tangentensteigung bei $y = x^2$ zunächst für den Punkt $P_1(1\,|\,1)$ und dann für einen beliebigen Kurvenpunkt $P(x_0\,|\,y_0)$.

Die Tangentensteigung in $P_1(1\,|\,1)$

Wir wählen auf der Kurve die unendliche Punktfolge $Q_1, Q_2, Q_3, \ldots$, wobei Q_n gegen P_1 strebt (Fig. 60.2), und berechnen zu jeder Sekante P_1Q_n ihre Steigung $m_n = \frac{y_n - 1}{x_n - 1}$:

	Q_1	Q_2	Q_3	Q_4	Q_5	…
x_n	2	1,5	1,1	1,01	1,001	…
y_n	4	2,25	1,21	1,0201	1,002001	…
$m_n = \frac{y_n - 1}{x_n - 1}$	3	2,5	2,1	2,01	2,001	…

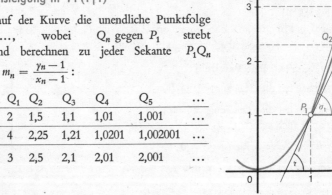

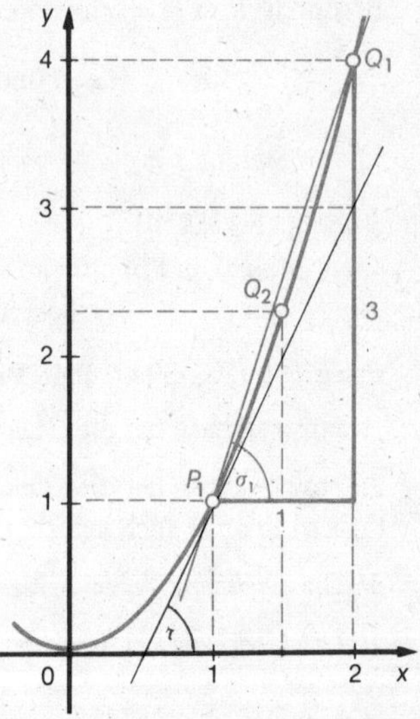

60.2. Tangente in $P(1|1)$ bei $y = x^2$

Die Punkte Q_n rücken auf der stetigen Kurve mit wachsendem n gegen $P_1(1 \mid 1)$. Die Folge der Sekantensteigungen m_n hat offensichtlich den Grenzwert 2.

Wir wollen noch zeigen, daß sich derselbe Grenzwert ergibt, wenn Q auf irgend eine andere Art längs der Kurve gegen P_1 strebt. Zu diesem Zweck geben wir Q den x-Wert $x_Q = 1 + h$; dann ist $y_Q = (1+h)^2$ mit $h \in \mathbb{R} \setminus \{0\}$, und als Steigung der Sekante P_1Q ergibt sich

$$m_s = \frac{y_Q - 1}{x_Q - 1} = \frac{(1+h)^2 - 1}{(1+h) - 1} = \frac{2h + h^2}{h} \tag{1}$$

Wegen $h \neq 0$ stimmt (1) überein mit $m_s = 2 + h$. (2)

Strebt Q von links oder rechts gegen P_0, so strebt h gegen 0, also m_s gegen 2.

Ergebnis: Die Tangente in $P_0(1 \mid 1)$ *hat die Steigung* $m_t = \lim\limits_{h \to 0}(2 + h) = 2$.

Die Tangentensteigung in $P(x_0 \mid x_0^2)$

Als Nachbarpunkt zu $P_0(x_0 \mid x_0^2)$ nehmen wir $Q(x_0 + h \mid (x_0 + h)^2)$.

Dann ist die Steigung der Sekante PQ für $h \neq 0$:

$$m_s = \frac{(x_0 + h)^2 - x_0^2}{(x_0 + h) - x_0} = \frac{2x_0 h + h^2}{h} \tag{3}$$

Wegen $h \neq 0$ darf man kürzen: $m_s = 2x_0 + h$. (4)

Strebt Q von links oder rechts gegen P_0 so strebt h gegen 0, also m_s gegen $2x_0$.

Ergebnis: Die Tangente in $P_0(x_0 \mid x_0^2)$ hat die Steigung $m_t = \lim\limits_{h \to 0}(2x_0 + h) = 2x_0$.

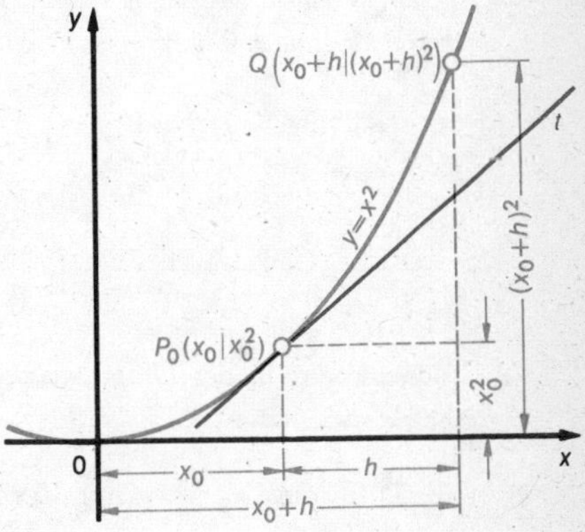

61.1. **Tangente an** $y = x^2$

Beispiele:

P_0	x_0	0	1	2	3	−1	−2	−3
	y_0	0	1	4	9	1	4	9
Tangentensteigung in P_0:	m_t	0	2	4	6	−2	−4	−6

Zeichne die Parabel samt Tangenten und vergleiche mit Vorüb. 1.

Bemerkung: Die durch Gleichung (1) und (3) ausgedrückten Terme $m_s = \frac{2h + h^2}{h}$ und $m_s = \frac{2x_0 h + h^2}{h}$ bestimmen bei festgehaltenem x_0 je eine Funktion $h \to m_s$, die für $h = 0$ nicht definiert ist, sie hat hier eine Lücke. Die durch Kürzen mit $h \neq 0$ entstandenen Funktionsgleichungen (2) und (4), also $m_s = 2 + h$ und $m_s = 2x_0 + h$, gelten daher nur für $h \neq 0$. Die Grenzwerte der Funktionen $\lim\limits_{h \to 0}(2 + h) = 2$ und $\lim\limits_{h \to 0}(2x_0 + h) = 2x_0$, kann man trotzdem feststellen. Nur auf *diese* kommt es bei der Bestimmung der Tangentensteigung an.

Tangentensteigung in $P(x \mid y)$ bei der Parabel mit der Gleichung[1] $y = a\,x^2$

Ausgangspunkt: $P(x \mid a\,x^2)$; Nachbarpunkt: $Q\big((x+h) \mid a(x+h)^2\big)$

Bei der folgenden Überlegung wird Punkt P und damit auch x zunächst festgehalten.

Sekantensteigung: $m_s = \dfrac{a(x+h)^2 - a\,x^2}{(x+h)-x} = a\,\dfrac{2\,x\,h + h^2}{h} = a(2\,x + h), \quad (h \neq 0)$

Tangentensteigung: $m_t = \lim\limits_{h \to 0} [a(2\,x + h)] = 2\,a\,x$ (5)

D 3 Jedem $x \in \mathbb{R}$ ist so die Tangentensteigung $2\,a\,x$ zugeordnet; es ist dadurch für $x \in \mathbb{R}$ die Funktion $x \to 2\,a\,x$ definiert. Man nennt diese Funktion die **Ableitung** der gegebenen Funktion und sagt kurz:

S 3 $\boldsymbol{y = a\,x^2}$ **hat die Ableitung** $\boldsymbol{y' = 2\,a\,x}$

Die Ableitung gibt die Steigung der Tangente in einem beliebigen Punkt $P(x \mid y)$ der Parabel m. d. Gl. $y = a\,x^2$ an.

Beispiel (Fig. 62.1): $y = \frac{1}{4}x^2$, $y' = \frac{1}{2}x$

x	0	1	2	4	−1	−2	−4
y	0	$\frac{1}{4}$	1	4	$\frac{1}{4}$	1	4
y'	0	$\frac{1}{2}$	1	2	$-\frac{1}{2}$	−1	−2

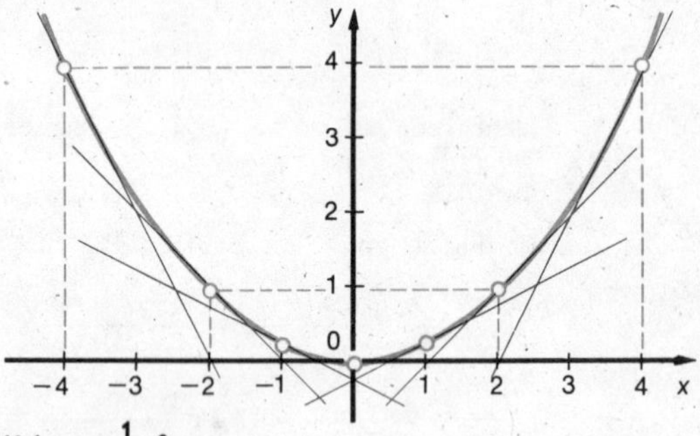

62.1 $y = \frac{1}{4}x^2$

Bemerkung: In der Differentialrechnung bezeichnet man oft

D 4 die **Differenz** $\boldsymbol{x_2 - x_1}$ mit $\boldsymbol{\Delta x}$ (lies[2]: Delta x), die **Differenz** $\boldsymbol{y_2 - y_1}$ mit $\boldsymbol{\Delta y}$ (62.2)
Die Steigung $\boldsymbol{\tan\sigma = m = \dfrac{\Delta y}{\Delta x}}$ heißt **Differenzenquotient.**

62.2.

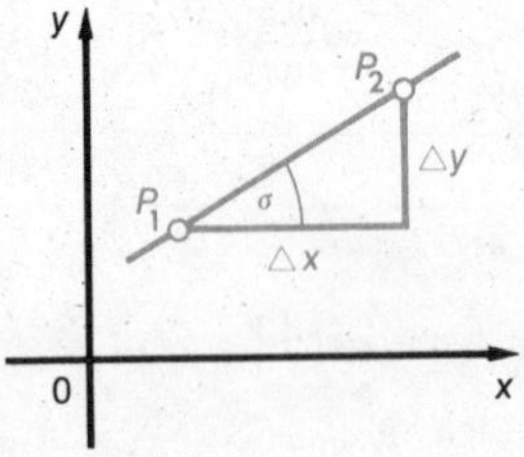

62.3.

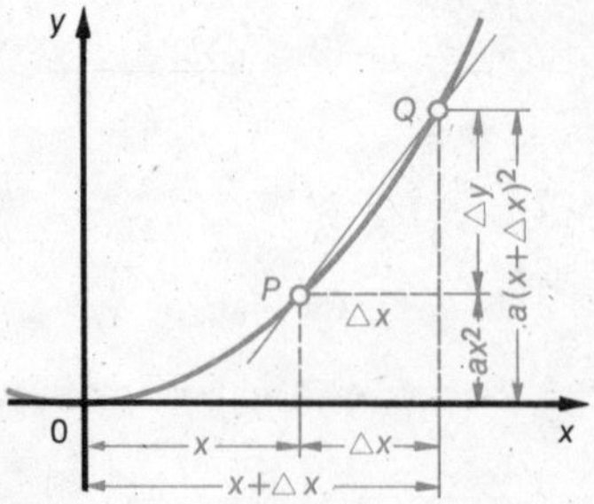

Schreibt man Δx statt h, so ergibt sich nun bei $y = a\,x^2$ (Fig. 62.3) als Steigung der

Sekante: $m_s = \dfrac{\Delta y}{\Delta x} = \dfrac{a(x+\Delta x)^2 - a\,x^2}{(x+\Delta x)-x} = a\,\dfrac{2\,x \cdot \Delta x + (\Delta x)^2}{\Delta x} = a(2\,x + \Delta x), \ (\Delta x \neq 0)$

Tangente: $m_t = \lim\limits_{\Delta x \to 0} \dfrac{\Delta y}{\Delta x} = \lim\limits_{\Delta x \to 0} a(2\,x + \Delta x) = 2\,a\,x$

1. Die Formvariable a kann jede Zahl aus $\mathbb{R} \setminus \{0\}$ bedeuten; bei der Betrachtung ein und derselben Kurve wird sie festgehalten.
2. Δ ist das griechische D und soll an Differenz erinnern.

Aufgaben

6. Bestimme wie auf S. 60 unten die Tangentensteigung bei $y = \frac{1}{2}x^2$ in $P(2 \mid ?)$.

7. Bestimme wie auf S. 62 die Tangentensteigung in $P(x \mid y)$ bei $y = \frac{1}{3}x^2$ $(y = 0{,}4\,x^2)$.

8. Bilde nach Satz 3 die Ableitung folgender Funktionen:
a) $y = 3\,x^2$ b) $y = \frac{2}{3}x^2$ c) $y = 1{,}2\,x^2$ d) $y = -x^2$
e) $y = -\frac{3}{4}x^2$ f) $s = 5\,t^2$ g) $s = \frac{5}{8}t^2$ h) $z = -0{,}15\,v^2$

9. Zeichne folgende Parabeln samt Tangenten für $x \in \{0, \pm 1, \pm 2, \pm 4\}$:
a) $y = \frac{1}{2}x^2$ b) $y = 0{,}2\,x^2$ c) $y = -\frac{1}{4}x^2$ d) $y = -0{,}4\,x^2$

10. a) Zeige: Die Ableitung von $y = a\,x^2$ läßt sich schreiben als $y' = 2\,y : x$, $(x \neq 0)$.
b) Wie läßt sich hiernach die Tangente in $P(x \mid y)$ konstruieren?

11. An welcher Stelle hat der Graph von $y = \frac{1}{8}x^2$ die Steigung a) 1,5, b) $-0{,}5$?

12. a) Wo berührt eine Parallele zur 1. Winkelhalbierenden die Kurve $y = 0{,}2\,x^2$?
b) Welcher Punkt der Parabel mit der Gleichung $y = \frac{1}{6}x^2$ liegt am nächsten bei der Gerade $y = \frac{1}{2}x - 4$? Wie groß ist der kürzeste Abstand beider Kurven?

13. Zeichne ein Quadrat mit der Seitenmaßzahl x. Vergrößere x um Δx und zeige zeichnerisch und rechnerisch, daß der Inhalt um $\Delta A = 2\,x \cdot \Delta x + (\Delta x)^2$ zugenommen hat.

14. Bestimme wie auf S. 61 die Tangentensteigung im Punkt $P(x \mid y)$ der Parabel m. d. Gl.
a) $y = x^2 + 2$, b) $y = x^2 - 4$. Vergleiche mit der Ableitung von $y = x^2$.
Zeichne die 3 Parabeln und begründe die Gleichheit der Ableitungen geometrisch.

15. a) Zeige wie auf S. 62: Für $y = a\,x^2 + c$ ist $y' = 2\,a\,x$, (a und c sind dabei konstant).
b) Zeichne das Schaubild von $y = \frac{1}{2}x^2 - 2$ $(y = 4 - \frac{1}{9}x^2)$ mit Tangenten für $x \in \{0; \pm 1, \pm 2, \pm 3, \pm 4\}$.

16. Gib Funktionen $y = f(x)$ an, für welche a) $y' = \frac{4}{5}x$, b) $y' = -\frac{3}{2}x$ ist.

17. Zeichne den Graphen von $y = [x]^2$ (vgl. S. 28, Beisp. 7). Was kann man hier über die Tangentensteigungen sagen?

16 Ableitung von $y = a\,x^n$

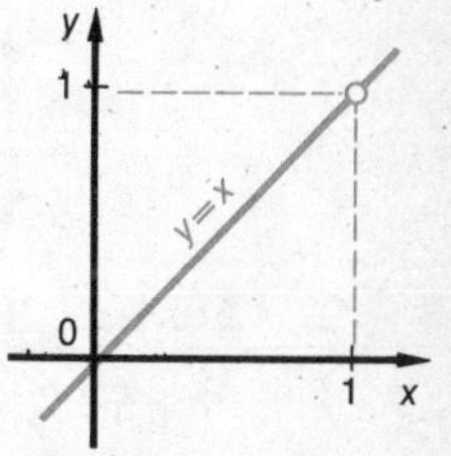

63.1.

➊ Zeichne die Graphen der Funktionen a) $y = x^3$, b) $y = x^4$.
Wie wirkt sich die Symmetrie der einzelnen Kurven auf die Steigungen aus?
➋ Bestimme wie auf S. 60 die Tangentensteigung bei $y = x^3$ in $P_1(1 \mid 1)$.
➌ Bestätige: $a^4 - b^4 = (a - b)(a^3 + a^2 b + a b^2 + b^3)$.

S 1 **Die Ableitung von $y = x^n$ ist $y' = n \cdot x^{n-1}$, $n \in \mathbb{N}_0$ (Potenzregel).**

S 1 gilt zunächst für $n \in \mathbb{N}$. Für $n = 1$ bzw. $n = 0$ erhält man die Geraden $y = x$ bzw. $y = 1$ (Fig. 63.1 und 2). Ihre Steigung ist $m = 1$ bzw. $m = 0$. Dasselbe ergibt sich auch aus S 1 ausgenommen an der Stelle $x = 0$ (wieso?).

Wie bei $y = a\,x^2$ folgt, daß der Faktor a beim Ableiten erhalten bleibt.

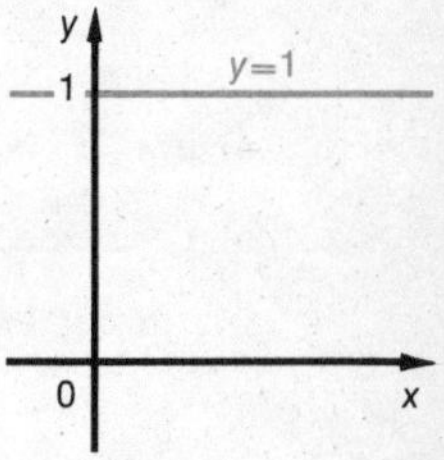

63.2.

Ableitung von $y = x^3$ (vgl. S. 62)	Ableitung von $y = x^n$ ($n \in \mathbb{N}$)
Ausgangspunkt: $P(x \mid x^3)$	Ausgangspunkt: $P(x \mid x^n)$

Bei der Herleitung der Tangentensteigung wird P und damit auch x festgehalten.

Nachbarpunkt: $Q(x + \Delta x \mid (x + \Delta x)^3)$

Steigung der Sekante PQ:

$$m_s = \frac{\Delta y}{\Delta x} = \frac{(x + \Delta x)^3 - x^3}{\Delta x}$$

$$(x + \Delta x)^3 = x^3 + 3x^2 \cdot \Delta x + 3x \cdot (\Delta x)^2 + (\Delta x)^3$$

also
$$m_s = \frac{1}{\Delta x} \cdot [3x^2 \cdot \Delta x + 3x \cdot (\Delta x)^2 + (\Delta x)^3]$$

Wegen $\Delta x \neq 0$ darf man mit Δx kürzen:

$$m = 3x^2 + 3x \cdot \Delta x + (\Delta x)^2$$

Nachbarpunkt: $Q((x + \Delta x) \mid (x + \Delta x)^n)$

Steigung der Sekante PQ:

$$m_s = \frac{\Delta y}{\Delta x} = \frac{(x + \Delta x)^n - x^n}{\Delta x}$$

Setzt man in Aufg. 1 $a = x + \Delta x$, $b = x$,

so ist $m_s = (x + \Delta x)^{n-1} + (x + \Delta x)^{n-2} \cdot x + (x + \Delta x)^{n-3} \cdot x^2 + (x + \Delta x)^{n-4} \cdot x^3 + (x + \Delta x)^{n-5} \cdot x^4 + \cdots + x^{n-1}$

Die obige Summe besteht aus n Summanden; bei jedem von ihnen ist die Exponentensumme $n - 1$.

Strebt Q gegen P, so strebt Δx gegen 0 und m_s gegen die Tangentensteigung m_t. Nach dem Satz über den Grenzwert einer Summenfunktion (S. 50) ergibt sich

$$m_t = \lim_{\Delta x \to 0} \frac{\Delta y}{\Delta x} = 3x^2 \qquad\qquad m_t = \lim_{\Delta x \to 0} \frac{\Delta y}{\Delta x} = n \cdot x^{n-1}$$

S 2 **Die Ableitung von $y = a\,x^n$ ist $y' = a\,n\,x^{n-1}$,** $n \in \mathbb{N}_0$. Insbesondere gilt:

S 3 **Die Ableitung von $y = a\,x$ ist $y' = a$** (Fig. 64.1).

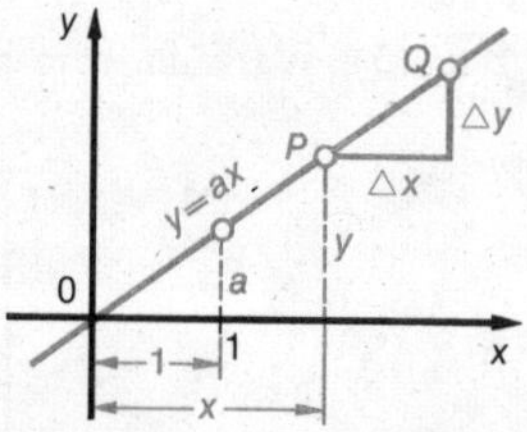

64.1.

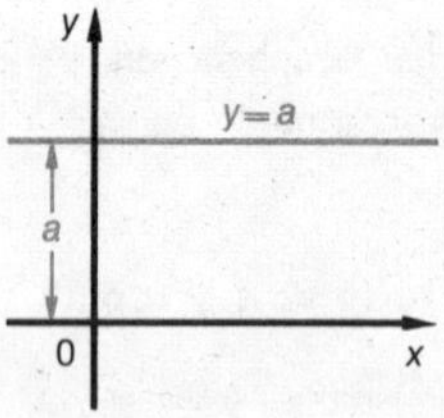

64.2.

S 4 **Die Ableitung von $y = a$ ist $y' = 0$** (Fig. 64.2). In Worten:
Die Ableitung einer konstanten Funktion ist an jeder Stelle 0.

Aufgaben

1. Bestätige die folgende Formel durch Ausmultiplizieren (vgl. Vorüb. 3):
   a) $a^n - b^n = (a - b)(a^{n-1} + a^{n-2} \cdot b + a^{n-3} \cdot b^2 + \cdots + a \cdot b^{n-2} + b^{n-1})$
   b) Forme nach a) den Term $\dfrac{(x + \Delta x)^n - x^n}{\Delta x}$
   wie in der Herleitung von S 1 um und führe diese Herleitung ausführlich durch.

2. Führe den Beweis der Potenzregel für $n = 4$ (für $n = 5$) durch.

3. Führe den Beweis für a) S 2, b) S 3, c) S 4 ausführlich (wie bei S 1) durch.
Leite die Funktionen in Aufg. 4 bis 8 mündlich ab.

4. a) $y = x^5$ b) $y = x^6$ c) $y = x^8$ d) $y = x^{11}$ e) $y = x^{20}$
f) $s = t^3$ g) $s = t^2$ h) $v = u^4$ i) $z = w^7$ k) $z = y^{15}$

5. a) $y = 4x^3$ b) $y = 5x^4$ c) $y = -3x^6$ d) $y = -15x^7$
e) $y = \frac{1}{2}x^5$ f) $y = \frac{1}{6}x^3$ g) $y = -\frac{5}{8}x^4$ h) $y = -\frac{2}{3}x^6$
i) $y = -\frac{3}{10}x^2$ k) $y = -\frac{4}{9}x^{12}$ l) $y = \frac{3}{4}x^8$ m) $y = \frac{5}{12}x^9$
n) $y = 0{,}3x^4$ o) $y = 1{,}6x^5$ p) $y = -0{,}5x^2$ q) $y = 3{,}25x^8$

6. a) $y = cx^3$ b) $y = -bx^2$ c) $y = 4ax^5$ d) $y = -2{,}5kx^6$
e) $y = \frac{3}{4}bx^8$ f) $y = \frac{2}{3}ax^6$ g) $y = \frac{3}{5}kx^3$ h) $y = -\frac{5}{6}px^4$

7. a) $s = 3t^4$ b) $s = \frac{1}{2}t^6$ c) $s = -\frac{7}{10}t^5$ d) $s = \frac{1}{2}gt^2$
e) $z = -4u^5$ f) $z = \frac{7}{8}v^2$ g) $w = \frac{1}{3}av^6$ h) $w = \frac{7}{12}bz^8$

8. a) $y = x^{n+1}$ b) $y = ax^{2n-3}$ c) $y = \frac{x^n}{n}$ d) $y = \frac{kx^{2n-1}}{2n-1}$

9. Zeichne das Schrägbild eines Würfels mit der Kantenmaßzahl x. Vergrößere x um Δx und zeige zeichnerisch und rechnerisch, daß die Maßzahl des Rauminhaltes um $\Delta V = 3x^2 \cdot \Delta x + 3x \cdot (\Delta x)^2 + (\Delta x)^3$ zugenommen hat.

10. Zeichne wie in Fig. 62.1 die folgenden Kurven samt Tangenten:
a) $y = \frac{1}{2}x^3$ b) $y = -\frac{1}{2}x^3$ c) $y = \frac{1}{4}x^4$ d) $y = \frac{1}{5}x^5$
Berechne hierzu y und y' für $x \in \{2; 1{,}5; 1; \ldots; -2\}$. (Einheit 2 cm.)
Gib jeweils die Symmetrie an und begründe sie. Wie ist es bei $y = x^n$, $(n \in \mathbb{N}_0)$?

11. Bestimme bei folgenden Kurven die Gleichung der Tangente in Punkt $P_1(x_1 \mid y_1)$:
a) $y = x^2$; $x_1 = 1{,}5$ b) $y = 0{,}4x^2$; $x_1 = -2$ c) $y = -\frac{1}{4}x^2$; $x_1 = -3$
d) $y = x^3$; $x_1 = -1$ e) $y = -\frac{1}{5}x^3$; $x_1 = 2{,}5$ f) $y = \frac{1}{8}x^4$; $x_1 = -2$

12. a) Zeige: Die Ableitung von $y = ax^3$ läßt sich schreiben als $y' = 3y : x$, $(x \neq 0)$.
b) Wie läßt sich hiernach die Tangente in $P(x \mid y)$ mit Hilfe von Strecken mit den Maßzahlen x und y konstruieren? Führe dies bei $y = \frac{1}{4}x^3$ durch.

13. In welchen Punkten hat die Kurve mit der Gleichung
a) $y = x^3$ die Steigung 1; 2; 3, b) $y = \frac{1}{2}x^4$ die Steigung 1; −1; 2; −2; 3; −3?
Zeige: Die Steigung der Parabel m.d.Gl. $y = x^3$ ist nie negativ.

14. Zeichne folgende Geraden und gib ihre Steigung bzw. die Ableitung y' an:
a) $y = \frac{4}{5}x$ b) $y = -0{,}3x$ c) $5x + 4y = 0$ d) $0{,}7x - 1{,}2y = 0$
e) $y = 2{,}5$ f) $y = -3\frac{1}{5}$ g) $2 - 3y = 0$ h) $0{,}6y + 1{,}3 = 0$

15. a) Lege an die Kurve m. d. Gl. $y = \frac{1}{8}x^3$ Tangenten parallel zur Gerade $y = 1{,}5x$.
b) Die Tangente trifft die Kurve außer im Berührpunkt noch in P. Berechne P.

§ 6 12b

5—7369/2

16. Ziehe eine Parallele zu der Gerade $y = x$, welche die Parabel m. d. Gl. $y = 0{,}4\,x^2$ im 2. Feld rechtwinklig schneidet. Wo und unter welchem Winkel wird die Parabel von der Parallele im 1. Feld geschnitten?

17. Bestimme a so, daß sich die Parabel m. d. Gl. $y = a\,x^2$ und die Gerade $y = 5 - x$ im 1. Feld rechtwinklig schneiden. Berechne diesen Schnittpunkt.

18. a) Zeige: Die Kurve m. d. Gl. $y = a\,x^n$ geht aus dem Schaubild von $y = x^n$ durch Pressung oder Dehnung in y-Richtung im Verhältnis $a:1$ hervor. Bilde Beispiele. Unterscheide $a \gtrless 0$.
b) Zeige, daß dabei auch die Tangentensteigung im Verhältnis $a:1$ geändert wird. Beweise so Satz 2 für die Funktion $y = a\,x^n$.

19. Zeige: Die Ableitung von $y = a\,x^n + c$ ist $y' = a\,n\,x^{n-1}$, $(n \in \mathbb{N})$.

20. Gib Funktionen $y = f(x)$ an, für welche
a) $y' = x^2$, b) $y' = x^3$, c) $y' = \frac{1}{2}x^4$ ist.

21. a) Zeichne das Schaubild der Funktion $y = \frac{3}{4}x^2$ $\left(y = \frac{1}{3}x^3\right)$ und ihrer Ableitung (letzteres in einem x, y'-Achsenkreuz).
b) Lege die Tangenten an die Parabel m. d. Gl. $y = \frac{3}{4}x^2$ $\left(y = \frac{1}{3}x^3\right)$ in den Punkten mit $x \in \{1;\ -1;\ 2;\ -2;\ 3;\ -3\}$ und entnimm dabei deren Steigung aus der zugehörigen „Ableitungskurve" m. d. Gl. $y' = \frac{3}{2}x$ $(y' = x^2)$.

Beispiel: In Fig. 66.1 ist die Kurve m. d. Gl. $y = \frac{1}{2}x^2$ in einem x, y-Achsenkreuz gezeichnet und die „Ableitungskurve" m. d. Gl. $y' = x$ in einem x, y'-Achsenkreuz. Die Steigung y' im Punkt $P(x\,|\,y)$ wird aus der unteren Kurve entnommen und mit Hilfe eines „Steigungsdreiecks" zur Tangentenkonstruktion in P benutzt.

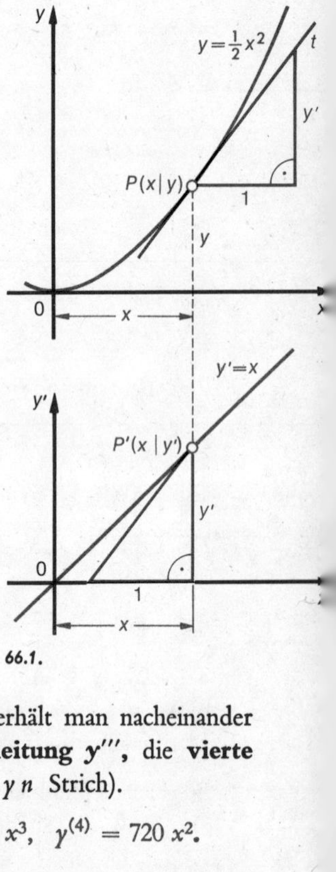

66.1.

Höhere Ableitungen

D 1 Läßt sich die Ableitung y' einer Funktion weiterhin ableiten, so erhält man nacheinander die **zweite Ableitung** y'' (lies: y zwei Strich), die **dritte Ableitung** y''', die **vierte Ableitung** $y^{(4)}$ usw., allgemein die ***n*-te Ableitung** $y^{(n)}$ (lies: $y\ n$ Strich).

Beispiel: Für $y = 2\,x^6$ ist $y' = 12\,x^5$, $y'' = 60\,x^4$, $y''' = 240\,x^3$, $y^{(4)} = 720\,x^2$.

Aufgaben

22. Leite viermal ab:

a) $y = 4\,x^5$	b) $y = \frac{1}{12}x^8$	c) $y = -\frac{2}{15}x^{10}$	d) $y = -0{,}5\,x^7$
e) $s = \frac{5}{12}t^6$	f) $s = \frac{5}{48}t^9$	g) $z = -0{,}12\,u^{11}$	h) $w = 0{,}15\,v^{12}$
i) $y = 2\,x^3$	k) $y = 0{,}7\,x^2$	l) $y = 3\frac{1}{2}\,x$	m) $y = \pi$

23. Leite zweimal ab, wenn $n \in \{3; 4; 5; \ldots\}$ sowie a und c „konstant“ sind:

a) $y = x^n$ b) $y = x^{n+2}$ c) $s = t^{n-1}$ d) $w = a\,z^{2n+1}$

e) $y = m\,x$ f) $y = x^0$ g) $s = c\,t$ h) $w = a^4$

24. Leite so lange ab, bis sich eine Konstante ergibt:

a) $y = x^2$ b) $y = x^3$ c) $y = x^4$ d) $y = x^7$ e) $y = x^n$

Bemerkung: Für $y = x^7$ ist $y^{(7)} = 1 \cdot 2 \cdot 3 \cdot \cdots \cdot 7 = 5040$. Wie wir auf S. 37, Aufg. 1 gesehen haben, schreibt man dafür kurz 7! (lies: 7 Fakultät).

S 5 **Für $y = x^n$ ist $y^{(n)} = 1 \cdot 2 \cdot 3 \cdot \cdots \cdot n = n!$,** $(n \in \mathbb{N})$.

25. Leite dreimal ab, wenn $n \in \{3; 4; 5; \ldots\}$ ist:

a) $y = \dfrac{x^n}{n!}$ b) $y = \dfrac{x^{n+1}}{(n+1)!}$ c) $y = \dfrac{a\,x^{2n+1}}{(2n+1)!}$ d) $y = (n-1)!\,x^n$

26. Zeichne Graphen der Funktionen $y = \frac{1}{6}x^4$ $\left(y = \frac{1}{4}x^3\right)$ und ihrer zwei ersten Ableitungen für $-2 \leqq x \leqq 2$. (Wähle getrennte Achsenkreuze und nimm als Einheit 2 cm.) Verdeutliche am Bild, daß die y'-Kurve die Steigung der y-Kurve, die y''-Kurve die Steigung der y'-Kurve angibt. Durch welche Kurve läßt sich die Steigung der y''-Kurve darstellen? (Siehe auch Fig. 66.1!)

17 Allgemeiner Begriff der Ableitung

❶ Welche geometrische Bedeutung hat die Ableitung einer Funktion?

❷ Wie erhielten wir die Ableitung von $y = x^2$?

❸ Bestimme bei $y = \frac{1}{5}x^2$, $y = \frac{1}{x}$, $y = f(x)$ die zu x_1, $x_1 + h$, $x_1 + \Delta x$ gehörigen y-Werte.

Es sei $y = f(x)$ eine im Intervall $[a, b]$ stetige Funktion und $P\left(x \mid f(x)\right)$ ein beliebiger Punkt des Funktionsgraphen mit $a < x < b$ (Fig. 67.1), sowie $Q\left(x + h \mid f(x + h)\right)$ ein Nachbarpunkt von P mit $a < x + h < b$. Dann ist für $h \neq 0$ die **Steigung der Sekante PQ:**

$$m_s = \frac{f(x+h) - f(x)}{h} \qquad (1)$$

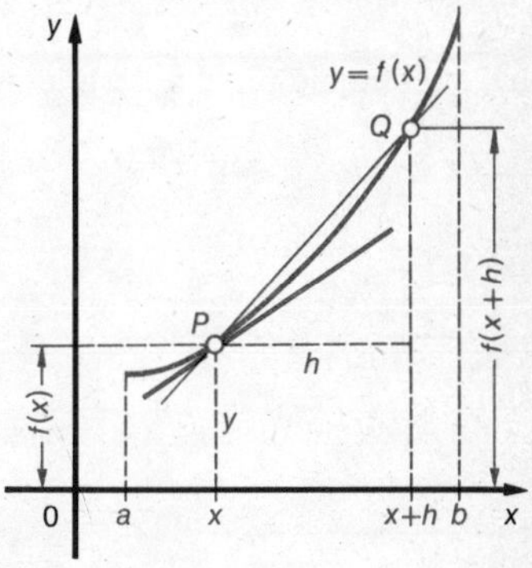

67.1.

D 1 Für alle $h \neq 0$ liefert (1) bei festgehaltenem P eine Sekantensteigungsfunktion $h \rightarrow m_s$. Strebt Q längs der Kurve gegen P, so strebt h gegen 0; besitzt dabei die Funktion $h \rightarrow m_s$ an der Stelle $h = 0$ einen Grenzwert m_t, so nennt man m_t die **Steigung der Tangente** in P.

D 2 Existiert ein solcher Grenzwert an jeder Stelle x von $]a, b[$ und bezeichnet man ihn mit y', so ist dadurch auf $]a, b[$ die Funktion $x \rightarrow y'$ definiert. Man nennt diese Funktion die **Ableitung** von $y = f(x)$ und schreibt $y' = f'(x)$.

Man erhält so die **Grundformel:** $m_t = y' = f'(x) = \lim\limits_{h \to 0} \frac{f(x+h) - f(x)}{h}$

in anderer Form (Fig. 68.1): $y' = f'(x) = \lim\limits_{\Delta x \to 0} \frac{\Delta y}{\Delta x} = \lim\limits_{\Delta x \to 0} \frac{f(x + \Delta x) - f(x)}{\Delta x}$

D 3 Man bezeichnet $\frac{\Delta y}{\Delta x}$ als **Differenzenquotient** und sagt, die Funktion $y = f(x)$ sei an der Stelle x bzw. in $]a, b[$ *differenzierbar* oder *ableitbar*. $f'(x)$ gewinnt man aus $f(x)$ durch *Ableiten* oder **Differenzieren** (durch *Differentiation*). Umgekehrt heißt $x \to f(x)$ eine zu $x \to f'(x)$ gehörende *Stammfunktion*.

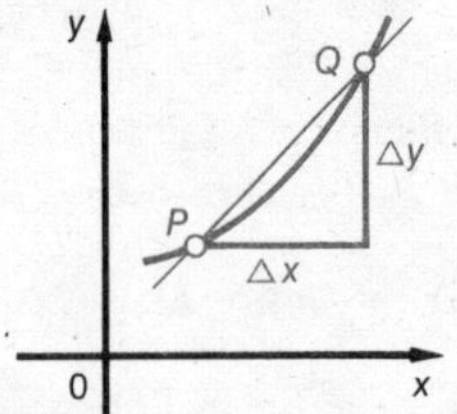

68.1.

Bemerkungen:

1. In D 1 haben wir $f'(x)$ im Anschluß an die geometrische Bedeutung eingeführt. Natürlich existiert $f'(x)$ als Grenzwert auch unabhängig vom Kurvenbild.

D 4 *2.* Existiert an der *Randstelle* $x = a$ bzw. $x = b$ des Definitionsbereichs von $y = f(x)$ nur der rechtsseitige bzw. nur der linksseitige Grenzwert von m_s, so spricht man von einer **rechtsseitigen** *bzw.* **linksseitigen Ableitung.**

3. Ist an einer Stelle x_1 zwar y_1 definiert, aber $\lim\limits_{h \to 0} m_s = \pm \infty$, so existiert die Ableitung nicht. Der Graph hat dann in $P_1(x_1 \mid y_1)$ eine Tangente parallel zur y-Achse (Fig. 68.2).

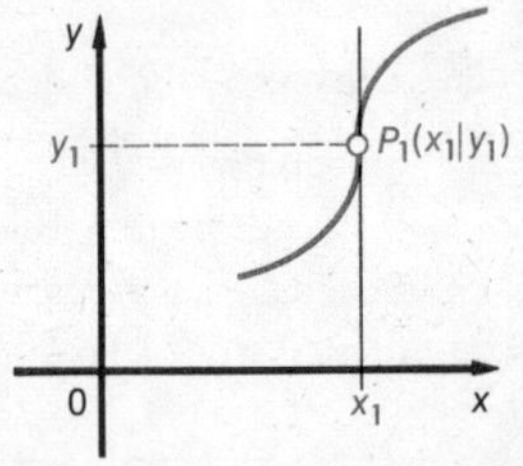

68.2.

4. In Gleichung (1) hat die Funktion $m_s(h)$ bei „festem" x für $h = 0$ eine Lücke. Ergänzt man diese Funktion hier durch den Wert m_t, so ist die ergänzte Funktion bei $h = 0$ stetig.

5. Die Grundformel tritt auch in der Form auf $f'(x_1) = \lim\limits_{x_2 \to x_1} \frac{f(x_2) - f(x_1)}{x_2 - x_1}$. Erläutere dies am Schaubild.

Beispiele für die Bestimmung von Ableitungsfunktionen[1]

1. $y = \frac{1}{x}$ mit $x \neq 0$, $x + h \neq 0$, $h \neq 0$:

gibt $y' = \lim\limits_{h \to 0} \frac{\frac{1}{x+h} - \frac{1}{x}}{h} = \lim\limits_{h \to 0} \frac{-h}{h\,x\,(x+h)} = \lim\limits_{h \to 0} \frac{-1}{x\,(x+h)} = -\frac{1}{x^2}$

2. $y = \sqrt{x}$ mit $x > 0$, $x + h > 0$, $h \neq 0$,

gibt $y' = \lim\limits_{h \to 0} \frac{\sqrt{x+h} - \sqrt{x}}{h} = \lim\limits_{h \to 0} \frac{(\sqrt{x+h} - \sqrt{x})(\sqrt{x+h} + \sqrt{x})}{h(\sqrt{x+h} + \sqrt{x})} = \lim\limits_{h \to 0} \frac{1}{\sqrt{x+h} + \sqrt{x}} = \frac{1}{2\sqrt{x}}$

3. $f(x) = |4 - x^2|$ ist für $|x| \geqq 2$ gleichbedeutend mit $f(x) = x^2 - 4$;
für $|x| \leqq 2$ ist $f(x) = |4 - x^2|$ gleichbedeutend mit $f(x) = 4 - x^2$ (Fig. 69.1).

---

1. Als weiteres Beispiel findet sich auf Seite 143 eine Bestimmung der Ableitungsfunktionen der Kreisfunktionen aus der Grundformel.

In $N(2\,|\,0)$ ist daher die rechtsseitige Ableitung $f_r'(2) = +4$
und die linksseitige Ableitung $f_l'(2) = -4$.

Die beiden Ableitungen sind verschieden; das Schaubild von $y = |4 - x^2|$ hat in $N(2\,|\,0)$ eine Ecke mit einer rechtsseitigen und einer linksseitigen Tangente. Die Funktion $f(x) = |4 - x^2|$ ist aber an der Stelle $x_1 = 2$ stetig, denn $f(x)$ ist hier definiert, und $\lim\limits_{x \to 2} |4 - x^2| = 0$ existiert und ist gleich dem Funktionswert $f(2) = 0$.

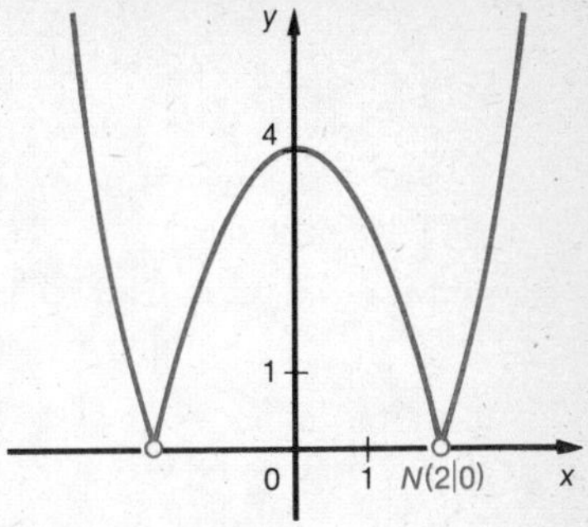

69.1. $y = |4 - x^2|$

Ableitbarkeit und Stetigkeit

S 1 Beispiel 3 zeigt: *Wenn $y = f(x)$ an der Stelle x_1 stetig ist, dann folgt daraus nicht, daß $y = f(x)$ in x_1 auch ableitbar ist.* Umgekehrt gilt aber der Satz:

S 2 *Wenn $y = f(x)$ an der Stelle x_1 ableitbar ist, dann ist $y = f(x)$ in x_1 auch stetig.*

Beweis: Nach Voraussetzung existiert $\lim\limits_{h \to 0} \frac{f(x_1 + h) - f(x_1)}{h} = f'(x_1)$. Dies bedeutet:

Für $h \neq 0$ ist $\frac{f(x_1 + h) - f(x_1)}{h} = f'(x_1) + \varepsilon(h)$ mit $\varepsilon(h)$ gegen 0 für h gegen 0.

Hieraus folgt: $f(x_1 + h) = f(x_1) + h \cdot f'(x_1) + h \cdot \varepsilon(h)$

h gegen 0 ergibt: $\lim\limits_{h \to 0} f(x_1 + h) = f(x_1)$.

Dies ist aber gleichbedeutend mit der Definition der Stetigkeit (vgl. S. 51).

S 2a *Wenn $y = f(x)$ im Intervall $]\,a, b\,[$ ableitbar ist, dann ist $y = f(x)$ hier auch stetig.*

Das Vorstehende können wir auch in der Form ausdrücken:

S 3 Die Ableitbarkeit einer Funktion ist eine *hinreichende*, aber *keine notwendige* Bedingung für ihre Stetigkeit.

S 4 Die Stetigkeit ist zwar eine *notwendige*, aber *keine hinreichende* Bedingung für die Existenz ihrer Ableitung.

Bemerkung: Es ist möglich, Funktionen anzugeben, die in einem Intervall stetig, aber an keiner Stelle des Intervalls differenzierbar sind. Wir können darauf hier nicht näher eingehen.

Die Begriffe „notwendig" und „hinreichend"

Die Begriffe „notwendig" und „hinreichend" treten in der Mathematik sehr häufig auf. Neben S 3 und 4 bringen wir zunächst noch die *Beispiele* a, b, c:

a) *Wenn* eine Zahl durch 6 teilbar ist, *dann* ist sie (erst recht) durch 3 teilbar. Wir schreiben dafür kurz: Teilbarkeit durch 6 $\Rightarrow$ Teilbarkeit durch 3. Man sagt:
Teilbarkeit durch 6 ist eine *hinreichende* (aber *nicht notw.*) Bedingung für Teilbarkeit durch 3.

Wenn eine Zahl *nicht* durch 3 teilbar ist, *dann* ist sie (erst recht) nicht durch 6 teilbar.
Man sagt: Die Teilbarkeit durch 3 ist eine *notwendige* (aber *nicht hinreichende*) Bedingung für die Teilbarkeit durch 6. (Vgl. z.B. die Zahlen 3 und 15.)

b) *Wenn* eine Zahl durch 6 teilbar ist, *dann* ist sie durch 2 und durch 3 teilbar.
Kurzschreibweise: Teilbarkeit durch 6 $\Rightarrow$ Teilbarkeit durch 2 und 3.
Umgekehrt gilt: Teilbarkeit durch 2 und 3 $\Rightarrow$ Teilbarkeit durch 6.
Faßt man beide Schreibweisen zusammen, so erhält man die Kurzschreibweise:
Teilbarkeit durch 6 $\Leftrightarrow$ Teilbarkeit durch 2 und 3.

Man sagt dafür: Die Teilbarkeit durch 6 ist *notwendig und hinreichend* für die Teilbarkeit durch 2 und 3, und umgekehrt.

Oder: Eine Zahl ist *genau dann* durch 6 teilbar, wenn sie durch 2 und 3 teilbar ist.

c) Das Paar (x, y) erfüllt *genau dann* die Gleichung $x^2 + y^2 = 1$, wenn der Bildpunkt $P(x \mid y)$ auf dem Kreis um O mit Radius 1 liegt.
Kurzschreibweise: $x^2 + y^2 = 1 \Leftrightarrow P(x \mid y)$ auf Kreis um O mit $r = 1$.
Man kann sagen: Die Erfüllung der Gleichung (Aussageform) $x^2 + y^2 = 1$ ist *notwendig und hinreichend* dafür, daß $P(x \mid y)$ auf dem Kreis um O mit $r = 1$ liegt, und umgekehrt.

Allgemein sagen wir: Sind A und B Aussageformen, so betrachten wir 2 Fälle:

I) $\boldsymbol{A} \Rightarrow \boldsymbol{B}$ und *nicht* $\boldsymbol{B} \Rightarrow \boldsymbol{A}$ ist gleichbedeutend mit:
Wenn A erfüllt ist, dann ist auch B erfüllt; das Umgekehrte braucht *nicht* der Fall zu sein.
Oder: *A ist eine hinreichende, aber nicht notwendige Bedingung für B.*
Oder: *B ist eine notwendige, aber nicht hinreichende Bedingung für A.*
(Wenn B nicht gilt, kann auch A nicht gelten; nur wenn B gilt, kann A gelten.)

II) $\boldsymbol{A} \Leftrightarrow \boldsymbol{B}$ ist gleichbedeutend mit:
Wenn A erfüllt ist, dann ist auch B erfüllt und umgekehrt.
Oder: *A ist genau dann erfüllt, wenn B erfüllt ist.*
Oder: *A ist eine notwendige und hinreichende Bedingung für B.*
Oder: *B ist eine notwendige und hinreichende Bedingung für A.*

Aufgaben

1. Wie lautet die Grundformel für die Ableitung bei folgender Bezeichnungsweise der Funktionen a) $g(x)$ b) $h(t)$ c) $u(x)$ d) $F(u)$ e) $v(x)$?
Schreibe die Formel jeweils auf verschiedene Art an.

2. Bestimme nach der Grundformel die Ableitung von:
a) $f(x) = \frac{1}{2} x^3$ b) $f(x) = \frac{1}{x^2}$ c) $f(t) = \frac{1}{3t}$ d) $f(x) = \frac{1}{x+1}$
e) $f(x) = \frac{x+2}{x}$ f) $f(t) = \frac{t}{t+2}$ g) $f(u) = \frac{1}{(u-1)^2}$ h) $y = |x^3|$
i) $y = \left|2x - \frac{x^3}{2}\right|$. Zeichne bei h) und i) auch Graphen.

3. Berechne $f'(1), f'(-1), f'(2), f'(-3), f'(a), f'(-b), f'(x_1)$ für:
a) $f(x) = \frac{1}{8} x^4$ b) $f(x) = -\frac{1}{x^2}$ c) $f(x) = |3x|$ d) $f(x) = \frac{1}{|x+2|}$

4. An welchen Stellen besitzen die Funktionen der Aufg. 2 und 3 keine Ableitung? Zeige, daß ihre Graphen an diesen Stellen keine Tangenten besitzen.

5. Bestimme für die folgenden Funktionen die Steigungen der Tangenten für x_1 und x_2:

a) $y = \frac{1}{2x^2}$; $x_1 = 1,\ x_2 = -1$ b) $y = x^2 - \frac{1}{4}x$; $x_1 = 0,\ x_2 = 4$

6. Zeige, daß die folgenden Funktionen an den angegebenen Stellen stetig sind, aber die Ableitung dort nicht existiert. (Trotzdem gibt es in b) dort *eine* Tangente.)

a) $y = |x - 0{,}25\,x^2|$; $x_1 = 0,\ x_2 = 4$ b) $y = \sqrt{x-2}$; $x_1 = 2$

c) $y = \begin{cases} x^3 & \text{für } 0 \leqq x < 1 \\ x & \text{für } 1 \leqq x \leqq 3 \end{cases}$; $x_1 = 1$ d) $y = |x-1| + |x-2|$ für $0 \leqq x \leqq 3$; $x_1 = 1,\ x_2 = 2$.

7. Gib bei den folgenden im „Wenn-Satz" stehenden Bedingungen an, ob sie notwendig bzw. hinreichend sind für den „Dann-Satz". Verwende auch die Zeichen $\Rightarrow$ und $\Leftrightarrow$.
a) Wenn eine Zahl durch 8 teilbar ist, dann ist sie auch durch 4 teilbar.
b) Wenn Gegenseiten parallel sind, dann hat ein Viereck gleiche Gegenwinkel.
c) Wenn ein Faktor null ist, dann verschwindet das Produkt zweier Zahlen.
d) Wenn die Ableitung null ist, dann verläuft die Tangente parallel zur x-Achse.
Wie ist es, wenn jemand „wenn" und „dann" vertauscht?

Einfache Ableitungsregeln

Die folgenden Sätze traten in Beispielen schon in § 15 und 16 auf. Wir beweisen sie nun allgemein. Von den Funktionen $f(x)$ und $g(x)$ ist dabei vorausgesetzt, daß sie im Intervall $]a, b[$ ableitbar sind.

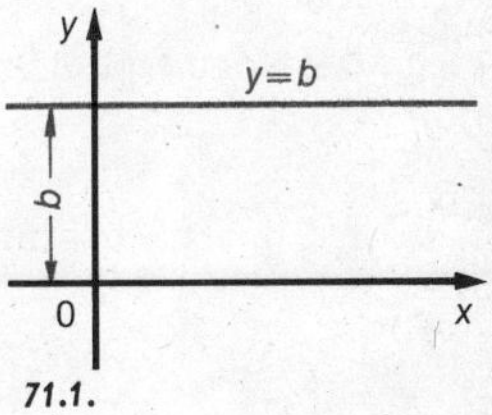

71.1.

S 6 **Die konstante Funktion $y = b$ hat die Ableitung $y' = 0$** (vgl. Satz 4 von S. 64).

S 7 **Ein konstanter Summand fällt beim Ableiten weg.**

Oder: **Die Ableitung von $y = f(x) + b$ ist $y' = f'(x)$.**

S 8 **Ein konstanter Faktor bleibt beim Ableiten erhalten.**

Oder: **Die Ableitung von $y = a \cdot f(x)$ ist $y' = a \cdot f'(x)$.**

S 9 **Eine Summe von Funktionen darf man gliedweise ableiten.**

Oder: **Die Ableitung von**

$$y = f(x) + g(x) \text{ ist } y' = f'(x) + g'(x).$$

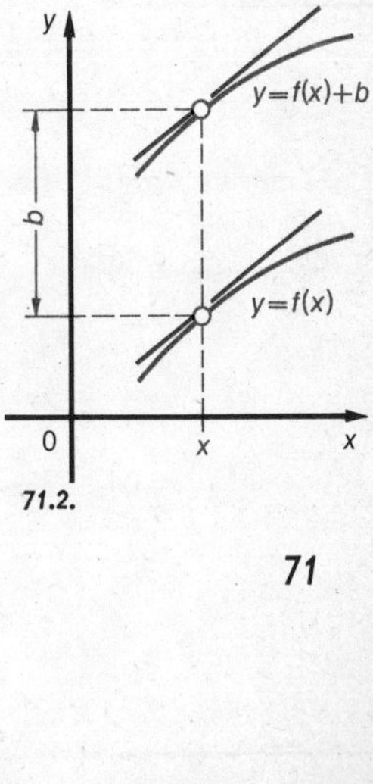

71.2.

Die Sätze 6 und 7 leuchten geometrisch unmittelbar ein (Fig. 71.1 und 2). Wir beweisen die Gültigkeit der Sätze 6 bis 9 in $]a, b[$ nun mit Hilfe der Grundformel von S. 68.

Beweis zu Satz 6:

$$y' = \lim_{h \to 0} \frac{b-b}{h} = \lim_{h \to 0} \frac{0}{h} = 0, \ (h \neq 0)$$

Beweis zu Satz 7:

$$y' = \lim_{h \to 0} \frac{f(x+h) + b - f(x) - b}{h} = f'(x)$$

Beweis zu Satz 8:

$$y' = \lim_{h \to 0} \frac{a f(x+h) - a f(x)}{h}$$
$$= \lim_{h \to 0} a \cdot \frac{f(x+h) - f(x)}{h}$$
$$= a \cdot f'(x)$$

Beweis zu Satz 9:

$$y' = \lim_{h \to 0} \frac{f(x+h) + g(x+h) - f(x) - g(x)}{h}$$
$$= \lim_{h \to 0} \frac{f(x+h) - f(x)}{h} + \lim_{h \to 0} \frac{g(x+h) - g(x)}{h}$$
$$= f'(x) + g'(x)$$ (Beachte S. 50)

Beispiel: $y = 3x - \frac{2}{x} - 5$ hat die Ableitung $y' = 3 + \frac{2}{x^2}$, $(x \neq 0)$.

Höhere Ableitungen

Wendet man die Grundformel (S. 68) auf die Funktion $x \to f'(x)$ an, so erhält man eine neue Funktion $x \to f''(x)$, die 2. Ableitung der gegebenen Funktion $x \to f(x)$.

D 6 Existiert der Grenzwert $f''(x) = \lim_{h \to 0} \frac{f'(x+h) - f'(x)}{h}$ an jeder Stelle $x \in \,]a, b[$, so heißt $y'' = f''(x)$ die *zweite Ableitung* der gegebenen Funktion $y = f(x)$ in $]a, b[$.

Beispiel: $y = 2x^2 - 3x^3 \Rightarrow y' = 4x - 9x^2 \Rightarrow y'' = 4 - 18x$ für $x \in \mathbb{R}$

D 7 Wie schon auf S. 66 erwähnt wurde, läßt sich in vielen Fällen durch weiteres Ableiten die *3. Ableitung* y''', die *4. Ableitung* $y^{(4)}$, allgemein die ***n*-te Ableitung** $y^{(n)} = f^{(n)}(x)$ in $]a, b[$ bilden. Man sagt dann: Die Funktion $f(x)$ ist in $]a, b[$ (mindestens) *n-mal differenzierbar.*

Bemerkung: In Satz 9 gibt man den Funktionen $f(x)$ und $g(x)$ häufig die Namen u und v. Der Satz lautet dann kurz: Für $y = u + v$ ist $y' = u' + v'$.

Aufgaben

8. Verdeutliche die Sätze 8 und 9 auch geometrisch mit Hilfe von Schaubildern.

9. Beweise: Die Ableitung von $y = f(x) - g(x)$ ist $y' = f'(x) - g'(x)$.

10. Beweise, daß Satz 9 auch für mehr als 2 Summanden gilt.

Leite in Aufg. 11 bis 13 zweimal ab. (a und b sind konstant.)

11. a) $y = 1{,}4\,x^3 - 3{,}5\,x^2 + x$ b) $y = -\frac{3}{8}x^6 + \frac{7}{18}x^4 + 2$

c) $s = a^2 - \frac{3}{4}at$ d) $y = 5(x^2 - 3x + 4)$

e) $y = -\frac{3}{4}(6 - 2x^2 + x^4)$ f) $s = 1{,}8\,(t^5 - 2{,}5\,t^3)$

g) $y = a\left(2x^3 - \frac{1}{2}x\right)$ h) $z = \frac{5x^6 + 4x^3 + 3}{2a}$

12. a) $y = x + \frac{x^2}{2} + \frac{x^3}{3} + \frac{x^4}{4} + \cdots + \frac{x^{n-1}}{n-1} + \frac{x^n}{n}$

b) $y = 1 - \frac{x^2}{2!} + \frac{x^4}{4!} - \frac{x^6}{6!} + - \cdots + (-1)^n \cdot \frac{x^{2n}}{(2n)!}$

c) $y = \frac{x^n}{n!} + \frac{x^{n+1}}{(n+1)!} + \frac{x^{n+2}}{(n+2)!} + \cdots + \frac{x^{2n-1}}{(2n-1)!}$

13. a) $y = (ax + b)^2$ b) $y = (x + a)^3$ c) $y = (a - x)^4$

14. Leite nach Ausmultiplizieren der Klammern ab:

a) $y = (x + 2)(x + 3)$ b) $y = (1 - x)(4 - x^2)$ c) $y = 5x^3(3 - 2x)^2$

Zeige hierbei, daß die Ableitung eines Produktes nicht gleich dem Produkt der Ableitungen der einzelnen Faktoren ist.

15. Bestimme die rechtsseitigen und linksseitigen Ableitungen folgender Funktionen an der Stelle x_1:

a) $y = \frac{x}{3} + |x|;\ x_1 = 0$ b) $y = |x^2 - 4x|;\ x_1 = 4$

c) $y = \frac{1}{4}|x^3 - 16x|;\ x_1 = -4$

Was kann man somit über die Existenz der 2. Ableitung an der Stelle x_1 sagen?

18 Ganze rationale Funktionen

1. Nachdem wir in § 15 und 16 die Potenzfunktionen $y = ax^k$ mit $k \in \mathbb{N}_0$ untersucht haben, liegt es nahe, aus ihnen durch Addition neue Funktionen zu bilden.

D 1 Eine Funktion

$$y = f(x) = a_0 + a_1 x + a_2 x^2 + a_3 x^3 + \cdots + a_n x^n = \sum_{k=0}^{n} a_k x^k, \quad (a_n \neq 0) \qquad \text{(I)}$$

heißt **eine ganze rationale Funktion n-ten Grades** oder **eine Polynomfunktion n-ten Grades.** Dabei ist $n \in \mathbb{N}_0$. Die Koeffizienten $a_0, a_1, a_2, \ldots, a_n$ sind reelle Zahlen, die bei der Untersuchung ein und derselben Funktion festgehalten werden, also konstant sind.

Eine Funktion vom Grad 0 hat also die Form $y = a_0$ mit $a_0 \neq 0$; $y = 0$ hat keinen Grad.

Beispiele: $y = 2x - 0{,}3x^3$; $y = \frac{1}{2}x^4 - x^2\sqrt{5}$; $y = \frac{4}{3}\pi(4 - x)^3$; $y = -1{,}7\pi$

Wenn nichts anderes gesagt ist, wählen wir als *Definitionsbereich* A der Funktion die Menge der reellen Zahlen, also $x \in \mathbb{R}$. Für den *Wertebereich* B gilt dann: $B \subseteq \mathbb{R}$.

Beispiel 1: Für $y = x^3$ ist $B = \mathbb{R}$; für $y = x^2$ ist $y \geqq 0$; für $y = 4 - x^2$ ist $y \leqq 4$.

2. Der Name „ganze rationale Funktion"

Die ganzen rationalen Funktionen werden aus der Variable x und den Konstanten $a_0, a_1, a_2, \ldots, a_n$ durch eine endliche Anzahl von Anwendungen der Addition, Subtraktion und Multiplikation aufgebaut. Wendet man diese 3 Rechenoperationen auf *ganze* Zahlen an, die ja zugleich *rational* sind, so entstehen wieder *ganze* Zahlen. Hieraus kommt der Name „ganze rationale Funktion".

3. Die Abgeschlossenheit der Menge aller ganzen rationalen Funktionen bezüglich Addition, Subtraktion, Multiplikation

Ist $f(x) = \frac{2}{3}x^3 - 4x$ und $g(x) = x^2 + 2x$, so ist $f(x) + g(x) = \frac{2}{3}x^3 + x^2 - 2x$, $f(x) - g(x) = \frac{2}{3}x^3 - x^2 - 6x$ und $f(x) \cdot g(x) = \frac{2}{3}x^5 + \frac{4}{3}x^4 - 4x^3 - 8x^2$.

Allgemein gilt:

S 1 *Die Summe, die Differenz und das Produkt von ganzen rationalen Funktionen ist stets wieder eine ganze rationale Funktion.* — Man sagt dafür auch:

Die Menge der ganzen rationalen Funktionen ist bezüglich der Addition, Subtraktion und Multiplikation „abgeschlossen".

In der Algebra haben wir gesehen, daß die Menge $\mathbb{Z} = \{0, \pm 1, \pm 2, \ldots\}$ der ganzen Zahlen bezüglich dieser 3 Rechenoperationen abgeschlossen ist. In dieser Hinsicht haben die Menge $\mathbb{Z}$ und die Menge der ganzen rationalen Funktionen eine gemeinsame „Struktur".

4. Stetigkeit: Da $y = x^k$ nach § 13 für alle $x \in \mathbb{R}$ und alle $k \in \mathbb{N}_0$ stetig ist, so gilt nach

S 2 S 6 von § 13: *Alle ganzen rationalen Funktionen sind auf $\mathbb{R}$ stetig.*

Aus S 4 von § 13 ergibt sich ferner der Satz:

S 3 *Eine ganze rationale Funktion ist in jedem endlichen Intervall beschränkt.*

5. Verhalten für x gegen $\pm\infty$: Bei x gegen $+\infty$ bzw. x gegen $-\infty$ ist in (I) das Glied $a_n x^n$ entscheidend (vgl. Beispiel 2).

S 4 Ist n gerade und $a_n > 0$, so ist $\lim\limits_{x \to \infty} f(x) = +\infty$ und auch $\lim\limits_{x \to -\infty} f(x) = +\infty$.

Ist n ungerade und $a_n > 0$, so ist $\lim\limits_{x \to \infty} f(x) = +\infty$, aber $\lim\limits_{x \to -\infty} f(x) = -\infty$.

Beispiel 2: In $y = \frac{1}{2}x^3 + 4x^2 = \frac{1}{2}x^3\left(1 + \frac{8}{x}\right)$ ist der Summand $4x^2$ das $\frac{8}{x}$-fache des Summanden $\frac{1}{2}x^3$. Wegen $\lim\limits_{x \to +\infty}\left(1 + \frac{8}{x}\right) = 1$ gibt also $\frac{1}{2}x^3$ den Ausschlag, wenn x gegen $+\infty$ oder x gegen $-\infty$ rückt. — Im allgemeinen Fall (I) gelten dieselben Überlegungen.

6. Differenzierbarkeit: Nach § 15 bis 16 und S 6 bis 9 von § 17 gilt:

S 5 *Alle ganzen rationalen Funktionen sind für $x \in \mathbb{R}$ beliebig oft ableitbar.*

Die Summenregel (S 9) von § 17 ergibt sofort:

S 6 *Die Funktion* $y = a_0 + a_1 x + a_2 x^2 + a_3 x^3 + a_4 x^4 + \cdots + a_n x^n$
hat die Ableitungen $y' = a_1 + 2a_2 x + 3a_3 x^2 + 4a_4 x^3 + \cdots + n a_n x^{n-1}$
$y'' = 2a_2 + 6a_3 x + 12a_4 x^2 + \cdots + n(n-1) a_n x^{n-2}$, usw.

S 7 Wir sehen: *Die Ableitungen einer ganzen rationalen Funktion sind wieder ganze rationale Funktionen.* Dafür sagen wir auch:
Die Menge der ganzen rationalen Funktionen ist bezüglich des Ableitens abgeschlossen.

Beispiel 3: $y = \frac{1}{10}(x^2 - 4)(x^2 - 16) = \frac{1}{10}(x^4 - 20x^2 + 64)$;
$y' = \frac{1}{10}(4x^3 - 40x) = \frac{2}{5}x(x^2 - 10)$; $y'' = \frac{1}{10}(12x^2 - 40) = \frac{2}{5}(3x^2 - 10)$;
$y''' = \frac{1}{10} \cdot 24x = \frac{12}{5}x$; $y^{(4)} = \frac{1}{10} \cdot 24 = \frac{12}{5}$; $y^{(5)} = y^{(6)} = \cdots = 0$

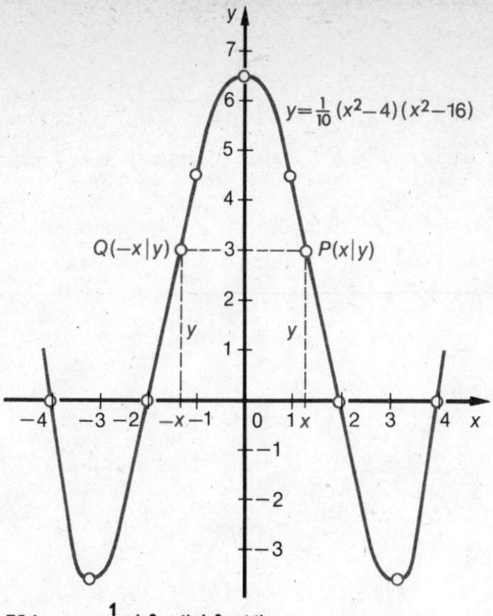

75.1. $y = \frac{1}{10}(x^2-4)(x^2-16)$

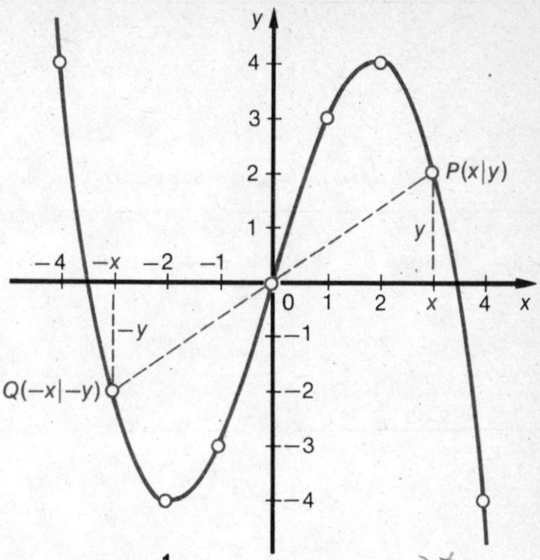

75.2 $y = 3x - \frac{1}{4}x^3$

7. Symmetrie des Funktionsgraphen

Beispiel 3 (s. o.): (Fig. 75.1)

x	0	± 1	± 2	± 3	± 4
$y = \frac{1}{10}(x^4 - 20x^2 + 64)$	$+6{,}4$	$+4{,}5$	0	$-3{,}5$	0

Beispiel 4: (Fig. 75.2)

x	0	$+1$	$+2$	$+3$	$+4$	-1	-2	-3	-4
$y = 3x - \frac{1}{4}x^3$	0	$+2\frac{3}{4}$	$+4$	$+2\frac{1}{4}$	-4	$-2\frac{3}{4}$	-4	$-2\frac{1}{4}$	$+4$

Aus den Gleichungen und den Wertetafeln sieht man

bei Beispiel 3: Ist $P(x_0 \mid y_0)$ ein Kurvenpunkt, dann auch $Q(-x_0 \mid y_0)$.
Die Kurve ist daher achsensymmetrisch bzgl. der y-Achse.

bei Beispiel 4: Ist $P(x_0 \mid y_0)$ ein Kurvenpunkt, denn auch $Q(-x_0 \mid -y_0)$.
Die Kurve ist daher punktsymmetrisch bzgl. O.

S 8 *Kommen in der Gleichung* $y = \sum_{k=0}^{n} a_k x^k$ *nur gerade Exponenten k vor, so ist der Graph der Funktion symmetrisch bzgl. der y-Achse.* (Beachte: $k = 0$ ist ein gerader Exponent.)

S 9 *Kommen in der Gleichung* $y = \sum_{k=0}^{n} a_n x^k$ *nur ungerade Exponenten n vor, so ist der Graph der Funktion symmetrisch bzgl. O.*

Beweis zu S 8: Ist die Gleichung für (x, y) erfüllt, dann auch für $(-x, y)$.
zu S 9: Ist die Gleichung für (x, y) erfüllt, dann auch für $(-x, -y)$.

D 2 Eine Funktion $y = f(x)$, deren Graph achsensymmetrisch bzgl. der y-Achse ist, nennt man eine *gerade Funktion*. Bei ihr ist $f(-x) = f(x)$.
Ist der Graph punktsymmetrisch bzgl. O, so spricht man von einer *ungeraden Funktion*. Bei ihr ist $f(-x) = -f(x)$.

D 3 Ist $n \geqq 2$, so nennt man das Schaubild der Funktion $y = \sum_{k=0}^{n} a_k x^k$ mit $a_n \neq 0$ eine *Parabel n-ten Grades*.

8. Festlegung von ganzen rationalen Funktionen durch Bedingungen

a) Der Graph von $y = ax + b$ mit $a \neq 0$ ist eine „schiefe Gerade". a und b sind durch 2 Punkte, also durch 2 Zahlenpaare (x_1, y_1), (x_2, y_2) bestimmt $(x_1 \neq x_2, y_1 \neq y_2)$.

b) Der Graph von $y = ax^2 + bx + c$ ist für $a \neq 0$ eine Parabel, für $a = 0$ eine Gerade. Wir zeigen: a, b und c sind durch die Angabe von 3 Punkten, also durch 3 Wertepaare (x_1, y_1), (x_2, y_2), (x_3, y_3) bestimmt, falls keine zwei Punkte auf einer Parallele zur y-Achse liegen.

Beispiel 5: Welche Parabel mit der Gleichung $y = ax^2 + bx + c$ geht durch $P_1(3 \mid 0)$, $P_2(1 \mid -2)$, $P_3(-2 \mid 2{,}5)$?

I) *Aufstellung der Kurvengleichung:*
Das Einsetzen der 3 Wertepaare in die Gleichung $y = ax^2 + bx + c$ (1)

ergibt: $0 = 9a + 3b + c$ (2)

$-2 = a + b + c$ (3)

$2{,}5 = 4a - 2b + c$ (4)

Aus (2) und (3) bzw. (3) und (4) folgt:

$2 = 8a + 2b \Rightarrow 1 = 4a + b$ (5)

$4{,}5 = 3a - 3b \Rightarrow 1{,}5 = a - b$ (6)

$2{,}5 = 5a$

$\Rightarrow a = 0{,}5$ (7)

$a = 0{,}5$ eingesetzt gibt

$b = -1$ und $c = -1{,}5$ (8)

Ergebnis: Die gesuchte Kurvengleichung lautet $y = 0{,}5x^2 - x - 1{,}5$ (9)

II) *Untersuchung der Kurve* (Fig. 76.1): Wir bilden noch $y' = x - 1$. (10)

Schnittpunkte mit der x-Achse („Nullstellen" der Funktion):

$y = 0$ gibt $x^2 - 2x - 3 = 0 \Rightarrow x_{1,4} = 1 \pm 2$,
also $x_1 = 3$ und $x_4 = -1$.

Die zugehörigen Tangentensteigungen sind
$y_1' = 2$ bzw. $y_4' = -2$.

Waagrechte Tangente: $y' = 0$ führt zu P_2:
$x_2 = +1$; $y_2 = -2$.

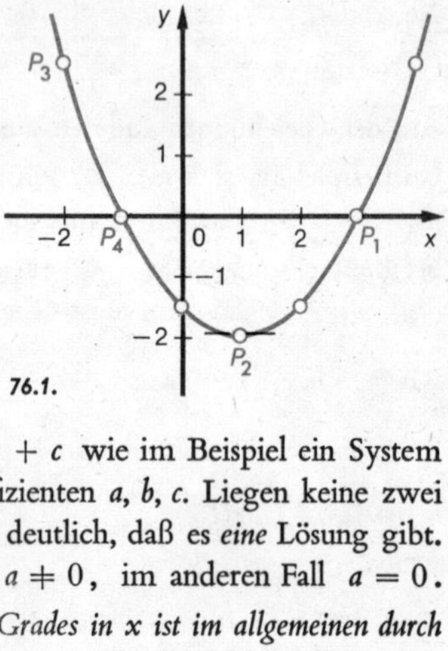

76.1.

Sind allgemein 3 (nicht auf einer Gerade liegende) Punkte $P_1(x_1 \mid y_1)$, $P_2(x_2 \mid y_2)$, $P_3(x_3 \mid y_3)$ gegeben, so ergibt das Einsetzen der 3 Wertepaare in $y = ax^2 + bx + c$ wie im Beispiel ein System von 3 linearen Bedingungsgleichungen für die drei Koeffizienten a, b, c. Liegen keine zwei Punkte auf einer Parallele zur y-Achse, so ist geometrisch deutlich, daß es *eine* Lösung gibt. Liegen P_1, P_2, P_3 nicht auf einer Gerade, so ergibt sich $a \neq 0$, im anderen Fall $a = 0$.

S 10 c) Entsprechend gilt: *Eine ganze rationale Funktion n-ten Grades in x ist im allgemeinen durch $n + 1$ Wertepaare (x_1, y_1), (x_2, y_2), (x_3, y_3), …, (x_{n+1}, y_{n+1}) bestimmt, falls alle x_i verschieden sind.* Bei besonderer Lage der zugehörigen Punkte $P_i(x_i \mid y_i)$ kann sich eine Funktion ergeben, deren Grad kleiner als n ist.

Zur *Begründung:* Durch Einsetzen der $n + 1$ Wertepaare in die Gleichung $y = \sum_{k=0}^{n} a_k x^k$ erhält man ein System von $n + 1$ linearen Gleichungen für die $n + 1$ Koeffizienten $a_0, a_1, a_2, a_3, \ldots, a_n$. Die Bestimmung der Lösung dieses Systems können wir hier nicht behandeln.

Aufgaben

1. Leite zweimal ab

a) $y = 3x^2 + 4x$ b) $y = -3x^2 - 4x$ c) $y = x^3 + 5x^2$
d) $y = 2x^4 - 7x^2$ e) $s = \frac{1}{4}t^2 - 3t + 1$ f) $s = \frac{1}{2}t^3 + \frac{1}{3}t - 2$
g) $s = \frac{3}{4}t^4 - \frac{1}{2}t^2 + t$ h) $z = \frac{7}{10}v^5 + \frac{5}{6}v^3 - \frac{2}{3}v$ i) $z = 0{,}7\,w - 2{,}4\,w^3$
k) $z = 0{,}9\,x^6 - 1{,}7\,x^4 - 2{,}6x^2$

2. Bilde die erste Ableitung folgender Funktionen (a, b, c, g, a_n sind konstant):

a) $y = a + bx$ b) $s = at + b$ c) $s = ct - \frac{1}{2}gt^2$
d) $y = a_0 + a_2x^2 + a_4x^4$ e) $z = a_1x + a_3x^3 + a_5x^5$ f) $s = at^3 - \frac{1}{2}bt^2 + ct$
g) $s = c\left(t^n + \frac{1}{2}t^{2n} + \frac{1}{3}t^{3n}\right)$ h) $s = \frac{1}{n}(t^{n+1} - t^{n-1})$, $(n \in \mathbb{N})$

3. Bilde die n-te Ableitung von $y = 1 + \frac{x}{1!} + \frac{x^2}{2!} + \frac{x^3}{3!} + \cdots + \frac{x^n}{n!}$, $(n \in \mathbb{N})$.

4. Leite ab: a) $y = (x+1)(x+2)$ b) $y = (2x^2 - 1)(3x + 2)$
c) $y = x^3(5 - x)(5 + x)$ d) $y = (a - x^2)(a - x)^2$

5. Berechne y und y' für $x \in \{4; 3; 2; \ldots; -4\}$ bei den Funktionen:

a) $y = \frac{1}{2}x^2 - x - 3$ b) $y = \frac{1}{3}x^3 - 4x$ c) $y = 6 + x^2 - \frac{1}{8}x^4$

Zeichne die Kurven samt den Tangenten in den genannten Punkten.

6. Bestimme in Beispiel 3 (in Beispiel 4) die Steigung in den Schnittpunkten mit der x-Achse sowie die Punkte mit einer Tangente parallel zur x-Achse.

7. Zeichne folgende Kurven samt Tangenten in geeigneten Punkten:

a) $y = x^2 - 4$ b) $y = 8 - x^2$ c) $y = \frac{1}{2}x^2 - 2x$
d) $y = 2x - \frac{1}{4}x^2$ e) $y = \frac{1}{6}x^3 + 2$ f) $y = 2x - \frac{1}{6}x^3$
g) $y = \frac{1}{2}x^3 + \frac{3}{2}x^2$ h) $y = \frac{1}{2}x^4 - 3$ i) $y = 2x^2 - \frac{1}{4}x^4$

Bestimme insbesondere die Schnittpunkte mit der x-Achse ($y = 0$) und die Punkte mit waagrechter Tangente ($y' = 0$). Zeichne außerdem wie in § 16, Aufg. 21 und 26 zu jeder Kurve auch die 1. und 2. Ableitungskurve. Verdeutliche die Steigung der y-Kurve mit Hilfe der y'-Kurve (der y'-Kurve mit Hilfe der y''-Kurve). Beachte auch die Symmetrie der Kurven.

8. Lege an die folgenden Kurven Tangenten parallel zu der gegebenen Gerade:

a) $y = x - \frac{1}{4}x^2$; $x + 2y = 0$ b) $y = \frac{1}{3}x^3 - x$; $x - 2y - 6 = 0$

9. Lege von O aus Tangenten an die Parabeln mit der Gleichung:

a) $y = \frac{1}{4}x^2 + 4$ b) $y = \frac{1}{2}x^2 - x + 2$ c) $y = -x^2 + x - 1$

10. Bestimme a so, daß sich die beiden Parabeln m. d. Gl. $y = ax^2$ und $y = 1 - \frac{x^2}{a}$ rechtwinklig schneiden. Berechne die Schnittpunkte.

11. Bestimme, untersuche und zeichne die Parabel 2. Grades, die durch die Punkte geht:

a) $P_1(4 \mid 1)$, $P_2\left(1 \mid -\frac{1}{2}\right)$, $P_3(-2 \mid 2{,}5)$ b) $P_1(1 \mid -2{,}5)$, $P_2(2 \mid -6{,}5)$, $P_3(-4 \mid 2{,}5)$

12. Mache dasselbe für eine bzgl. O symmetrische Parabel 3. Grades, die a) durch $P_1(3 \mid 3)$ und $P_2\left(-1 \mid -3\frac{2}{3}\right)$ geht, b) in $T(2 \mid -4)$ eine waagrechte Tangente hat.

13. Mache dasselbe für eine bzgl. der y-Achse symmetrische Parabel 4. Ordnung, die
a) für $x = 3$ eine waagrechte Tangente und in $P(5 \mid 0)$ die Steigung 10 hat,
b) durch $P(-1 \mid 2)$ geht und in $Q(-4 \mid 0)$ eine waagrechte Tangente besitzt.

14. Gib eine Menge von Funktionen $y = f(x)$ an, für welche auf $A = \mathbb{R}$ gilt:
a) $y' = 2$ b) $y' = 2x$ c) $y' = 3 - x$ d) $y' = 3x^2 + 5$
e) $y' = 4x^3 - x^2$ f) $y' = 1{,}5 - 2x + 0{,}5x^2$

15. Löse Aufg. 14, wenn a) $y'' = 1$ b) $y'' = 5 + x$ c) $y'' = \frac{1}{2}x^2 - 3x + 4$ ist.

16. Zeige auf Grund von S 2 bis 4, daß folgende Funktionen nicht ganz-rational sein können:
a) $y = \frac{1}{x}$ b) $y = \sqrt{x}$ c) $y = 2^x$ d) $y = \sin x$ e) $y = \lg x$

17. Wieso ist $y = |4 + x^2|$ eine ganze rationale Funktion, $y = |4 - x^2|$ aber nicht?

Die Nullstellen der ganzen rationalen Funktionen

❶ Wo schneiden folgende Parabeln die x-Achse:
a) $y = x^2 - 4x$, b) $y = x^3 - 4x$?

❷ Löse die quadratische Gleichung $x^2 - 6x + 8 = 0$. Schreibe sie in der Form $(x - x_1)(x - x_2) = 0$.

❸ Gib eine Gleichung an mit den Lösungen
a) 3; 2; −2, b) 3; 2; −2; −3.
Welchen Grad hat die Gleichung mindestens?

D 4 Unter den **Nullstellen** der ganzen rationalen Funktion $y = a_n x^n + a_{n-1} x^{n-1} + \cdots + a_0$ versteht man die **Lösungen der Gleichung n-ten Grades** in x

$$\boldsymbol{a_n x^n + a_{n-1} x^{n-1} + a_{n-2} x^{n-2} + \cdots + a_1 x + a_0 = 0} \qquad \text{(I)}$$

Beim Graphen der Funktion gehören sie zu gemeinsamen Punkten von Kurve und x-Achse. In (I) ist $n \in \mathbb{N}$; die Koeffizienten $a_0, a_1, a_2, \ldots, a_n$ sind reelle Zahlen; es ist $a_n \neq 0$.

Wir beweisen den Satz:

S 11 *Ist x_1 eine Lösung der Gleichung (I), so läßt sich (I) auf die Form bringen: $(x - x_1) \cdot g(x) = 0$. Dabei ist $g(x)$ eine ganze rationale Funktion vom Grad $n - 1$.*

Beweis: Wir betrachten $f(x) = a_n x^n + a_{n-1} x^{n-1} + \cdots + a_1 x + a_0$, $a_n \neq 0$.
Für $x = x_1$ gilt: $0 = a_n x_1^n + a_{n-1} x_1^{n-1} + \cdots + a_1 x_1 + a_0$
Durch Subtraktion folgt: $f(x) = a_n(x^n - x_1^n) + a_{n-1}(x^{n-1} - x_1^{n-1}) + \cdots + a_1(x - x_1)$
Nach § 16 Aufg. 1 ist $(x^n - x_1^n) = (x - x_1)(x^{n-1} + x^{n-2} \cdot x_1 + \cdots + x_1^{n-1})$.
Entsprechend kann man auch bei $(x^{n-1} - x_1^{n-1})$ usw. den Faktor $(x - x_1)$ abspalten; daher gilt: $f(x) = (x - x_1)\,[a_n x^{n-1} + b_{n-2} x^{n-2} + b_{n-3} x^{n-3} + \cdots + b_0]$
also ist $f(x) = (x - x_1) \cdot g(x)$, wo $g(x)$ eine ganze rationale Funktion vom Grad $(n-1)$ ist.

Aus S 11 folgt:

S 12 *Die linke Seite der Gleichung (I) läßt sich als Produkt von höchstens* **n „Linearfaktoren"** **$(x - x_k)$** *darstellen.*

S 13 Hieraus folgt: **Jede Gleichung n-ten Grades hat höchstens n Lösungen.**

Beispiele: a) $x^2 - 2x + 1 = 0 \Leftrightarrow (x-1)^2 = 0 \Rightarrow x_1 = x_2 = 1$

b) $x^3 - x = 0 \Leftrightarrow x(x^2 - 1) = 0 \Rightarrow x_1 = 0,\ x_2 = 1,\ x_3 = -1$

S 14 *Wenn die Gleichung* $x^n + a_{n-1}x^{n-1} + a_{n-2}x^{n-2} + \cdots + a_1 x + a_0 = 0$ *eine ganzzahlige Lösung* g *hat und alle* a_k *ganze Zahlen sind, so ist* g *ein Teiler von* $a_0 \neq 0$. (Vgl. Aufg. 22.)

Beweis: Es ist $g^n + a_{n-1}g^{n-1} + a_{n-2}g^{n-2} + \cdots + a_1 g = -a_0$.
Da g ein Teiler der ganzzahligen linken Seite ist, ist es auch ein Teiler von a_0.

Beispiel: Falls $x^3 + 3x^2 - 14x + 8 = 0$ ganzzahlige Lösungen hat, wird man nach S 14 an $\pm 1, \pm 2, \pm 4, \pm 8$ denken. Durch Probieren folgt $x_1 = 2$. Die Division durch $(x-2)$ führt nach S 12 auf $(x-2)(x^2 + 5x - 4) = 0$. Aus $x^2 + 5x - 4 = 0$ erhält man $x_{2,3} = \frac{1}{2}(-5 \pm \sqrt{41})$.

Aufgaben

18. Löse folgende Gleichungen, multipliziere aus und bestätige Satz 14:

a) $x(x-1)(x+5) = 0$ b) $(x^2-4)(x^2-9) = 0$ c) $(x-3)^2 \cdot (x+2)^3 = 0$

19. Suche Gleichungen mit den Lösungen:

a) $4;\ -4;\ -\frac{1}{2}$ b) $-6;\ -6;\ 0$ c) $-4;\ 2+\sqrt{5};\ 2-\sqrt{5}$ d) $2;\ 2;\ \frac{1}{2};\ \frac{1}{2}$

20. Folgende Gleichungen haben mindestens *eine* ganzzahlige Lösung. Suche sie nach S 14 und bestimme dann die übrigen Lösungen nach S 12.

a) $x^3 - 3x + 2 = 0$ b) $x^3 - 7x - 6 = 0$ c) $x^3 - 2x^2 - 5x + 6 = 0$

21. Folgende Gleichungen haben mindestens 2 ganzzahlige Lösungen.

a) $x^4 + x^3 + 2x - 4 = 0$ b) $x^4 - x^3 - 11x^2 + 9x + 18 = 0$

22. Beweise: Wenn die Gleichung (I) mit $a_n = 1$ eine rationale Lösung x_1 hat und alle a_k ganze Zahlen sind, so ist x_1 sogar ganz und nach S 14 ein Teiler von a_0.

Anleitung: Setze $x_1 = p : q$, wobei $p \in \mathbb{Z}$, $q \in \mathbb{N}$, sowie p und q teilerfremd sind.

23. Beweise: Eine ganze rationale Funktion n-ten Grades $y = f(x)$ nimmt den Funktionswert a höchstens an n Stellen an.
(Anleitung: Betrachte $g(x) = f(x) - a$ und verwende S 13.)

24. Beweise: Eine Parabel n-ten Grades mit der Gleichung $y = f(x)$ hat mit einer andern Parabel $y = g(x)$, deren Grad nicht größer als n ist, höchstens n Punkte gemeinsam.
(Anleitung: Betrachte $f(x) - g(x)$.)

25. Beweise: Eine Parabel n-ten Grades mit der Gleichung $y = f(x)$ hat höchstens

a) n Schnittpunkte mit einer Gerade,

b) $n - 1$ Tangenten parallel zu einer gegebenen Gerade.

26. Beweise: An eine Parabel n-ten Grades kann man von einem gegebenen Punkt aus höchstens n Tangenten legen.

19 Geschwindigkeit bei geradliniger Bewegung[1]

Bewegungen mit konstanter Geschwindigkeit

1 Eine 50 m lange Strecke wird von dem besten Schwimmer einer Klasse in 40 sec, von einem andern in 50 sec, von einem dritten in 80 sec durchschwommen.

a) Wie groß ist in jedem Fall die mittlere Geschwindigkeit?

b) Welche Strecke s wird jeweils im Mittel in 1, 2, 3, ..., t sec zurückgelegt?

c) Zeichne Schaubilder der 3 Funktionen in einem t, s-Achsenkreuz.

Legt ein Fußgänger in jeder Sekunde 1,5 m zurück, so stehen Zeit t und zurückgelegter Weg s in folgendem Zusammenhang:

Zeit t in sec	0	1	2	3	4	5	6
Weg s in m	0	1,5	3	4,5	6	7,5	9

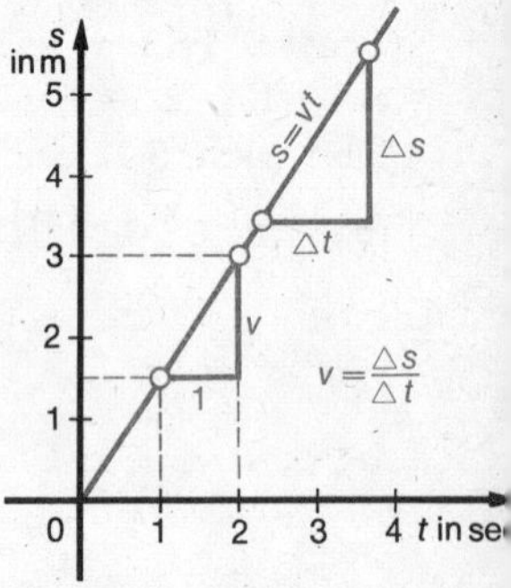

80.1. $v = 1{,}5$ m/sec

Als Graph dieser Funktion ergibt sich das Geradenstück in Fig. 80.1. Der Zahlenwert (die Maßzahl) des konstanten Quotienten $v = \frac{s}{t}$ $= 1{,}5$ m/sec erscheint dabei als Steigung der Gerade. Der Quotient heißt „Geschwindigkeit"[1]. Allgemein gilt:

D 1 Legt ein Körper bei einer geradlinigen Bewegung in gleichen Zeitabschnitten gleiche Wegstrecken zurück, und bezeichnet man den in der Zeit t zurückgelegten Weg mit s, so nennt man den gleichbleibenden Quotienten $v = s : t$ die konstante **Geschwindigkeit** des Körpers[1]. Man kann auch sagen: Nimmt der Weg in gleichen Zeitabschnitten Δt um gleiche Beträge Δs zu, so ist $v = \Delta s : \Delta t$ die konstante Geschwindigkeit (Fig. 80.1).
Für die Zahlenwerte (Maßzahlen) von t, s und v bedeutet dies: Der Zahlenwert der Geschwindigkeit ist gleich dem Zahlenwert des Wegzuwachses je Zeiteinheit.

S 1 Bei einer geradlinigen Bewegung mit konstanter Geschwindigkeit lautet die **„Weg-Zeit-Funktion"** $\boldsymbol{s = v\,t}$. Der Graph von $s = v\,t$ im t, s-System ist eine Ursprungsgerade[2], mit dem Zahlenwert von v als Steigung („*Weg-Zeit-Schaubild*").

S 2 Hat ein Körper, der sich mit konstanter Geschwindigkeit v bewegt, z. Z. $t = 0$ sec den Weg s_0 zurückgelegt, so lautet die *Weg-Zeit-Funktion:* $\boldsymbol{s = v\,t + s_0}$.

Bemerkungen:

1. Die Variablen s, t, v, ... bedeuten „*physikalische Größen*". Sie sind durch Verknüpfung eines Zahlenwertes mit einer *Einheit* definiert und können als „Produkt" beider aufgefaßt werden ($9\text{ m} = 9 \cdot 1\text{ m}$). Gleichungen zwischen physikalischen Größen gelten nicht nur für die Zahlenwerte, sondern auch für die Einheiten. Beispiel einer *Größengleichung:*

$$s = v \cdot t = 1{,}5\,\frac{\text{m}}{\text{sec}} \cdot 6\text{ sec} = 1{,}5 \cdot 6\,\frac{\text{m}}{\text{sec}} \cdot \text{sec} = 9\text{ m}$$

2. Will man ausdrücken, daß die Geschwindigkeit außer ihrem „*Betrag*" auch noch eine „*Richtung*" hat, so schreibt man sie meist als *Vektor* $\mathfrak{v}$ oder $\vec{v}$ und stellt sie zeichnerisch durch einen Pfeil dar. Da wir hier nur *geradlinige* Bewegungen betrachten, begnügen wir uns damit, nur den Zahlenwert von v anzugeben; v kann dabei positiv, negativ oder gleich Null sein.

1. spatium (lat.), Weg; tempus (lat.), Zeit; velocitas (lat.), Geschwindigkeit
2. Dabei ist angenommen, daß für $t = 0$ sec auch $s = 0$ m ist (vgl. Aufg. 1).

Aufgaben

1. Erläutere: Bei einer Bewegung mit konstanter Geschwindigkeit ist

a) der Weg proportional zur benötigten Zeit (v ist der Proportionalitätsfaktor),

b) die Geschwindigkeit gleich der Ableitung des Weges: $v = s'$.

2. Welche Gestalt hat das Weg-Zeit-Schaubild bei S 2?

3. Bestimme für die durch $s = c\,t + d$ festgelegte Bewegung die Geschwindigkeit und zeichne die Weg-Zeit-Schaubilder, wenn c und d folgende Werte haben:

a) 0,6 m/sec; 2,4 m b) 12,5 m/sec; 40 m c) 45 m/sec; − 75 m

Für welchen Zeitpunkt ist $s = 0$ m? Was bedeutet dies? (Wähle passende Einheiten.)

Bewegungen mit veränderlicher Geschwindigkeit

2 Was fällt auf, wenn man beim Anfahren eines Autos auf das Tachometer schaut? Nenne andere Beispiele von Bewegungen mit nicht konstanter Geschwindigkeit.

3 Bei einem anfahrenden Auto mißt man den nach der Zeit t zurückgelegten Weg s:

Zeit t in sec	0	1	2	3	4
Weg s in m	0	1	4	9	16

Wie lautet die Weg-Zeit-Funktion für $0\text{ sec} \leqq t \leqq 4\text{ sec}$?

Bestimme die „mittlere Geschwindigkeit"

a) in der 1., 2., 3., 4. Sekunde,

b) in den ersten 2, 3, 4 Sekunden,

c) zwischen dem Ende der 2. und 4. Sekunde.

4 Lies nach, wie auf S. 3 die Geschwindigkeit bei der Weg-Zeit-Funktion $s = \frac{1}{2} a\, t^2$ bestimmt wurde.

Bei einer beliebigen geradlinigen Bewegung gehört zu jedem Wert t eines Zeitabschnitts eindeutig ein Wegstück s, das von einer Startmarke aus gemessen sei. Es existiert also eine *Weg-Zeit-Funktion* $s = s(t)$. Da wir in der „klassischen" Mechanik annehmen, daß die Natur keine Sprünge macht, betrachten wir die Funktion $s = s(t)$ immer als *stetig*; meist auch als *differenzierbar*. Wie man bei einer solchen Funktion die Geschwindigkeit definiert und bestimmt, zeigen wir zunächst an einem Beispiel.

Beispiel 1: Eine Kugel rollt eine schiefe Ebene herab. Die dabei gemessenen Werte von t und s erfüllen die Gleichung $s = k\,t^2$ mit $k = 0{,}25\text{ m/sec}^2$. Wie groß ist die Geschwindigkeit zur Zeit t?

Lösung: Zu $s = k\,t^2$ ist in Fig. 82.1 das Weg-Zeit-Schaubild gezeichnet. Dabei gehört zum Wertepaar (t, s) der Punkt P. Wächst t um Δt, so wächst s um Δs; man erhält den Punkt $Q(t + \Delta t \mid s + \Delta s)$. Den Quotienten $v_m = \frac{\Delta s}{\Delta t}$ nennt man die *„mittlere Geschwindigkeit"* im Zeitabschnitt Δt. Ihr Zahlenwert gibt die Steigung der Sekante PQ an. Strebt Δt gegen 0 sec, so strebt die Sekante PQ gegen eine Grenzlage, die Tangente in P, und v_m gegen den Grenzwert $v = \lim\limits_{\Delta t \to 0} \frac{\Delta s}{\Delta t} = s' = 2\,k\,t$. Man bezeichnet v als *„Momentangeschwindigkeit"* (Augenblicksgeschwindigkeit) zur Zeit t.

So wie in diesem Beispiel kann man stets verfahren, falls die Weg-Zeit-Funktion differenzierbar ist.

6—7369/2

D 2 Ist $s = s(t)$ eine im Intervall $]a, b[$ differenzierbare Weg-Zeit-Funktion einer geradlinigen Bewegung, so versteht man unter der *mittleren Geschwindigkeit* v_m im Zeitabschnitt Δt den Quotienten $v_m = \frac{\Delta s}{\Delta t} = \frac{s(t + \Delta t) - s(t)}{\Delta t}$ und unter der **Momentangeschwindigkeit** $\boldsymbol{v}$ zur Zeit t die erste Ableitung $s'(t)$ der Weg-Zeit-Funktion, also $\boldsymbol{v} = \lim\limits_{\Delta t \to 0} \frac{\Delta s}{\Delta t} = s'(t)$.

Bemerkung:

Ist die unabhängige Veränderliche bei einer Funktion $y = f(t)$ die Zeit t, so bezeichnet man nach I. Newton die Ableitung y' auch mit $\dot{y}$ (lies: y Punkt).

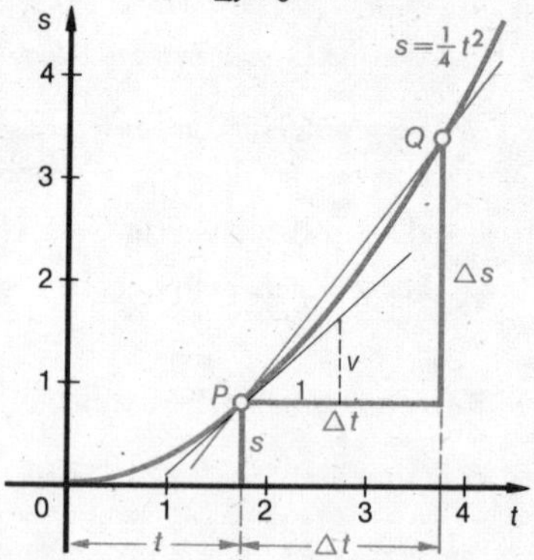

82.1.

Beispiel 2: a) Für $s = \frac{1}{2} g t^2$ ist $v = \dot{s} = g t$,
b) $s = c t + s_0$ ergibt $v = \dot{s} = c$.

Allgemein gilt (Fig. 82.1):

S 3 Bei der *Weg-Zeit-Kurve* einer geradlinigen Bewegung entspricht der *mittleren Geschwindigkeit* v_m die *Steigung der Sekante PQ*, der *Momentangeschwindigkeit* v die *Steigung der Tangente* in P.

D 3 Ist $s = s(t)$ die Weg-Zeit-Funktion einer Bewegung, so heißt $\boldsymbol{v} = \boldsymbol{s}'(\boldsymbol{t}) = \dot{\boldsymbol{s}}(\boldsymbol{t})$ die **Geschwindigkeit-Zeit-Funktion** der Bewegung. Ihr Graph in einem t, v-Achsenkreuz ist die *Geschwindigkeit-Zeit-Kurve*.

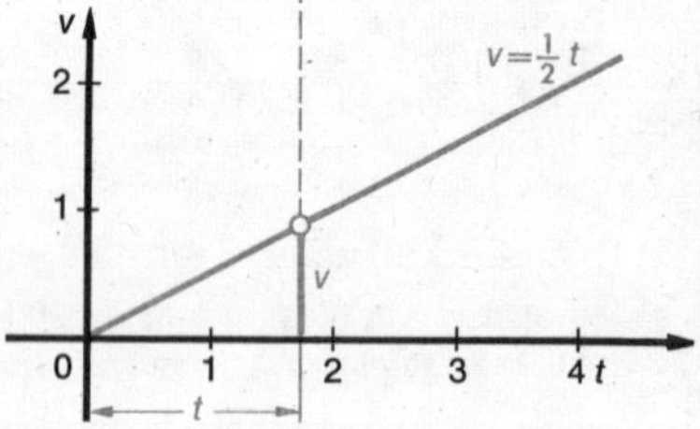

82.2.

Beispiel 3:

Für $s = k t^2$ ist $v = 2 k t$ die Geschwindigkeit-Zeit-Funktion; Fig. 82.2 zeigt die Geschwindigkeit-Zeit-Kurve für $k = \frac{1}{4}$ m/sec².

Aufgabe

4. Bestimme für $s = k t^2$ mit $k = 0{,}25$ m/sec² die mittlere Geschwindigkeit v_m zwischen $t_1 = 2$ sec und a) $t_2 = 3$ sec, b) $t_2 = 2{,}5$ sec, c) $t_2 = 2{,}1$ sec, d) $t_2 = 2{,}01$ sec. Was fällt auf?

20 Beschleunigung bei geradliniger Bewegung

Bewegungen mit konstanter Beschleunigung

Rollt eine Kugel wie im Beispiel 1 von S. 81 auf einer schiefen Ebene, so erhält man aus $v = c t$ mit $c = 0{,}5$ m/sec² die Tabelle:

t in sec	0	1	2	3	4	5	6
v in m/sec	0	0,5	1,0	1,5	2,0	2,5	3,0

Die Geschwindigkeit v nimmt je Sekunde um den gleichen Betrag zu. Als Geschwindigkeit-Zeit-Kurve erhält man die Gerade in Fig. 83.1. Der Zahlenwert des konstanten Quotienten $a = v : t$ erscheint dabei als Steigung der Gerade; der Quotient heißt „Beschleunigung".

D 1 Allgemein gilt: Nimmt bei einer geradlinigen Bewegung eines Körpers die Geschwindigkeit in gleichen Zeitabschnitten Δt um gleiche Beträge Δv zu, so nennt man den gleichbleibenden Quotienten $a = \frac{\Delta v}{\Delta t}$ die konstante **Beschleunigung** des Körpers[1]. Die Beschleunigung ist also der Geschwindigkeitszuwachs je Zeiteinheit.

S 1 Bei einer geradlinigen Bewegung mit konstanter Beschleunigung lautet die **Geschwindigkeit-Zeit-Funktion**[2] $\boldsymbol{v = a \cdot t}$. Der Graph von $v = a\,t$ im t, v-System ist eine Ursprungsgerade; ihre Steigung entspricht a (*Geschwindigkeit-Zeit-Kurve*, Fig. 83.1).

83.1. $a = 0{,}5$ m/sec²

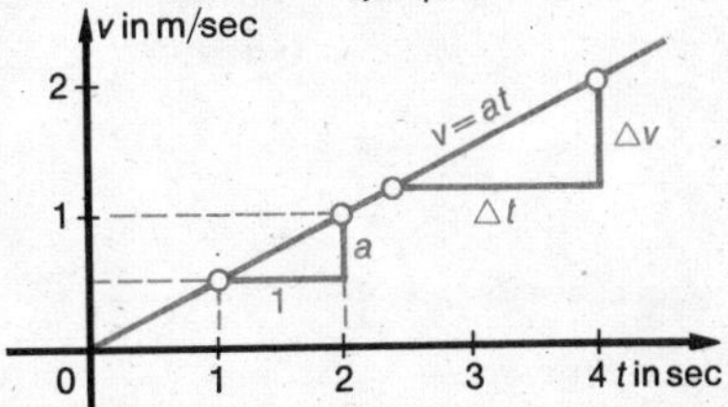

Bemerkungen:

1. Bewegungen mit konstanter Beschleunigung werden immer von konstanter Antriebskraft hervorgerufen (Gesetz von I. Newton). Gib Beispiele an.

2. Die Einheit der Beschleunigung ist m/sec² (folgt aus D 1, wieso?).

3. Die Beschleunigung hat wie die Geschwindigkeit außer ihrem „*Betrag*" auch eine „*Richtung*" und wird daher gewöhnlich als *Vektor* $\mathfrak{a}$ oder $\vec{a}$ geschrieben. Bei der *geradlinigen* Bewegung begnügen wir uns damit, nur den Zahlenwert anzugeben; er kann dabei positiv, negativ oder gleich Null sein. Wie ist dies zu deuten?

Aufgaben

2. Bestimme in Beispiel 1 von S. 81 die Beschleunigung der Bewegung und zeige, daß sie konstant ist.

3. Zeige: Bei einer Bewegung mit konstanter Beschleunigung ist die Beschleunigung $a = v' = s''$ bzw. $a = \dot{v} = \ddot{s}$.

4. Bestimme für die folgenden Weg-Zeit-Funktionen $s = k\,t^2$ $(s = k\,t^2 + c)$ die Größen v und a. Zeichne Geschwindigkeit-Zeit-Kurven.
a) $k = 1{,}5$ m/sec³ b) $k = \frac{3}{8}$ m/sec³ c) $k = 25$ m/sec³, $c = 30$ m.

5. a) Bestätige: Ist bei einer Bewegung mit der konstanten Beschleunigung a zur Zeit $t = 0$ sec der Weg s_0 zurückgelegt und die Geschwindigkeit v_0 vorhanden, so lautet die Weg-Zeit-Funktion: $s = \frac{1}{2}\,a\,t^2 + v_0\,t + s_0$ (*allgemeine geradlinige Bewegung mit konstanter Beschleunigung*).
b) Wie ergibt sich daraus das Gesetz des freien Falls?

6. Untersuche die geradlinige Bewegung $s = p\,t^2 + q\,t + r$ und zeichne Schaubilder für
a) $p = \frac{1}{2}\,\frac{\text{m}}{\text{sec}^2}$, $q = 1\,\frac{\text{m}}{\text{sec}}$, $r = 2$ m b) $p = 5\,\frac{\text{m}}{\text{sec}^2}$, $q = 15\,\frac{\text{m}}{\text{sec}}$, $r = 0$ m

Bewegungen mit veränderlicher Beschleunigung

Durch unterschiedliches Gasgeben wird die Antriebskraft eines Automotors verändert. Dadurch kommt es zu Bewegungen mit veränderlicher Beschleunigung. Wie bei der Momentangeschwindigkeit (§ 19), so kann man hier nach der Momentanbeschleunigung fragen. Man braucht dabei auf S. 81/82 nur s durch v und v durch a zu ersetzen.

---

1. acceleratio (lat.), Beschleunigung 2. Dabei ist angenommen, daß für $t = 0$ sec auch $v = 0$ m/sec ist.

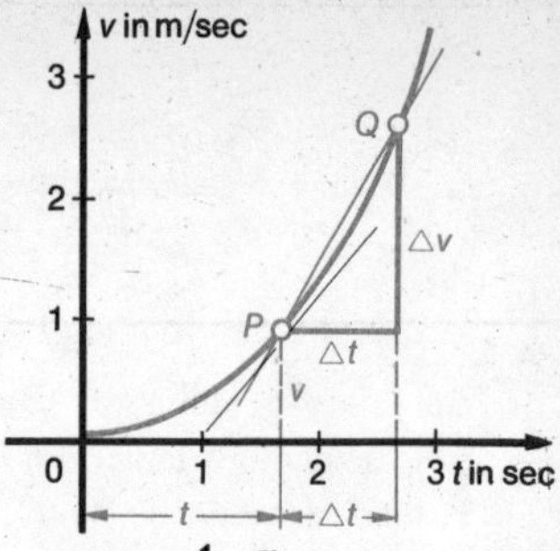

84.1. $v = \frac{1}{3} \frac{m}{sec^3} t^2$

Beispiel: Erfüllen die Werte von v und t die Gleichung $v = k\,t^2$ mit $k = \frac{1}{3}$ m/sec³, so kann man die Geschwindigkeit-Zeit-Kurve zeichnen (Fig. 84.1). Wächst t um Δt, so wächst v um Δv. Den Quotienten $\Delta v : \Delta t$ bezeichnet man dann als die *mittlere Beschleunigung* a_m im Zeitabschnitt Δt. Strebt Δt gegen 0, so strebt a_m gegen den Grenzwert

$$a = \lim_{\Delta t \to 0} \frac{\Delta v}{\Delta t} = v' = c\,t \quad \text{mit} \quad c = \frac{2}{3}\,\frac{\text{m}}{\text{sec}^3}$$

a ist die *Momentanbeschleunigung* zur Zeit t.

D 2 Allgemein sagen wir: Ist $v = v(t)$ eine differenzierbare Geschwindigkeit-Zeit-Funktion einer geradlinigen Bewegung, so versteht man unter der *mittleren Beschleunigung* a_m im Zeitabschnitt Δt den Quotienten $a_m = \frac{\Delta v}{\Delta t} = \frac{v(t+\Delta t) - v(t)}{\Delta t}$ und unter der **Momentanbeschleunigung** $\boldsymbol{a}$ zur Zeit t die erste Ableitung der Geschwindigkeit-Zeit-Funktion, also

$$\boldsymbol{a = \lim_{\Delta t \to 0} \frac{\Delta v}{\Delta t} = v'(t) = \dot{v}(t)}$$

S 2 Bei der Geschwindigkeit-Zeit-Kurve entspricht der mittleren Beschleunigung die *Steigung der Sekante PQ*, der Momentanbeschleunigung die *Steigung der Tangente* in P (Fig. 84.1).

D 3 Die Funktion $a = v'(t)$ bzw. $a = \dot{v}(t)$ heißt **Beschleunigung-Zeit-Funktion,** ihr Graph ist die *Beschleunigung-Zeit-Kurve.*

S 3 Aus § 19 und 20 folgt: Ist die Weg-Zeit-Funktion $s = s(t)$ zweimal differenzierbar, so ist die **Beschleunigung-Zeit-Funktion** $\boldsymbol{a = \dot{v} = \ddot{s}}$.

Aufgaben

8. Zeichne a) für $v = k\,t^2$ mit $k = \frac{2}{3}\,\frac{\text{m}}{\text{sec}^3}$, b) für $s = c\,t^4$ mit $c = \frac{1}{16}\,\frac{\text{m}}{\text{sec}^4}$ die Beschleunigung-Zeit-Kurve.

9. Bei einer geradlinigen Bewegung ergab sich

s in cm	0	20	80	180	320
t in sec	0	4	8	12	16

Bestimme eine möglichst einfache Funktion $s(t)$, $v(t)$, $a(t)$, zeichne die zugehörigen Graphen.

21 Untersuchung von Funktionen mit Hilfe der Ableitungen Kurvendiskussion

Steigen und Fallen von Funktionen und ihren Graphen

Es sei $y = f(x)$ im Intervall $A =]\,a, b\,[$ *zweimal differenzierbar*; daraus folgt dann insbesondere, daß $f'(x)$ in $]\,a, b\,[$ stetig ist (vgl. § 17). Statt $y = f(x)$ sagen wir oft kurz $f(x)$.

D 1 **Die Funktion $f(x)$ und ihr Graph steigen (fallen)** *im strengen Sinn beim Durchgang durch die Stelle* $x_1 \in]\,a, b\,[$, *wenn* für jedes $x_2 \neq x_1$ aus einer hinreichend kleinen Umgebung von x_1 die Differenzen $x_2 - x_1$ *und* $f(x_2) - f(x_1)$ *das gleiche (das entgegengesetzte) Vorzeichen haben.*

S 1 *Wenn $f(x)$ beim Durchgang durch die Stelle x_1 steigt (fällt), so ist* $f'(x_1) \geqq 0$ $\left(f'(x_1) \leqq 0\right)$.
Beweis: Nach D 1 ist $\dfrac{f(x_2)-f(x_1)}{x_2-x_1}$ positiv (negativ), also $f'(x_1) = \lim\limits_{x_2 \to x_1} \dfrac{f(x_2)-f(x_1)}{x_2-x_1}$ größer oder gleich 0 (kleiner oder gleich 0). (Vgl. Beispiel 2 auf S. 86.)

S 2 **Ist $f'(x_1) > 0$ $\left(f'(x_1) < 0\right)$ so steigt (fällt) die Funktion $y = f(x)$ und ihr Graph beim Durchgang durch die Stelle x_1 im strengen Sinn.**

Beweis (für das Steigen): Wegen $\lim\limits_{h \to 0} \dfrac{f(x_1+h)-f(x_1)}{h} = f'(x_1) > 0$ ist in einer hinreichend kleinen Umgebung von x_1 der Quotient $\dfrac{f(x_1+h)-f(x_1)}{h} > 0$.
Für $h > 0$ ist daher $f(x_1+h) > f(x_1)$, für $h < 0$ ist $f(x_1+h) < f(x_1)$.

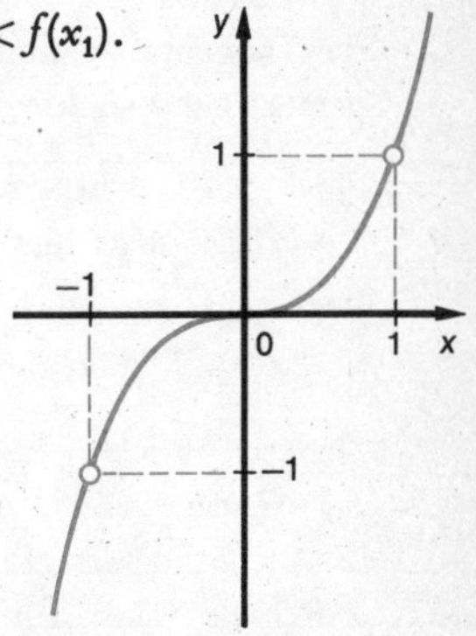

85.1. $y = x^3$

Bemerkungen:

1. S 2 ist nicht genau die Umkehrung von S 1 (wieso?).

Beispiel: Bei $y = f(x) = x^3$ nimmt y mit wachsendem $x \in \mathbb{R}$ ständig zu; die Kurve (Fig. 85.1) steigt somit überall, auch im Durchgang durch die Stelle $x = 0$, hier ist aber $f'(x) = 0$. Die Bedingung $f'(x_1) > 0$ $\left(f'(x_1) < 0\right)$ ist also zwar *hinreichend, aber nicht notwendig* für das Steigen (Fallen) der Kurve.

2. Da $f'(x_1)$ die Steigung der Kurventangente an der Stelle x_1 ist, gilt natürlich:

Ist $\left\{\begin{array}{l} f'(x_1) > 0, \\ f'(x_1) < 0, \\ f'(x_1) = 0, \end{array}\right\}$ so hat der Graph von $y = f(x)$ bei x_1 eine $\left\{\begin{array}{l} \text{steigende} \\ \text{fallende} \\ \text{waagrechte} \end{array}\right\}$ Tangente.

S 2 gibt an, wie sich das Vorzeichen von $f'(x)$ auf das Steigen und Fallen von $f(x)$ beim Durchgang durch *eine Stelle* x_1, also „im Kleinen", auswirkt. Der folgende S 3 bezieht sich auf das Verhalten von $f(x)$ in einem *Intervall A*, also „im Großen".

S 3 **Ist $f'(x) > 0$ in A, so ist hier $f(x)$ streng steigend.
Ist $f'(x) < 0$ in A, so ist hier $f(x)$ streng fallend.**

D 2 Man sagt dafür auch: *Die Funktion $f(x)$ und ihr Graph sind* **in A streng monoton zunehmend (abnehmend).**

S 3 leuchtet anschaulich ein. Ein Beweis, der die Anschauung nicht benutzt, ergibt sich aus dem sogenannten „*Mittelwertsatz*" (vgl. Vollausgabe § 51, Aufg. 7).

Bemerkung: $f(x)$ ist *allgemein* monoton steigend (fallend) in A, wenn dort $f'(x) \geqq 0$ $\left(f'(x) \leqq 0\right)$ ist.

Beispiele:

1. In Fig. 85.2 ist $y = f(x) = \frac{1}{6}x^3 - \frac{1}{2}x^2 - \frac{3}{2}x + 7$,
also $y' = f'(x) = \frac{1}{2}x^2 - x - \frac{3}{2}$.

$y' = 0$ bzw. $x^2 - 2x - 3 = 0$ führt zu $x_1 = 3$; $y_1 = 2\frac{1}{2}$ und $x_2 = -1$; $y_2 = 7\frac{5}{6}$. In $T\left(3 \mid 2\frac{1}{2}\right)$ und $H\left(-1 \mid 7\frac{5}{6}\right)$ hat man waagrechte Tangenten.

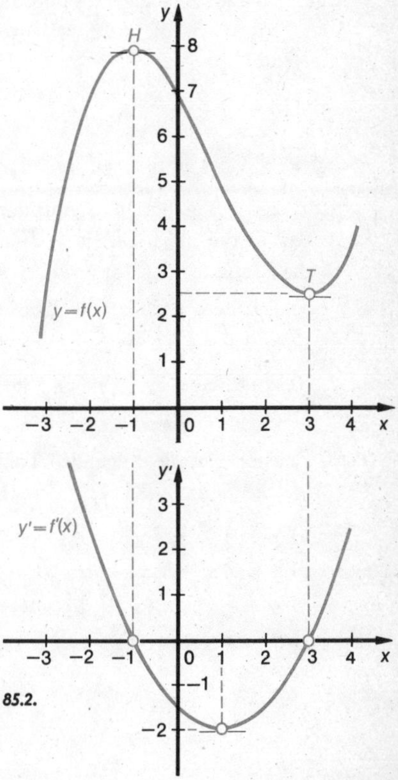

85.2.

Da man schreiben kann: $y' = \frac{1}{2}(x+1)(x-3)$, so gilt:

Für $x < -1$ ist $y' > 0$; die Funktion $y = f(x)$ bzw. ihr Graph steigt.
Für $-1 < x < +3$ ist $y' < 0$; die Funktion $y = f(x)$ bzw. ihr Graph fällt.
Für $x > +3$ ist $y' > 0$; die Funktion $y = f(x)$ bzw. ihr Graph steigt.

2. In Fig. 86.1 ist $y = f(x) = \frac{1}{2}x^2 - 2x + 5$,
also $y' = f'(x) = x - 2$.

Aus $y' = 0$ bzw. $x - 2 = 0$ ergibt sich $x_1 = 2$ und also $y_1 = 3$. In $T(2 \mid 3)$ ist daher die Tangente an die Kurve m. d. Gl. $y = f(x)$ parallel zur x-Achse.

Für $x > 2$ ist $y' > 0$; der Graph von $y = f(x)$ steigt hier.

Für $x < 2$ ist $y' < 0$; der Graph von $y = f(x)$ fällt in diesem Bereich.

Dem entspricht, daß die 1. Ableitungskurve, die Gerade $y = x - 2$, die x-Achse in $(2 \mid 0)$ schneidet, für $x > 2$ oberhalb der x-Achse verläuft, für $x < 2$ dagegen unterhalb der x-Achse.
Statt „Gerade (Tangente) parallel zur x-Achse" sagen wir oft kurz „waagrechte Gerade (Tangente)".

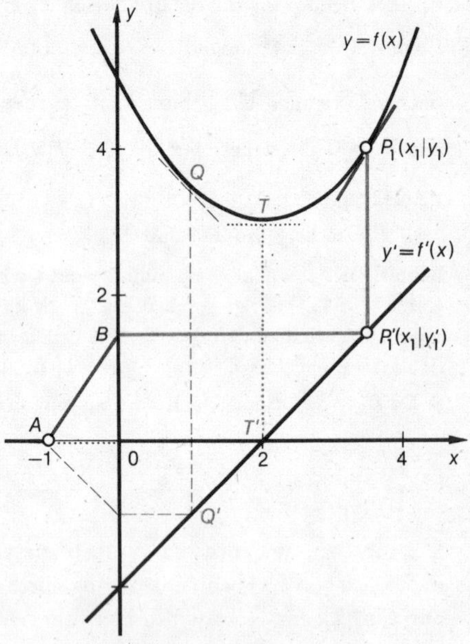

86.1. **Kurve und 1. Ableitungskurve. Tangentenkonstruktion**

Aufgaben

1. a) Zeige (Fig. 86.1): Gehört zum Punkt P_1 der Kurve m. d. Gl. $y = f(x)$ der Punkt P_1' der Kurve m. d. Gl. $y' = f'(x)$ und zieht man $P_1'B$ parallel zur x-Achse, so gibt CB die Richtung der Tangente in P_1 an. Dabei ist $C(-1 \mid 0)$.

b) Erläutere nach a) die Konstruktion der Tangenten in Q und T.

c) Gib die Gleichung der Tangente in $Q(1 \mid ?)$ an.

2. Zeichne die Kurven in Fig. 85.2 und 86.1 mittels Wertetafeln (vgl. Beispiel 1 und 2). Lege an die Kurven m. d. Gl. $y = f(x)$ weitere Tangenten.

3. Zeichne für die folgenden Funktionen die y-Kurve und die y'-Kurve. Berechne, für welche x die y-Kurve steigt, fällt oder waagrechte Tangenten hat.

a) $y = \frac{1}{2}x^2 - 2$ b) $y = 4 - \frac{1}{4}x^2$ c) $y = x + \frac{1}{4}x^2$
d) $y = \frac{1}{2}x^2 - \frac{5}{2}x$ e) $y = 2x + 3$ f) $y = 5 - \frac{3}{2}x$
g) $y = \frac{1}{6}x^3 + 2x$ h) $y = x^2 - \frac{1}{6}x^3$ i) $y = 2 + 3x + x^2$
k) $y = \frac{1}{4}(2x^2 - 5x - 20)$ l) $y = \frac{1}{10}(2x^3 - 3x^2 - 12x)$

4. Berechne (ohne zu zeichnen) die Punkte mit waagrechter Tangente bei:

a) $y = 4x^3 - 6x^2 - 9x$ b) $y = \frac{1}{8}x^4 + \frac{1}{2}x^3 + 2$ c) $y = 5 + 3x^2 - \frac{1}{2}x^4$

5. Untersuche rechnerisch (ohne zu zeichnen), ob die Funktion steigt oder fällt:

a) $y = \frac{1}{3}x^3 - 4x + 3$ für $x \in \{4;\ 2;\ 0;\ -2;\ -4\}$

b) $y = 5x + 2x^3 - \frac{1}{3}x^5$ für $x \in \{-3;\ -2;\ -1;\ 0;\ 1;\ 2;\ 3\}$

2) $y = \frac{1}{6}x^3 - \frac{1}{2}x^2$ $(f' \wedge f'')$

Links- und Rechtskurven. Konvexe und konkave Funktionen

❶ a) Zeichne zu der Kurve $y = x^2 - 4$ die y'-Kurve und die y''-Kurve für $-3 \leqq x \leqq 3$. Wie ändert sich die Tangentensteigung y' wenn x von -3 bis $+3$ wächst? Wie drückt sich dies im Verlauf der y'-Kurve und y''-Kurve aus?

b) Führe ein Lineal berührend an der y-Kurve von $x = -3$ bis $x = +3$ entlang. In welchem Sinn dreht es sich dabei? Welchen Namen gibt der Autofahrer einer solchen Kurve?

c) Beantworte a) und b) für $y = 4 - x^2$ und vergleiche!

❷ Schildere die Bewegung eines Lenkrades, wenn ein Auto von einer Rechts- in eine Linkskurve einbiegt. Was geschieht im Übergangspunkt (dem „Wendepunkt")?

Im folgenden sei $y = f(x)$ im Intervall $A =]a, b[$ dreimal differenzierbar, dann sind f, f' und f'' stetig.

D 3 Der Graph von $y = f(x)$ ist im Intervall A eine **Linkskurve** (eine **Rechtskurve**), wenn sich mit zunehmendem x die *Tangente* mathematisch positiv, d.h. „*nach links*", (mathematisch negativ, d.h. „*nach rechts*") dreht. Wie Fig. 87.1 und 2 zeigt, ist dies gleichbedeutend damit, daß $y' = f'(x)$ mit zunehmendem x streng *zunimmt* (*abnimmt*).

D 4 Man sagt dann: Die Funktion $f(x)$ ist — von unten — **konvex (konkav)**[1].

Ersetzt man in S 3 $f(x)$ durch $f'(x)$, so erhält man: Ist $f''(x) > 0$ ($f''(x) < 0$), so nimmt $f'(x)$ in A streng zu (streng ab). Es gilt daher:

S 4 **Ist $f''(x) > 0$ in A, so ist $f(x)$ hier konvex und der Graph von $f(x)$ eine Linkskurve.**

S 5 **Ist $f''(x) < 0$ in A, so ist $f(x)$ hier konkav und der Graph von $f(x)$ eine Rechtskurve.**

1. convexus (lat.), gewölbt; concavus (lat.), hohl

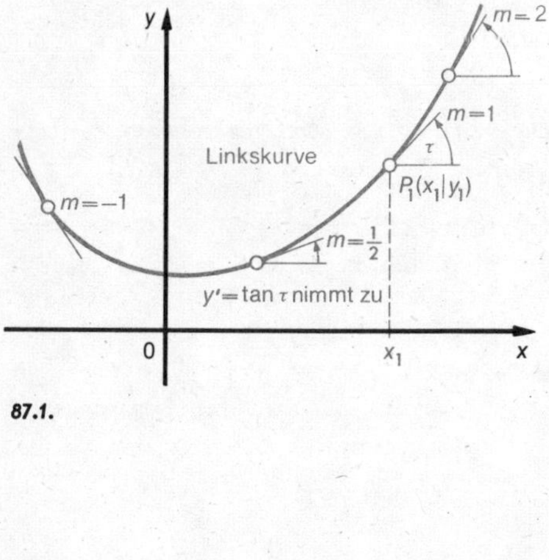

87.1.

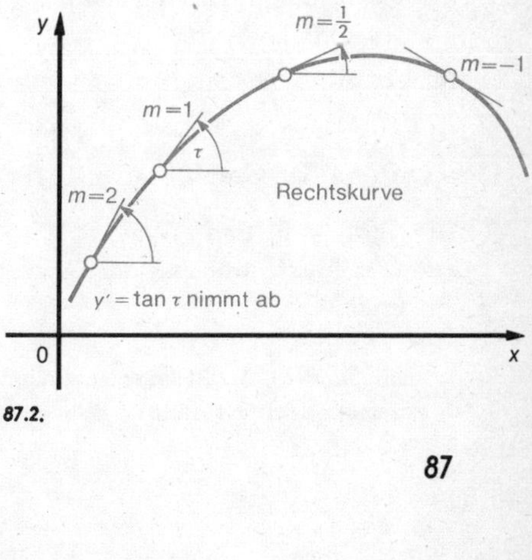

87.2.

Bemerkung: Die Bedingung $f''(x) > 0$ bzw. $f''(x) < 0$ ist *hinreichend* für das Vorhandensein der Links- bzw. Rechtskurve. Daß die Bedingung *nicht notwendig* ist, zeigt z.B. der Graph von $y = f(x) = x^4$ (Fig. 88.1). Diese Kurve ist überall eine Linkskurve, auch beim Durchgang durch O, wo $f''(0) = 0$ ist, denn für $x \in \mathbb{R}$ ist $f''(x) = 12x^2 \geqq 0$.

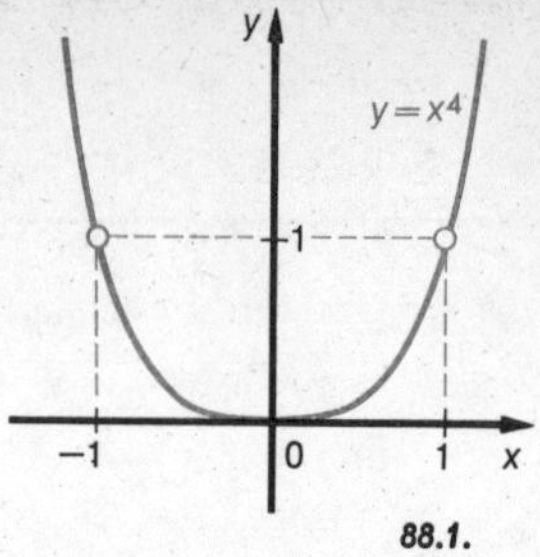

88.1.

Extremwerte von Funktionen. Hoch-, Tief- und Wendepunkte

Bei zahlreichen Aufgaben aus recht verschiedenen Gebieten interessieren diejenigen Stellen, an denen eine Funktion $f(x)$ größte oder kleinste Werte annimmt.
Für das Zeichnen des Graphen von $y = f(x)$ sind 2 Arten von Punkten besonders wichtig: die Punkte mit *waagrechter Tangente* und die *Übergangspunkte* zwischen Links- und Rechtskurven.

D 5 Eine in A definierte Funktion $f(x)$ hat in x_1 ein **relatives Minimum (Maximum)**[1], wenn für alle x aus einer gewissen Umgebung von x_1 gilt: $f(x) \geqq f(x_1)$, $\big(f(x) \leqq f(x_1)\big)$. Minima und Maxima heißen **Extrema**[2]. Man hat in x_1 ein **absolutes Extremum,** wenn die obigen Ungleichungen für *alle* $x \in A$ gelten.
Der Extremwert heißt **streng,** wenn $f(x) > f(x_1)$ bzw. $f(x) < f(x_1)$ ist für $x \neq x_1$.
In D 5 braucht $f(x)$ weder stetig noch differenzierbar zu sein (vgl. Fig. 55.5). Wir wollen nun aber im folgenden *voraussetzen, daß* $f(x)$ *in A dreimal differenzierbar,* also f, f' und f'' stetig sind. Dann gilt:

S 6 **Hat $y = f(x)$ in $x_1 \in A$ ein Extremum, so ist $f'(x_1) = 0$** (*Notwendige* Bedingung).
Beweis: Ist $f'(x_1) \neq 0$, so steigt oder fällt $f(x)$ beim Durchgang durch x_1.

Ein *strenges relatives Minimum* ist in x_1 sicher dann vorhanden, wenn $f(x)$ „links" von x_1 streng fällt, „rechts" von x_1 streng steigt. Dazu ist hinreichend, daß $f'(x)$ in einer gewissen Umgebung von x_1 von negativen Werten über 0 (bei x_1) zu positiven Werten streng steigt. Dies ist der Fall, wenn $f''(x_1) > 0$ ist. Wegen der Stetigkeit von $f''(x)$ ist dann $f''(x)$ auch in einer gewissen Umgebung von x_1 positiv, also $f(x)$ dort *konvex.* Der Graph von $y = f(x)$ ist dann in dieser Umgebung eine *Linkskurve,* die in $T(x_1 | y_1)$ eine waagrechte Tangente besitzt. $T(x_1 | y_1)$ ist ein **Tiefpunkt** des Graph von $y = f(x)$ (Fig. 88.2). Entsprechend gehört ein **Hochpunkt** (Fig. 88.3) zu einem *strengen relativen Maximum* von $y = f(x)$.
Man erhält somit die Sätze:

S 7 **Ist $f'(x_1) = 0$ und $f''(x_1) > 0$, so hat $f(x)$ in x_1 ein strenges relatives Minimum und der Graph von $y = f(x)$ bei x_1 einen Tiefpunkt.**

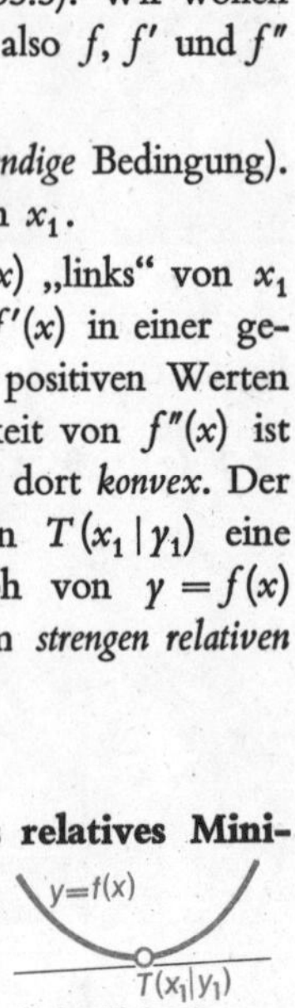

88.2. Tiefpunkt

S 8 **Ist $f'(x_1) = 0$ und $f''(x_1) < 0$, so hat $f(x)$ in x_1 ein strenges relatives Maximum und der Graph von $y = f(x)$ bei x_1 einen Hochpunkt.**

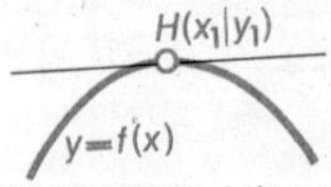

88.3. Hochpunkt

---

1. minimum (lat.), das Kleinste; maximum (lat.), das Größte
2. extremum (lat.), das Äußerste

Bemerkung: In S 7 ist die Bedingung $f''(x_1) > 0$ bzw. $f''(x_1) < 0$ zusammen mit $f'(x_1) = 0$ *hinreichend*, aber *nicht notwendig* für das Vorhandensein eines Tief- bzw. Hochpunkts. Vgl. Fig. 88.1. Da liegt in O ein Tiefpunkt, obwohl $f''(0) = 0$ ist.

D 7 Ein Kurvenpunkt, in dem bei einer differenzierbaren Funktion ein Linkskurvenbogen in einen Rechtskurvenbogen übergeht oder umgekehrt, heißt ein **Wendepunkt** des Graphen von $y = f(x)$ (Fig. 89.1).
Die Tangente im Wendepunkt nennt man **Wendetangente.**

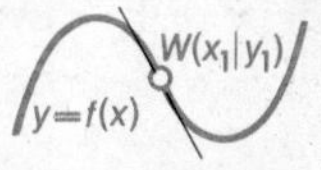

89.1. Wendepunkt

S 9 **Ist $f''(x_1) = 0$ und wechselt $f''(x)$ beim Durchgang durch die Stelle x_1 das Zeichen, so hat der Graph von $y = f(x)$ bei x_1 einen Wendepunkt.** Ist zudem $f'(x_1) = 0$, so liegt ein Wendepunkt mit waagrechter Tangente vor (vgl. Fig. 85.1).

Beweis: Der Zeichenwechsel von $f''(x)$ bedeutet, daß Rechts- und Linkskurve bei x_1 ineinander übergehen. Wegen der Stetigkeit von $f''(x)$ ist dabei $f''(x_1) = 0$.

Die Bedingungen in S 9 sind sicher dann erfüllt, wenn $f''(x_1) = 0$ und $f'''(x_1) \neq 0$ ist. $f''(x)$ steigt oder fällt dann beim Durchgang durch x_1 und wechselt daher bei x_1 sein Zeichen. Es gilt also der Satz:

S 10 **Ist $f''(x_1) = 0$ und $f'''(x_1) \neq 0$, so hat der Graph von $y = f(x)$ bei x_1 einen Wendepunkt.**

Bemerkungen:

1. In S 9 ist $f''(x_1) = 0$ *allein nicht hinreichend*; vgl. $y = x^4$ in O (Fig. 88.1). Die Bedingung $f''(x_1) = 0$ und Zeichenwechsel von $f''(x)$ bei x_1 sind dagegen *hinreichend* (warum?).

2. Die Bedingung $f'''(x_1) \neq 0$ neben $f''(x_1) = 0$ ist *hinreichend*, aber *nicht notwendig*.

Beispiel: $y = x^5$ hat in O einen Wendepunkt, denn es ist $f''(0) = 0$, und $f''(x) = 20\,x^3$ wechselt beim Durchgang durch O das Zeichen, obwohl $f'''(0) = 0$ ist.

3. Die Sätze 1 bis 9 lauten in anschaulicher Form (Fig. 89.2):

a) In Bereichen, in denen die y'-Kurve *oberhalb (unterhalb)* der x-Achse verläuft, *steigt (fällt)* die y-Kurve.

b) In Bereichen, in denen die y''-Kurve *oberhalb (unterhalb)* der x-Achse verläuft, ist die y-Kurve eine *Links*kurve (eine *Rechts*kurve).

c) In Punkten, wo die y'-Kurve die x-Achse trifft, hat die y-Kurve waagrechte Tangenten.

d) In Punkten, wo die y''-Kurve *oberhalb* (*unterhalb*) der x-Achse verläuft und die y'-Kurve die x-Achse trifft, hat die y-Kurve *Tiefpunkte* (*Hochpunkte*).

e) In Punkten, wo die y''-Kurve die x-Achse durchsetzt, hat die y-Kurve Wendepunkte.

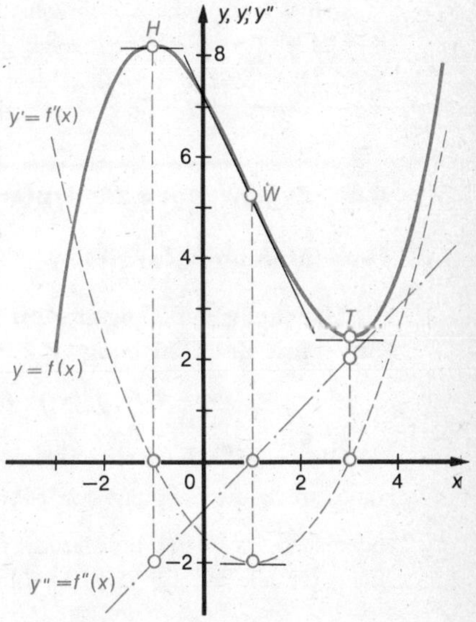

89.2. Kurve mit der Gleichung $y = f(x)$ und ihre 2 ersten Ableitungskurven

Beispiel für Links- und Rechtskurve, Hoch-, Tief- und Wendepunkte. (Vgl. Fig. 89.2.)

$y = \frac{1}{6}x^3 - \frac{1}{2}x^2 - \frac{3}{2}x + 7$; $y' = \frac{1}{2}x^2 - x - \frac{3}{2}$; $y'' = x - 1$ und $y''' = 1$

Für $x > 1$ ist $y'' > 0$: Linkskurve. Für $x < 1$ ist $y'' < 0$: Rechtskurve.
Für $x = 1$ ist $y'' = 0$, $y''' = 1$, $y' = -2$: Wendepunkt mit Tangentensteigung -2.
Für $x = 3$ ist $y' = 0$ und $y'' = 2$: Tiefpunkt.
Für $x = -1$ ist $y' = 0$ und $y'' = -2$: Hochpunkt.

Aufgaben

6. Zeige, daß die in Fig. 87.1 und 2 veranschaulichte Definition der Links- und Rechtskurve auch für fallende Kurven gilt.

7. Zeichne die Graphen für folgende Funktionen: $y = f(x)$, $y = f'(x)$, $y = f''(x)$. Verdeutliche dabei die Sätze 1 bis 9 (Einheit 2 cm):
a) $y = 3 + x - \frac{1}{3}x^3$ b) $y = \frac{1}{12}x^4 - \frac{1}{3}x^3 + \frac{1}{2}$

8. In welchen Bereichen sind die folgenden Kurven Linkskurven oder Rechtskurven?
a) $y = x^2 - 4x$ b) $y = x^4 - 6x^2$ c) $y = x^3 + 6x^2$

9. Bestimme die Hoch- und Tiefpunkte folgender Kurven:
a) $y = x^2 - 5x + 4$ b) $y = x^4 - 4x^2$ c) $y = x^3 + 3x^2 + 4$

10. Bestimme die Wendepunkte und die Steigungen der „Wendetangenten" bei:
a) $y = x^2 - \frac{1}{3}x^3$ b) $y = \frac{1}{4}x^2(x^2 - 12)$ c) $y = 2 + \frac{1}{2}x^3$

11. Zeichne die Kurven m. d. Gl. $y = f(x)$ und $y'' = f''(x)$
a) für $y = \frac{1}{8}x^4$ und zeige, daß y'' bei $x = 0$ das Zeichen nicht wechselt, daß daher O kein Wendepunkt ist, obwohl dort $y'' = 0$ ist (vgl. Bemerkung 1 und 2),
b) für $y = \frac{1}{10}x^5$ und zeige ebenso, daß O Wendepunkt ist, obwohl $y''' = 0$ ist.
c) Dasselbe für $y = \frac{1}{60}x^5 + x$ (vgl. S 10).

22 Ergänzungen zur Untersuchung von Funktionen und Kurven

Tangenten und Normalen

S 1 **Die Gleichung der Tangente im Punkt $P_1(x_1 | y_1)$ der Kurve mit der Gleichung $y = f(x)$ lautet**

$$y - y_1 = f'(x_1) \cdot (x - x_1).$$

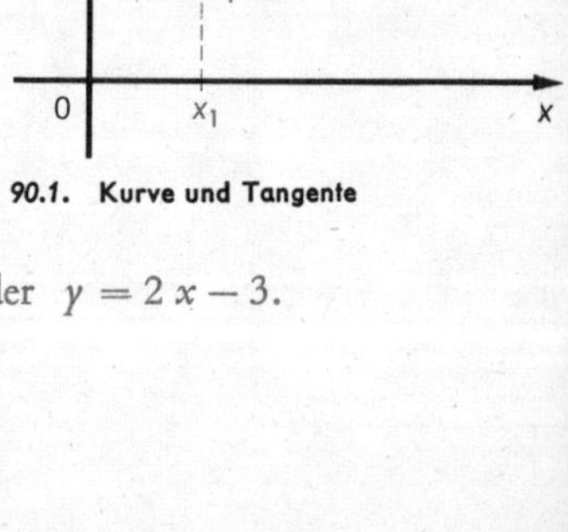

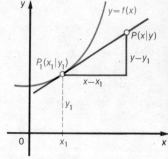

90.1. Kurve und Tangente

Beweis: (Fig. 90.1). Ist $P(x | y)$ ein beliebiger Tangentenpunkt, so ist die Steigung von PP_1 einerseits $m = \frac{y - y_1}{x - x_1}$, andererseits $m = f'(x_1)$. Darum folgt die Tangentengleichung für alle x_1, für die $f(x)$ differenzierbar ist.

Beispiel (Fig. 86.1): In $P_0(4 | 5)$ ist $f'(4) = 2$. Die Gleichung der Tangente in P_0 lautet daher $y - 5 = 2(x - 4)$ oder $y = 2x - 3$.

Aufgaben

1. Zeige: Die **Gleichung der Normale**[1] (Fig. 91.1) im Punkt $P_1(x_1 \mid y_1)$ der Kurve mit der Gleichung

S 2 $y = f(x)$ lautet $\boldsymbol{y - y_1 = -\frac{1}{f'(x_1)} \cdot (x - x_1)}$, $\left(f'(x_1) \neq 0\right)$

2. Stelle die Gleichung der Tangente und der Normale auf:

a) $y = \frac{1}{2}x^2$; $x_1 = 2$ b) $y = 2x - x^2$; $x_1 = -1$

c) $y = 3x - x^3$; $x_1 = 0$ d) $y = 2x - x^2$, $x_1 = 1$

Wo trifft die Kurve die Normale zum zweiten Mal?

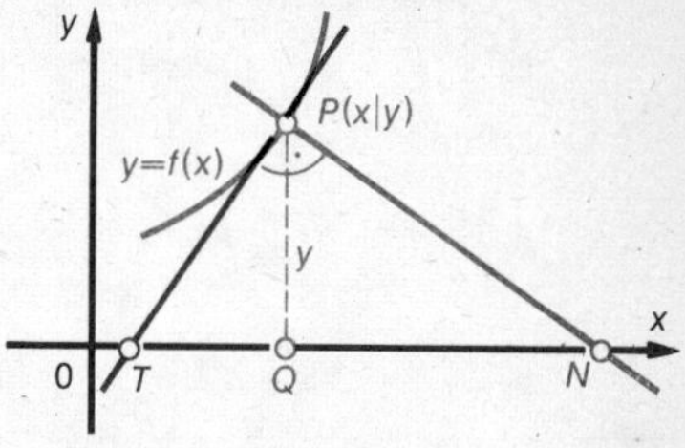

91.1. Tangente und Normale

Symmetrie von Kurven bezüglich O, x-Achse, y-Achse, Winkelhalbierende

8. Begründe die folgenden Sätze a) bis e) über Kurvensymmetrie:

	Eine Kurve ist symmetrisch bzgl.	*wenn ihre Gleichung außer durch $(x_0 \mid y_0)$ erfüllt wird*	*Beispiel*
a)	der x-Achse	durch $(x_0 \mid -y_0)$	$y^2 = x$
b)	der y-Achse	durch $(-x_0 \mid y_0)$	$y = x^2 - 4$
c)	des Ursprungs	durch $(-x_0 \mid -y_0)$	$y = x^3$
d)	$y = x$	durch $(y_0 \mid x_0)$	$y = \frac{1}{x-1} + 1$
e)	$y = -x$	durch $(-y_0 \mid -x_0)$	$y = x - 1$

Achte im folgenden stets auf solche Symmetrien. Es ist aber nur möglich, die Symmetrie bezüglich O, der Koordinatenachsen und der Winkelhalbierenden auf diese Weise festzustellen.

9. Welche Symmetrie liegt vor, wenn a) $f(-x) = f(x)$, b) $f(-x) = -f(x)$ ist? [Beispiel zu a): $y = x^2$, zu b): $y = x^3$]

10. Zeige: Kommt in einer ganzen rationalen Funktion x nur in *gerader* Potenz vor, so ist ihr Graph *symmetrisch bzgl. der y-Achse.* Kommt x nur in *ungerader* Potenz vor, so ist ihr Graph *symmetrisch bzgl. des Ursprungs.*

D 3 Eine Funktion, deren Graph symmetrisch bzgl. der y-Achse ist, heißt eine *gerade* Funktion. Ist der Graph symmetrisch bzgl. O, so hat man eine *ungerade* Funktion.

Untersuche und zeichne die Kurven in Aufg. 11 bis 16 (Symmetrie, Schnittpunkte mit den Achsen samt Steigung, Hoch- und Tiefpunkte, Wendepunkte samt Steigung der Wendetangenten). Vgl. das folgende Beispiel.

Beispiel: Untersuche die Kurve m. d. Gl. $y = \frac{1}{12}x^4 - \frac{1}{6}x^3 - x^2 = \frac{1}{12}x^2(x^2 - 2x - 12)$

1. Ableitungen: $y' = \frac{1}{3}x^3 - \frac{1}{2}x^2 - 2x = \frac{1}{6}x(2x^2 - 3x - 12)$; $y'' = x^2 - x - 2$

2. Symmetrie: Ist nicht erkennbar.

---

1. normalis (lat.), rechtwinklig (zur Tangente)

3. *Schnittpunkte* mit der x-Achse (Nullstellen): $y = 0$ führt auf:

a) $x^2 = 0$	also $x_1 = 0$; $y_1' = 0$; $y_1'' = -2$; Hochpunkt
b) $x^2 - 2x - 12 = 0$	also $x_2 = 4{,}61$; $y_2' = 12{,}75$
oder $x = 1 \pm \sqrt{13}$	$x_3 = -2{,}61$; $y_3' = -4{,}08$

4. *Waagrechte Tangenten:* $y' = 0$ führt auf:

a) $x = 0$	also $x_1 = 0$ (vgl. 3 a)
b) $2x^2 - 3x - 12 = 0$	also $x_4 = 3{,}31$; $y_4 = -6{,}97$; $y_4'' > 0$; Tiefpunkt
oder $x = \frac{3 \pm \sqrt{105}}{4}$	$x_5 = -1{,}81$; $y_5 = -1{,}39$; $y_5'' > 0$; Tiefpunkt

5. *Wendepunkte:* $y'' = 0$ führt auf:

$x^2 - x - 2 = 0$	also $x_6 = 2$; $y_6 = -4$; $y_6' = -3\frac{1}{3}$; $y_6''' > 0$
oder $x = \frac{1 \pm 3}{2}$	$x_7 = -1$; $y_7 = -\frac{3}{4}$; $y_7' = 1\frac{1}{6}$; $y_7''' < 0$

6. *Wertetafel:*

x	1	3	4	5	-2	-3
y	$-1\frac{1}{12}$	$-6\frac{3}{4}$	$-5\frac{1}{3}$	$6\frac{1}{4}$	$-1\frac{1}{3}$	$2\frac{1}{4}$

7. *Schaubild:* Zeichne mit der Einheit 1 cm.

11. a) $y = \frac{1}{3}x^3 - 3x$ b) $y = 4 - \frac{1}{6}x^3$ c) $y = \frac{1}{10}x^3 + \frac{1}{2}x$

12. a) $y = \frac{1}{2}x^2 - \frac{1}{8}x^3$ b) $y = \frac{1}{2}x^3 - 4x^2 + 8x$ c) $y = \frac{3}{2}x^2 - \frac{1}{16}x^4$

13. a) $y = \frac{1}{4}x^4 + x^3$ b) $y = 2 - \frac{5}{2}x^2 + x^4$ c) $y = \frac{1}{8}x^4 - \frac{3}{4}x^3 + \frac{3}{2}x^2$

14. a) $y = 3x^3 - \frac{4}{5}x^5$ b) $y = 2x - \frac{1}{10}x^5$ c) $y = \frac{1}{10}x^5 - \frac{4}{3}x^3 + 6x$

▶ **15.** a) $y = (x-1)(x+2)^2$ b) $y = \frac{1}{6}(1+x)^3(3-x)$
c) $y = \frac{1}{8}(x^2-1)(x^2-9)$ d) $y = \frac{1}{4}(1+x^2)(5-x^2)$ } *Anleitung:* Beachte § 18, S 11 und 14.

▶ **16.** a) $y = (x^2-1)^2$ b) $y = (x^3-1)^2$ c) $y = (x^2-1)^3$

17. Wie viele Hoch- und Tiefpunkte bzw. Wendepunkte können die folgenden Parabeln höchstens haben? ($a \neq 0$)
a) $y = ax^2 + bx + c$ b) $y = ax^3 + bx^2 + cx + d$
c) $y = ax^4 + bx^3 + cx^2 + dx + e$

18. Welche Beziehung muß zwischen b und c bestehen, damit die Parabel 3. Grades mit der Gleichung $y = x^3 + bx^2 + cx + d$ a) einen Hoch- und einen Tiefpunkt, b) einen Wendepunkt mit waagrechter Tangente, c) keines von beiden besitzt?

▶ **19.** Beweise: Jede Parabel 3. Ordnung m. d. Gl. $y = ax^3 + bx^2 + cx + d$ hat einen Wendepunkt und ist punktsymmetrisch bzgl. des Wendepunktes.

Anleitung: Führe diejenige Parallelverschiebung des Koordinatensystems durch, die den Ursprung in den Wendepunkt überführt. Zeige, daß die Kurvengleichung dann in $y = ax^3 + ex$ übergeht. Anderer Weg: Vgl. Aufg. 37.

Aufstellen von Funktionsgleichungen

Stelle in Aufg. 20 bis 37 die Gleichung der gesuchten Parabeln auf, untersuche und zeichne sie.

20. Eine Parabel 3. Ordnung mit der Gleichung $y = ax^3 + bx^2 + cx + d$ berührt in O die x-Achse. Die Tangente in $P(-3 \mid 0)$ ist parallel zu der Gerade $y = 6x$.

21. Eine Parabel 3. Ordnung hat in $P(1 \mid 4)$ eine waagrechte Tangente und in $Q(0 \mid 2)$ ihren Wendepunkt.

22. Eine Parabel 3. Ordnung durch $P(0 \mid -5)$ und $Q(1 \mid 0)$ berührt die x-Achse in $R(5 \mid 0)$.

23. Eine Parabel 3. Ordnung geht durch O und hat ihren Wendepunkt in $P(1 \mid -2)$. Die Wendetangente schneidet die x-Achse in $Q(2 \mid 0)$.

24. Eine Parabel 3. Ordnung hat dieselben Achsenschnittpunkte wie $y = 2x - \frac{1}{2}x^3$. Beide Parabeln stehen in O senkrecht aufeinander.

25. Eine bzgl. der y-Achse symmetrische Parabel 4. Ordnung hat in $P(2 \mid 0)$ eine Wendetangente mit der Steigung $-\frac{4}{3}$.

26. Eine bzgl. der y-Achse symmetrische Parabel 4. Ordnung geht durch $P(0 \mid -4)$ und hat in $Q(-4 \mid 0)$ eine waagrechte Tangente.

27. Eine Parabel 4. Ordnung hat im Wendepunkt O und für $x = 6$ waagrechte Tangenten. Sie schneidet die x-Achse ein zweites Mal mit der Steigung -8.

28. Eine Parabel 4. Ordnung hat in O eine waagrechte Tangente und in $P(-2 \mid 2)$ einen Wendepunkt mit waagrechter Tangente.

29. Eine bzgl. O punktsymmetrische Parabel 5. Ordnung hat in O die Tangente $y = 7x$ und in $P(1 \mid 0)$ einen Wendepunkt.

30. Eine bzgl. O punktsymmetrische Parabel 5. Ordnung hat in $P(-1 \mid 1)$ eine Wendetangente mit der Steigung 3.

31. a) Welche Beziehung besteht zwischen b und c in $y = x^4 + bx^3 + cx^2$, wenn die Parabel nur *einen* Punkt mit $y'' = 0$ hat? b) Zeige: Hier ist die Tangente nicht waagrecht.

32. Zeige: Die Parabel $y = ax^5 - bx^3 + cx$, $(a, b, c > 0)$, besitzt 3 Wendepunkte, die auf einer Ursprungsgerade liegen.

33. Welche Bedingung, müssen a, b, c erfüllen, damit die Parabel $y = ax^3 + bx^2 + cx + d$ a) in keinem Punkt, b) in *einem* Punkt, c) in zwei Punkten eine waagrechte Tangente besitzt? Warum spielt der Koeffizient d dabei keine Rolle?

34. Welche Bedingungen müssen a, b, c erfüllen, damit die Parabel mit der Gleichung a) $y = ax^3 + bx + c$ die x-Achse berührt?

▶ 35. Kann man $a, b > 0$ in $y = ax^3 - bx$ so wählen, daß die x-Werte des Hoch- und Tiefpunkts der zugehörigen Kurve in der Mitte zwischen 2 Nullstellen liegen?

36. Zeige: Bei der Parabel mit der Gleichung $y = ax^4 - bx^2$, $(a, b > 0)$, hängt das Verhältnis der y-Werte von Tief- und Wendepunkten nicht von a und b ab.

37. Löse Aufg. 19 auch so: Welche Form muß die Gleichung $y = ax^3 + bx^2 + cx + d$ haben, damit ihr Graph in O einen Wendepunkt hat? Zeige, daß die Forderung erfüllbar ist, und daß man aus der betreffenden Gleichungsform die Symmetrie bzgl. des (Wende-)Punktes O ohne weiteres ablesen kann.

23 Extremwerte mit Nebenbedingungen. Anwendungen

❶ Ein Rechteck hat den Umfang 10 cm; die Maßzahl einer Seite sei x; die Maßzahl des Flächeninhalts sei A. Gib die Funktion $x \to A$ durch eine Gleichung an. In welchem Bereich ist A definiert? Für welches x ist A am größten (am kleinsten)? Wie groß ist dieses Maximum (Minimum) von A? Zeichne Graphen im x, A-Achsenkreuz.

Zahlreiche Probleme der Mathematik und ihrer Anwendungen führen auf Fragen nach größten und kleinsten Werten (Extremwerten) von Funktionen. Soweit es sich dabei um differenzierbare Funktionen handelt, geben die Sätze über Hoch- und Tiefpunkte in § 21 unmittelbar die Möglichkeit, solche Aufgaben zu lösen. Insbesondere verwenden wir dabei den Satz (vgl. S. 88):

S 1 *Ist die Funktion $y = f(x)$ im offenen Intervall $]\,a, b\,[$ zweimal differenzierbar und ist $f'(x_0) = 0$ sowie $f''(x_0) < 0$ $(f''(x_0) > 0)$, so hat $f(x)$ an der Stelle $x_0 \in]\,a, b\,[$ ein relatives Maximum (Minimum).* Ferner ist bei einem abgeschlossenen Intervall der Satz von Nutzen (vgl. § 13):

S 2 *Eine im abgeschlossenen Intervall $[a, b]$ stetige Funktion hat dort einen größten und kleinsten Wert (ein absolutes Maximum und Minimum).* Diese Werte können auch am Rand des Intervalls $[a, b]$ liegen:

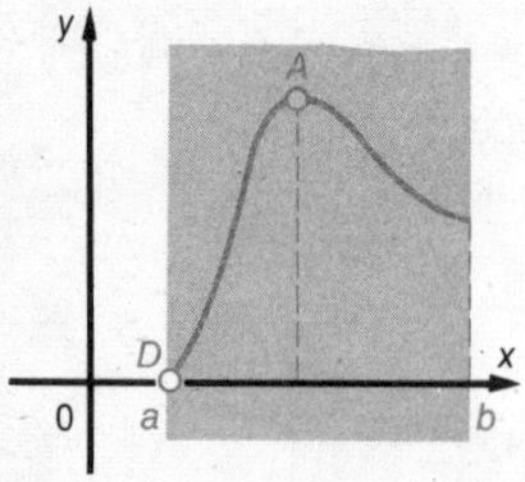

94.1.

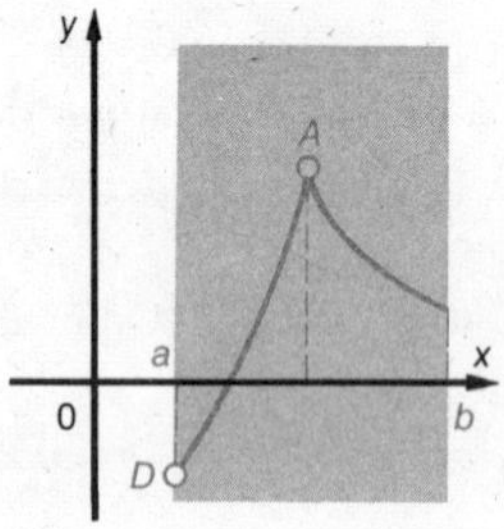

94.2.

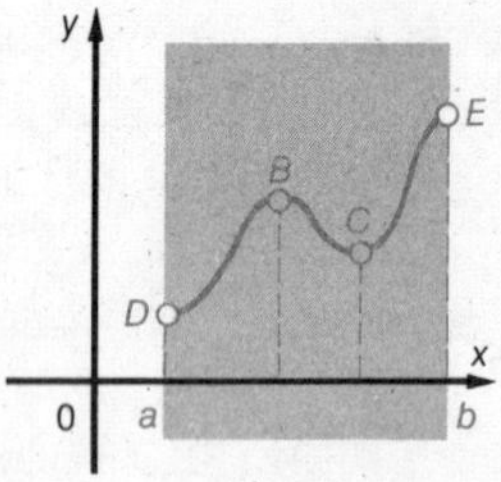

94.3.

D 1 Extremwerte, die auf dem Rand des Definitionsbereichs liegen, heißen **Randextremwerte.** Beispiele (Fig. 94.1 bis 3): Alle Punkte A gehören zu absoluten Maxima; Punkt B gehört zu einem relativen Maximum; C zu einem relativen Minimum; alle Punkte D gehören zu Randminima; E gehört zu einem Randmaximum.

Bemerkungen:

1. Die Hinweise auf notwendige und hinreichende Bedingungen in § 21 (S. 89) sind auch bei den folgenden Extremwertaufgaben zu beachten.

2. Bei einer Funktion, die an der Stelle x_0 zwar nicht differenzierbar, aber stetig ist, fallen die Bedingungen $f'(x_0) = 0$ und $f''(x_0) \gtrless 0$ natürlich weg. Dies ist z. B. bei $y = |x|$ in $x_0 = 0$ der Fall (Fig. 94.4). Hier ergibt sich in $x_0 = 0$ ein Minimum, wie dies ja auch die Figur zeigt.

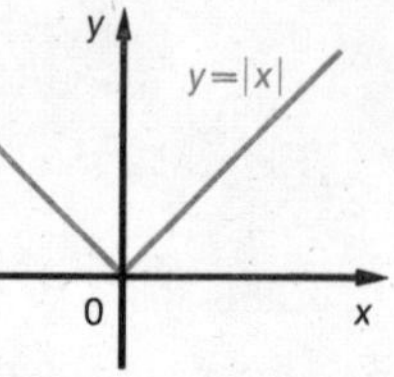

94.4. $y = |x|$

Beispiel 1: Von einem quadratischen Stück Pappe mit der Seite a werden an den Ecken Quadrate mit der Seite x abgeschnitten. Wie ist x zu wählen, damit der Rest eine Schachtel mit möglichst großem Rauminhalt ergibt? (a und x sind Maßzahlen der Seitenlängen.)

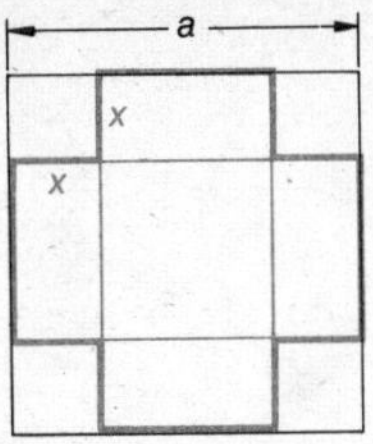

95.1.

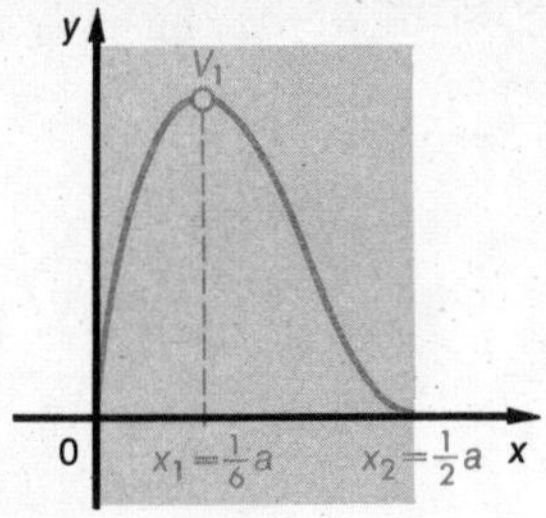

95.2.

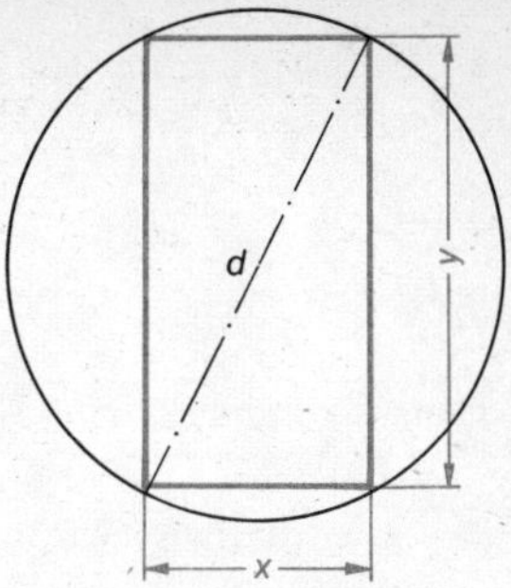

95.3. **Balkenquerschnitt**

Lösung (Fig. 95.1): Für den Rauminhalt V gilt:

$$V(x) = (a - 2x)^2 \cdot x = 4x^3 - 4ax^2 + a^2 x \tag{1}$$

Diese Funktion hat nur für $0 < x < \frac{1}{2}a$ Bedeutung (wieso?). $V(x)$ hat für x_1 sicher dann ein strenges relatives Maximum, wenn $V'(x_1) = 0$ und $V''(x_1) < 0$ ist. Man bildet daher

$$V'(x) = 12x^2 - 8ax + a^2 = (6x - a)(2x - a) \tag{2}$$

$$V''(x) = 24x - 8a = 8(3x - a) \tag{3}$$

$V'(x) = 0$ ergibt die Bedingung $12x^2 - 8ax + a^2 = 0$

Hieraus kommt: $x_1 = \frac{1}{6}a$, $V(x_1) = \frac{2a^3}{27}$, $V''(x_1) = -4a < 0$

$x_2 = \frac{1}{2}a$, $V(x_2) = 0$, $V''(x_2) = 4a > 0$

Ergebnis: Für $x_1 = \frac{1}{6}a$ ergibt sich als größter Rauminhalt $V_1 = \frac{2a^3}{27}$.

Der Wert $x_2 = 0{,}5\,a$ hat praktisch keine Bedeutung (siehe oben).

Fig. 95.2 zeigt den Graphen von $V(x) = (a - 2x)^2 \cdot x$ für $0 \leqq x \leqq \frac{1}{2}a$. Der linke Randwert ist $x_l = 0$ mit $V_l = 0$, der rechte $x_r = \frac{1}{2}a$ mit $V_r = 0$. Da der Definitionsbereich auf $0 < x < \frac{1}{2}a$ beschränkt ist, sind sie bedeutungslos.

Andere Lösung: Aus (2) folgt: $V'(x) > 0$ für $0 < x < \frac{1}{6}a$, $V'(x) < 0$ für $\frac{1}{6}a < x < \frac{1}{2}a$. Links von $x_1 = \frac{1}{6}a$ ist also $V(x)$ streng steigend, rechts von x_1 streng fallend. $V(x)$ hat daher für $x_1 = \frac{1}{6}a$ ein strenges relatives Maximum.

Beispiel 2: Aus einem zylindrischen Stamm vom Durchmesser d ist ein Balken größter Tragfähigkeit T zu schneiden. T hängt (außer von der gegebenen Länge des Balkens), von den Maßen des rechteckigen Querschnitts ab und ist proportional zur Breite und proportional zum Quadrat der Höhe des Balkenquerschnitts (Fig. 95.3).

Lösung: 1. *Wahl der Variable:* Breite x, Höhe y (Fig. 95.3)

2. *Tragfähigkeit* T des Balkens („*Zielfunktion*"): $T = k \cdot x \cdot y^2$ (1)

3. *Beziehung zwischen* x, y *und* d („*Nebenbedingung*): Aus der Menge aller Balken wird die Teilmenge ausgewählt, für die gilt: $y^2 = d^2 - x^2$, $0 < x < d$ (2)

4. *Tragfähigkeit* als Funktion $x \to T$: $T(x) = kx(d^2 - x^2) = k(d^2 x - x^3)$ (3)

Diese Funktion hat nur Bedeutung für $0 < x < d$ (warum?)

5. *Berechnung des Maximums von* $T(x)$: $T(x)$ hat an der Stelle x_1 sicher dann ein relatives Maximum, wenn $T'(x_1) = 0$ und $T''(x_1) < 0$ ist. Man bildet daher:

$$T'(x) = k(d^2 - 3x^2) \quad (4) \qquad \text{und} \qquad T''(x) = -6kx \quad (5)$$

$$T'(x) = 0 \quad \text{liefert die Bedingung:} \qquad d^2 - 3x^2 = 0 \quad (6)$$

Hieraus kommt: $x_1 = \frac{d}{3}\sqrt{3}$, $y_1 = \frac{d}{3}\sqrt{6}$, $T(x_1) = \frac{2kd^3}{9}\sqrt{3}$, $T''(x_1) < 0$ (7)

Aus (6) erhält man noch den Wert $x_2 = -\frac{d}{2}\sqrt{3}$. Er gehört nicht zum Bereich $0 < x < d$.

Andere Lösung: Aus (4) sieht man, daß $T'(x) < 0$ ist für $d^2 < 3x^2$, und $T'(x) > 0$ für $d^2 > 3x^2$, daß also die Funktion $T(x)$ links von $x_1 = \frac{d}{3}\sqrt{3}$ streng steigt und rechts von x_1 streng fällt, also für x_1 ein Maximum hat.

6. *Ergebnis:* Der Balken mit größter Tragfähigkeit hat die Breite $x_1 = \frac{d}{3}\sqrt{3}$ und die Höhe $y_1 = \frac{d}{3}\sqrt{6}$. Für ihn ist $T_1 = \frac{2}{9}kd^3\sqrt{3}$ und $y_1 : x_1 = \sqrt{2} : 1$.

7. *Figur zum Ergebnis:* In Fig. 96.1 ist $x_1 = \frac{d}{3}\sqrt{3}$ auf Grund der Gleichung $x_1^2 = \frac{d}{3} \cdot d$ nach dem Kathetensatz konstruiert, ferner y_1 nach dem Satz des Pythagoras auf Grund von (2). *ACBD* ist der Querschnitt des Balkens maximaler Tragfähigkeit.

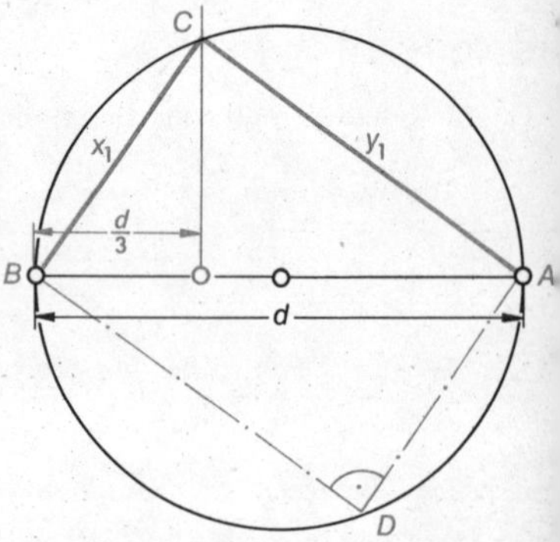

96.1 $x^2 = \frac{d^2}{3}$, $y^2 = d^2 - x^2$

8. *Randwerte:* Betrachtet man $T(x) = kx(d^2 - x^2)$ im Bereich $0 \leqq x \leqq d$, so erhält man die Randwerte $x_l = 0$, $T_l = 0$ und $x_r = d$, $T_r = 0$. Beide Randwerte sind bedeutungslos.

9. *Weiteres Lösungsverfahren:* Entnimmt man aus (2) statt y die Variable x und setzt in (1) ein, so folgt $T(y) = ky^2\sqrt{d^2 - y^2}$. Beachtet man nun, daß mit $T(y)$ auch $Q(y) = [T(y)]^2 = k^2y^4(d^2 - y^2) = k^2(d^2y^4 - y^6)$ ein Maximum an der Stelle y_1 hat, so erhält man hierfür aus $Q'(y) = 0$ die Bedingung $4d^2y^3 - 6y^5 = 0$, also $y_1 = \frac{d}{3}\sqrt{6}$ wie in (7).

Die Werte $y_2 = -\frac{d}{3}\sqrt{6}$ und $y_3 = 0$ haben keine praktische Bedeutung.

Aufgaben (Zeichne in geeigneten Fällen ein Bild der auftretenden Funktion.)

1. Zerlege die Zahl 12 so in zwei Summanden, daß
a) ihr Produkt möglichst groß, b) die Summe ihrer Quadrate möglichst klein wird.

2. a) Aus einem 120 cm langen Draht ist ein Kantenmodell eines Quaders herzustellen, so daß eine Kante dreimal so lang wie eine andere und der Rauminhalt ein Maximum ist.
b) Welche quadratische Säule mit der Oberfläche $O = 240\ \text{cm}^2$ hat den größten Rauminhalt? Wie groß ist dieser?

3. a) Einem Quadrat mit der Seite $a = 6$ cm ist wie in Fig. 97.1 ein Rechteck einzubeschreiben, das einen möglichst großen Flächeninhalt hat.
b) Wie ist es, wenn man statt des Quadrates eine Raute mit der Seite $a = 6$ cm und dem Winkel $\alpha = 60°$ nimmt?

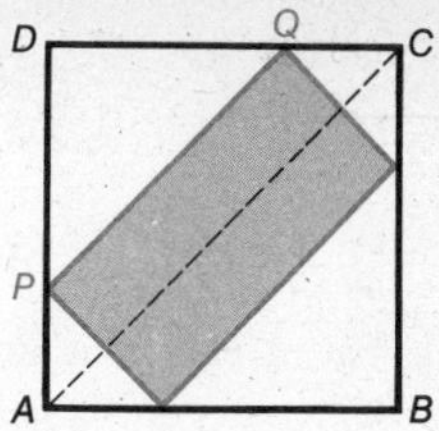

97.1.

4. Einem Quadrat mit der Seite $a = 5$ cm ist ein Quadrat kleinsten Inhalts einzubeschreiben, dessen Ecken auf den Seiten des gegebenen Quadrates liegen.

5. Einem gleichseitigen Dreieck mit der Seite $a = 7$ cm ist ein Parallelogramm größten Inhalts einzubeschreiben, das mit dem Dreieck einen Winkel gemeinsam hat.

6. Dem Abschnitt der Parabel m. d. Gl. $y = 6 - \frac{1}{4}x^2$, welcher oberhalb der x-Achse liegt, ist ein Rechteck a) größten Umfangs, b) größten Inhalts einzubeschreiben.

7. Was ergibt sich im Beispiel 1 (S. 94), wenn das Quadrat durch ein Rechteck mit den Seiten $a = 16$ cm (7,5 cm) und $b = 10$ cm (4 cm) ersetzt wird?

8. Welches rechtwinklige Dreieck mit der Hypotenuse $c = 6$ cm erzeugt
a) einen Kegel größten Inhalts, wenn man es um eine Kathete dreht,
b) einen Doppelkegel größten Inhalts, wenn man es um die Hypotenuse dreht?
Wie läßt sich b) ohne Rechnung lösen?

9. a) Einem gleichschenkligen Dreieck mit der Grundseite $c = 5{,}6$ cm und der Höhe $h = 3{,}6$ cm ist ein Rechteck größten Inhalts einzubeschreiben.
b) Einem Kegel mit Grundkreishalbmesser $r = 3$ cm und Höhe $h = 5$ cm ist ein Zylinder größten Inhalts einzubeschreiben.
c) Demselben Kegel ist ein Kegel größten Inhalts einzubeschreiben, dessen Spitze im Mittelpunkt der Grundfläche des gegebenen Kegels liegt.

10. Einer Kugel mit Halbmesser $a = 4$ cm ist a) ein Zylinder, b) ein Kegel größten Inhalts einzubeschreiben.

11. Einer senkrechten quadratischen Pyramide mit der Grundkante a und der Höhe h soll ein Quader mit möglichst großem Volumen einbeschrieben werden.

12. Gegeben ist die Gerade mit der Gleichung $y = ax - a^2$ mit $0 < a < 6$.
a) Für welches a schneidet diese Gerade von der Gerade $x = 6$ das größte über der x-Achse liegende Stück ab?
b) Die Gerade begrenzt mit der x-Achse und der Gerade $x = 6$ ein Dreieck. Für welches a hat dieses Dreieck den größten Inhalt?

13. Die beiden durch die Gleichungen $y^2 = 4x$ und $y^2 = -8(x-8)$ gegebenen Parabeln beranden mit der x-Achse im 1. Feld ein Flächenstück. Diesem Flächenstück ist ein mit einer Seite auf der x-Achse liegendes Rechteck a) größten Umfangs, b) größten Flächeninhalts einzubeschreiben.

14. Lege durch $P(p \mid q)$ eine fallende Gerade, die mit den Koordinatenachsen ein Dreieck kleinsten Inhalts bildet $(p > 0,\ q > 0)$.

7—7369/2

Wende bei Aufgabe 15 bis 17 die Quadrierungsregel an (vgl. Beispiel 2).

15. Welche Punkte der zu den folgenden Funktionen gehörenden Funktionsgraphen haben von O den kleinsten Abstand? Zeichne die Graphen.

a) $y = \sqrt{4-x}, \quad 0 \leqq x \leqq 4$ b) $y = 4 - \frac{1}{4}x^2, \quad 0 \leqq x \leqq 4$

16. Einem Halbkreis ist ein Trapez so einzubeschreiben, daß die eine Grundseite mit dem Durchmesser zusammenfällt. Bestimme die andere Grundseite so, daß die Trapezfläche ein Maximum wird.

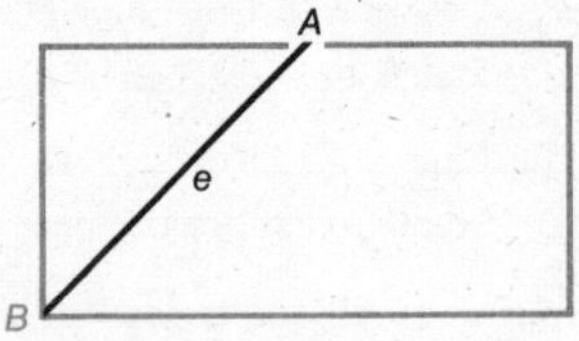

98.1.

17. Kepler hat sich mit folgender Frage beschäftigt: Ein kreiszylinderförmiges Faß besitzt im Mittelpunkt einer Mantellinie das Spundloch A. Der Abstand bis zum entferntesten Punkt B des Grundkreises $e = \overline{AB}$ wird gemessen (Fig. 98.1). Wie muß sich der Grundkreisdurchmesser zur Faßlänge verhalten, damit bei gegebenen e der Rauminhalt den größten Wert annimmt? Berechne den größten Rauminhalt für $e = \sqrt{3}$ m.

18. Bestimme das absolute Minimum der Funktion

$$y = x^3 - 6x^2 + 3x + 1 \quad \text{im Bereich} \quad -1 \leqq x \leqq 4.$$

19. Gegeben ist die Parabel mit der Gleichung $y = 4 - ax^2$ $(a > 0)$.

In das Parabelsegment über der x-Achse soll ein Rechteck größten Umfangs mit einer Seite auf der x-Achse einbeschrieben werden. Berechne die Koordinaten seiner Ecken. Für welchen Wert von a hat dieses Rechteck den Umfang 12?

24 Differentiale

❶ Der quadratische Querschnitt eines Metallstabes soll 30 mm Seitenlänge haben. Bei der Nachprüfung ergaben sich a) 0,1 mm, b) 0,2 mm, c) 0,3 mm mehr. Um wie viele (ganze) mm² ändert sich dadurch die Querschnittsfläche? Welchen Betrag kann man dabei vernachlässigen?

❷ Was ergibt sich in Vorüb. 1, wenn die Quadratseite x um Δx wächst und Δx gegenüber x sehr klein ist?

Es sei die Funktion $y = f(x)$ in $]a, b[$ differenzierbar; $P(x \mid y)$ sei ein Punkt ihres Graphen (Fig. 98.2). Wächst x um Δx, so wächst y um $\Delta y = f(x + \Delta x) - f(x)$. Bei Anwendungsaufgaben genügt es oft, die Kurve in der Nähe von P durch die Tangente in P zu ersetzen und statt Δy den (meist leichter zu berechnenden) Zuwachs zu nehmen, der sich ergibt, wenn man statt der Kurve ihre Tangente nimmt. Zum Unterschied von Δy nennt man diesen Zuwachs **dy** (Fig. 98.2). Der Übersichtlichkeit und Einheitlichkeit wegen schreibt man in diesem Zusammenhang für $\Delta x \neq 0$ auch **dx**. Auf Grund der geometrischen Bedeutung der Ableitung ist dann (Fig. 98.2):

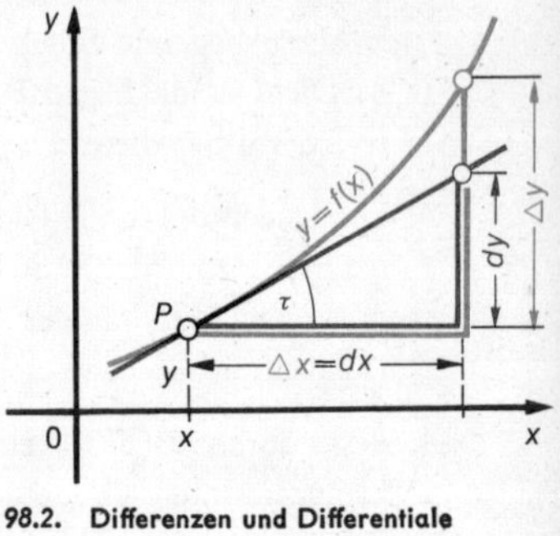

98.2. Differenzen und Differentiale

D 1 $$\frac{\mathbf{dy}}{\mathbf{dx}} = \boldsymbol{f'(x)} \quad \text{und} \quad \mathbf{dy} = \boldsymbol{f'(x)}\,\mathbf{dx}, \quad \mathrm{d}x = \Delta x \neq 0$$

D 2 Man bezeichnet: **Δx und Δy als Differenzen** | **dx und dy als Differentiale**

$\frac{\Delta y}{\Delta x}$ **als Differenzenquotienten** | $\frac{dy}{dx}$ **als Differentialquotienten**

Nach D 1 gilt also: **Der Differentialquotient $\frac{dy}{dx}$ einer Funktion $y = f(x)$ ist gleich der Ableitung $f'(x)$.**

Aus Fig. 98.2 und D 1 folgt:

S 1 **Für relativ kleines $\Delta x = dx$ ist $f(x + \Delta x) - f(x) \approx f'(x) \cdot \Delta x$** oder kurz **$\Delta y \approx dy$.**

Rechnerische Begründung: Schreibt man h statt Δx so gilt (vgl. auch Fig. 98.2):

$$\frac{f(x+h) - f(x)}{h} = f'(x) + \varepsilon(h), \quad \text{wo } \lim_{h \to 0} \varepsilon(h) = 0 \text{ ist, also}$$

$\Delta y = f(x + h) - f(x) = f'(x) \cdot h + h \cdot \varepsilon(h)$. Hält man hierin x fest und vernachlässigt für kleines h den Summanden $h \cdot \varepsilon(h)$, so folgt S 1.

Beispiel 1: Für $y = x^2$ ist $\frac{dy}{dx} = 2x$, also $dy = 2x \cdot dx$;

ferner ist $\Delta y = (x + \Delta x)^2 - x^2 = 2x \cdot \Delta x + (\Delta x)^2$.

Setzt man $x = 25$ und $\Delta x = dx = 0{,}1$,

so ergibt sich $dy = 50 \cdot 0{,}1 = 5{,}00$ und $\Delta y = 50 \cdot 0{,}1 + 0{,}1^2 = 5{,}01$.

Bemerkungen:

1. $\frac{\Delta y}{\Delta x}$ gibt die Sekantensteigung an, $\frac{dy}{dx}$ die Tangentensteigung.

2. Bei nicht-linearen Funktionen ist im allgemeinen $\Delta y \neq dy$.

3. dy hängt ab von der in Rede stehenden Funktion f, der gewählten Stelle x und von dx. Bei einer bestimmten Funktion hängt dy nur von x und dx ab. Bei festem f und x ist $dy = f'(x)\,dx$ eine lineare Funktion von dx. Dem entspricht, daß man die Kurve durch die Tangente ersetzt. Man kann noch sagen: dy ist proportional zu dx.

4. dx kann in D 1 jeden Wert ungleich Null annehmen, braucht also nicht sehr klein zu sein. Dies gilt auch für dy, doch ist $dy = 0$, falls $f'(x) = 0$ ist.

5. Die Schreibweisen y', $f'(x)$ und $\frac{dy}{dx}$ werden gleichberechtigt nebeneinander verwendet.

6. Die Schreibweise $\frac{dy}{dx}$ rührt von Leibniz her. Sie hat u. a. den Vorzug, daß man *beide Variable* erkennt, insbesondere diejenige, nach der abgeleitet wird.

7. Als besonders zweckmäßig erweisen sich die Leibnizschen Symbole dx und dy in der *Fehlerrechnung* und in der *Integralrechnung* (§ 25).

8. Statt $\frac{dy}{dx}$ schreibt man oft $\frac{df(x)}{dx}$. So ist z. B. $\frac{d(x^3)}{dx} = 3x^2$ und $d(x^3) = 3x^2\,dx$.

9. Die Bezeichnung „*Differential*" hat der ganzen „*Differentialrechnung*" den Namen gegeben. Ebenso wird, wie wir wissen, das Wort „*differenzieren*" ganz allgemein für „*ableiten*" gebraucht.

Aufgaben

1. Bilde den Differentialquotienten $\frac{dy}{dx}$ bei den folgenden Funktionen:
   a) $y = x^3$ b) $y = -0{,}8\,x^5$ c) $y = a\,x^n$ d) $y = -x$ e) $y = -2$
2. Schreibe den Differentialquotienten für folgende Funktionen an (g, m sind konstant):
   a) $s = 4\,t$ b) $s = \frac{1}{2}g\,t^2$ c) $F = \pi\,r^2$ d) $V = \frac{4}{3}\pi\,r^3$ e) $E = \frac{1}{2}m\,v^2$
3. Bilde die Differentiale dy, ds, dv folgender Funktionen (c und g sind konstant):
   a) $y = 0{,}5\,x^4$ b) $s = c\,t$ c) $s = c\,t - \frac{1}{2}g\,t^2$ d) $v = \text{const}$
4. Berechne folgende Differentiale: a) $d(x^5)$, b) $d(1 + x^2)$, c) $d(5\,t)$, d) $d(1 - u)$, e) $d(0{,}5\,v^2)$
7. Berechne dy und Δy bei $y = \frac{1}{4}x^2$ ($y = \frac{1}{3}x^3$) für:
   a) $x = 2$; $\Delta x = dx = 0{,}5$ b) $x = -8$; $\Delta x = 1$ c) $x = 100$; $\Delta x = -4$
8. Bestimme dy und Δy bei a) $y = m\,x + b$, b) $y = c$, wenn $\Delta x = dx$ beliebig ist. Verdeutliche das Ergebnis am Schaubild im Achsenkreuz (m und c sind konstant).

$f(x) = \frac{x}{1+2x}$ Tangentenfunktion $(x_0 = 2)$

25 Flächeninhalt und bestimmtes Integral

Wir haben uns bisher mit einem ersten Hauptteil der „Analysis", der **Differentialrechnung,** beschäftigt. Mit Hilfe des Grenzwertbegriffs führte sie bei einer Reihe von Funktionen zum Begriff der **Ableitung.** Dieser Begriff war dann der Schlüssel zur Lösung zahlreicher Aufgaben aus verschiedenen Gebieten (Tangentensteigung, Kurvenverlauf, Geschwindigkeit, Beschleunigung, Extremwerte). Ein zweiter Hauptteil der Analysis trägt den Namen **Integralrechnung.** Als eine der wichtigsten Aufgaben wird sich dabei das **Flächenproblem** erweisen, d.h. die Aufgabe, den Inhalt eines beliebigen ebenen Flächenstücks zu definieren und zu berechnen. Diese Aufgabe wird zu einem neuen Grundbegriff, dem **bestimmten Integral** führen. Mit seiner Hilfe lassen sich dann wieder zahlreiche andere Aufgaben lösen, so z.B. die Berechnung von Rauminhalten, Bogenlängen, Oberflächen, Schwerpunkten, usw. Diese beiden Aufgabengruppen scheinen auf den ersten Blick wenig miteinander zusammenzuhängen. Wir werden aber bald zeigen können, daß sie überraschenderweise doch eng miteinander verknüpft sind (§ 26).

❶ Bei welchen Figuren wurde im bisherigen Mathematikunterricht der Flächeninhalt berechnet?

❷ Wie kann man näherungsweise den Inhalt des in Fig. 100.1 gefärbten Flächenstücks bestimmen?

Bei der Berechnung von Flächeninhalten beschränken wir uns zunächst auf Flächenstücke, die im 1. Feld liegen und begrenzt sind von dem Graphen einer *monotonen stetigen Funktion* $x \to f(x)$, von der x-Achse und den Parallelen $x = a$ und $x = b$ zur y-Achse. Ein solches Flächenstück (Fig. 100.1) ist gebildet durch die Punktmenge

$$\{(x, y) \mid a \leqq x \leqq b,\quad 0 \leqq y \leqq f(x)\}.$$

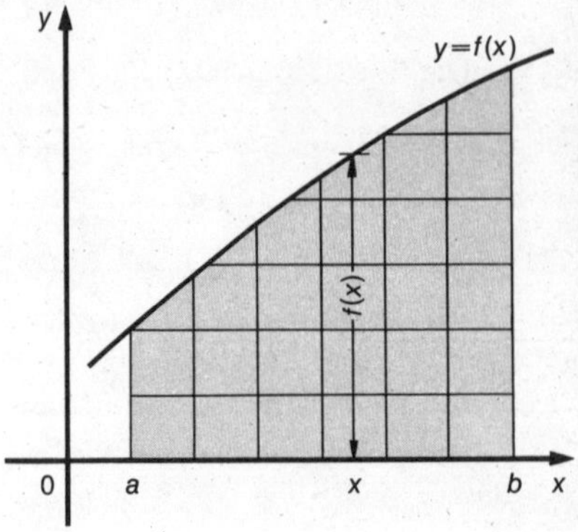

100.1.

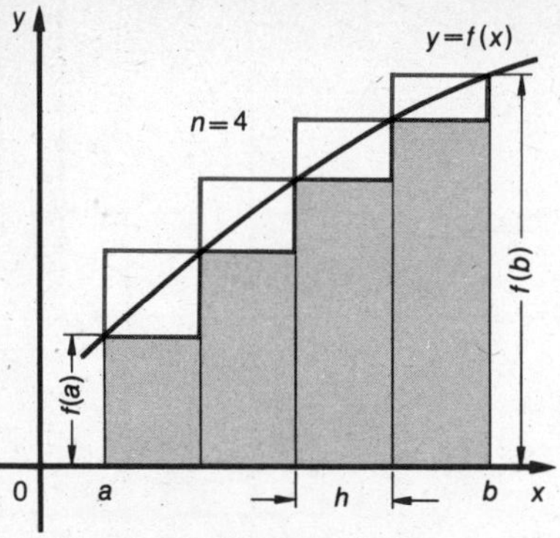

101.1.

101.2.

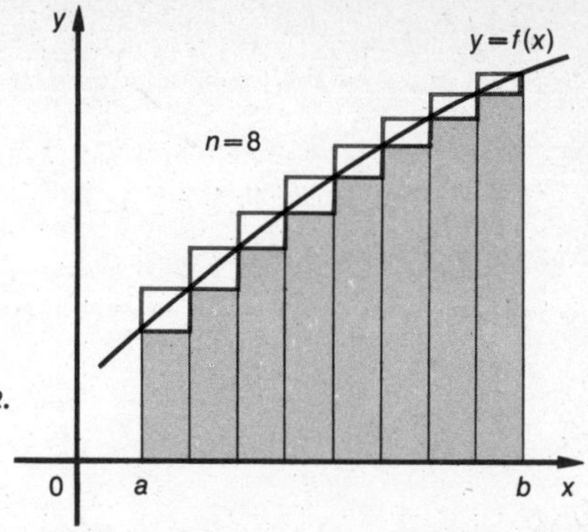

Um die Maßzahl seines Inhalts zu definieren, teilen wir das Intervall $[a, b]$ in n gleiche Teile von der Größe $h = (b - a) : n$ und bilden wie in Fig. 101.1 *eine innere und eine äußere Treppenfläche.* Die Maßzahlen dieser 2 Flächen bezeichnen wir als **Untersumme U_n** und **Obersumme O_n**. Vergrößert man die Streifenzahl n (Fig. 101.2) und streben dabei U_n und O_n für n gegen unendlich gegen denselben **Grenzwert,** so bezeichnen wir diesen $[I]_a^b$ und nehmen ihn als **Maßzahl für den Inhalt** des Flächenstücks, das von den Linien mit den Gleichungen $y = 0, \; x = a, \; x = b, \; y = f(x)$ begrenzt wird.

D 1

Wir führen diesen Gedankengang zunächst an 2 Beispielen durch.

Beispiel 1 (Fig. 101.3) ist sehr einfach, der Flächeninhalt ist uns bekannt. Hier ist $f(x) = x$, $a = 0, \; b > 0, \; h = b : n$. Als Maßzahl des Dreiecksinhaltes erwarten wir $[I]_a^b = \frac{1}{2} b^2$.

$$\text{Es ist } O_n = h \cdot [h + 2h + 3h + \cdots + nh] = h^2 [1 + 2 + 3 + \cdots + n] =$$
$$= h^2 \cdot \frac{n(n+1)}{2} = \frac{b^2 \cdot n(n+1)}{n^2 \cdot 2} = \frac{1}{2} b^2 \left(1 + \frac{1}{n}\right)$$
$$U_n = h[h + 2h + 3h + \cdots + (n-1)h] = h^2 [1 + 2 + 3 + \cdots + (n-1)] =$$
$$= h^2 \frac{(n-1)n}{2} = \frac{b^2 (n-1) n}{n^2 \cdot 2} = \frac{1}{2} b^2 \left(1 - \frac{1}{n}\right)$$

Man sieht: $\lim\limits_{n \to \infty} O_n = \lim\limits_{n \to \infty} U_n = \frac{1}{2} b^2$. In Fig. 101.3 ist $[I]_0^3 = \frac{1}{2} \cdot 3^2 = 4\frac{1}{2}$.

Bemerkung: Die Folge der O_n ist fallend, die Folge der U_n steigend, und es ist $U_n \leqq O_n$.

Ferner strebt $O_n - U_n = \dfrac{b^2}{n}$ gegen 0 für n gegen ∞; die Folge der Zahlenpaare (U_n, O_n) ist also eine Intervallschachtelung. $O_n - U_n$ wird dargestellt durch die Summe der rot umrandeten Quadrate in Fig. 101.3, also durch den längsten Streifen, der zu O_n gehört.

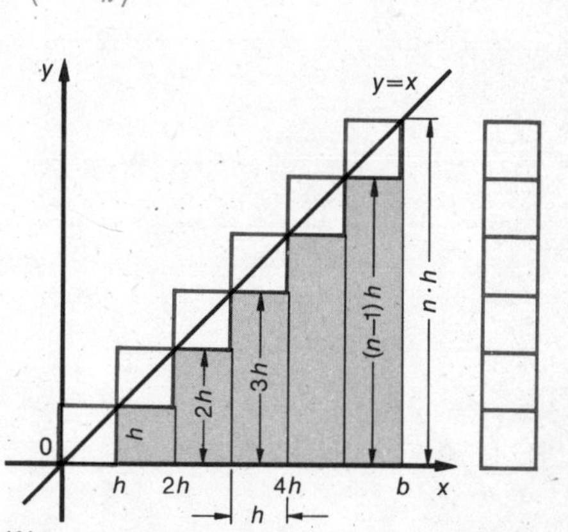

101.3.

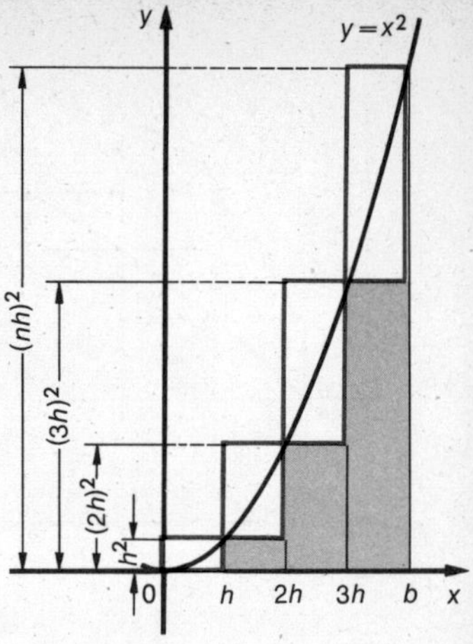

102.1. $y = x^2$

Beispiel 2 (Fig. 102.1):

Es ist $y = x^2$, $a = 0$, $h = \frac{b}{n}$, also

$$O_n = h \cdot [h^2 + (2\,h)^2 + (3\,h)^2 + \cdots + (n \cdot h)^2] =$$
$$= h^3 \cdot (1^2 + 2^2 + 3^2 + \cdots + n^2)$$

Nach Aufg. 6 von S. 24 ist

$$1^2 + 2^2 + 3^2 + \cdots + n^2 = \tfrac{1}{6}\,n\,(n+1)\,(2\,n+1), \text{ also}$$

$$O_n = \frac{1}{6}\,h^3 \cdot n\,(n+1)\,(2\,n+1) =$$
$$= \frac{1}{6}\,b^3 \cdot \frac{n\,(n+1)\,(2\,n+1)}{n \cdot n \cdot n} = \frac{1}{6}\,b^3 \left(1 + \frac{1}{n}\right)\left(2 + \frac{1}{n}\right),$$

$$U_n = \frac{1}{6}\,h^3 \cdot (n-1)\,n\,(2\,n-1) \quad \text{mit } h^3 = (b:n)^3$$

$$U_n = \frac{1}{6}\,b^3\,\frac{(n-1)\,n\,(2\,n-1)}{n \cdot n \cdot n} = \frac{1}{6}\,b^3\left(1 - \frac{1}{n}\right)\left(2 - \frac{1}{n}\right).$$

Man sieht: $\lim\limits_{n \to \infty} O_n = \lim\limits_{n \to \infty} U_n = \frac{1}{3}\,b^3$. In Fig. 102.1 ist $[I]_0^2 = \frac{8}{3} = 2\frac{2}{3}$.

Auch hier bilden die Zahlenpaare (U_n, O_n) eine Intervallschachtelung (vgl. Aufg. 1).

Aufgaben

1. Weise nach, daß die Folge der Zahlenpaare (U_n, O_n) in Beispiel 2 eine Intervallschachtelung bilden. Gib insbesondere das geometrische Bild von $O_n - U_n$ an.

2. Ersetze $y = x^2$ in Beispiel 2 durch $y = x^3$, Zeichne ein entsprechendes Bild, drücke O_n und U_n durch eine Summenformel aus und zeige mittels Beispiel 2 von § 6: $\lim\limits_{n \to \infty} O_n = \lim\limits_{n \to \infty} U_n = [I]_0^b = \frac{1}{4}\,b^4$. Verdeutliche auch $O_n - U_n$ am Bild.

▸ **3.** a) Schreibe die Formel $(p-1)^5 = p^5 - 5\,p^4 + 10\,p^3 - 10\,p^2 + 5\,p - 1$ für $p \in \{1, 2, 3, \ldots, n\}$ an, addiere die n Gleichungen und leite so den Satz her:

$$1^4 + 2^4 + 3^4 + \cdots + n^4 = \frac{n}{30}\,(n+1)\,(2\,n+1)\,(3\,n^2 + 3\,n - 1)$$

b) Ersetze $y = x^2$ in Beispiel 2 durch $y = x^4$ und zeige mittels a):

$$\lim_{n \to \infty} O_n = \lim_{n \to \infty} U_n = [I]_0^b = \tfrac{1}{5}\,b^5$$

4. Zeige: In Fig. 102.2a) bis d) ist der Inhalt $[I]_a^b$ gleich

a) $\frac{b^2}{2} - \frac{a^2}{2}$ bei $y = x$ b) $\frac{b^3}{3} - \frac{a^3}{3}$ bei $y = x^2$

c) $\frac{b^4}{4} - \frac{a^4}{4}$ bei $y = x^3$ d) $\frac{b^5}{5} - \frac{a^5}{5}$ bei $y = x^4$

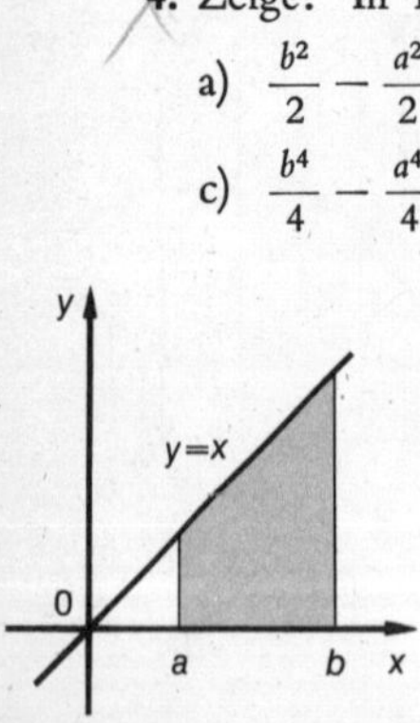

102.2 a

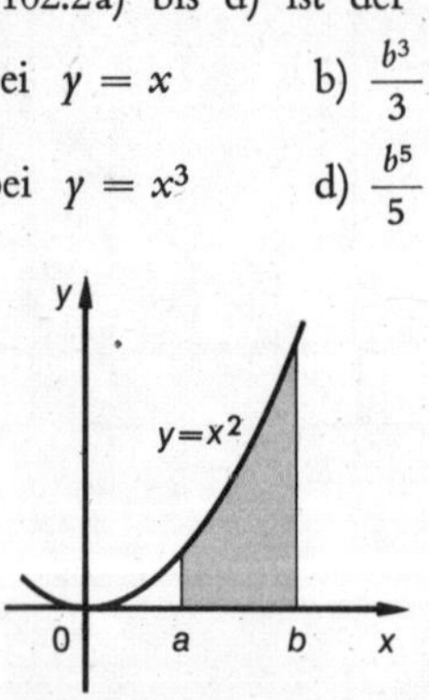

102.2 b

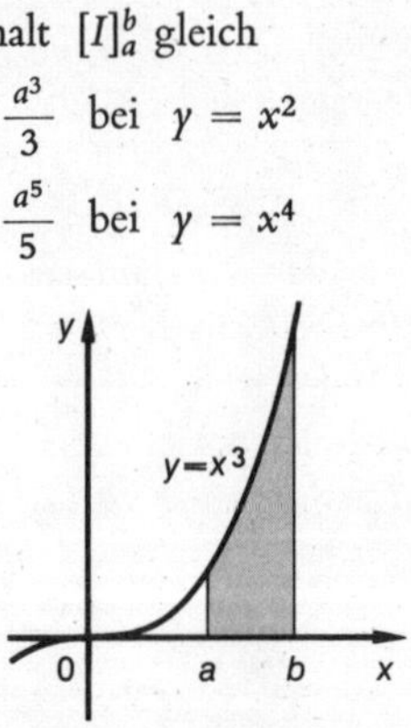

102.2 c

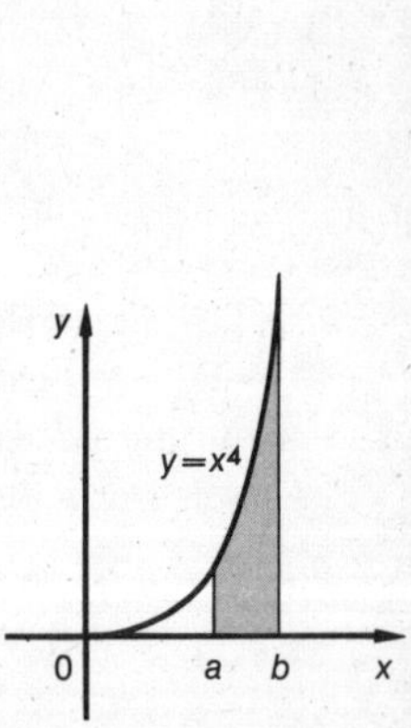

102.2 d

D 2 Man schreibt kurz:

a) $\frac{b^2}{2} - \frac{a^2}{2} = \left[\frac{x^2}{2}\right]_a^b$, b) $\frac{b^3}{3} - \frac{a^3}{3} = \left[\frac{x^3}{3}\right]_a^b$, c) $\frac{b^4}{4} - \frac{a^4}{4} = \left[\frac{x^4}{4}\right]_a^b$, usw.

Dies ist leicht zu merken: Leitet man nämlich in der eckigen Klammer ab, so wird man zur jeweiligen Kurvengleichung geführt. Daß dies kein Zufall ist, werden wir später zeigen.

5. Setze in Aufg. 4 $a = \frac{1}{2}$, $b = \frac{3}{2}$ und zeichne jeweils ein maßtreues Schaubild.

6. Was ändert sich bei U_n, O_n und bei $[I]_a^b$ in Beispiel 1 und 2 sowie in Aufg. 2 bis 4, wenn jeweils $c \cdot f(x)$ statt $f(x)$ gewählt wird? Wähle $c > 0$. Wie wirkt sich die Multiplikation mit c im Schaubild aus?

7. Gib $[I]_a^b$ unmittelbar an, wenn $y = c > 0$ und $0 \leqq a < b$ ist. Zeichne ein Schaubild.

Das bestimmte Integral bei monoton steigenden stetigen Funktionen

1. Es sei $y = f(x)$ eine positive, monoton steigende und stetige Funktion im Intervall $0 \leqq a \leqq x \leqq b$. Wir teilen nun das Intervall $[a, b]$ durch fortgesetzte Halbierung nacheinander in 2, 4, 8, 16, ... gleiche Teile und betrachten die Zahlenfolgen $U_2, U_4, U_8, \ldots$, bzw. $O_2, O_4, O_8, \ldots$, die zu den inneren (grünen) Treppenflächen bzw. zu den äußeren (grün und roten) Treppenflächen gehören (Fig. 103.1 und 103.2). Wir sehen:

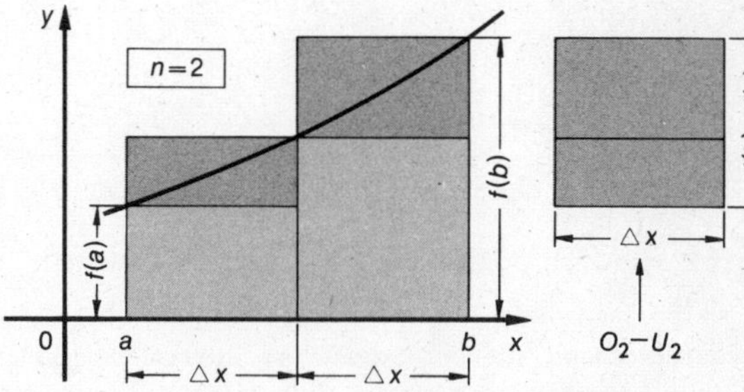

103.1. $\Delta x = \frac{b-a}{2}$

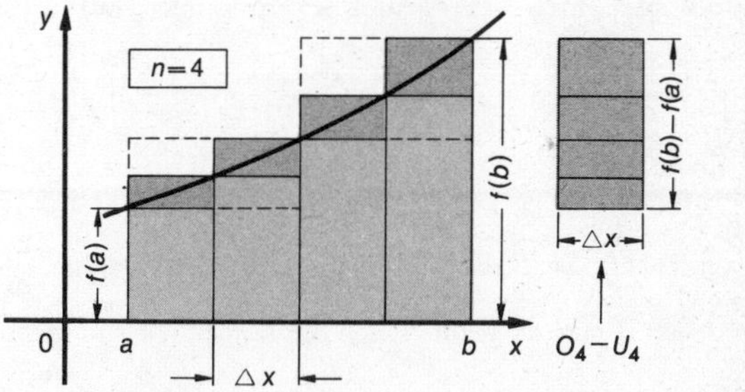

103.2. $\Delta x = \frac{b-a}{4}$

1. Für alle $n \in \{2, 4, 8, \ldots\}$ ist $U_n \leqq O_n$,
2. $U_2 \leqq U_4 \leqq U_8 \leqq \ldots$ und $O_2 \geqq O_4 \geqq O_8, \geqq \ldots$.
3. $O_2 - U_2 = [f(b) - f(a)] \cdot \frac{b-a}{2}$;
   $O_4 - U_4 = [f(b) - f(a)] \cdot \frac{b-a}{4}$;
   $O_8 - U_8 = [f(b) - f(a)] \cdot \frac{b-a}{8}$; .... Für n gegen ∞ strebt also $O_n - U_n$ gegen 0.

Aus 1. bis 3. folgt (vgl. S. 42): die Paare (U_n, O_n) bilden eine Intervallschachtelung.

Ergebnis: Bei der fortgesetzten Halbierung des Intervalls ist $\lim\limits_{n \to \infty} U_n = \lim\limits_{n \to \infty} O_n$.

2. Man kann beweisen, daß auch für jede andere Zerlegung des Intervalls $[a, b]$ in gleiche oder ungleiche Teilintervalle $\lim\limits_{n \to \infty} U_n = \lim\limits_{n \to \infty} O_n$ ist, und daß alle diese Grenzwerte gleich groß sind, wenn man die Teilung so verfeinert, daß die maximale Intervall-Länge gegen 0 rückt. Der zugehörige Beweis ist für die Schule zu umständlich; wir übergehen ihn hier. Den gemeinsamen Grenzwert $\lim\limits_{n\to\infty} U_n$ bzw. $\lim\limits_{n\to\infty} O_n$ bezeichnen wir wie oben mit $[I]_a^b$.

3. Eine gewisse Ergänzung des Ergebnisses in 1. läßt sich dagegen leicht vollziehen: Wir wählen in den n Teilintervallen je eine beliebige Stelle $x_1, x_2, x_3, \ldots, x_n$ (Fig. 104.1) und bilden die Treppenfläche aus Rechtecken mit der Breite Δx und den Höhen $f(x_1), f(x_2)\, f(x_3), \ldots, f(x_n)$. Die Maßzahl Z_n dieser Treppenfläche liegt *zwischen* U_n und O_n (wieso?). Es gilt also: $U_n \leqq Z_n \leqq O_n$, dabei ist $Z_n = f(x_1)\cdot\Delta x + f(x_2)\cdot\Delta x + \cdots + f(x_n)\cdot\Delta x =$

$$= \sum_{k=1}^{n} f(x_k)\cdot\Delta x \quad \text{mit} \quad \Delta x = \frac{b-a}{n}.$$

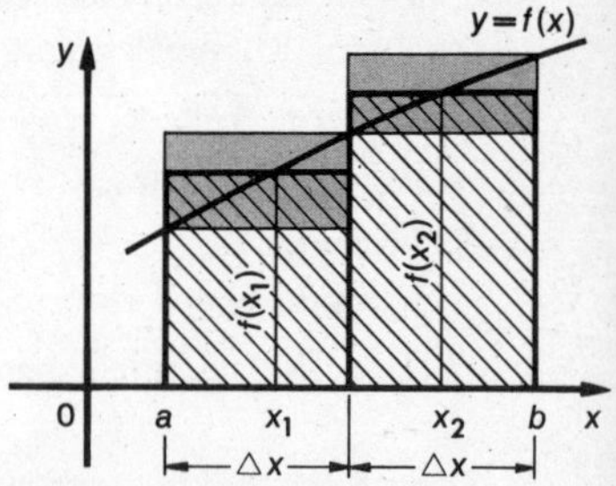

104.1.

Aus 1. und 2. folgt somit $\lim\limits_{n\to\infty} Z_n = \lim\limits_{n\to\infty} U_n = \lim\limits_{n\to\infty} O_n = [I]_a^b$.

Da U_n und O_n Sonderfälle von Z_n sind (wieso?), kann man zusammenfassend schreiben:

S 1 Ist $y = f(x)$ positiv, monoton steigend und stetig, so gilt: $\boldsymbol{[I]_a^b = \lim\limits_{n\to\infty} \sum_{k=1}^{n} f(x_k)\cdot\Delta x}$

Entsprechend gilt bei ungleichen Intervallen $(\Delta x)_k$: $[I]_a^b = \lim\limits_{n\to\infty} \sum_{k=1}^{n} f(x_k)\cdot(\Delta x)_k$

D 3 4. Den Grenzwert $[I]_a^b$ von $\sum_{k=1}^{n} f(x_k)\cdot\Delta x$ bzw. von $\sum_{k=1}^{n} f(x_k)\cdot(\Delta x)_k$ nennt man

das bestimmte Integral der Funktion $f(x)$ zwischen den Grenzen a und b

und schreibt dafür $\boldsymbol{\lim\limits_{n\to\infty} \sum_{k=1}^{n} f(x_k)\,\Delta x = \int_a^b f(x)\,dx}$ (lies: Integral $f(x)\,dx$ von a bis b).

Diese Schreibweise wurde von Leibniz (1646—1716) eingeführt. Das Zeichen $\int$ ist aus einem S (von summa) entstanden; statt Δx ist dx gesetzt, um anzudeuten, daß bei dem Grenzübergang Δx gegen 0 strebt $\left(\text{vgl. die Schreibweise } \frac{dy}{dx} \text{ für } f'(x)\right)$. Wie wir gesehen haben, bedeutet $\int_a^b f(x)\,dx$ geometrisch die *Maßzahl des Inhalts* eines Flächenstücks, das von der (zunächst monoton steigenden stetigen) Kurve mit der Gleichung $y = f(x)$, der x-Achse und den Parallelen $x = a$ und $x = b$ im 1. Feld begrenzt wird.

Beispiel 3:

Nach Aufg. 4 ist a) $\int_a^b x\,dx = \left[\frac{x^2}{2}\right]_a^b = \frac{b^2}{2} - \frac{a^2}{2}$, b) $\int_a^b x^2\,dx = \left[\frac{x^3}{3}\right]_a^b = \frac{b^3}{3} - \frac{a^3}{3}$,

c) $\int_a^b x^3\,dx = \left[\frac{x^4}{4}\right]_a^b = \frac{b^4}{4} - \frac{a^4}{4}$, d) $\int_a^b x^4\,dx = \left[\frac{x^5}{5}\right]_a^b = \frac{b^5}{5} - \frac{a^5}{5}$,

dabei ist (zunächst) $0 \leqq a < b$.

Beispiel 4: Nach Fig. 105.1 ist (zunächst) für $c > 0$

$\int_a^b c\,dx = c(b-a) = c[x]_a^b$, ebenso $\int_a^b dx = \int_a^b 1\,dx = b-a$.

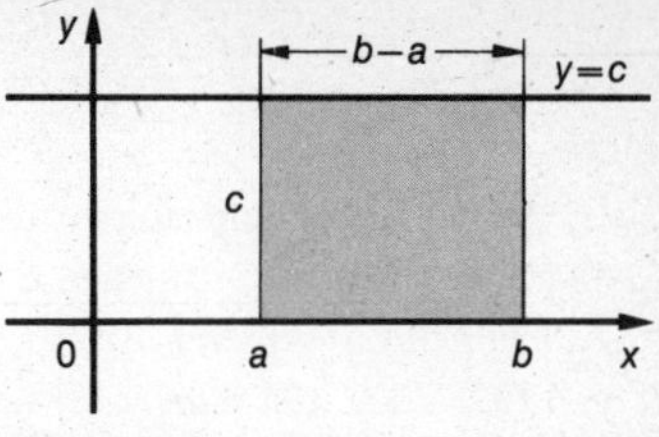

105.1. $y = c$

Beispiel 5: Nach Aufg. 6 ist (zunächst) für $c > 0$

a) $\int_a^b c\,x\,dx = c\left[\frac{x^2}{2}\right]_a^b = c\left(\frac{b^2}{2} - \frac{a^2}{2}\right)$. Zeichne ein Bild!

b) $\int_a^b c\,x^2\,dx = c\left[\frac{x^3}{3}\right]_a^b = c\left(\frac{b^3}{3} - \frac{a^3}{3}\right)$. Zeichne ein Bild für $c = \frac{1}{2}$.

Aufgaben

8. Bestimme nach Beispiel 3 den Wert folgender Integrale und zeichne Schaubilder.

a) $\int_0^3 x\,dx$ b) $\int_1^5 x\,dx$ c) $\int_0^1 x^2\,dx$ d) $\int_2^3 x^2\,dx$ e) $\int_0^1 x^3\,dx$ f) $\int_{0,5}^{1,5} x^3\,dx$

9. Bestimme nach Beispiel 4 und 5 den Wert folgender Integrale. Zeichne Graphen.

a) $\int_0^4 2\,x\,dx$ b) $\int_1^2 \frac{1}{2}x^2\,dx$ c) $\int_1^5 \frac{1}{4}x^2\,dx$ d) $\int_2^3 \frac{1}{3}x^3\,dx$ e) $\int_1^6 3\,dx$ f) $\int_3^7 dx$

10. Bestimme mit Hilfe einer Zeichnung: a) $\int_2^6 (x+2)\,dx$ und $\int_2^6 x\,dx + \int_2^6 2\,dx$

b) $\int_a^b (m\,x + c)\,dx$ und $\int_a^b m\,x\,dx + \int_a^b c\,dx$ c) $\int_a^b (x^3 + x)\,dx$ und $\int_a^b x^3\,dx + \int_a^b x\,dx$

(zunächst für $m > 0$, $c > 0$, $a < b$)

Ergänzungen zum Begriff des bestimmten Integrals stetiger Funktionen

1. In den bisherigen Beispielen haben wir stets *monoton steigende* stetige Funktionen gewählt. Alle Überlegungen gelten aber in gleicher Weise auch für *monoton fallende* stetige Funktionen (vgl. Aufg. 11).

2. Da bei der Herleitung von S 1 die *Grenzen* a und b nur als Differenz $b-a$ auftreten, so dürfen a und b mit $b-a > 0$ beliebig aus $\mathbb{R}$ gewählt werden; es muß nur vorerst $f(x) \geqq 0$ in $[a, b]$ stetig und monoton sein.

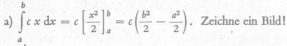

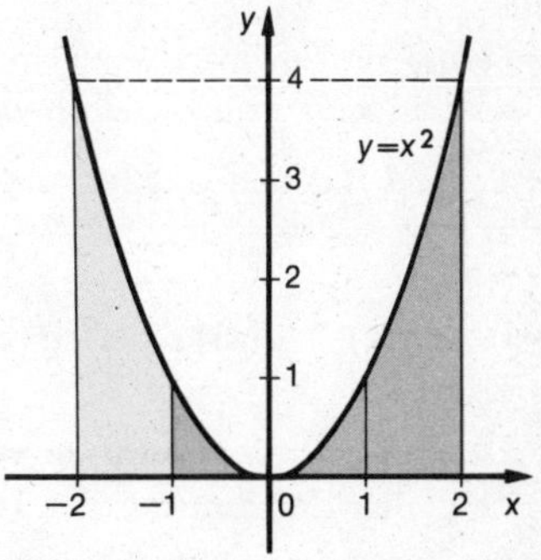

105.2. $y = x^2$

Beispiel 6 (Fig. 105.2): Es ist $\int_0^2 x^2\,dx = \left[\frac{x^3}{3}\right]_0^2 = \frac{2^3}{3}$

dasselbe wie $\int_{-2}^0 x^2\,dx = \left[\frac{x^3}{3}\right]_{-2}^0 = 0 - \frac{(-2)^3}{3} = \frac{2^3}{3}$

$$\int_1^2 x^2\,dx = \frac{2^3}{3} - \frac{1^3}{3} = \frac{7}{3}; \qquad \int_{-2}^{-1} x^2\,dx = \left[\frac{x^3}{3}\right]_{-2}^{-1} = \frac{(-1)^3}{3} - \frac{(-2)^3}{3} = \frac{7}{3} = 2\frac{1}{3}$$

3. Bei stetigen Funktionen, die *abschnittsweise monoton* sind, kann man die Endpunkte der einzelnen Abschnitte auf der x-Achse als Randpunkte von Teilintervallen nehmen. In jedem Abschnitt konvergieren dann U_n, O_n und Z_n; sie konvergieren dann auch im Gesamtintervall $[a, b]$. Da nun jede *ganze rationale Funktion* auf $\mathbb{R}$ stetig ist und ihr Graph nur endlich viele Hoch- und Tiefpunkte besitzen kann (warum?), ist sie in jedem Intervall $[a, b]$ abschnittsweise monoton, also auch „integrierbar".

Beispiel 7: $\int_{-2}^{0} x^2\,dx + \int_{0}^{4} x^2\,dx = \left[0 - \frac{(-2)^3}{3}\right] + \left[\frac{4^3}{3} - 0\right] = \frac{2^3}{3} + \frac{4^3}{3}$. Dasselbe ergibt sich, wenn man rechnet: $\int_{-2}^{4} x^2\,dx = \left[\frac{x^3}{3}\right]_{-2}^{4} = \frac{4^3}{3} - \frac{(-2)^3}{3} = \frac{4^3}{3} + \frac{2^3}{3}$

4. Wir haben bisher vorausgesetzt, daß $f(x) \geqq 0$ ist. Ist $f(x) < 0$ für $a \leqq x \leqq b$, so folgt aus der Definition des Integrals: $\int_a^b f(x)\,dx < 0$

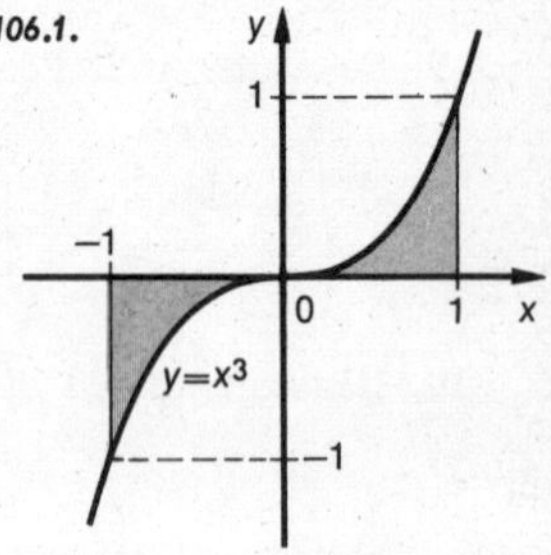

106.1.

Beispiel 8 (Fig. 106.1): $\int_{-1}^{0} x^3\,dx = \left[\frac{x^4}{4}\right]_{-1}^{0} = \frac{0}{4} - \frac{1}{4} = -\frac{1}{4}$

5. Wechselt $f(x)$ in $[a, b]$ sein Zeichen, liegt also die betreffende Fläche teils oberhalb, teils unterhalb der x-Achse, so gibt $\int_a^b f(x)\,dx$ die algebraische Summe der positiv gerechneten Fläche über der x-Achse und der negativ gerechneten Fläche unterhalb der x-Achse, also die Differenz der Flächeninhaltsbeträge (wieso?). In solchen Fällen sind die Teilflächen getrennt zu berechnen.

Beispiel 9 (Fig. 106.1): $\int_0^1 x^3\,dx = \frac{1}{4}$, $\int_{-1}^{0} x^3\,dx = -\frac{1}{4}$, $\int_{-1}^{1} x^3\,dx = \frac{1}{4} - \frac{1}{4} = 0$.

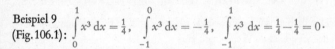

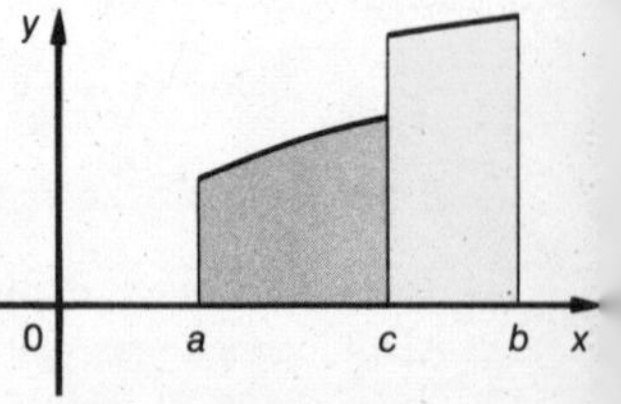

106.2.

Ebenso verfährt man, wenn eine Funktion abschnittsweise monoton und stetig ist und endlich viele Unstetigkeiten mit endlichen Sprüngen besitzt (Fig. 106.2).

6. Sind $f(x)$ und $g(x)$ für $a \leqq x \leqq b$ abschnittsweise monoton und stetig und ist $c \in \mathbb{R}$, so folgt aus den Sätzen über Grenzwerte bei Folgen:

a) $\int_a^b [f(x) + g(x)]\,dx = \int_a^b f(x)\,dx + \int_a^b g(x)\,dx$, b) $\int_a^b c\,f(x)\,dx = c \cdot \int_a^b f(x)\,dx$

S 2 **Das Integral einer Summe von abschnittsweise monotonen und stetigen Funktionen ist gleich der Summe der Integrale der einzelnen Funktionen.**

S 3 **Ein konstanter Faktor kann vor das Integral gezogen werden.**

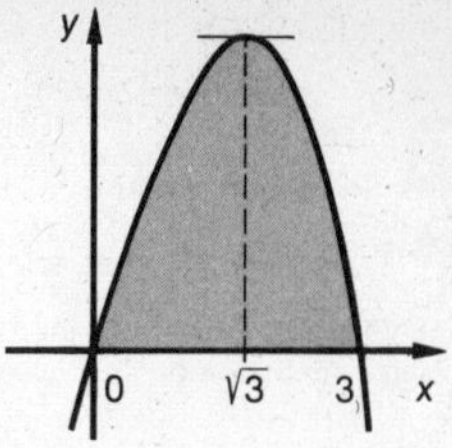

107.1. $y = 3x - \frac{1}{3}x^3$

Beispiel 10 (Fig. 107.1):

$$\int_0^3 \left(3x - \frac{1}{3}x^3\right) dx = 3\int_0^3 x\,dx - \frac{1}{3}\int_0^3 x^3\,dx = 3\left[\frac{x^2}{2}\right]_0^3 - \frac{1}{3}\left[\frac{x^4}{4}\right]_0^3 =$$

$$= 3\left(\frac{9}{2} - 0\right) - \frac{1}{3}\left(\frac{81}{4} - 0\right) = \frac{27}{2} - \frac{27}{4} = 6\frac{3}{4}$$

7. Ist $a < c < b$ und benutzt man in S 1 stets c als Rand eines Teilintervalls, so gilt:

S 4 $$\int_a^b \boldsymbol{f(x)}\,\mathbf{d}\boldsymbol{x} = \int_a^c \boldsymbol{f(x)}\,\mathbf{d}\boldsymbol{x} + \int_c^b \boldsymbol{f(x)}\,\mathbf{d}\boldsymbol{x}$$

D 4 **8.** Ist $a = b$, so ist der Inhalt $[I]_a^a = 0$, man schreibt daher: $\int_a^a \boldsymbol{f(x)}\,\mathbf{d}\boldsymbol{x} = \mathbf{0}$.

9. Nach D 3 ist $\int_a^b f(x)\,dx = \lim\limits_{n\to\infty} \sum\limits_{k=1}^{n} f(x_k) \cdot \frac{b-a}{n}$, falls $b > a$ ist.

Läßt man diese Definition auch gelten wenn die „untere" Grenze größer als die „obere" Grenze ist, so erhält man:

D 5 $$\int_b^a f(x)\,dx = \lim_{n\to\infty} \sum_{k=1}^{n} f(x_k) \cdot \frac{a-b}{n}, \quad \text{also} \quad \int_b^a \boldsymbol{f(x)}\,\mathbf{d}\boldsymbol{x} = -\int_a^b \boldsymbol{f(x)}\,\mathbf{d}\boldsymbol{x}$$

10. Es ist $\int_a^b 3x^2\,dx = [x^3]_a^b = b^3 - a^3$ aber auch $\int_a^b 3u^2\,du = [u^3]_a^b = b^3 - a^3$.

Man sieht, daß es bei einem bestimmten Integral auf die Wahl der Variable unter dem Integral, der „*Integrationsvariable*", nicht ankommt; man kann für sie einen beliebigen Buchstaben verwenden (Grund?):

S 5 $$\int_a^b \boldsymbol{f(x)}\,\mathbf{d}\boldsymbol{x} = \int_a^b \boldsymbol{f(t)}\,\mathbf{d}\boldsymbol{t} = \int_a^b \boldsymbol{f(u)}\,\mathbf{d}\boldsymbol{u}.$$

Aufgaben

11. Zeige an einer Figur, daß bei positiven monoton abnehmenden Funktionen die Obersummen O_n monoton abnehmen, die Untersummen U_n monoton zunehmen und (U_n, O_n) eine Intervallschachtelung bilden, wenn z.B. die Teilintervalle gleich lang sind und fortgesetzt halbiert werden.

12. Bestimme den Wert folgender Integrale, zeichne die zugehörigen Kurven und Flächen:

a) $\int_0^4 \left(2x - \frac{1}{2}x^2\right) dx$ b) $\int_{-2}^2 (4 - x^2)\,dx$ c) $\int_{-3}^0 \left(\frac{1}{6}x^3 - \frac{3}{2}x\right) dx$ d) $\int_{-4}^4 \left(2x^2 - \frac{1}{8}x^4\right) dx$

e) $\int_1^5 (6 - t)\,dt$ f) $\int_{-3}^3 (u^2 + 2)\,du$ g) $\int_2^0 \left(\frac{1}{4}v^2 - 4\right) dv$ h) $\int_4^{-4} \left(\frac{1}{4}z^2 - 4\right) dz$

26 Der Hauptsatz der Differential- und Integralrechnung

❶ Vergleiche die Ableitungen von

$$y = \frac{1}{2}x^2, \quad y = \frac{1}{2}x^2 + 2, \quad y = \frac{1}{2}x^2 - 4$$

miteinander. Wie kann man das Ergebnis an den Graphen der Funktionen verdeutlichen?

❷ Gib Funktionen an, welche folgende Ableitung haben: a) $2x$, b) $3x^2$, c) 4, d) x^3.

❸ Nenne Funktionen, welche das Differential besitzen: a) $dy = 4x^2\,dx$, b) $dy = x^4\,dx$.

Funktionen und ihre Stammfunktionen

1. Beispiele:

Ist $F(x) = x^2$	$x^2 + 3$	x^3	$x^3 - 5$	$2x^4$	$2x^4 - 1$	$5x - 6$
so ist $F'(x) = f(x) = 2x$	$2x$	$3x^2$	$3x^2$	$8x^3$	$8x^3$	5

In den Beispielen ist $f(x)$ die Ableitung von $F(x)$, umgekehrt nennt man $F(x)$ eine *Stammfunktion* von $f(x)$. Man definiert allgemein:

D 1 Eine Funktion **$F(x)$ heißt eine Stammfunktion von $f(x)$, wenn $F'(x) = f(x)$ ist** für alle x des Definitionsbereiches von $f(x)$.

Aus D 1 folgt unmittelbar:

2. a) *Ist $F(x)$ eine Stammfunktion von $f(x)$, so gilt dies auch für $F(x) + C$.* Dabei ist C eine beliebige Konstante. — Umgekehrt gilt:

b) Sind $F_1(x)$ und $F_2(x)$ zwei Stammfunktionen von $f(x)$ im Intervall $[a, b]$, so ist $F_2(x) = F_1(x) + C$. Bildet man nämlich die Differenz $R(x) = F_2(x) - F_1(x)$, so ist $R'(x) = f(x) - f(x) = 0$ in $[a, b]$. Dies bedeutet anschaulich, daß der Graph von $R(x)$ in $[a, b]$ weder steigt noch fällt, also parallel zur x-Achse ist, somit ist $R(x) = C$. (Ein rechnerischer Beweis ergibt sich unmittelbar aus dem „Mittelwertsatz", Vollausg. § 51.)

S 1 Hieraus folgt: *Ist $F(x)$ eine Stammfunktion von $f(x)$, so hat jede Stammfunktion von $f(x)$ die Form $F(x) + C$.*

Beispiel: Alle Stammfunktionen von $f(x) = 2x^4 + 3x^3 - 4x^2 + 5x - 6$ haben die Form $F(x) = \frac{2}{5}x^5 + \frac{3}{4}x^4 - \frac{4}{3}x^3 + \frac{5}{2}x^2 - 6x + C$, wobei $C \in \mathbb{R}$ ist.

Aufgaben (a, b, c, e, g, m sind konstant.)

In Aufg. 1 bis 8 ist $F'(x)$ bzw. $F'(t)$ gegeben, Stammfunktionen $F(x)$ bzw. $F(t)$ sind gesucht.

	a)	b)	c)	d)	e)	f)
1.	$4x$	$-2x$	$\frac{2}{3}x$	$6t$	$\frac{1}{4}t$	$-0{,}8t$
2.	4	1	$-\frac{1}{2}$	0	π	$-\frac{1}{2}e$
3.	$3x^2$	$9x^2$	$\frac{1}{3}x^2$	$-t^2$	$1{,}5t^2$	$-4\pi t^2$
4.	$4x^3$	$20x^3$	$-8x^3$	$5t^3$	$t^3\sqrt{2}$	$-\frac{\pi}{4}t^3$
5.	$5x^4$	t^4	$10x^4$	$\frac{1}{2}t^4$	$-1{,}5x^4$	$0{,}2t^4$
6.	x^5	x^8	t^6	$-x^7$	x^3	$-x$
7.	$0{,}4t$	$4{,}5x^2$	$15t^3$	$-8t^4$	$0{,}3t^5$	$3{,}5x^6$
8.	gt	a	cx^2	bx^3	πt^4	$\frac{2}{e}t^5$

Bestimme in Aufg. 9 bis 12 die Stammfunktionen F.

9. a) $F'(x) = 3x^2 + 4x^3$ b) $F'(x) = x^3 - x^2$ c) $F'(t) = t^4 - \frac{1}{4}t^3$

10. a) $\frac{dF}{dx} = 2x + 3$ b) $\frac{dF}{dx} = x - 1$ c) $\frac{dF}{du} = mu + b$

11. a) $\frac{dF}{dt} = 4t + 5$ b) $F'(t) = c + gt$ c) $F'(v) = av^2 + bv + c$

12. a) $dF = 6x\,dx$ b) $dF = 6t^2\,dt$ c) $dF = 6\,dz$

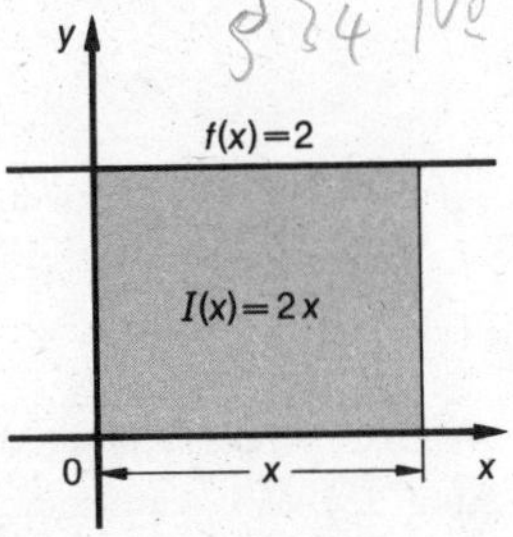

109.1. $I(x) = 2x$

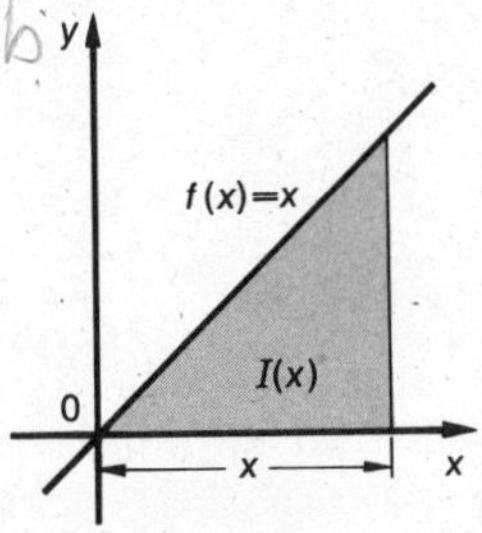

109.2. $I(x) = \frac{x^2}{2}$

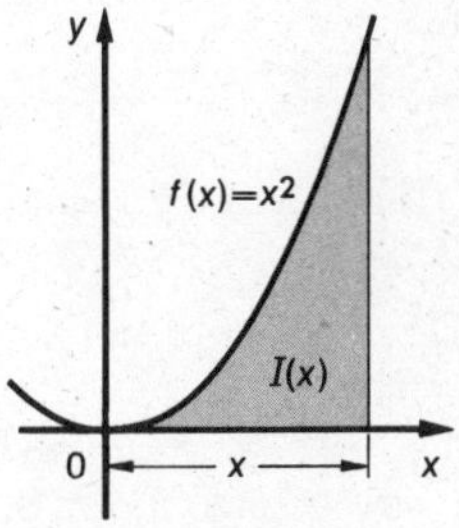

109.3. $I(x) = \frac{x^3}{3}$

Funktionen und ihre Integralfunktionen

1. Beispiele: In Fig. 109.1 bis 3 und nach Aufg. 4 von § 25 ergibt sich für die Fläche zwischen der x-Achse und der Kurve m. d. Gl. $y = f(x)$ im Intervall $[0, x]$ bzw. $[a, x]$ die Inhaltszahl $[I]_0^x$ bzw. $[I]_a^x$ als Funktion $x \to I(x)$. Es gehört z. B.

zur *Kurvenfunktion* $f(x) =$	2	x	x^2	x^3
die *Inhaltsfunktion* $I(x) =$	$\int_0^x 2\,dt = 2x$	$\int_0^x t\,dt = \frac{x^2}{2}$	$\int_0^x t^2\,dt = \frac{x^3}{3}$	$\int_a^x t^3\,dt = \frac{x^4}{4} - \frac{a^4}{4}$

Wir sehen: Bei diesen Beispielen ist $I'(x) = f(x)$ für alle $x \in [a, b]$.
Die *Inhaltsfunktion* $I(x)$, die wir auch als *„Integralfunktion"* bezeichnen wollen, ist hier also eine *Stammfunktion der Kurvenfunktion* $f(x)$. Wir werden nun zeigen, daß dies kein Zufall ist, sondern einen der wichtigsten Sätze der Differential- und Integralrechnung betrifft.

2. a) Es sei $f(x)$ eine *monoton zunehmende stetige Funktion* in $]c, d[$, und es sei $[a, b]$ in $]c, d[$ enthalten. Dann ist $\int_a^b f(x)\,dx$ nach Fig. 109.4 die Maßzahl des Inhalts für das dick umrandete Flächenstück. Hält man die untere Grenze a fest und betrachtet die obere Grenze als Variable x in $]c, d[$, so entsteht

D 2 eine Funktion $x \to I(x)$, nämlich $\boldsymbol{I(x) = \int_a^x f(t)\,dt}$, eine sog. **Integralfunktion der Funktion $f(x)$**. In 109.4 ist $I(x)$ die *Maßzahl des Inhalts* für das grüne

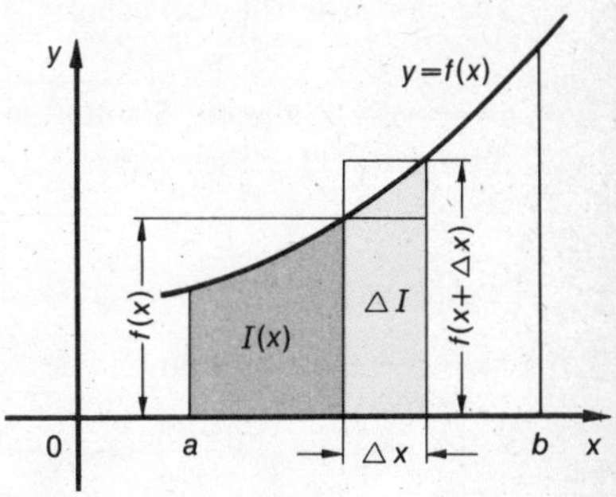

109.4.

Flächenstück. Wächst x um $\Delta x > 0$, so wächst $I(x)$ um $I(x+\Delta x) - I(x) = \Delta I$.
Es ist dann: $f(x)\cdot\Delta x \leqq \Delta I \leqq f(x+\Delta x)\cdot\Delta x$, also $f(x) \leqq \frac{\Delta I}{\Delta x} \leqq f(x+\Delta x)$.
Wegen der Stetigkeit von $f(x)$ ist $\lim\limits_{\Delta x\to+0} f(x+\Delta x) = f(x)$, somit $\lim\limits_{\Delta x\to+0}\frac{\Delta I}{\Delta x} = f(x)$.

Andere Herleitung dieses Ergebnisses (ohne Heranziehung einer Figur):

Ist $I(x) = \int\limits_a^x f(t)\,dt$, so ist $I(x+\Delta x) - I(x) = \Delta I = \int\limits_a^{x+\Delta x} f(t)\,dt - \int\limits_a^x f(t)\,dt = \int\limits_x^a + \int\limits_a^{x+\Delta x} = \int\limits_x^{x+\Delta x} f(t)\,dt$.

Nach D 3 von § 25 ist

$$f(x)\cdot\Delta x \leqq \int\limits_x^{x+\Delta x} f(t)\,dt \leqq f(x+\Delta x)\cdot\Delta x, \quad \text{also} \quad f(x)\cdot\Delta x \leqq \Delta I \leqq f(x+\Delta x)\cdot\Delta x, \quad \text{usw.}$$

Ebenso zeigt man (Aufg. 14): $\lim\limits_{\Delta x\to-0}\frac{\Delta I}{\Delta x} = f(x)$, Hieraus folgt: $I'(x) = f(x)$.

b) Dasselbe ergibt sich bei stetigen Funktionen, die *monoton abnehmen* bzw. *abschnittsweise monoton* sind (also z. B. bei allen *ganzen rationalen Funktionen*, vgl. Aufg. 15). Wir verzichten darauf, für *alle* stetigen Funktionen zu zeigen, daß der grundlegende Satz gilt:

Hauptsatz der Differential- und Integralrechnung

S 2 **Ist $f(x)$ eine stetige Funktion** *im Intervall* $]c, d[$ *und ist* $[a, b] \subset]c, d[$, **so ist die Integralfunktion $I(x) = \int\limits_a^x f(t)\,dt$ eine differenzierbare Funktion**[1]**, und es gilt:**

$$I'(x) = f(x) \quad \textit{für} \quad x \in [a, b]$$

Aus S 1 und D 1 folgt: Die Integralfunktion $I(x)$ gehört zu den Stammfunktionen von $f(x)$. Ist $F(x)$ irgend eine solche Stammfunktion, so unterscheidet sie sich von $I(x)$ nur durch einen konstanten Summanden.

Es besteht also die Beziehung: $F(x) = \int\limits_a^x f(t)\,dt + C$

Für $x = a$ ist $\int\limits_a^a f(t)\,dt = 0$, also $F(a) = C$, somit $\int\limits_a^x f(t)\,dt = F(x) - F(a)$.

Für $x = b$ erhält man daher: $\int\limits_a^b f(t)\,dt = \int\limits_a^b f(x)\,dx = F(b) - F(a)$.

S 3 Ist $F(x)$ irgend eine Stammfunktion von $f(x)$, so ergibt sich das bestimmte Integral der Funktion $f(x)$ zwischen den Grenzen a und b zu

$$\int\limits_a^b \boldsymbol{f(x)\,dx = F(b) - F(a)}$$

Falls man eine Stammfunktion von $f(x)$ gefunden hat, erlaubt S 3, Flächeninhalte zu berechnen.

1. Da $[a, b]$ in $]c, d[$ liegt, ist $I(x)$ in a und in b beiderseitig differenzierbar.

Beispiele und zweckmäßige Schreibweise (vgl. S 2 bis 4 und D 4 und 5 von § 25):

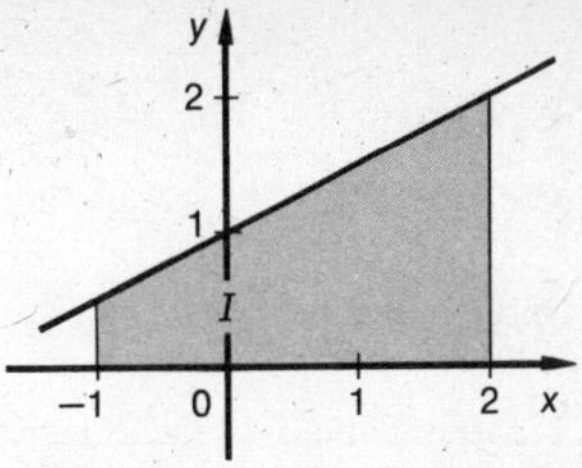

111.1. $y = 1 + \frac{1}{2}x$

a) In Fig. 111.1 ist $I = \int_{-1}^{2}\left(1 + \frac{1}{2}x\right) dx = \left[x + \frac{1}{4}x^2\right]_{-1}^{2}$

$$= (2+1) - \left(-1 + \frac{1}{4}\right) = 3\frac{3}{4}.$$

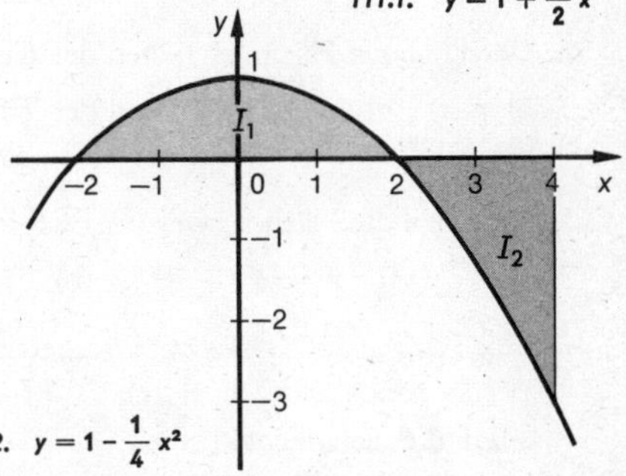

111.2. $y = 1 - \frac{1}{4}x^2$

b) Fig. 111.2: Die Parabel m. d. Gl. $y = 1 - \frac{1}{4}x^2$, die x-Achse und die Gerade $x = 4$ begrenzen die zwei Flächen:

$$I_1 = 2\int_0^2\left(1 - \frac{1}{4}x^2\right) dx = 2\left[x - \frac{1}{12}x^3\right]_0^2 =$$

$$= 2\left[\left(2 - \frac{2}{3}\right) - 0\right] = \underline{\underline{2\frac{2}{3}}}$$

$$I_2 = \int_2^4\left(1 - \frac{1}{4}x^2\right) dx = \left[x - \frac{1}{12}x^3\right]_2^4 = \left(4 - \frac{16}{3}\right) - \left(2 - \frac{2}{3}\right) = \underline{\underline{-2\frac{2}{3}}}$$

Die Gesamtfläche ist $I = |I_1| + |I_2| = \underline{\underline{5\frac{1}{3}}}$, während $\int_{-2}^{4}\left(1 - \frac{1}{4}x^2\right) dx = I_1 + I_2 = 0$ ist.

Aufgaben

13. Zeige an Hand von Fig. 109.4: $\lim\limits_{\Delta x \to 0} \frac{I(x) - I(x - \Delta x)}{\Delta x} = f(x)$, $(\Delta x > 0)$.

14. a) Leite den Satz „$I'(x) = f(x)$" her, wenn $f(x)$ stetig ist und monoton abnimmt.
b) Wie ändert sich die Herleitung an einer Stelle, wo die Monotonie wechselt?

15. Berechne: a) $\int_2^0 \frac{1}{4}x^3\,dx$ b) $\int_{-1}^0 x\,dx$ c) $\int_{-5}^{-2} 3\,dx$ d) $\int_{-3}^0 \frac{3}{2}t^2\,dt$

16. Berechne: a) $\int_0^6 (2x + 1)\,dx$ b) $\int_2^3 (6x^2 - x^3)\,dx$ c) $\int_{-1}^2 (4 - 6x - x^2)\,dx$

17. Berechne: a) $\int_{-\sqrt{3}}^0 \left(\frac{1}{3}x^3 - 3x\right) dx$ b) $\int_{-\sqrt{2}}^{\sqrt{2}} (x^2 - 6)\,dx$ c) $\int_{\sqrt{3}}^{\sqrt{6}} \left(\frac{1}{4}x^4 - x^2\right) dx$

Berechne in Aufg. 18 bis 20 den Inhalt des Flächenstücks, welches die Kurve mit der Gleichung $y = f(x)$ mit der x-Achse einschließt. Untersuche die Kurve.

18. a) $y = 8 - x^2$ b) $y = 3x - \frac{3}{4}x^2$ c) $y = \frac{1}{2}x^2 - \frac{1}{2}x - 3$

19. a) $y = 6x + 4x^2 + \frac{2}{3}x^3$ b) $y = 6 + \frac{5}{2}x^2 - \frac{1}{4}x^4$ c) $y = \frac{1}{6}x^4 - \frac{2}{3}x^3$

20. a) $y = \frac{1}{4}x^4 - 3x^2 + 9$ b) $y = \frac{1}{5}x^3 - 2x^2 + 5x$ c) $y = x^4 - 4x^3 + 4x^2$

Flächen zwischen zwei Kurven

21. Berechne die Fläche zwischen der Kurve und der Gerade mit der Gleichung
a) $y = 6 - \frac{1}{2}x^2;\quad y = 2$ b) $y = 0{,}6\,x^2 + 3x;\quad y = -1{,}5\,x$.

22. Berechne die Fläche zwischen der Kurve mit der Gleichung
a) $y = \frac{1}{4}x^4 - 2x^2 + 4$ und der Tangente im Hochpunkt,
b) $y = 2x - \frac{1}{3}x^3$ und der Normale im Wendepunkt.

23. Berechne die Flächen, welche die folgenden Kurven einschließen:
a) $y = x^3;\quad y = 2x - x^2$ b) $y = \frac{1}{3}x^2;\quad y = x - \frac{1}{12}x^3$

24. Eine bzgl. der y-Achse symmetrische Parabel 4. Ordnung hat in $P(2\,|\,0)$ einen Wendepunkt und geht durch $Q(4\,|\,-3)$. Wie groß ist die Fläche zwischen der Kurve und ihren Wendetangenten?

25. Eine Parabel 3. Ordnung berührt die x-Achse in O und schneidet sie in $P(6\,|\,0)$ unter 45°. Welche Fläche schließt sie mit der Tangente in P ein?

Die Menge der Stammfunktionen von $f(x)$

Bei einem *bestimmten Integral* $\int_a^b f(x)\,dx$ ist für jede der Grenzen a und b eine Zahl einzusetzen; das Integral ergibt dann eine bestimmte Zahl. Demgegenüber wird durch das Integral $\int_a^x f(t)\,d(t)$ nach S 2 eine Stammfunktion von $f(x)$ definiert, aus der durch Addition von Konstanten $C \in \mathbb{R}$ *jede* Stammfunktion von $f(x)$ erhalten wird. Man drückt dies dadurch in kurzer Form aus, daß man die Grenzen wegläßt und z. B. schreibt:

$$\int x\,dx = \frac{1}{2}x^2 + C, \quad \int x^2\,dx = \frac{1}{3}x^3 + C, \quad \int x^3\,dx = \frac{1}{4}x^4 + C, \quad \int dx = x + C.$$

D 3 Wenn $F'(x) = f(x)$ ist, so schreibt man $\int \boldsymbol{f(x)\,dx} = \boldsymbol{F(x) + C}$ und nennt $x \to F(x) + C$ die **Menge der Stammfunktionen von $f(x)$** (unbestimmtes Integral). $C \in \mathbb{R}$ bezeichnet man als **Integrationskonstante.**

Wie man durch Ableiten leicht nachprüft, gilt für $f(x) = x^n$ der Satz:

S 4 $\int \boldsymbol{x^n\,dx} = \boldsymbol{\frac{x^{n+1}}{n+1} + C}$, falls $n \in \{0, 1, 2, 3, \ldots\}$ ist.

Wir können nun sagen: Ist $f(x)$ gegeben und $f'(x)$ gesucht, so muß man *differenzieren.*
Ist $f'(x)$ gegeben und $f(x)$ gesucht, so muß man *integrieren.*

S 5 **Die Integration ist die Umkehrung der Differentiation.**

27 Vermischte Aufgaben

Funktionen

1. Zeichne die Schaubilder folgender Funktionen, untersuche Monotonie und Stetigkeit.

a) $y = \begin{cases} 1 & \text{für } -1 \leqq x < 1 \\ \frac{1}{x} & \text{für } 1 \leqq x \leqq 2 \\ \frac{x}{4} & \text{für } 2 < x \leqq 4 \end{cases}$ b) $y = \begin{cases} 4 & \text{für } -4 \leqq x < -2 \\ x^2 & \text{für } -2 \leqq x \leqq 1 \\ 2x-1 & \text{für } 1 < x \leqq 4 \end{cases}$

c) $y = \frac{1}{2}x - [x]$ für $-4 \leqq x \leqq 4$ d) $y = 2^{[x]}$ für $-1 \leqq x \leqq 3$ (vgl. § 8, Beispiel 7)

e) $y = x^2 - [x]$ für $x \geqq 0$. f) $y = \sqrt{x^2}$ für $-4 \leqq x \leqq 4$

g) $y = |x^2 - 4| + |2x|$; $x \in \mathbb{R}$ h) $y = \frac{x}{|x|} - \frac{2}{x}$ für $x \neq 0$

2. Gib zu den folgenden Funktionen die Umkehrfunktionen an. Zeichne.

a) $y = 4 - x$; $x \geqq 0$ b) $y = x^3 + 1$; $x \geqq 0$ c) $y = 2^x$; $x \in \mathbb{R}$

3. Folgende Funktionen sind abschnittsweise monoton. Aus welchen monotonen Einzelfunktionen bestehen sie, und welche Umkehrfunktionen haben diese Einzelfunktionen?

a) $y = |x^3|$ für $-2 \leqq x \leqq +2$ b) $y = x^2 \cdot |x|$ für $-3 \leqq x \leqq +3$

Stetigkeit und Differenzierbarkeit

10. Stelle fest, an welchen Stellen die folgenden Funktionen nicht stetig sind, und gib jeweils an, welche der drei Stetigkeitsbedingungen nicht erfüllt ist.

a) $y = \frac{4x}{4 - x^2}$ b) $y = \frac{x+1}{|x+1|} + x$ c) $y = 2^{\frac{1}{x-2}}$ d) $y = \frac{x^3 + x}{|x|}$

11. An welchen Stellen sind folgende Funktionen nicht differenzierbar?

a) $y = |x^3 - 1|$ für $-2 \leqq x \leqq +2$ b) $y = \sqrt[3]{x}$; $x \in \mathbb{R}_0^+$

c) $y = |4x - x^2|$ für $-1 \leqq x \leqq +5$ d) $y = \sqrt{x}$ für $x \geqq 0$

e) $y = \begin{cases} x^3 & \text{für } 0 \leqq x \leqq 1 \\ x^4 & \text{für } 1 < x \leqq 2 \end{cases}$ f) $y = \left|1 + \sqrt[3]{x}\right|$ für $0 \leqq x \leqq 8$

12. a) Weise nach, daß bei jeder ganzen rationalen Funktion 2. Grades $y = f(x)$ mit den Nullstellen x_1 und x_2 die Beziehung $f'(x_1) + f'(x_2) = 0$ gilt.

b) Weise nach, daß für jede ganze rationale Funktion 4. Grades, deren Graph symmetrisch zur der y-Achse verläuft und welche die Nullstellen x_1, x_2, x_3, x_4 hat, gilt:

$$f'(x_1) + f'(x_2) + f'(x_3) + f'(x_4) = 0$$

Ganze rationale Funktionen

13. a) Beweise, daß bei allen Kurven mit der Gleichung $y = a x^3 + b x^2$ $(a \neq 0;\ b \neq 0)$ der x-Wert des Wendepunkts das arithmetische Mittel der x-Werte der Extrempunkte ist,

b) Beweise dasselbe für $y = x^3 + a x^2 + b x + c$, wenn zwei Extremwerte existieren.

▶ **14.** Die Kurve mit der Gleichung $y = a + b x + c x^2 + d x^3 + e x^4$ habe die Gerade $x = k$ zur Symmetrieachse. Welche Bedingungen bestehen dann für a, b, c, d, e, k?

8—7369/2

15. Das zur y-Achse symmetrische Schaubild einer ganzen rationalen Funktion möglichst niedrigen Grades soll durch den Ursprung gehen, die Gerade $y = 4$ berühren und in $P_1(2\sqrt{2} \mid 0)$ die x-Achse schneiden. Wie heißt die Funktion?

16. Welche Werte, ausgedrückt in t, müssen bei der Parabel 3. Grades mit der Gleichung $y = t x^3 + a x^2 + b x$ die Koeffizienten a und b annehmen, wenn die Parabel bei $x = 1$ ihren höchsten Punkt und bei $x = 2$ ihren Wendepunkt haben soll? Bestimme t so, daß die Wendetangente durch den Punkt $(4 \mid -2)$ geht. Wie groß ist die dazu gehörende Subtangente? Zeichne die Kurve.

17. a) Zeige: Alle Kurven der Schar mit der Gleichung $y = x^3 + a x^2 - (3 t^2 + 2 a t) x$ $(a \in \mathbb{R};\ t \in \mathbb{R}^+)$ haben Extrempunkte auf der Gerade $x = t$.
b) Beweise: Bei festem t haben für alle a die Kurven zwei gemeinsame Punkte. Berechne diese Punkte.

18. Wie muß man u in $y = -\frac{1}{8} x^3 + u x^2$ wählen, damit das Schaubild bei $x_1 = 3$ einen Wendepunkt hat? Berechne für $u = \frac{3}{4}$ die Fläche zwischen der Normale im Wendepunkt, der Kurve und der y-Achse.

19. Zeichne das Schaubild von $y = x^5 - x^3 + \frac{x}{4}$ für $0 \leqq x \leqq 1$ (Einheit 10 cm) und berechne die Fläche, die von der Tangente im Ursprung und der Kurve begrenzt wird.

20. Untersuche $y = x^2 - 5 \mid x \mid + 4$ auf Symmetrie, Stetigkeit, Differenzierbarkeit und Integrierbarkeit. Berechne die Fläche, die die Kurve zwischen $x_1 = -1$ und $x_2 = +1$ mit der x-Achse einschließt. Welchen Inhalt hat die Fläche, welche die Kurve im 4. Feld mit der x-Achse einschließt?

21. Berechne den Inhalt des Flächenstücks, das von den Graphen der Funktionen $y = x^2 + 9$ und $y = x^4 + x^2 + 1$ begrenzt ist.

22. Untersuche und zeichne den Graph von $y = \frac{1}{8}(x^2 - 4x)$. Eine Parabel 3. Grades ist punktsymmetrisch bzgl. O und schneidet die gezeichnete Kurve zweimal auf der x-Achse. Die beiden Kurven stehen im Ursprung senkrecht aufeinander. Bestimme die Gleichung der Parabel 3. Grades, untersuche sie und zeichne ihren Graph.

23. Bestimme die Gleichung der Parabel 3. Grades, welche die Parabel mit der Gleichung $y = \frac{1}{4} x^2$ in O berührt und in $H\left(5 \mid \frac{25}{4}\right)$ ihren Hochpunkt hat. Berechne die Fläche A_1, die von beiden Kurven umschlossen wird. Bestimme $u > 5$ so, daß die Gerade $x = u$ mit den beiden Kurven die Fläche $A_2 = A_1$ begrenzt.

24. a) Das Schaubild der Funktion $y = a x^3 + b x^2 + c x + d$ geht durch den Ursprung und hat dort die Gerade $y = 2x$ als Wendetangente, außerdem schneidet es die x-Achse in $N(6 \mid 0)$. Bestimme a, b, c, d und zeichne die Kurve.
b) Berechne den Inhalt der von der Kurve, der x-Achse und den Geraden $x = 0$ und $x = 6$ umschlossenen Fläche.
c) Halbiere diese Fläche durch die Gerade $x = k$. Bestimme k.
d) Welche Steigung muß man der Wendetangente geben, damit der berechnete Flächeninhalt 12 Flächeneinheiten beträgt?

25. Eine Parabel 4. Grades schneidet die x-Achse in $P(4 \mid 0)$ und hat im Ursprung einen Wendepunkt mit waagrechter Tangente. Sie schließt mit der x-Achse eine Fläche von 6,4 Flächeneinheiten ein. Stelle die Gleichung der Kurve auf und zeichne das Schaubild. Wo trifft die schiefe Wendetangente die Kurve zum zweiten Mal?

26. Bestimme b so, daß $y = \frac{1}{4} x^4 + b x^3 + 4 x^2$ für $x = 4$ eine Nullstelle hat. Berechne den Inhalt der Fläche, die vom Graph der Funktion und der x-Achse im 1. Feld eingeschlossen wird. Beweise rechnerisch, daß die Kurve achsensymmetrisch bzgl. der Gerade $x = 2$ verläuft.

27. a) Bestimme die Stammfunktionen zu $f(x) = 3x^2 - 6x$. Wie lassen sich die Schaubilder aller Stammfunktionen aus *einem* Schaubild gewinnen? Bestimme die Gleichung des Schaubildes, das durch $P(-1 \mid -4)$ geht. Welchen Inhalt hat die Fläche, die es mit der x-Achse umschließt?
b) Welches dieser Schaubilder hat seinen Tiefpunkt auf der x-Achse?

28. Die Ableitung $y' = 1 - \frac{1}{4}x^2$ bestimmt eine Kurvenschar m. d. Gl. $y = f(x) + C$. Welche dieser Kurven geht durch $N_1(3 \mid 0)$? Bestimme nach dem Satz von S. 92 die beiden anderen Schnittpunkte dieser Kurve mit der x-Achse und berechne den Inhalt des über der x-Achse gelegenen Flächenstücks. Wie groß ist der Inhalt des unter der x-Achse gelegenen Flächenstücks?

29. a) Berechne die Fläche zwischen der Kurve mit der Gleichung $y = \frac{1}{2}x^3 - \frac{1}{8}x^4$ und der Gerade mit der Gleichung $y = x - 4$.
b) Dasselbe für $y = \frac{1}{2}x^3 - 4$ und $y = \frac{3}{2}x - 3$.

30. Zeige, daß die Graphen der Funktionen $y = \frac{8}{x^2}$ $(x \neq 0)$ und $y = 4 - \frac{x^2}{2}$ in P_1 und P_2 ohne Knick ineinander übergehen, also eine gemeinsame Tangente besitzen. Bestimme die Fläche, die begrenzt wird von der x-Achse, der Gerade $x = -4$, der 1. Kurve bis P_1, der 2. Kurve bis P_2, dann wieder von der 1. Kurve und der Gerade $x = 4$.

31. Berechne den Inhalt A des Parabelsegments, das die x-Achse von dem Schaubild der Funktion $y = ax - bx^2$ $(a > 0;\ b > 0)$ abschneidet und zeige, daß sich die Archimedische Formel $A = \frac{2}{3}s \cdot h$ ergibt, wobei s die Länge der Sehne auf der x-Achse und h die Höhe des Segments ist.

32. Durch die Funktion $y = \frac{1}{4}x^2$ ist eine Parabel gegeben. Die Sehne, die die Parabelpunkte P_1 und P_2 mit den x-Werten x_1 bzw. $x_2 > x_1$ verbindet, schneidet ein Parabelsegment ab. Zeige: Der Inhalt dieses Segments ist $A = \frac{1}{24}(x_2 - x_1)^3$.

33. Die Gerade $y = x + c$, $(c > 0)$, begrenzt einen Abschnitt der Parabel m. d. Gl. $y = x + \frac{1}{2}x^2$. Berechne den Flächeninhalt dieses Segments in Abhängigkeit von c. Bestimme denjenigen Wert c_1, für den diese Fläche $\frac{16}{3}$ Flächeneinheiten beträgt. Untersuche den Fall $c_2 = 0$.

34. Die Tangente im Punkt P_1 der Kurve mit der Gleichung $y = ax^3 + bx$ schneidet die Kurve in einem zweiten Punkt P_2. Berechne x_2 aus x_1 und a, b. Was fällt im Ergebnis auf?

Anwendungen

35. Der massive Fuß eines Stativs hat eine Form, die entsteht, wenn man das zwischen $x = -2$ und $x = 2$ gelegene Stück der Kurve mit der Gleichung $y = 0{,}25\,x^3$ um die Gerade mit der Gleichung $x = 3$ dreht. Berechne den Flächeninhalt des Achsenschnitts.

36. Ein wasserführender Stollen hat einen parabolischen Querschnitt mit 4 m Sohlenbreite und 3,8 m Scheitelhöhe. Wieviel m³ Wasser kann der Stollen in 1 sec führen bei einer zulässigen Höchstgeschwindigkeit des Wassers von 3,5 m/sec und einer Füllung bis $\frac{3}{4}$ der Scheitelhöhe?

37. In einem Induktionsapparat kann der Stromverlauf in der Primärspule näherungsweise dargestellt werden durch die Funktion

$$I = \begin{cases} I_0\,(a\,t + b\,t^2) & \text{für } 0\,\text{sec} \leqq t \leqq 2\,\text{sec} \\ I_0\,(c\,t^3 + d\,t^2 + e\,t + f) & \text{für } 2\,\text{sec} < t \leqq 3\,\text{sec} \end{cases}$$

mit $I_0 = 1\,\text{A}$, $a = 2\,\text{sec}^{-1}$, $b = -0{,}5\,\text{sec}^{-2}$, $c = 2\,\text{sec}^{-3}$, $d = -16\,\text{sec}^{-2}$, $e = 40\,\text{sec}^{-1}$, $f = -30$.

Welche Elektrizitätsmenge geht während dieses Stromstoßes durch die Leitung, wenn diese Menge durch den Inhalt der Fläche zwischen der Strom-Zeit-Kurve und der Zeitachse gemessen wird.

Lösen von Gleichungen

Die Gleichungen der Aufgaben 42 und 43 haben mindestens *eine* ganzzahlige Lösung. Suche sie nach Satz 14 von § 18 und bestimme dann die übrigen Lösungen nach Satz 11 von § 18.

42. a) $x^3 - 3x + 2 = 0$ b) $x^3 - 7x - 6 = 0$ c) $x^3 - 2x^2 - 3x + 10 = 0$
d) $x^3 - 4x^2 + x + 6 = 0$ e) $x^3 - 4x^2 - 4x - 5 = 0$ f) $x^3 - 5x^2 - 2x + 24 = 0$

43. Suche erst 2 ganzzahlige und dann die übrigen Lösungen der Gleichungen.
a) $x^4 + x^3 + 2x - 4 = 0$ b) $x^4 - x^3 - 11x^2 + 9x + 18 = 0$

Größte und kleinste Werte

44. Für welche $t \in \mathbb{R}$ hat jeder Tiefpunkt der Kurve mit der Gleichung $y = \frac{x^4}{4} - t^2 x^2$ einen Abstand von der x-Achse, der größer ist als 9?

45. Eine Parabel 3. Grades hat im Ursprung einen Wendepunkt und im Punkt $A(-2 \mid 2)$ eine waagrechte Tangente. Durch A geht außerdem eine Parabel 2. Grades, deren Achse die $+y$-Achse ist und deren Scheitel im Ursprung liegt. Untersuche und zeichne die Kurven. Für welches x aus $-2 \leqq x \leqq 0$ hat die Differenz der y-Werte beider Kurven ein Extremum?

46. Gegeben ist die Funktion $y = 3 - \frac{c^3}{2} x - \frac{1}{4} x^2 + \frac{c}{3} x^3$. Für welches c hat der Inhalt des Flächenstücks, das vom Schaubild der Funktion, der x-Achse und den Geraden $x = 0$ und $x = 3$ begrenzt ist, einen größten oder kleinsten Wert?

47. Gegeben ist die Parabelschar mit der Gleichung $y = (x - a)^2$ mit $0 < a \leqq 6$ und $0 \leqq x \leqq 4$. Berechne den Inhalt der Fläche zwischen der Parabel, der x-Achse und den Geraden $x = 0$ und $x = 6$. Für welches a hat diese Fläche den kleinsten Inhalt?

48. Die Kurve mit der Gleichung $y = x^2 - \frac{x^3}{6}$ $(0 \leqq x \leqq 6)$ und die x-Achse begrenzen im 1. Feld die Fläche A. Ein zur y-Achse paralleler Streifen mit der Breite 3 soll so gelegt werden, daß er aus der Fläche A ein Flächenstück möglichst großen Inhalts ausschneidet. Bestimme die Gleichung der beiden Parallelen, die den Streifen begrenzen.

49. Für welche Punkte der Kurve mit der Gleichung $y = \frac{1}{2}x^2 - 2x$ ist der Abstand vom Punkt $P(4 \mid 2)$ ein größter oder kleinster Wert?

50. In die Parabel mit der Gleichung $y = a - x^2$ soll ein Rechteck, dessen eine Seite auf der x-Achse liegt, so einbeschrieben werden, daß bei seiner Drehung um die y-Achse ein Zylinder größter Oberfläche entsteht. Berechne für $a_1 = 8$, $a_2 = 1$, $a_3 = \frac{1}{4}$ jeweils Grundkreisradius und Oberfläche.

53. Eine Parabel 3. Ordnung von der Gleichungsform $y = c\,x - a\,x^3$ geht durch $P_1(1 \mid 1)$ und durch $P_2(u \mid 0)$ mit $u > 1$. Wie groß ist der Inhalt der Fläche, den die Kurve im 1. Feld mit der x-Achse einschließt? Für welchen u-Wert ist dieser Inhalt am kleinsten und wie groß ist er dann? (Betrachte das Quadrat des Inhalts.)

54. Welche von allen Parabeln (2. Ordnung) mit der y-Achse als Symmetrieachse, die nach unten geöffnet sind und durch den Punkt $A(1 \mid 1)$ gehen, schließt die kleinste Fläche mit der x-Achse ein? Zeichne diese besondere Parabel und berechne dieses Minimum für den Flächeninhalt. (Betrachte das Quadrat des Inhalts).

Lös. siehe Rückseite

28 Produktregel und Quotientenregel

Produktregel

1 Leite $y = (1 - x) \cdot (4 - x)$ nach Ausmultiplizieren der Klammern ab und zeige, daß die Ableitung eines Produkts nicht gleich dem Produkt der Ableitungen der einzelnen Faktoren ist.

Es seien $u = f(x)$ und $v = g(x)$ Funktionen, die in einem gemeinsamen Bereich A differenzierbar sind. Wir wollen zeigen, daß dann auch $y = f(x) \cdot g(x)$ in A differenzierbar ist, und wir wollen eine Regel für die Ableitung eines Produkts herleiten.

Erste Herleitung (Fig. 117.1)

Aus den Graphen von $u = f(x)$ und $v = g(x)$ ergibt sich der Graph von $y = f(x) \cdot g(x)$ durch Multiplikation der u- und v-Werte, die zum gleichen x-Wert gehören.

Zu $x + \Delta x$ gehöre $u + \Delta u$, $v + \Delta v$, $y + \Delta y$.

Es ist dann: $\Delta y = (u + \Delta u)(v + \Delta v) - u\,v =$
$= u \cdot \Delta v + \Delta u \cdot v + \Delta u \cdot \Delta v$

Daraus folgt: $$\frac{\Delta y}{\Delta x} = u \cdot \frac{\Delta v}{\Delta x} + \frac{\Delta u}{\Delta x} \cdot v + \Delta u \cdot \frac{\Delta v}{\Delta x}$$

Strebt Δx gegen 0, so strebt Δu gegen 0 (warum?),

$\frac{\Delta u}{\Delta x}$ gegen $\frac{du}{dx}$, $\frac{\Delta v}{\Delta x}$ gegen $\frac{dv}{dx}$, $\frac{\Delta y}{\Delta x}$ gegen $\frac{dy}{dx}$,

also folgt:

$$\frac{dy}{dx} = y' = u \cdot v' + u' \cdot v + 0 \cdot v' = u' \cdot v + u \cdot v'.$$

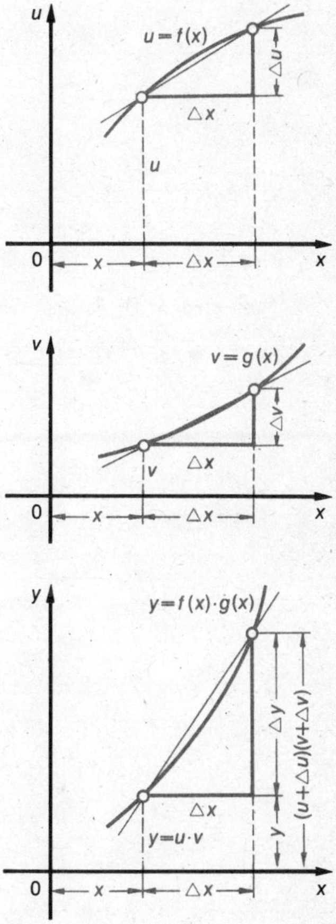

117.1.

S 1 **Produktregel:**
Die Ableitung von $y = u \cdot v$ ist $y' = u'v + uv'$.

Zweite Herleitung

Mit der Grundformel von S. 68 erhält man

$$y' = \lim_{h \to 0} \frac{f(x+h) \cdot g(x+h) - f(x) \cdot g(x)}{h}; \quad h \neq 0$$

III, 28

Wir formen den Zähler entsprechend um wie bei S 1 c) auf S. 50:

$$y' = \lim_{h \to 0} \frac{f(x+h) \cdot g(x+h) - f(x) \cdot g(x+h) + f(x) \cdot g(x+h) - f(x) \cdot g(x)}{h}; \quad h \neq 0$$

$$y' = \lim_{h \to 0} \left[\frac{f(x+h) - f(x)}{h} \cdot g(x+h) + f(x) \cdot \frac{g(x+h) - g(x)}{h} \right]; \quad h \neq 0$$

Nach S 1 von S. 50 erhält man hieraus (weil f und g differenzierbar und stetig sind):

$$y' = \lim_{h \to 0} \frac{f(x+h) - f(x)}{h} \cdot \lim_{h \to 0} g(x+h) + \lim_{h \to 0} f(x) \cdot \lim_{h \to 0} \frac{g(x+h) - g(x)}{h}; \quad h \neq 0$$

$$y' = f'(x) \cdot g(x) + f(x) \cdot g'(x) \quad \text{bzw.} \quad \boldsymbol{y' = u' \cdot v + u \cdot v' = \frac{du}{dx} \cdot v + u \cdot \frac{dv}{dx}}$$

Beispiel:

$y = (x^2 + 6x) \cdot (8 - 25x^2)$; $u = x^2 + 6x$; $v = 8 - 25x^2$; $u' = 2x + 6$; $v' = -50x$

$y' = (2x + 6) \cdot (8 - 25x^2) + (x^2 + 6x) \cdot (-50x) = -100x^3 - 450x^2 + 16x + 48$

Aufgaben

1. a) $y = (x + 1)(x + 4)$ b) $y = (x - 2) \cdot (3x + 5)$ c) $y = (1 - x)(35 + 12x)$
d) $y = (14 - 3x)(16 - 9x)$ e) $y = (-1{,}1x + 1{,}5)(1{,}8 - 2{,}5x)$

2. a) $y = (x - 4)(x^2 + 3)$ b) $s = (2t^3 - 5)(7 - 6t)$

3. a) $y = (3x^2 + x)(13x - 9x^2)$ b) $z = (t^2 + 2t + 1)(t^2 - 2t + 1)$
c) $y = (x^2 + 6x + 9)(x^2 + 6x + 9)$ d) $y = (2x^3 - 0{,}5x^2)(2x^3 - 0{,}5x^2)$

4. Multipliziere in Aufg. 1 bis 3 die Klammern aus, leite ab, mache so die Probe.

Leite auf doppelte Weise ab (a ist konstant):

5. a) $y = \frac{1}{2}(x + 5)(3x - 1)$ b) $y = \frac{3}{5}(4 + x)(1 - x^2)$ c) $y = 1{,}5(a^2 - x^2)(a^2 + x^2)$

6. a) $y = (x + 1)(x + 2)(4 - x)$ b) $s = (t + 2a) \cdot (2t + a)(2a - t)$

7. a) $y = (x + 1)^2$ b) $y = (x^2 + 4)^2$ c) $y = (a^3 - x^3)^2$

8. Was ergibt die Anwendung der Produktregel auf die Funktion (a, m sind konstant):
a) $y = x^2$ b) $y = mx$ c) $y = ax^n$ ($n \in \mathbb{N}$) d) $y = a \cdot f(x)$?

9. $u(x)$, $v(x)$, $w(x)$ seien differenzierbare Funktionen, a, b, c Konstanten. Leite ab:
a) $y = av$; $y = bw$; $y = cu$ b) $y = au + bv + cw$
c) $y = uv$; $y = uw$; $y = vw$ d) $y = u^2$; $y = v^2$ e) $y = u \cdot v \cdot w$

10. Leite $y = u \cdot v$ dreimal ab. Entwickle $(u + v)^3$ und vergleiche.

11. Die Seiten $u(t)$ und $v(t)$ eines Rechtecks vergrößern sich mit der Geschwindigkeit $\dot{u}$ und $\dot{v}$. Leite die Geschwindigkeit $\dot{A} = \lim_{\Delta t \to 0} \frac{\Delta A}{\Delta t}$ anschaulich her, mit der die Fläche A wächst.

12. Zeige: Sind $u(x)$ und $v(x)$ differenzierbare Funktionen, so ist $d(u \cdot v) = u\,dv + v\,du$.

13. Leite ab: a) $y = x \cdot f(x)$ b) $y = f'(x) \cdot f(x)$ c) $y = [f(x)]^2$

Quotientenregel

Sind die Funktionen $u = f(x)$ und $v = g(x)$ in A differenzierbar und bildet man den Quotienten $y = \frac{f(x)}{g(x)}$ für $g(x) \neq 0$, so ist auch der Quotient ableitbar und man erhält die

S 2 **Quotientenregel: Die Ableitung von** $y = \frac{u}{v}$ **ist** $y' = \frac{u'v - uv'}{v^2}$, $v \neq 0$.

Beweis: Wie bei der ersten Herleitung der Produktregel können wir schreiben:

$$\Delta y = \frac{u + \Delta u}{v + \Delta v} - \frac{u}{v} = \frac{v(u + \Delta u) - u(v + \Delta v)}{v(v + \Delta v)} = \frac{v \cdot \Delta u - u \cdot \Delta v}{v \cdot (v + \Delta v)}; \quad v \neq 0, \ v + \Delta v \neq 0.$$

$$\frac{\Delta y}{\Delta x} = \frac{1}{v(v + \Delta v)} \cdot \left[v \cdot \frac{\Delta u}{\Delta x} - u \cdot \frac{\Delta v}{\Delta x} \right], \text{ also } y' = \frac{1}{v^2}(u'v - uv').$$

Bemerkung: Da $g(x)$ differenzierbar, also auch stetig ist, so ist im Fall $g(x) \neq 0$ auch $g(x + \Delta x) = v + \Delta v \neq 0$, falls $|\Delta x|$ genügend klein ist.

Sonderfall (*Potenzregel für* $n \in \mathbb{Z}$): Ist $u = 1$ und $v = x^p$, ($p \in \mathbb{N}$), so ist $y = \frac{1}{x^p}$ und

$$y' = \frac{x^p \cdot 0 - 1 \cdot p \cdot x^{p-1}}{x^{2p}} = \frac{-p}{x^{p+1}} = -p\,x^{-p-1}; \quad \text{also: } y = x^{-p} \Rightarrow y' = (-p)\,x^{-p-1}.$$

Die Potenzregel (S. 63) gilt also auch für negative ganze Hochzahlen $n = -p$, also für $n \in \mathbb{Z}$.

Aufgaben (Gib zunächst den größtmöglichen Definitionsbereich der Funktionen an.)

Leite in Aufg. 14 bis 18 ab und bringe das Ergebnis auf die einfachste Form:

14. a) $y = \frac{x}{x+2}$ b) $y = \frac{x-2}{x+3}$ c) $y = \frac{5x}{3x+4}$ d) $y = \frac{2x+9}{4x-7}$

15. a) $y = \frac{1+x}{1-x}$ b) $y = \frac{5-x}{5+x}$ c) $s = \frac{15-7t}{17-8t}$ d) $w = \frac{11-6z}{-3z}$

16. a) $y = \frac{3x^2}{x^2-4}$ b) $y = \frac{9+5x^2}{3-2x^2}$ c) $u = \frac{2-x^3}{2+x^3}$ d) $v = \frac{0{,}1\,x^4-1}{0{,}2\,x^4}$

17. a) $y = \frac{6x}{15-x^2}$ b) $s = \frac{4t^2-5}{2t}$ c) $y = \frac{2x+x^2}{3x-4}$ d) $z = \frac{t^2-1{,}5\,t}{1+0{,}8\,t}$

18. a) $y = k \cdot \frac{a-bx}{a+bx}$ b) $y = \frac{ax^2+bx+c}{ax^2-bx+c}$ c) $s = \frac{a^2-bt+t^2}{abt}$

19. Zeichne die Schaubilder der Funktionen a) $y = \frac{5x^2}{x^2+2}$, b) $y = \frac{x^2-4}{x^2+1}$ samt Tangenten für $x \in \{0, \pm 1, \pm 2, \dots \pm 5\}$.

20. a) Zeige (mittels der Grundformel von S. 68), wenn a konstant ist:

$$y = \frac{a}{v(x)} \text{ hat die Ableitung } y' = -\frac{a \cdot v'(x)}{[v(x)]^2}, \quad (v(x) \neq 0)$$

b) Führe den Beweis von S 2 wie bei der 2. Herleitung von S 1 durch Einfügen zweier Glieder, die sich zu Null ergänzen.

21. Schreibe $y = u : v$ in der Form $v\,y = u$, leite beide Seiten der Gleichung nach x ab und bestätige so S 2 (unter der Voraussetzung, daß y differenzierbar ist).

22. Führe den Beweis der Potenzregel für negative ganze Hochzahlen
a) mit Hilfe der Produktregel, b) mit Hilfe der Grundformel (S. 68).

23. Leite die folgenden Funktionen von x mündlich ab (für $x \neq 0$):

a) x^{-1} $\quad x^{-2}$ $\quad x^{-4}$ $\quad x^{-7}$ $\quad x^{-10}$ $\quad x^{-15}$ $\quad x^{-19}$

b) $2\,x^{-3}$ $\quad 6\,x^{-5}$ $\quad -5\,x^{-6}$ $\quad \frac{1}{2}\,x^{-8}$ $\quad -\frac{2}{3}\,x^{-9}$ $\quad \frac{5}{6}\,x^{-12}$ $\quad 0{,}3\,x^{-20}$

c) $a\,x^4$ $\quad b\,x^{-1}$ $\quad 3\,c\,x$ $\quad -\frac{b}{a}\,x^{-2}$ $\quad \frac{1}{6}\,k\,x^3$ $\quad -\frac{3}{4}\,c\,x^{-16}$ $\quad 1{,}2\,a\,x^0$

d) $\frac{1}{x^3}$ $\quad -\frac{1}{x^5}$ $\quad \frac{2}{x^4}$ $\quad -\frac{3}{x^6}$ $\quad \frac{1}{2\,x^2}$ $\quad -\frac{3}{4\,x}$ $\quad \frac{7}{8\,x^{10}}$

e) $\frac{a}{x}$ $\quad \frac{1}{a\,x}$ $\quad -\frac{b}{x^2}$ $\quad \frac{2\,a}{b\,x^5}$ $\quad \frac{-a^2}{4\,x^3}$ $\quad \frac{1}{6\,a\,x^2}$ $\quad \frac{-4}{3\,b^2\,x}$

Leite in Aufg. 24 und 25 schriftlich zweimal ab (alle Nenner $N \neq 0$):

24. a) $y = \frac{3}{x^2}$ $\quad$ b) $y = \frac{1}{2\,x^4}$ $\quad$ c) $y = -\frac{1}{8\,x^6}$ $\quad$ d) $y = \frac{11}{12\,x}$

e) $s = \frac{5\,t^2}{4\,a^2}$ $\quad$ f) $s = \frac{4\,a^2}{5\,t^2}$ $\quad$ g) $z = \frac{a\sqrt{2}}{2\,b\,u}$ $\quad$ h) $w = \frac{1{,}5\,a\,b}{c\,z^4}$

25. a) $y = x^{-n}$ $\quad$ b) $y = a\,x^{-n-1}$ $\quad$ c) $y = \frac{x^{-2n}}{n}$ $\quad$ d) $y = \frac{x^{-n+1}}{n!}$

e) $y = \frac{1}{x^{n-2}}$ $\quad$ f) $y = \frac{k}{x^{2n-1}}$ $\quad$ g) $s = \frac{n!}{t^{n+1}}$ $\quad$ h) $s = \frac{n}{(n-1)\,t^{1-n}}$

26. Zeichne die Potenzkurven mit der Gleichung a) $y = \frac{4}{x}$, b) $y = \frac{8}{x^2}$ samt Tangenten für $x \in \{\pm 1, \pm 2, \pm 3, \pm 4\}$. Wie ändert sich y und y', wenn nacheinander für x die Zahlen $1, \frac{1}{2}, \frac{1}{4}, \frac{1}{8}, \ldots$ eingesetzt werden? Gib $\lim\limits_{x \to \pm 0} y$ und $\lim\limits_{x \to \pm 0} y'$ an.

27. Leite auf doppelte Weise ab ($x \neq 0$):

a) $y = \frac{x-3}{x}$ $\quad$ b) $y = \frac{4-x^2}{2\,x^2}$ $\quad$ c) $y = \frac{x+1}{10\,x^5}$ $\quad$ d) $y = \frac{x^4 - 2\,x^2 + 4}{6\,x^3}$

28. Leite ab (Nenner $\neq 0$) a) $y = \frac{1}{x+1}$ $\quad$ b) $y = \frac{1}{x^2-4}$ $\quad$ c) $y = \frac{k}{a\,x^2 + b\,x + c}$.
Führe mittels Aufg. 20 a) jeweils die Probe durch.

29. Leite ab (Nenner $\neq 0$):

a) $y = \frac{1}{1+x} - \frac{1}{1-x}$ $\quad$ b) $y = \frac{1}{4\,x^2} - \frac{1}{2\,x^2-1}$ $\quad$ c) $s = \frac{t}{a^2-t^2} - \frac{a^2-t^2}{t}$

30. Suche durch Überlegen und Nachprüfen Funktionen („*Stammfunktionen*"), welche die folgende Ableitung haben (Nenner $N \neq 0$):

a) $\frac{1}{x^2}$ $\quad$ b) $\frac{2}{x^3}$ $\quad$ c) $\frac{-6}{x^4}$ $\quad$ d) $\frac{1}{x^n}$, $n \in \{2, 3, 4 \ldots\}$

31. Zeige: Sind $u(x)$ und $v(x)$ differenzierbar und ist $v(x) \neq 0$, so ist $d\left(\frac{u}{v}\right) = \frac{v\,du - u\,dv}{v^2}$.

Bemerkung: Hier kann § 30 angeschlossen werden.

29 Verkettung von Funktionen. Kettenregel

Verkettung von Funktionen

❶ Setze $u = 1 - x^2$ in $y = \sqrt{u}$ ein und bilde so eine neue Funktion. Welche Zahlbereiche kommen für x (für u, für y) in Frage?

❷ Zerlege folgende Funktionen in Hilfsfunktionen $y = f(u)$ und $u = g(x)$ wie in Vorüb. 1:
a) $y = \sqrt{4 - x^2}$, b) $y = (6x^2 - 5)^3$, c) $y = 2^{3-x}$.

D 1 Sind A, B, C drei gegebene Mengen und ordnet eine Funktion g jedem Element $x \in A$ ein Element $u \in B$ zu, ordnet ferner eine Funktion f jedem dieser Elemente $u \in B$ genau ein Element $y \in C$ zu, so ist dadurch eine Funktion F definiert, die jedem $x \in A$ das betreffende Element $y \in C$ zuordnet (Fig. 121.1). Man sagt dann: F ist durch **Verkettung** von f und g entstanden. Für Funktionen, die durch *Funktionsgleichungen* auf Intervallen definiert sind, kann man D 1 in der Form ausdrücken:

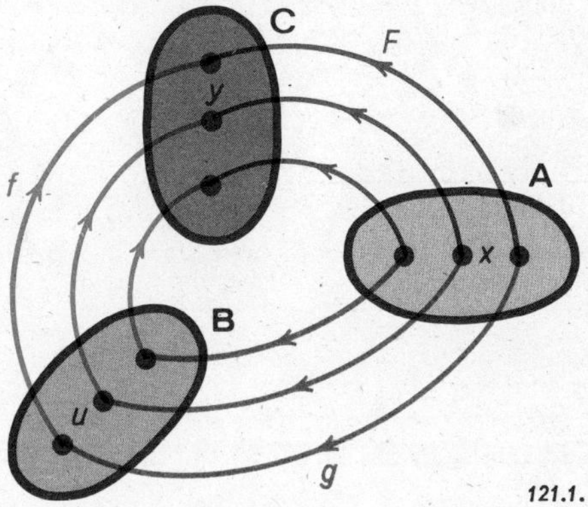

121.1.

Es sei

D 2 $u = g(x)$ in $A = \{x \mid x_1 \leqq x \leqq x_2\}$ definiert und habe dabei den Wertebereich $B = \{u \mid u_1 \leqq u \leqq u_2\}$, ferner sei $y = f(u)$ in B definiert, dann heißt $y = F(x) = f[g(x)]$ für $x \in A$ eine *durch Verkettung entstandene Funktion.* Man nennt oft $u = g(x)$ die innere und $y = f(u)$ die äußere Funktion.

Beispiel: Ist $u = \frac{2}{x}$ und $y = \sqrt{\frac{5}{2}u}$, so erhält man $y = \sqrt{\frac{5}{x}}$
mit $A = \left\{x \,\middle|\, \frac{1}{5} \leqq x \leqq 5\right\}$, $B = \{u \mid 10 \geqq u \geqq 0{,}4\}$ und $C = \{y \mid 5 \geqq y \geqq 1\}$.

Aufgaben

1. Verkette $y = f(u)$ mit $u = g(x)$:
   a) $y = u^3$; $u = \frac{1}{2}x$, b) $y = u^4$; $u = \frac{1}{x-2}$, c) $y = \frac{1}{u^2}$, $u = 2x - x^2$
   Gib jedesmal die Wertebereiche von u und y an, wenn $0 < x < 2$ ist.

2. Zerlege folgende Funktionen in Hilfsfunktionen $y = f(u)$ und $u = g(x)$:
   a) $y = (x^2 - 4)^2$ b) $y = c(x-a)^n$ c) $y = \left(\frac{1-x^2}{1+x^2}\right)^3$ d) $y = \sqrt[3]{2x+3}$

▸ 3. Zeichne ein Schaubild von $y = (-1)^{[x]}$. Welche Eigenschaften hat es? (Vgl. § 8, Bsp. 7.)

▸ 4. Welche Veränderung erfährt der Graph der Funktion $y = f(x)$, wenn man x ersetzt durch a) $2x$, b) kx, c) $-x$, ▸d) $2 - x$, ▸e) $a + bx$?

Ableitung von $y = u^n = [g(x)]^n$, $(n \in \mathbb{N})$

❸ Leite $y = (a\,x + b)^2$ mit Hilfe der Produktregel ab (setze $u = a\,x + b$).

❹ Wie leitet man nun $y = (a\,x + b)^3$ ab, wie $y = (a\,x + b)^4$ usw.?

Ist $u = g(x)$ differenzierbar und $y = u^2 = u \cdot u$, so ist $\frac{dy}{dx} = y' = u\,u' + u\,u' = 2\,u \cdot u'$.
Ist $y = u^3 = u^2 \cdot u$, so ergibt die Produktregel $y' = 2\,u\,u' \cdot u + u^2 \cdot u' = 3\,u^2 \cdot u'$.
Ist $y = u^4 = u^3 \cdot u$, so erhält man ebenso $y' = 3\,u^2\,u' \cdot u + u^3 \cdot u' = 4\,u^3 \cdot u'$, usw.
Für ganze positive Hochzahlen n vermutet man daher den Satz:

S 1 **Ist $y = u^n$ und $u = g(x)$, so ist** $\frac{dy}{dx} = n \cdot u^{n-1} \cdot \frac{du}{dx}$ bzw.

$$y' = n \cdot u^{n-1} \cdot u', \quad (n \in \mathbb{N}).$$

Beweis: I) Der Satz ist richtig für $n \in \{1, 2, 3, 4\}$.

II) Der Satz sei richtig für ein gewisses n; für *dieses* n habe also $y = u^n$ die Ableitung $y' = n \cdot u^{n-1} \cdot u'$. Dann hat $y = u^{n+1} = u^n \cdot u$ nach der Produktregel die Ableitung $y' = n \cdot u^{n-1} \cdot u' \cdot u + u^n \cdot u' = (n+1) \cdot u^n \cdot u'$. Der Satz gilt also auch für die Hochzahl $n + 1$.

III) Da der Satz für $n = 4$ gilt, so gilt er nach II) auch für $n = 5$; da er für $n = 5$ gilt, gilt er auch für $n = 6$, usw. Er gilt also für alle $n \in \mathbb{N}$. (Vgl. § 6, vollständige Induktion.)

Aufgaben

Leite in Aufg. 5 bis 9 ab:

5. a) $y = (5\,x + 3)^2$ b) $y = (2\,x - 7)^3$ c) $y = (1 - x)^4$ d) $y = (8 - 3\,x)^5$

6. a) $y = (x + a)^2$ b) $y = (a - x)^3$ c) $y = (a\,x + b)^4$

7. a) $y = (x^2 + 1)^2$ b) $y = (4 - 3\,x^2)^2$ c) $y = (1 - 2\,x^3)^2$

8. a) $y = (-x^3 + x)^2$ b) $y = (x^4 - c^2\,x^2)^3$ c) $y = (a^3 - x^3)^2$

9. a) $y = (x^2 + 3\,x - 4)^2$ b) $y = (1 - 2x + 5x^2)^3$ c) $y = (x^5 - x^3 - 4\,x)^2$

10. Leite folgende Funktionen ab, wenn $u = g(x)$ ist. Vergleiche d) mit S 1.
a) $y = 1 : u^2$ b) $y = 1 : u^3$ c) $y = 1 : u^5$ d) $y = 1 : u^p, (p \in \mathbb{N})$

Leite die Funktionen in Aufg. 11 bis 15 ab:

11. a) $y = \frac{1}{(5\,x + 3)^2}$ b) $y = \frac{1}{(4 - x)^3}$ c) $y = \frac{1}{(7 - 6\,x)^4}$ d) $s = \frac{1}{a + b\,t}$

12. a) $y = \frac{1}{(x^2 - 2)^3}$ b) $y = \frac{1}{(1 - 4\,x^2)^2}$ c) $y = \frac{1}{(a^3 - x^3)^2}$ d) $y = \frac{1}{(x^3 - a^2\,x)^4}$

13. a) $y = (2\,x - 1)\,(3\,x + 4)^2$ b) $y = (5 - 7\,x)^2\,(1 - x)$ c) $y = (a + x)^3\,(a - x)^3$

14. a) $y = (x^2 + 1)^2\,(x^2 - 1)$ b) $s = (1 - t^2)\,(1 - t)^2$ c) $s = (a + b\,t)^2\,(a - b\,t)^2$

15. a) $y = \left(\frac{3\,x + 2}{3\,x - 2}\right)^2$ b) $y = \frac{1 + 2\,x}{(2 - x)^2}$ c) $s = \frac{(a - t)^2}{(a + t)^2}$

16. Zeichne ein Schaubild von $y = (0{,}5\,x - 1)^3$ samt Tangenten für $x \in \{-2, -1, \ldots, 6\}$.

17. Es sei $y = f(u) = a\,u^2 + b\,u + c$ und $u = g(x)$. Zeige: $y' = f'(u) \cdot u'$.

§ 18, No (S 177)

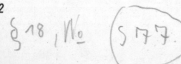

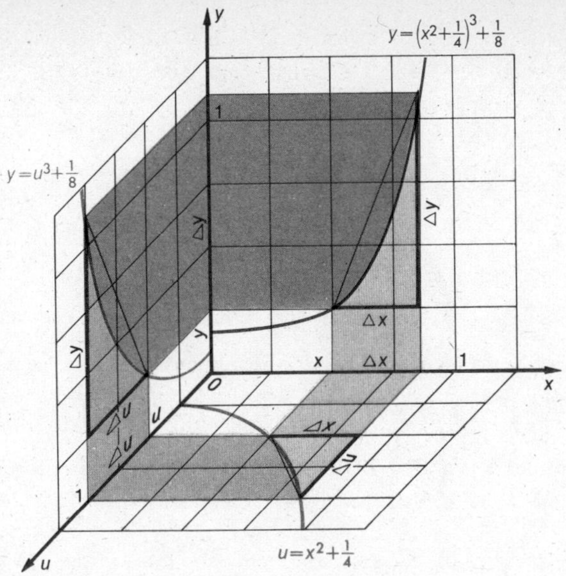

123.1. Kettenregel

Die Kettenregel

Erste Form der Herleitung (an Hand von Fig. 123.1)

Erzeugt man den Graphen der verketteten Funktion $y = F(x) = f[g(x)]$ aus den Graphen der Funktionen $u = g(x)$ und $y = f(u)$, so wie dies in Fig. 123.1 dargestellt ist, so sieht man, daß aus der Änderung von x um Δx die Änderung von u um Δu und die Änderung von y um Δy folgt. Die zugehörigen Sekantensteigungen sind $\frac{\Delta y}{\Delta x}$ bzw. $\frac{\Delta y}{\Delta u}$ und $\frac{\Delta u}{\Delta x}$. Zwischen ihnen besteht die Beziehung $\frac{\Delta y}{\Delta x} = \frac{\Delta y}{\Delta u} \cdot \frac{\Delta u}{\Delta x}$, $(\Delta x \neq 0,\ \Delta u \neq 0)$. Sind $g(x)$ und $f(u)$ differenzierbar und strebt Δx gegen 0, so strebt auch Δu gegen 0, ferner strebt $\frac{\Delta u}{\Delta x}$ gegen $g'(x)$ und $\frac{\Delta y}{\Delta u}$ gegen $f'(u)$, also $\frac{\Delta y}{\Delta x}$ gegen $\lim\limits_{\Delta x \to 0}\left[\frac{\Delta y}{\Delta u} \cdot \frac{\Delta u}{\Delta x}\right] = f'(u) \cdot g'(x)$.
Es ist also auch $y = F(x)$ differenzierbar, und es gilt: $F'(x) = f'(u) \cdot g'(x)$, in anderer Form:

S 2 **Kettenregel:** Es sei $u = g(x)$ in $x_1 \leqq x \leqq x_2$ differenzierbar und habe dort den Wertevorrat $u_1 \leqq u \leqq u_2$; ferner sei $y = f(u)$ in $u_1 \leqq u \leqq u_2$ differenzierbar, dann ist die verkettete Funktion $y = f[g(x)] = F(x)$ in $x_1 \leqq x \leqq x_2$ differenzierbar und es gilt:

$$\boldsymbol{F'(x) = f'(u) \cdot g'(x) = f'(u) \cdot u'} \qquad \text{(I)}$$

Bemerkungen:

1. Man kann die Kettenregel so aussprechen: Die Ableitung von y nach x ist gleich Ableitung von y nach u mal Ableitung von u nach x.

2. Bei den Herleitungen von S 2 wurde vorausgesetzt, daß $\Delta x \neq 0$ und $\Delta u \neq 0$ ist. Von vornherein wird stets $\Delta x \neq 0$ gewählt. Es kann aber $\Delta u = 0$ sein (Fig. 123.2). Daß S 2 auch in diesem Fall gilt, zeigen wir hier nicht. (Vgl. Vollausg.)

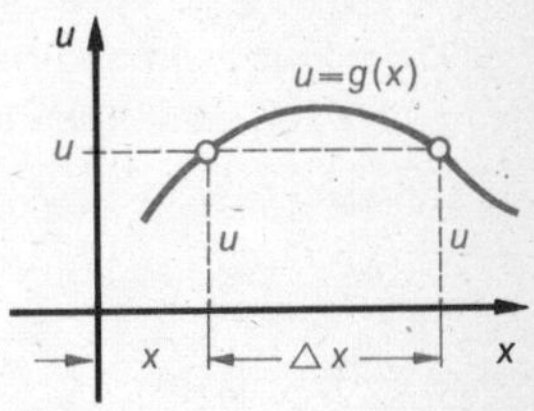

123.2.

3. Die Kettenregel ist eine der am meisten gebrauchten Regeln der Differentialrechnung.

4. Die Kettenregel (I) läßt sich mittels Differentialquotienten (vgl. S. 99) für $dx \neq 0$ und $du \neq 0$ in der leicht merkbaren Form schreiben: $\frac{dy}{dx} = \frac{dy}{du} \cdot \frac{du}{dx}$.

Aufgaben

18. a) Zeichne $y = u^3 + \frac{1}{8}$ und $u = x^2 + \frac{1}{4}$ (Einheit 5 cm) und konstruiere daraus das Bild von $y = (x^2 + \frac{1}{4})^3 + \frac{1}{8}$ für $0 \leqq x \leqq 1{,}5$. Bilde $\frac{dy}{dx}$.

b) Mache dasselbe für $y = \frac{1}{4}u^2$ und $u = \frac{1}{2}x + 1$ (Einheit 1 cm) und $-4 \leqq x \leqq 4$.

19. Leite nach der Kettenregel ab; gib den Definitionsbereich an (a, c, g sind konstant):

a) $y = \left(\frac{3-4x}{3+4x}\right)^2$ b) $y = \left(\frac{x^2-a^2}{x^2+a^2}\right)^3$ c) $y = \left(\frac{c}{a-x}\right)^4$ d) $s = \frac{1}{(c-gt)^n}$

21. Suche Stammfunktionen $F(x)$ zu folgenden Funktionen und mache die Probe:

a) $y = (x-3)^3$ b) $y = (3-x)^3$ c) $y = (6-2x)^3$ d) $y = f'(a-bx)$

22. a) $\int (x+4)^2\,dx$ b) $\int (2x+1)^4\,dx$ c) $\int (5-x)^4\,dx$ ▸d) $\int (4-3x)^3\,dx$

23. a) $\int\limits_0^2 \left(\frac{1}{2}x + 1\right) dx$ b) $\int\limits_0^2 (2-x)^3\,dx$ c) $\int\limits_{-1}^3 \frac{1}{4}(1-x)^4\,dx$ ▸d) $\int\limits_{-1}^1 \frac{5\,dx}{(2x+3)^2}$

30 Gebrochene rationale Funktionen

Definition und Stetigkeit

❶ Setze in $f(x) = \frac{4}{x}$ a) $x \in \{1;\ 0{,}1;\ 0{,}01;\ 0{,}001;\ \ldots\}$, b) $x \in \{-1;\ -0{,}1;\ -0{,}01;\ -0{,}001,\ \ldots\}$.
Was ergibt sich für $\lim\limits_{x \to +0} f(x)$ und $\lim\limits_{x \to -0} f(x)$? Zeichne ein Schaubild. Was ergibt die Einsetzung von 0 für x?

❷ Stelle eine Wertetafel auf und zeichne ein Schaubild für $y = \frac{x^2-1}{x-1} = (x+1) \cdot \frac{x-1}{x-1}$, $(x \neq 1)$.

❸ Setze in $f(x) = \frac{2x}{x-1}$

a) $x \in \{1{,}5;\ 1{,}1;\ 1{,}01;\ 1{,}001;\ \ldots\}$,

b) $x \in \{0{,}5;\ 0{,}9;\ 0{,}99;\ 0{,}999;\ \ldots\}$.

Gib $\lim\limits_{x \to 1+0} f(x)$ und $\lim\limits_{x \to 1-0} f(x)$ an.

Zeichne ein Schaubild.

D 1 Eine Funktion $\boldsymbol{y = R(x) = \frac{f(x)}{g(x)} = \frac{a_0 + a_1 x + a_2 x^2 + \cdots + a_n x^n}{b_0 + b_1 x + b_2 x^2 + \cdots + b_m x^m}}$ (I)

bezeichnet man als **gebrochene rationale Funktion** (vgl. S. 54).
Dabei ist $a_k, b_k \in \mathbb{R}$, $a_n \neq 0$, $b_m \neq 0$, $m \in \mathbb{N}$, $n \in \mathbb{N}_0$.
Ist $m = 0$, so ist $g(x) = b_0 \neq 0$; $R(x)$ ist dann eine *ganze rationale Funktion*. Die ganzen und die gebrochenen rationalen Funktionen bilden die **Menge der rationalen Funktionen.**
Da $f(x)$ und $g(x)$ für alle $x \in \mathbb{R}$ definiert und stetig sind, so gilt nach § 13:

S 1 *Die gebrochene rationale Funktion* $y = f(x) : g(x)$ ist für $x \in \mathbb{R}$ *definiert und stetig mit Ausnahme der Nullstellen des Nenners* $g(x)$. Deren Anzahl ist höchstens gleich m.

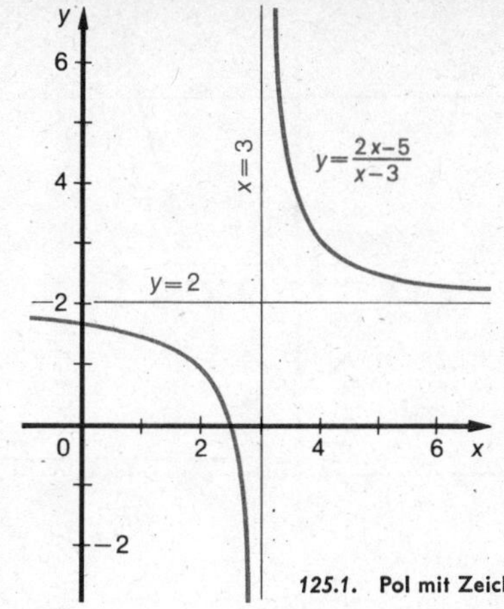

125.1. **Pol mit Zeichenwechsel**

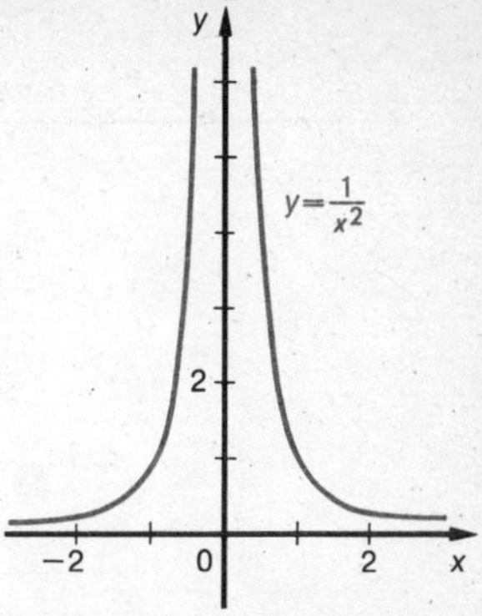

125.2. **Pol ohne Zeichenwechsel**

An den Nullstellen von $g(x)$ hat die Funktion $f(x) : g(x)$ eine *Definitionslücke* und ist dort *weder stetig noch unstetig.* Ist x_1 eine Nullstelle von $g(x)$, so können zwei Fälle eintreten:

1. Fall: Es ist $f(x_1) = c \neq 0$. Dann ist $\lim\limits_{x \to x_1} f(x) = c$ und $\lim\limits_{x \to x_1} g(x) = 0$, also $\lim\limits_{x \to x_1} \frac{f(x)}{g(x)} = +\infty$ oder $\lim\limits_{x \to x_1} \frac{f(x)}{g(x)} = -\infty$ (vgl. Beispiel 1 und 2).
Man sagt dann:

D 2 Die Funktion $R(x)$ hat bei x_1 eine **Unendlichkeitsstelle** (einen **Pol**). Der Graph der Funktion kommt von beiden Seiten beliebig nahe an die Parallele zur y-Achse mit der Gleichung $x = x_1$ heran. Man nennt diese zur y-Achse parallele Gerade eine **Asymptote** der Kurve.

Beispiel 1 (Fig. 125.1): $y = \frac{2x-5}{x-3}$ hat die Asymptote $x = 3$. Für die Nullstelle $x_1 = 3$ des Nenners gilt: $\lim\limits_{x \to 3+0} y = +\infty$ und $\lim\limits_{x \to 3-0} y = -\infty$, je nachdem also x
D 3 von rechts oder links gegen 3 strebt. Man hat einen „*Pol mit Zeichenwechsel*".

Beispiel 2 (Fig. 125.2): $y = \frac{1}{x^2}$ hat die Asymptote $x = 0$. Für die Nullstelle $x_1 = 0$
D 4 des Nenners gilt: $\lim\limits_{x \to 0} y = +\infty$, einerlei, ob x von rechts oder von links gegen 0 strebt.
Man hat einen „*Pol ohne Zeichenwechsel*".

2. Fall: Es ist $f(x_1) = 0$; x_1 ist also auch Nullstelle des Zählers $f(x)$. Nach § 18 hat dann $y = R(x) = \frac{f(x)}{g(x)}$ die Form $y = \frac{(x-x_1)^p \cdot u(x)}{(x-x_1)^q \cdot v(x)}$ mit $p, q \in \mathbb{N}$; $u(x_1) \neq 0$, $v(x_1) \neq 0$.
Für $x \neq x_1$ kann man mit $(x-x_1)^q$ kürzen und erhält $y = (x-x_1)^{p-q} \cdot \frac{u(x)}{v(x)}$.

a) Ist $p = q$, so ist $\lim\limits_{x \to x_1} y = \frac{u(x_1)}{v(x_1)} = c \neq 0$.

b) Ist $p > q$, so ist $\lim\limits_{x \to x_1} y = 0 \cdot \frac{u(x_1)}{v(x_1)} = 0$.

Die Lücke bei x_1 kann man beheben, wenn man definiert: $R(x_1) = c$. (bei a) bzw. $R(x_1) = 0$. (bei b)

c) Ist $p < q$, so ist $\lim\limits_{x \to x_1} y = \lim\limits_{x \to x_1} \left[\frac{1}{(x-x_1)^{q-p}} \cdot \frac{u(x)}{v(x)}\right] = \begin{cases} +\infty \\ -\infty \end{cases}$. Die Kurve hat bei x_1 einen *Pol*.

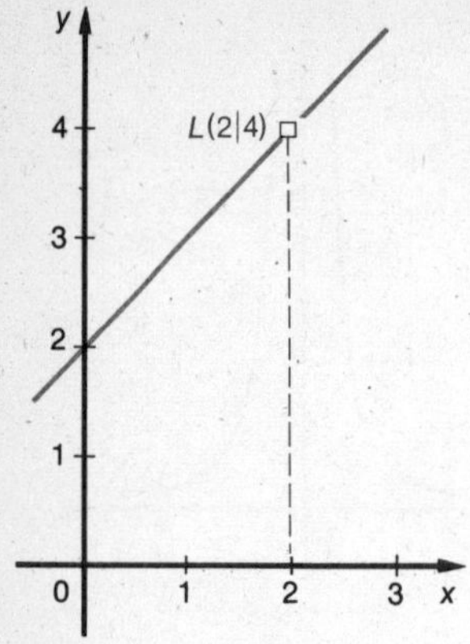

126.1. Lücke $L(2\,|\,4)$

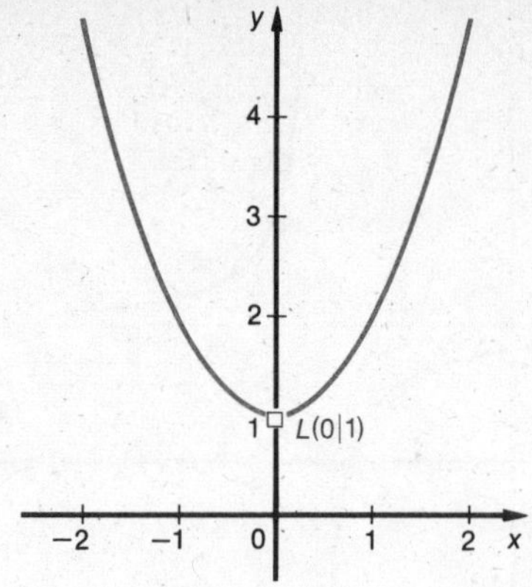

126.2. Lücke $L(0\,|\,1)$

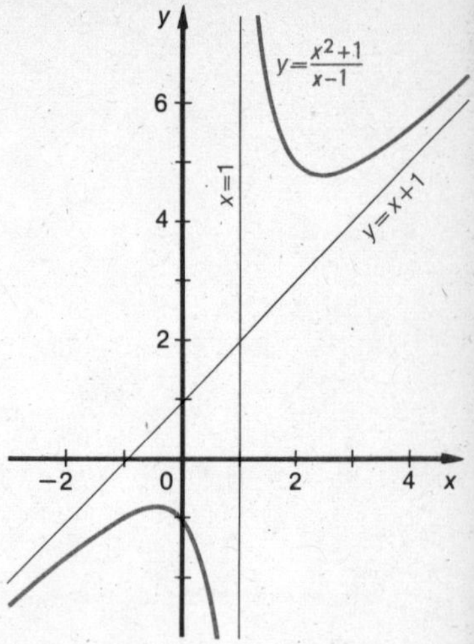

126.3.

Beispiel zu a) (Fig. 126.1): $y = \frac{x^2 - 4}{x - 2} = \frac{x - 2}{x - 2} \cdot (x + 2)$

Für $x \neq 2$ ist $y = x + 2$; Gerade ohne Punkt $(2\,|\,4)$

Beispiel zu b) (Fig. 126.2): $y = \frac{x^3 + x}{x} = \frac{x}{x}(x^2 + 1)$

Für $x \neq 0$ ist $y = x^2 + 1$, Parabel ohne Punkt $(0\,|\,1)$.

Beispiel zu c) (Fig. 125.1): $y = \frac{2x^2 - 11x + 15}{x^2 - 6x + 9} = \frac{(x-3)}{(x-3)^2} \cdot (2x - 5) = \frac{x-3}{x-3} \cdot \frac{2x-5}{x-3}$.

Für $x \neq 3$ ist $y = \frac{2x-5}{x-3}$. Wie könnte man die Lücken beheben?

Verhalten für x gegen $\pm\infty$

Kürzt man in Gleichung (I) mit x^m (vgl. Aufg. 4) so erhält man den Satz:

S 2 *Strebt x gegen $\pm\infty$, so strebt* $y = \frac{f(x)}{g(x)} = \frac{a_0 + a_1 x + a_2 x^2 + \cdots + a_n x^n}{b_0 + b_1 x + b_2 x^2 + \cdots + b_m x^m}$

a) *gegen* 0, *falls $n < m$ ist. Das Schaubild hat die Asymptote* $y = 0$.

b) *gegen* $c = a_n : b_m \neq 0$, *falls* $n = m$ ist. *Das Schaubild hat die Asymptote* $y = c$.

c) *gegen* $\pm\infty$, *falls* $n > m$ ist.

Beispiel zu a): Für $y = \frac{1}{x^2}$ ist $\lim\limits_{x \to \pm\infty} y = 0$. $y = 0$ ist *Asymptote* (Fig. 125.2).

zu b): Für $y = \frac{2x-5}{x-3}$ ist $\lim\limits_{x \to \pm\infty} y = \lim\limits_{x \to \pm\infty} \frac{2 - \frac{5}{x}}{1 - \frac{3}{x}} = 2$. *Asymptote* $y = 2$ (Fig. 125.1).

zu c): Für $y = \frac{x^2+1}{x-1}$ ist $\lim\limits_{x \to +\infty} y = \lim\limits_{x \to +\infty} \frac{x + \frac{1}{x}}{1 - \frac{1}{x}} = +\infty$, $\lim\limits_{x \to -\infty} \frac{x + \frac{1}{2}}{1 - \frac{1}{x}} = -\infty$ (126.3).

In Beispiel c) ist $y = \frac{x^2+1}{x-1} = \frac{(x^2-1)+2}{x-1} = x+1+\frac{2}{x-1}$ für $x \neq 1$.

Da nun $\lim\limits_{x \to \pm\infty} \frac{2}{x-1} = 0$ ist, so strebt die Differenzfunktion $\frac{x^2+1}{x-1} - (x+1)$ gegen 0, für x gegen $\pm\infty$. Wir sagen dann: Außer der Gerade $x = 1$ ist auch die Gerade $y = x + 1$ *Asymptote* der Kurve m. d. Gl. $y = \frac{x^2+1}{x-1}$.

Ist $n \geqq m$, so läßt sich (I) immer als Summe einer ganzen rationalen Funktion und einer gebrochenen rationalen Funktion darstellen, bei welcher der Zähler von niedrigerem Grad als der Nenner ist.

Beispiele: a) Im vorstehenden Beispiel c) ist $y = \frac{x^2+1}{x-1} = x+1+\frac{2}{x-1}$.

b) $y = \frac{2x-5}{x-3} = \frac{(2x-6)+1}{x-3} = 2 + \frac{1}{x-3}$

Asymptoten: $x = 3$ und $y = 2$ (Fig. 125.1)

Die Kurve ist eine rechtwinklige Hyperbel.

c) $y = \frac{1}{6} \cdot \frac{x^3}{x-2}$

Durch „Ausdividieren" erhält man (siehe unten):

$$y = \frac{1}{6}(x^2+2x+4) + \frac{4}{3(x-2)}$$

Wegen $\lim\limits_{x \to \pm\infty} \frac{4}{3(x-2)} = 0$ ist die Parabel m. d. Gl. $y = \frac{1}{6}(x^2+2x+4)$ „*Näherungskurve*" für große $|x|$. Außerdem ist $x = 2$ eine *Asymptote* parallel zur y-Achse (Fig. 127.1).

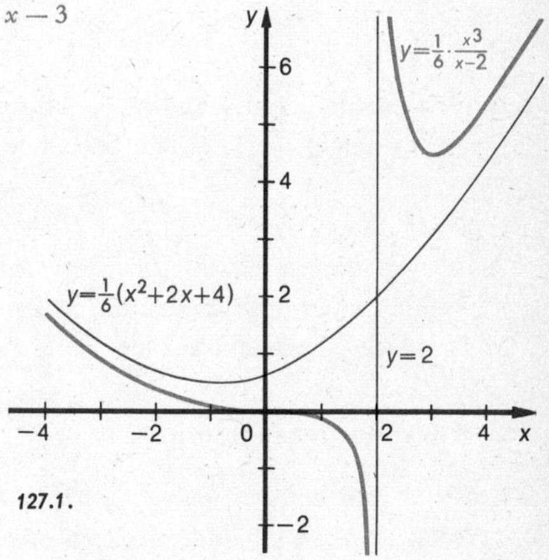

127.1.

S 3 Aus den Beispielen und Gleichung (I) folgt, daß für das Bild von $R(x)$ gilt:

Ist $n \geqq m$, so ist „*Näherungskurve*" für große $|x|$:
1. bei $n = m$ eine Parallele zur x-Achse,
2. bei $n = m + 1$ eine „schiefe" Gerade,
3. bei $n \geqq m + 2$ der Graph einer ganzen rationalen Funktion vom Grad $n - m$.

$$x^3 : (x-2) = x^2 + 2x + 4 + \frac{8}{x-2}$$

$$\begin{array}{l} x^3 - 2x^2 \\ \hline \quad 2x^2 \\ \quad 2x^2 - 4x \\ \hline \qquad 4x \\ \qquad 4x - 8 \\ \hline \qquad\quad 8 \end{array}$$

Aufgaben

1. Bestimme den Grenzwert von y für x gegen 0 (von rechts und links):

a) $y = \frac{4}{x}$ b) $y = \frac{5}{2x^2}$ c) $y = \frac{2x+1}{x}$ d) $y = \frac{x^2+2}{5x}$

2. Bestimme in Aufg. 1 und 3 $\lim\limits_{x \to +\infty} y$ und $\lim\limits_{x \to -\infty} y$.

3. Bestimme den Grenzwert von y für x gegen a (von rechts und links):

a) $y = \frac{1}{x-4}$ für x gegen 4 b) $y = \frac{5x}{x+2}$ für x gegen -2

c) $y = \frac{x^2}{x-1}$ für x gegen 1 d) $y = \frac{x-1}{x^2+x}$ für x gegen -1 und x gegen 0

4. Kürze $y = \frac{a_0 + a_1 x + a_2 x^2 + \cdots + a_n x^n}{b_0 + b_1 x + b_2 x^2 + \cdots + b_m x^m}$ mit x^m, berechne $\lim_{x \to +\infty} y$ und $\lim_{x \to -\infty} y$ und beweise ausführlich die Sätze 2 a) bis c) allgemein.

5. Bestimme die Nullstellen und die Pole folgender Funktionen

a) $y = \frac{4x-5}{2x+3}$ b) $y = \frac{x^2-x-6}{x^2+x-6}$ c) $y = \frac{x^3-4x^2-4x}{x^4-4}$

6. Bestimme die Lücken x_1 folgender Funktionen und berechne jedesmal $\lim_{x \to x_1} y$.

a) $y = \frac{x^2-1}{x+1}$ b) $y = \frac{x^2-2x-15}{x-5}$ c) $y = \frac{x^2+2x-24}{x^2-8x+16}$

7. Ermittle bei folgenden Funktionen die Nullstellen, die Pole und das Verhalten für x gegen $\pm\infty$. Zeichne Schaubilder samt achsenparallelen Asymptoten:

a) $y = \frac{x+2}{x}$ b) $y = \frac{3x-4}{x+2}$ c) $y = \frac{6-x^2}{x^2}$ d) $y = \frac{x^3+8}{x^3}$

Wo steigen (fallen) die Kurven? Wo sind es Rechtskurven (Linkskurven)? Bestimme insbesondere die Steigung in den Achsenschnittpunkten. Zeige, daß es keine Hoch-, Tief- und Wendepunkte gibt.

Kurvenuntersuchungen

Wir haben gesehen, daß gebrochene rationale Funktionen beliebig oft differenzierbar sind, wenn man die Nullstellen der Nennerfunktion ausnimmt. Man kann daher die Verfahren der Differentialrechnung für Kurvenuntersuchungen (§ 21 und 22) auch auf diese Funktionen und ihre Graphen anwenden. Gegenüber den ganzen rationalen Funktionen kommt hier die Bestimmung von Polen, Lücken, Asymptoten hinzu. Außerdem ist es bei komplizierteren Kurven ratsam, Gebiete der x, y-Ebene festzustellen, in denen keine Kurvenpunkte liegen können. Wir zeigen eine solche „Gebietseinteilung“ an einem Beispiel:

Gebietseinteilung bei

$$y = \frac{x^2-x}{x^2-x-6} = \frac{x(x-1)}{(x-3)(x+2)}$$

$$= \frac{1-\frac{1}{x}}{1-\frac{1}{x}-\frac{6}{x^2}} \quad \text{(Fig. 128.1)}$$

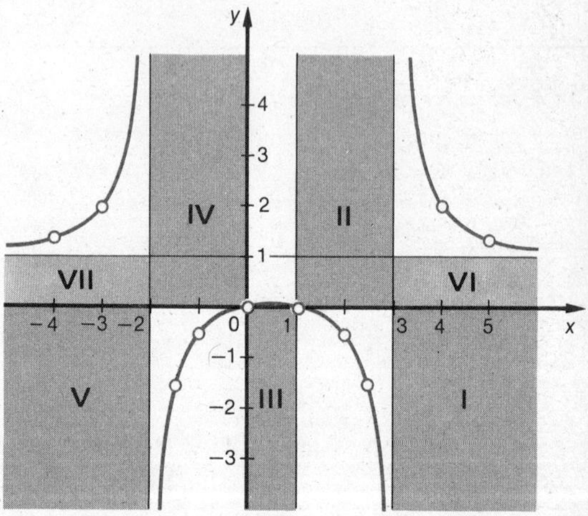

128.1. Gebietseinteilung

Man zeichnet die 3 *Asymptoten:* $x = 3$, $x = -2$, $y = 1$ und die Parallelen zur y-Achse, die zu den *Nullstellen* $x = 1$ (und $x = 0$) gehören.
Nun stellt man fest, daß sich beim Überschreiten der Stellen -2; 0; 1; 3 auf der x-Achse jedesmal das Vorzeichen von y ändert, da jeweils *einer* der 4 Faktoren x, $x - 1$, $x - 3$, $x + 2$ sein Zeichen wechselt. Für $x > 3$ ist $y > 0$, man kann daher das Gebiet I durch Schraffieren sperren und daher auch die Gebiete II bis V. Man sieht ferner, daß für $x > 3$ gilt: $\left(1 - \frac{1}{x}\right) > \left(1 - \frac{1}{x} - \frac{6}{x^2}\right)$, also $y > 1$; daher kann Gebiet VI gesperrt werden und ebenso Gebiet VII. Wenn man nun noch die Nullstellen und die Asymptoten beachtet, ergibt sich die Kurve in ihren Hauptzügen fast zwangsläufig.

Näherungskurven für kleine $|x|$

Außer den Näherungskurven für x gegen ∞ können auch Näherungskurven für kleine Werte von $|x|$ bei Kurvenuntersuchungen gute Dienste leisten. Man erhält solche Näherungsfunktionen, indem man bei *Summanden* in der Kurvengleichung höhere Potenzen von x gegenüber niedrigeren Potenzen oder Konstanten vernachlässigt (Begründung?).

Beispiele: 1. $y = \frac{2x}{x^2 + 4}$ hat in O die Näherungskurve (Tangente) $y = \frac{2x}{4} = \frac{1}{2}x$.

2. Die Funktion	$y =$	$\frac{2x^2 - 5}{x^3}$	$\frac{x^3}{6(x-2)}$	$\frac{x^2 - x}{x^2 - x - 6}$	$\frac{x^2 - 4}{x^2 + 2}$
hat als Näherungsfunktion für kleine $\lvert x \rvert$ z. B.	$y =$	$\frac{-5}{x^3}$	$\frac{-x^3}{12}$ (Fig. 127.1)	$\frac{x}{6}$ (Fig. 128.1)	$\frac{-4}{x^2 + 2}$ (Fig. 129.1)

Im letzten Beispiel ist auch $y = -2$ oder $y = \frac{1}{2}(x^2 - 4)$ möglich; Zeichne!

Aufgaben

Untersuche und zeichne die Kurven in Aufg. 8 bis 12 (Symmetrie, Gebietseinteilung, Achsenschnittpunkte samt Steigung in ihnen, Hoch- und Tiefpunkte, Wendepunkte samt Steigung der Wendetangenten, Pole, Asymptoten, Näherungskurven für x gegen $\pm\infty$ und für x gegen 0).

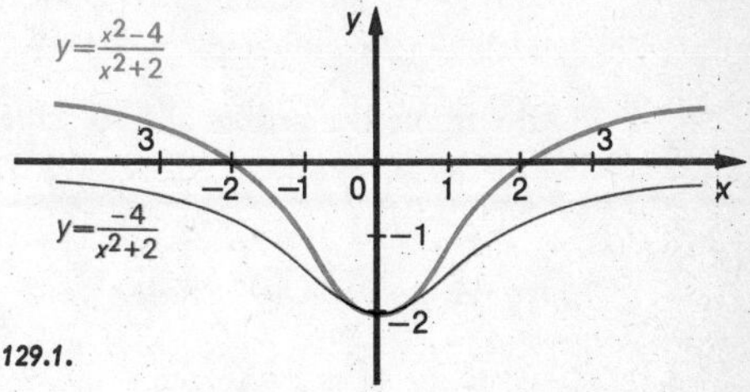

129.1.

8. a) $y = \frac{36}{x^2 + 9}$ b) $y = \frac{8}{4 - x^2}$ c) $y = \frac{12x}{x^2 + 3}$ d) $y = \frac{4x}{x^2 - 8}$ e) $y = \frac{2 - x^2}{x^2 - 9}$

9. a) $y = \frac{6 + x^2}{6 - x^2}$ b) $y = \frac{2x^2 - 15}{x^2 + 6}$ c) $y = 5\,\frac{x^2 + 4}{x^2 + 12}$ d) $y = \frac{x^2 + 4x + 3}{x^2 + 3}$

10. a) $y = \frac{4}{x} + \frac{2}{x^2}$ b) $y = \frac{6}{x} - \frac{12}{x^3}$ c) $y = \frac{4(x^2 - 1)}{x^4}$ d) $y = \frac{4(5 - 2x)}{x^2}$

11. a) $y = x + \frac{4}{x}$ b) $y = \frac{x^2 + x + 3}{x}$ c) $y = \frac{0{,}5x^2 - 2{,}5}{x - 3}$ d) $y = \frac{1 + x^2}{2 - x}$
e) $y = \frac{4 - x^3}{2x^2}$ f) $y = \frac{x^3}{x^2 + x - 6}$ g) $y = \frac{x^3}{3(x + 1)^2}$ h) $y = \frac{x^3}{x^2 - 4}$
Achte auf schiefe Asymptoten. Wende bei a), b), e) Addition der y-Werte an.

9—7369/2

12. a) $y = \frac{x^3 - 8}{4x}$ b) $y = \frac{x^3}{12(x+4)}$ c) $y = \frac{25 + x^4}{5x^2}$ d) $y = \frac{25 - x^4}{5x^2}$

Gib Näherungskurven für x gegen $\pm\infty$ und für kleine $|x|$ an.

Extremwerte bei gebrochenen rationalen Funktionen

13. a) Welches Rechteck vom Inhalt $A = 18\ \text{cm}^2$ hat den kleinsten Umfang?
b) Welcher Kreisausschnitt vom Inhalt $A = 12\ \text{cm}^2$ hat den kleinsten Umfang?

14. a) Einem Rechteck mit den Seiten $a = 5$ cm und $b = 3$ cm ist ein gleichschenkliges Dreieck von kleinstem Inhalt umzubeschreiben.
b) Einem Würfel mit der Kante $a = 4$ cm ist eine senkrechte quadratische Pyramide von kleinstem Inhalt umzubeschreiben.

15. Der Querschnitt eines unterirdischen Entwässerungskanals ist ein Rechteck mit aufgesetztem Halbkreis. Wie sind Breite und Höhe des Rechtecks zu wählen, damit die Querschnittsfläche $A = 8\ \text{m}^2$ beträgt und zur Ausmauerung möglichst wenig Material benötigt wird?

16. a) Wie sind die Ausmaße einer zylindrischen Dose mit Deckel (ohne Deckel) zu wählen, damit sie den Inhalt $V = 2\ \text{dm}^3$ hat und zu ihrer Herstellung möglichst wenig Material benötigt wird?
b) Löse dieselbe Aufgabe für einen kegelförmigen Trichter (ohne Deckel) mit $V = 0{,}5\ \text{dm}^3$. (Anleitung: Betrachte M^2 statt M.)

17. Eine Fabrik stellt Blechgefäße vom Inhalt $V = 15\ \text{dm}^3$ her, welche die Gestalt eines Zylinders mit *einer* aufgesetzten Halbkugel haben. Bei welchen Ausmaßen ist der Materialverbrauch am kleinsten? (Ohne und mit Deckel.) – Was ergibt sich, wenn *beiderseits* Halbkugeln aufgesetzt werden?

18. Bestimme das größte aller Rechtecke, von denen 2 Ecken auf der x-Achse und 2 Ecken auf der Kurve m. d. Gl. $y = 20 : (5 + x^2)$ liegen.

Integrale und Flächeninhalte

22. Bestätige durch Ableiten die *Potenzregel* (S. 63): $\int x^n\,dx = \frac{x^{n+1}}{n+1}$, $n \in \mathbb{Z} \setminus \{-1\}$

23. a) $\int x^{-2}\,dx$ b) $\int x^{-4}\,dx$ c) $\int \frac{dx}{x^3}$ d) $\int \frac{2\,dz}{z^5}$ e) $\int \frac{10\,du}{3u^6}$

24. a) $\int \left(x + 2 + \frac{1}{x^2}\right) dx$ b) $\int \frac{2x^2 - 5}{x^2}\,dx$ c) $\int \frac{4 - x}{2x^3}\,dx$

25. Suche eine Integralfunktion durch Probieren und prüfe durch Ableiten nach:

a) $\int \frac{dx}{(x-1)^2}$ b) $\int \frac{dx}{(3-x)^2}$ c) $\int \frac{dx}{(2x-5)^2}$ d) $\int \frac{6\,dx}{(3x+2)^3}$

27. Berechne die Fläche zwischen der Kurve und der x-Achse von $x = a$ bis $x = b$.
a) in Aufg. 10 c von 1 bis 2, b) in 11 e von $\frac{1}{2}$ bis 1, c) in 12 c von 1 bis 3.

31 Die Ableitung von Umkehrfunktionen. Die Potenzfunktion $y = x^{\frac{p}{q}}$

❶ Welches sind die Umkehrfunktionen $x = \varphi(y)$ von a) $y = x^2$, b) $y = x^3$? (Vgl. S. 33.) Wie kann man den Definitionsbereich bei a) bzw. b) festlegen, damit man eine Umkehrfunktion gewinnt? Vergleiche den Graph von $y = f(x)$ und $x = \varphi(y)$.

Stetigkeit bei Umkehrfunktionen

Wenn $y = f(x)$ eine im Intervall $[a, b]$ streng monoton steigende stetige Funktion ist, so gibt es dazu, wie wir wissen, eine streng monoton steigende Umkehrfunktion $x = \varphi(y)$ (Fig. 131.1). Ist $c = f(a)$ und $d = f(b)$, so ist wegen der strengen Monotonie und Stetigkeit von $f(x)$ *jedes* $y \in [c, d]$ das Bild von genau *einem* $x \in [a, b]$. Umgekehrt ordnet $x = \varphi(y)$ diesem y wieder das ursprüngliche x zu, $y = f(x)$ hat also den Definitionsbereich $[a, b]$ und den Wertebereich $[c, d]$; bei $x = \varphi(y)$ ist es umgekehrt. Die Graphen von $y = f(x)$ und $x = \varphi(y)$ fallen zusammen. Ist $f(x)$ monoton fallend, so ist $[c, d]$ durch $[d, c]$ zu ersetzen (wieso?).

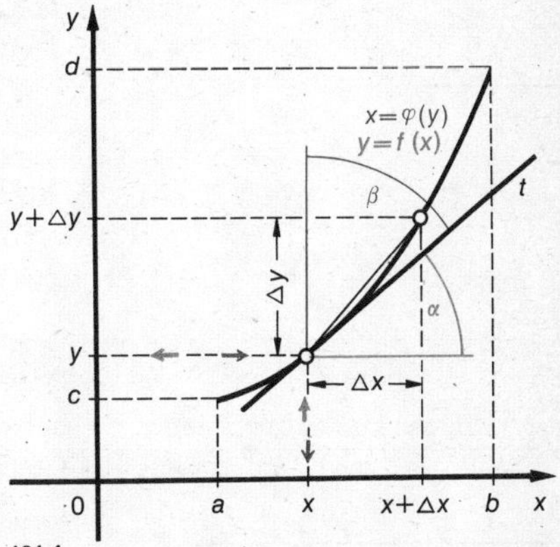

131.1.

S 1 *Ist $y = f(x)$ für $a \leqq x \leqq b$ streng monoton und stetig, so ist die Umkehrfunktion $x = \varphi(y)$ für $c \leqq y \leqq d$ bzw. $d \leqq y \leqq c$ streng monoton und stetig.*

Beweis (Fig. 131.1): Ändert sich x bei $y = f(x)$ um Δx, so ändert sich y um Δy; ändert sich umgekehrt y bei $x = \varphi(y)$ um dieses Δy, so ändert sich x um das ursprüngliche Δx (warum?). Strebt Δx gegen 0, so strebt wegen der Stetigkeit von $f(x)$ auch Δy gegen 0. Strebt umgekehrt Δy gegen 0, so strebt auch das zugehörige Δx gegen 0. Dies bedeutet, daß $x = \varphi(y)$ stetig ist, wie es ja auch die Figur erwarten läßt.

Vertauschung der Buchstaben x und y bei der Umkehrfunktion $x = \varphi(y)$.

Schon in § 9 haben wir gesagt, daß es üblich ist, bei der Umkehrfunktion $x = \varphi(y)$ die Namen x und y zu vertauschen, damit x wieder die Rolle der unabhängigen Variable spielt. Man schreibt also $y = \varphi(x)$ statt $x = \varphi(y)$. Wie wir schon wissen, entsteht der *Graph von* $y = \varphi(x)$ aus dem Schaubild von $x = \varphi(y)$ oder (was dasselbe ist) aus dem Schaubild von $y = f(x)$ durch Spiegelung an der Gerade $y = x$ (Fig. 132.1 und 132.2).

Wurzelfunktionen als Umkehrfunktionen

Die *Potenzfunktionen* $y = x^n$, $n \in \mathbb{N} \setminus \{1\}$, sind im Bereich $x \geqq 0$ streng monoton und stetig. Sie besitzen also in diesem Bereich jeweils eine streng monotone stetige Umkehrfunktion.

D 1 *Die Umkehrfunktion von $y = x^n$ $(n \in \mathbb{N} \setminus \{1\},\ x \geqq 0)$ kann man in der Form schreiben:*

$x = \sqrt[n]{y} = y^{\frac{1}{n}}$, $y \geqq 0$. Will man wie üblich, für die unabhängige Variable das Zeichen x, für die abhängige das Zeichen y setzen, so wird die *Umkehrfunktion von $y = x^n$ dargestellt durch* $y = \sqrt[n]{x} = x^{\frac{1}{n}}$, $x \geqq 0$. Während $y = x^n$ und $x = \sqrt[n]{y}$ dasselbe Schaubild haben (warum?), folgt aus der Vertauschung von x und y (Fig. 132.1 und 132.2), wie schon oben erwähnt:

S 2 *Die Graphen von*
$y = x^n$ und $y = \sqrt[n]{x}$
liegen symmetrisch bzgl. der Gerade $y = x$.

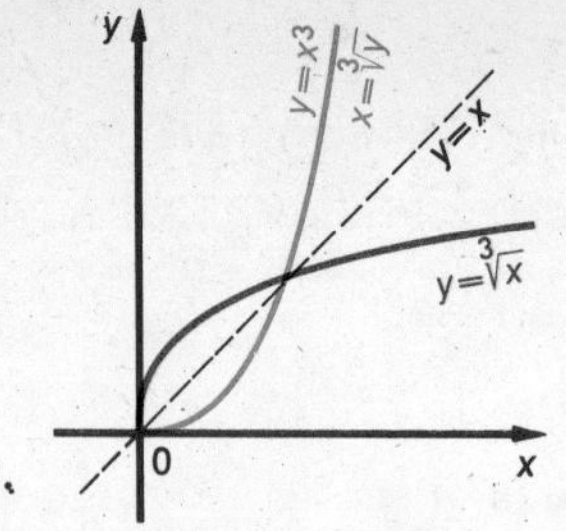

132.1.

Beispiele:

$y = f(x)$	$x = \varphi(y)$	$y = \varphi(x)$	Graph
$y = x^2$	$x = \sqrt{y}$	$y = \sqrt{x}$	132.2
$y = x^3$	$x = \sqrt[3]{y}$	$y = \sqrt[3]{x}$	132.1

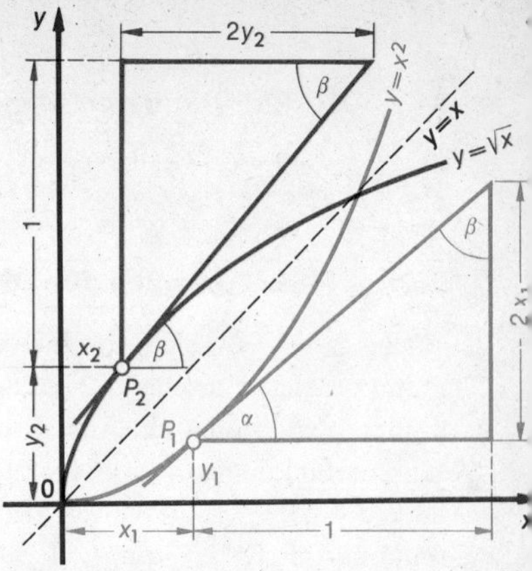

132.2.

Aufgaben

Bilde die Umkehrfunktionen folgender Potenzfunktionen. Bringe sie in die Formen $x = \varphi(y)$ und $y = \varphi(x)$ und zeichne die Graphen.

1. a) $y = \frac{1}{2}x^2$, $x \geqq 0$ b) $y = \frac{1}{4}x^4$, $1 \leqq x \leqq 2$ c) $y = 0{,}2\,x^5$, $0 \leqq x \leqq 2$

2. a) $y = (x-2)^2$, $x \geqq 2$ b) $y = (3-x)^3$, $0 \leqq x \leqq 3$ c) $y = \frac{1}{8}(x+1)^4$, $-1 \leqq x \leqq 1$

Die Ableitung von Umkehrfunktionen. Die Quadratwurzelfunktion

Ist $y = f(x)$ in $]a, b[$ streng monoton und differenzierbar und in $[a, b]$ stetig, so ist nach S 1 die Umkehrfunktion $x = \varphi(y)$ in $[c, d]$ streng monoton und stetig. Gehört wie im Beweis zu S 1 zur Änderung Δx von x die Änderung Δy von y, so ist für $\Delta x \neq 0$ auch $\Delta y \neq 0$. Da nun $f'(x_1) = \lim\limits_{\Delta x \to 0} \frac{\Delta y}{\Delta x}$ existiert, so existiert auch $\varphi'(y_1) = \lim\limits_{\Delta y \to 0} \frac{\Delta x}{\Delta y} = \lim\limits_{\Delta x \to 0} \frac{1}{\frac{\Delta y}{\Delta x}} = \frac{1}{f'(x_1)}$, falls $f'(x_1) \neq 0$ ist.

S 3 **Ist die Funktion $y = f(x)$ im Intervall $]a, b[$ differenzierbar und besitzt sie dort die Umkehrfunktion $x = \varphi(y)$, so ist auch $\varphi(y)$ differenzierbar, und es ist $\varphi'(y) = \frac{1}{f'(x)}$, falls $f'(x) \neq 0$ ist.**

Der Satz geht bei der Vertauschung der Buchstaben x und y über in den Satz:

S 3a *Schreibt man die Umkehrfunktion von $y = f(x)$ nach Vertauschung der Variablen in der Form* $y = \varphi(x)$, so ist $\varphi'(x) = \frac{1}{f'(y)}$, falls $f'(y) \neq 0$ ist.

Beispiel 1 (Fig. 132.1): Für $x > 0$ sei $y = f(x) = x^2$ also $f'(x) = 2x$; dann ist $x = \varphi(y) = \sqrt{y}$ für $y > 0$. S 3 ergibt $\varphi'(y) = \frac{1}{f'(x)} = \frac{1}{2x} = \frac{1}{2 \cdot \sqrt{y}}$ für $x > 0$ bzw. $y > 0$.

Vertauscht man in $x = \sqrt{y}$ wieder die Buchstaben x und y, so hat man den Satz:

S 4 **Die Funktion $y = \sqrt{x}$ hat für $x > 0$ die Ableitung $y' = \frac{1}{2\sqrt{x}}$.**

Aufgaben

3. Zeige: Nach S 4 gilt die *Potenzregel* (S. 63) nun auch für $n = \frac{1}{2}$.

4. Lies an Fig. 132.2 ab: Im Punkt $P_1(x_1 \mid y_1)$ des Graphen von $y = x^2$ ist die Tangentensteigung $\tan\alpha = 2x_1$. Durch Spiegelung an der Gerade $y = x$ entsteht aus P_1 der Punkt $P_2(x_2 \mid y_2)$ von $y = \sqrt{x}$ mit der Tangentensteigung $\tan\beta = \dfrac{1}{2y_2} = \dfrac{1}{2\sqrt{x_2}}$.

6. Bestimme wie in Aufg. 5 die Ableitung von $y = \dfrac{1}{\sqrt{x}}$ für $x > 0$. Prüfe nach, ob die Potenzregel auch für $n = -\frac{1}{2}$ gilt.

7. a) Zeichne das Schaubild von $y = \sqrt{x}$ mit Tangenten für $x \in \{1;\ 2;\ 4;\ 6\frac{1}{4};\ 9\}$.
b) Zeichne das Bild von $y = -\sqrt{x}\ (x > 0)$ mit Tangenten. Wieso zeigt die Zeichnung, daß $y' = \dfrac{-1}{2\sqrt{x}}$ ist? Von welcher Funktion ist $y = -\sqrt{x}$ die Umkehrfunktion?

8. Wie ändert sich y' bei $y = \sqrt{x}$ und bei $y = -\sqrt{x}$, wenn man nacheinander setzt: $x \in \{1;\ \frac{1}{4};\ \frac{1}{9};\ \frac{1}{100};\ \frac{1}{10000}\}$? Was ist also $\lim\limits_{x \to 0} y'$? Was bedeutet dies für die Tangente in O?

Leite in Aufg. 9 und 10 ab. Gib den Definitionsbereich für Funktion und Ableitung an.

9. a) $y = 3\sqrt{x}$ b) $s = \frac{2}{3}\sqrt{t}$ c) $y = \sqrt{3}\cdot\sqrt{x}$ d) $y = \sqrt{2x}$
e) $s = \sqrt{at}$ f) $y = \sqrt{\dfrac{x}{2}}$ g) $z = \sqrt{\dfrac{8v}{9}}$ h) $s = \sqrt{\dfrac{bt}{a}}$

10. a) $y = (x-1)\sqrt{x}$ b) $s = (a + bt)\sqrt{t}$ c) $s = (a^2 - t^2)\sqrt{t}$

12. Zeige: Ist $y = \sqrt{u}$ und ist $u = g(x)$ eine differenzierbare Funktion mit $u > 0$, so folgt nach der Kettenregel: $\dfrac{dy}{dx} = \dfrac{1}{2\sqrt{u}}\cdot g'(x) = \dfrac{1}{2\sqrt{u}}\cdot u'$. Beispiel 2:
Ist $y = \sqrt{1-x^2}$ mit $|x| < 1$ und setzt man $u = 1 - x^2$, so ist $y' = \dfrac{-2x}{2\sqrt{1-x^2}} = \dfrac{-x}{\sqrt{1-x^2}}$.

Leite in Aufg. 13 bis 16 nach dem Verfahren von Aufg. 12 ab. Wo ist y und y' definiert?

13. a) $y = \sqrt{5x+1}$ b) $y = \sqrt{4-x}$ c) $y = \sqrt{1+x^2}$ d) $y = \sqrt{a^2 - x^2}$

14. a) $y = x\sqrt{2x+3}$ b) $y = x\sqrt{x^2-9}$ c) $y = 2x\cdot\sqrt{4-x^2}$ d) $s = t^2\sqrt{a^2-t^2}$

16. Zeichne für folgende Funktionen Graphen samt Tangenten in geeigneten Punkten.
a) $y = \sqrt{x+4}$ b) $y = -2\sqrt{x-1}$ c) $y = -\sqrt{25-x^2}$ d) $y = \dfrac{10}{\sqrt{x}}$

17. Für $x > 0$ ist a) $y = \sqrt{x^3} = x\sqrt{x}$, b) $y = \sqrt{x^5} = x^2\sqrt{x}$, c) $y = \dfrac{1}{\sqrt{x^3}} = \dfrac{\sqrt{x}}{x^2}$
Leite nach der Produkt- bzw. Quotientenregel ab und stelle damit fest, daß die Potenzregel auch für $n \in \{\frac{3}{2};\ \frac{5}{2};\ -\frac{3}{2}\}$ gilt.

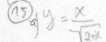

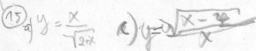

Die Ableitung der Potenzfunktionen $y = x^{\frac{p}{q}}$, $(p \in \mathbb{Z},\ q \in \mathbb{N})$

Nach Seite 131 hat die Funktion $y = x^n$ für $x > 0$ und $n \in \mathbb{N} - \{1\}$ die Umkehrfunktion $x = y^{\frac{1}{n}} = \sqrt[n]{y},\ y > 0$. Da hierbei $y = f(x) = x^n$ differenzierbar und $f'(x) = n \cdot x^{n-1} > 0$ ist, so ist nach S 3 auch $x = \varphi(y) = y^{\frac{1}{n}}$ differenzierbar, und es ist

$$\varphi'(y) = \frac{1}{f'(x)} = \frac{1}{n \cdot x^{n-1}} = \frac{1}{n \cdot \left(y^{\frac{1}{n}}\right)^{n-1}} = \frac{1}{n \cdot y^{1-\frac{1}{n}}} = \frac{1}{n} \cdot y^{\frac{1}{n}-1}$$

Vertauscht man in $x = y^{\frac{1}{n}}$ wieder die Buchstaben x und y, so gilt:

S 5 **Die Ableitung von $y = x^{\frac{1}{n}} = \sqrt[n]{x}$ ist $y = \frac{1}{n} \cdot x^{\frac{1}{n}-1}$, $x > 0$, $n \in \mathbb{N} \setminus \{1\}$.**

Die Potenzregel gilt also auch, wenn der Exponent ein Stammbruch ist. — Wir zeigen nun:

S 6 **Allgemeine Potenzregel: Die Ableitung von $y = x^k$ ist $y' = k \cdot x^{k-1}$ für $k \in \mathbb{Q}$ und $x > 0$.**

Beweis für $y = x^{\frac{3}{5}}$:

Es ist $y = \left(x^{\frac{1}{5}}\right)^3 = u^3$ mit $u = x^{\frac{1}{5}}$.

Nach der Kettenregel und S 5 ist

$$\frac{dy}{dx} = 3\,u^2 \cdot \frac{1}{5}\,x^{-\frac{4}{5}} = \frac{3}{5}\left(x^{\frac{1}{5}}\right)^2 \cdot x^{-\frac{4}{5}} =$$

$$= \frac{3}{5} \cdot x^{\frac{2}{5}} \cdot x^{-\frac{4}{5}} = \frac{3}{5} \cdot x^{-\frac{2}{5}}$$

Beweis für $y = x^{\frac{p}{q}}$, $p \in \mathbb{Z}$, $q \in \mathbb{N}$

Es ist $y = \left(x^{\frac{1}{q}}\right)^p = u^p$ mit $u = x^{\frac{1}{q}}$.

Nach der Kettenregel mit S 5 ist

$$\frac{dy}{dx} = p \cdot u^{p-1} \cdot \frac{1}{q}\,x^{\frac{1}{q}-1} = \frac{p}{q}\left(x^{\frac{1}{q}}\right)^{p-1} \cdot x^{\frac{1}{q}-1} =$$

$$= \frac{p}{q}\,x^{\frac{p}{q}-\frac{1}{q}} \cdot x^{\frac{1}{q}-1} = \frac{p}{q} \cdot x^{\frac{p}{q}-1}$$

Bemerkungen:

1. Ist $y = u^n$ und $u = g(x)$ mit $u > 0$ differenzierbar, so ist $\frac{dy}{dx} = n \cdot u^{n-1} \cdot u'$ für rationales n.
2. Man kann zeigen, daß die Potenzregel auch für irrationales n gilt (vgl. S. 189 der Vollausgabe).

Aufgaben (Gib jeweils den Definitionsbereich so an, daß der Radikand positiv ist.)

Leite in Aufg. 18 bis 20 ab:

18. a) $y = \sqrt[3]{x}$ b) $s = \sqrt[4]{t}$ c) $z = \sqrt[5]{v}$ d) $y = \sqrt{x^3}$ e) $y = \sqrt{t^5}$

19. a) $y = \sqrt[3]{x^4}$ b) $v = \sqrt[3]{u^2}$ c) $z = \sqrt[3]{v^5}$ d) $s = \sqrt[4]{t^5}$ e) $z = \sqrt[4]{w^3}$

20. a) $y = \frac{1}{\sqrt{x}}$ b) $y = \frac{1}{\sqrt[3]{x}}$ c) $y = \frac{1}{\sqrt{x^3}}$ d) $z = \frac{1}{\sqrt[4]{t}}$ e) $s = \frac{1}{\sqrt[3]{t^2}}$

27. a) Zeichne die Kurve m. d. Gl. $y^3 = x$ samt Tangenten für $x \in \{1;\ 3;\ 5;\ 8\}$.
b) Berechne y' für $x \in \left\{1,\ \frac{1}{8},\ \frac{1}{64},\ \frac{1}{1000},\ \frac{1}{1000000}\right\}$. Wie ändert sich also y', wenn x gegen 0 strebt? Was bedeutet dies für die Tangente in O?

28. Behandle ebenso die Kurven m. d. Gl. $y = \sqrt[4]{x}$ und $y = -\sqrt[4]{x}$.

Integration von Wurzelfunktionen

30. Gib Stammfunktionen an zu $y = x^2$, $y = x^3$, $y = x^{-2}$, $y = x^{\frac{1}{2}}$.

31. Beweise durch Ableiten:

S 7 Ist $x > 0$ und $n \in \mathbb{Q} \setminus \{-1\}$, so gilt: $\quad \int x^n \, dx = \frac{x^{n+1}}{n+1} + C$

Beispiele: a) $\int \sqrt{x} \, dx = \int x^{\frac{1}{2}} \, dx = \frac{2}{3} x^{\frac{3}{2}} + C = \frac{2}{3} \sqrt{x^3} + C$

b) $\int \frac{dx}{\sqrt[3]{x}} = \int x^{-\frac{1}{3}} \, dx = \frac{3}{2} x^{\frac{2}{3}} + C = \frac{3}{2} \sqrt[3]{x^2} + C$

32. a) $\int \sqrt{x^3} \, dx$ b) $\int \sqrt[3]{x} \, dx$ c) $\int \frac{dx}{\sqrt{x}}$ d) $\int \frac{dx}{\sqrt{x^3}}$ e) $\int \frac{dx}{\sqrt[4]{x^3}}$

33. Deute als Flächeninhalt, rechne und zeichne: a) $\int_0^4 \sqrt[4]{x} \, dx$ b) $\int_1^8 \frac{4 \, dx}{\sqrt{x}}$

32 Algebraische Funktionen.

❶ Welche Kurve wird durch die Gleichung $x^2 + y^2 = 16$ charakterisiert? Löse die Gleichung nach y auf. Welche stetigen Wurzelfunktionen ergeben sich? Gib ihren Definitions- und Wertebereich an und zeichne ihre Graphen. Nenne 6 Wertepaare (x, y), welche die gegebene Gleichung erfüllen.

❷ Suche Wertepaare (x, y) welche die Gleichung (Relation) a) $x^2 + y^2 = 0$, b) $x^2 + y^2 + 16 = 0$, c) $x^3 + y^3 - 16 = 0$ erfüllen.

Algebraische Gleichungen, algebraische Funktionen, algebraische Kurven

1. Als „algebraische Gleichungen" zwischen x und y bezeichnet man Gleichungen wie

$2x + y = 0$ (1)	$x^3 - (6x - 12)y = 0$ (3)	$(x-2) + y^2 = 0$ (5)	$5x^2 + 3y^2 = 0$ (7)
$x^2 - 4y = 0$ (2)	$xy^2 - x^2 y = 0$ (4)	$(x^2 - 16) + y^2 = 0$ (6)	$(x^2 + 9) + y^2 = 0$ (8)

D 1 Allgemein lautet eine **algebraische Gleichung** *mit den Variablen x und y*:

$$P_0(x) + P_1(x) \cdot y + P_2(x) \cdot y^2 + \cdots + P_n(x) \cdot y^n = 0, \quad n \in \mathbb{N} \qquad \text{(I)}$$

Dabei ist $P_k(x)$ für $k \in \{0, 1, 2, \ldots, n\}$ ein Polynom der Variable $x \in \mathbb{R}$ mit reellen Koeffizienten (vgl. Gleichung (1) bis (8)).

Durch die Gleichung (I) ist eine *Relation* zwischen x und y festgelegt; sie besteht aus den geordneten reellen Wertepaaren (x, y), welche (I) erfüllen.

Wie die obigen Beispiele zeigen, ist die *Menge dieser lösenden Paare*

a) entweder *unendlich*: dies ist bei Gleichung (1) bis (6) der Fall (wieso?),

b) oder *endlich*: Gleichung (7) hat nur das lösende Paar (0; 0),

c) oder *leer*: Gleichung (8) hat keine Lösung (Grund?).

2. Aus algebraischen Gleichungen lassen sich häufig Funktionsgleichungen von der Form $y = f(x)$ gewinnen; umgekehrt lassen sich viele Funktionsgleichungen in algebraische Gleichungen überführen. Beispiele:

1. Aus Gleichung (1) erhält man die Funktion $y = -2x$; ihr Bild ist eine Gerade. Aus (2) ergibt sich $y = \frac{1}{4}x^2$ (Fig. 136.1); aus (3): $y = \frac{x^3}{6(x-2)}$, $x \in \mathbb{R} - \{2\}$ (vgl. Fig. 127.1),

2. (4) ist äquivalent mit $x \cdot y(y - x) = 0$. Diese Gleichung ist erfüllt, wenn $y = x$ oder $y = 0$ oder aber $x = 0$ erfüllt ist, also für die Punkte der ersten Mediane, der x-Achse und der y Achse (im letzten Fall ist y die unabhängige Variable).

3. Aus (5) erhält man die stetigen Wurzelfunktionen $y = \sqrt{2-x}$ und $y = -\sqrt{2-x}$ für $x \leqq 2$. Gleichung (6) ist die Gleichung eines Kreises um O mit Radius 4. Man hat für $|x| \leqq 4$ die beiden stetigen Funktionen $y = \sqrt{16 - x^2}$ und $y = -\sqrt{16 - x^2}$ (oberer und unterer Halbkreis in Fig. 136.1).

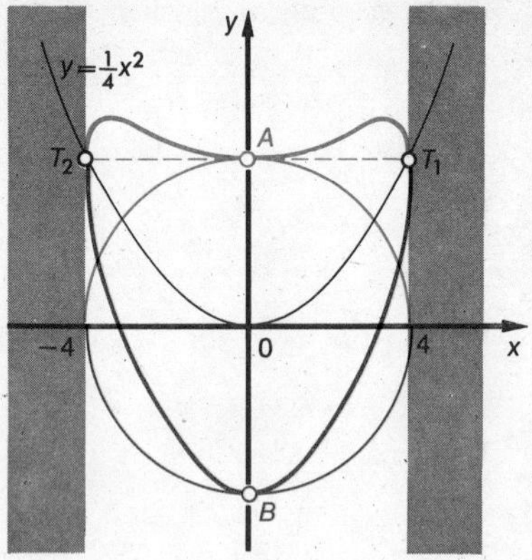

136.1. $\left(y - \frac{1}{4}x^2\right)^2 = 16 - x^2$

4. Aus den für $|x| \leqq 4$ gültigen Funktionsgleichungen $y = f(x) = \frac{1}{4}x^2 + \sqrt{16 - x^2}$ und $y = g(x) = \frac{1}{4}x^2 - \sqrt{16 - x^2}$ ergibt sich nach Quadrieren beidemal die algebraische Gleichung $(y - \frac{1}{4}x^2)^2 = 16 - x^2 \Leftrightarrow 16y^2 - 8x^2y + x^4 + 16x^2 - 256 = 0$.
Alle Paare (x, y), die zu $y = f(x)$ oder zu $y = g(x)$ gehören, erfüllen diese algebraische Gleichung. Das Schaubild von $y = f(x)$ entsteht aus den Graphen von $y = \frac{1}{4}x^2$ und $y = \sqrt{16 - x^2}$ durch Addition der y-Koordinaten; man erhält dabei das Kurvenstück T_1AT_2 in Fig. 136.1. Entsprechend entsteht der Graph von $y = g(x)$ durch Subtraktion dieser y-Koordinaten; dies ergibt das Kurvenstück T_1BT_2 in Fig. 136.1. Die Koordinaten aller Punkte der herzförmigen Kurve in Fig. 136.1 erfüllen dann also die obige algebraische Gleichung. Die Koordinaten aller Kreispunkte in Fig. 136.1 erfüllen entsprechend die Gleichung $x^2 + y^2 = 16$.

3. Die obigen Beispiele führen zu den folgenden Definitionen:

D 2 a) *Eine Kurve, bei der die Koordinaten ihrer Punkte eine algebraische Gleichung erfüllen, bezeichnet man als* **algebraische Kurve.** Nach den obigen Beispielen gehören zu den algebraischen Kurven: Geraden, Parabeln, Kreise, Ellipsen, Hyperbeln, Graphen rationaler Funktionen und wie Fig. 136.1, 137.1 bis 3 und die Aufgaben zeigen, noch eine Vielfalt von Kurvenarten.

D 3 b) *Funktionen, deren Wertepaare (x, y) eine algebraische Gleichung erfüllen und die in einzelnen Intervallen definiert und differenzierbar sind,* nennen wir **algebraische Funktionen.** Da aus einer algebraischen Gleichung oft mehrere Funktionen gewonnen werden können, stellen die Schaubilder dieser Funktionen Teilkurven („Äste") der zur Gleichung gehörigen algebraischen Kurve dar; die algebraische Kurve „zerfällt" in diese Teilkurven (vgl. Gleichung (4) bis (6) und Fig. 137.1 bis 3).

Die Beispiele in Nr. 1. bis 4. des Abschnitts 2 zeigen, daß die ganzen rationalen, die gebrochenen rationalen und die Wurzelfunktionen algebraische Funktionen sind.

4. Einige Besonderheiten, die bei algebraischen Funktionen und Kurven auftreten können, zeigen die folgenden *Beispiele* (Fig. 137.1 bis 3):

	I)	II)	III)
Kurvengleichung:	$y^2 = \frac{1}{4}(x^3 + 2x^2)$	$y^2 = \frac{1}{4}x^3$	$y^2 = \frac{1}{4}(x^3 - 2x^2)$
Zwei Funktionen:	$y = \pm\frac{1}{2}x\sqrt{x+2}$	$y = \pm\frac{1}{2}x\sqrt{x}$	$y = \pm\frac{1}{2}x\sqrt{x-2}$
Definitionsbereich:	$x \geqq -2$	$x \geqq 0$	$x \geqq 2$
Ableitung:	$y' = \pm\frac{3x+4}{4\sqrt{x+2}}$	$y' = \pm\frac{3}{4}\sqrt{x}$	$y' = \pm\frac{3x-4}{4\sqrt{x-2}}$
y' existiert für:	$x > -2$	$x > 0$	$x > 2$
Für $x = 0$ ist:	$y' = \pm\frac{1}{2}\sqrt{2}$	$\lim\limits_{x \to +0} y' = 0$	y' nicht vorhanden
Tangente in O:	$y = \pm\frac{1}{2}x\sqrt{2}$	$y = 0$, rechtsseitig	nicht vorhanden
Der Ursprung ist	ein „*Knotenpunkt*"	eine „*Spitze*"	ein „*Einsiedler*"

der Gesamtkurve, also des Schaubildes der zugehörigen algebraischen Gleichung.

In III) sind die *Funktionen* für $x = 0$ nicht definiert, aber $(0 \mid 0)$ erfüllt die *Kurvengleichung*

Schaubilder der 3 algebraischen Kurven

Bemerkung: Bei y und y' gehört das Pluszeichen zum 1. Ast (im Bild grün), das Minuszeichen zum 2. Ast (im Bild rot).

In $A(-2 \mid 0)$ bzw. in $B(2 \mid 0)$ hat die Gesamtkurve *Tangenten senkrecht zur x-Achse*, da dort $\lim\limits_{x \to -2+0} |y'| = \infty$ bzw. $\lim\limits_{x \to +2+0} |y'| = \infty$ ist.

Eine *Gebietseinteilung* erhält man aus den Definitionsbereichen, in I) auch noch aus der Schreibweise $y^2 - \frac{1}{2}x^2 = \frac{1}{4}x^3 \Leftrightarrow \left(y - \frac{1}{2}x\sqrt{2}\right)\left(y + \frac{1}{2}x\sqrt{2}\right) = \frac{1}{4}x^3$ und der hieraus folgenden Zerlegung der Ebene durch die Geraden $y = \pm\frac{1}{2}x\sqrt{2}$ und $x = 0$.

D 4 In I) sagt man statt „*Knotenpunkt*" auch „*Doppelpunkt*", in II) statt „*Spitze*" auch „*Rückkehrpunkt*". Eine besondere Merkwürdigkeit ist bei III) der „*Einsiedler*" in O.

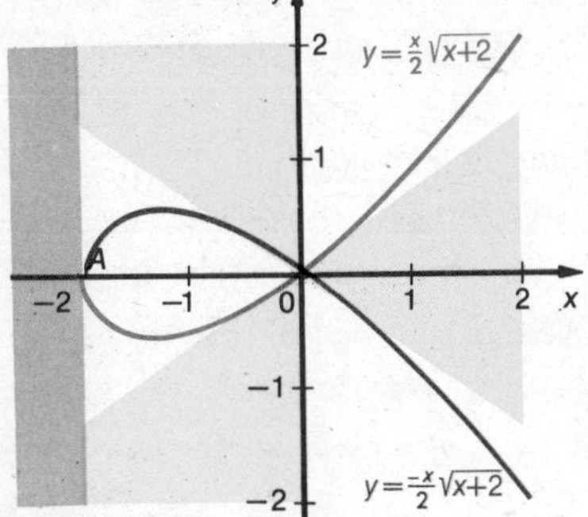

137.1. $y^2 = \frac{1}{4}(x^3 + 2x^2)$

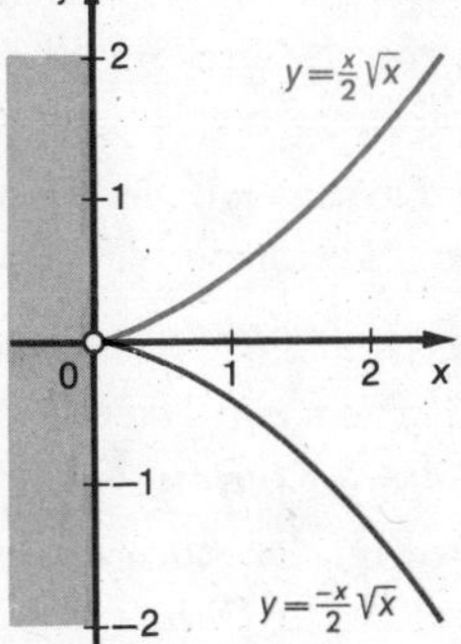

137.2. $y^2 = \frac{1}{4}x^3$

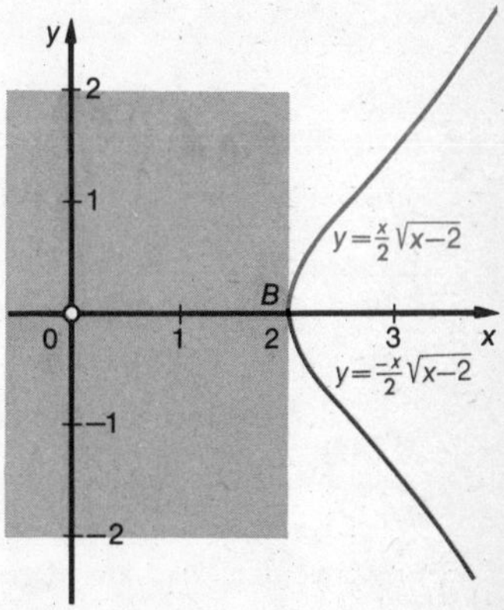

137.3. $y^2 = \frac{1}{4}(x^3 - 2x^2)$

Aufgaben

1. Zeige: Die allgemeine algebraische Gleichung (I) auf S. 135 ergibt
a) alle ganzen rationalen Funktionen, wenn $n = 1$ und $P_1(x) = c \neq 0$ ist,
b) alle rationalen Funktionen, wenn $n = 1$ ist,

5. Zeichne die Graphen folgender Funktionen samt Tangenten in einigen Punkten:
a) $y = +\sqrt{16 - x^2}$ b) $y = -\frac{1}{2}\sqrt{16 - x^2}$ c) $y = -\sqrt{x - 3}$
d) $y = +2\sqrt{x + 1}$ e) $y = -\sqrt{5 - 2x}$ f) $y = +\frac{2}{3}\sqrt{x^2 - 9}$
Bestimme waagrechte und senkrechte Tangenten. Beseitige die Wurzeln und gib an, welche Kurven zu den entstandenen algebraischen Gleichungen gehören.

Untersuche und zeichne die Kurven in Aufg. 9 bis 13: Definitionsbereich, Äste, Symmetrie, Gebietseinteilung, besondere Punkte samt Steigung in ihnen, Asymptoten, Näherungskurven für x gegen 0, Verhalten für x gegen ∞.

Wie ändert sich die Kurvenform, wenn man für a alle möglichen Zahlen setzt?

9. a) $y = \pm\sqrt{ax - x^2}$, $(a = 8)$ b) $y = 2 \pm \sqrt{4x + a}$, $(a = 10)$

10. a) $y = \pm\frac{1}{2}x\sqrt{a - x}$, $(a = 3)$ b) $y^2 = ax^2 + x^3$, $(a = \frac{9}{2})$
c) $8y^2 = (x + a)^3$, $(a = 2)$ d) $ax^2 + 9y^2 = x^3$, $(a = 3)$

11. a) $y = \frac{1}{3}x\sqrt{a^2 - x^2}$, $(a = 4)$ b) $25y^2 = a^2x^2 - 2x^4$, $(a = 5)$
c) $a^2y^2 = x^4 - a^2x^2$, $(a = 2)$ d) $a^2y^2 = x^4 + a^2x^2$, $(a = 2)$

12. a) $y = \pm\frac{x}{a}\sqrt{2ax - x^2}$, $(a = 3)$ b) $16y^2 = x^4 + ax^3$, $(a = 3)$

13. a) $y^2 = \frac{(2x + a)^2}{x}$, $(a = 3)$ b) $y^2 = \frac{(a - x)^4}{ax}$, $(a = 4)$

38. Berechne die Fläche zwischen der Gerade $x = a$ und der Kurve m. d. Gl.
a) $y^2 = 2x$, $a = 8$ b) $y^2 = \frac{1}{4}x^3$, $a = 4$ c) $y^2 = 4(x + 2)$, $a = 2$

Extremwerte

23. Aus zwei (drei) Brettern von der Breite $b = 20$ cm ist eine Wasserrinne größten Fassungsvermögens herzustellen.

24. a) Welches rechtwinklige Dreieck mit der Hypotenuse $c = 8$ cm,
c) welcher Kegel mit der Mantellinie $s = 6$ cm hat den größten Inhalt?

25. a) Welches gleichschenklige Dreieck mit $A = 18\text{ cm}^2$ hat den kleinsten Schenkel?

27. Einem Halbkreis ($r = 45$ m) ist ein Trapez einzubeschreiben, dessen eine Grundseite der Durchmesser ist und das a) einen größten Inhalt, b) einen größten Umfang hat.

30. Das Netz einer senkrechten quadratischen Pyramide soll a) aus einem Kreis mit dem Radius $r = 6$ cm, b) aus einem Quadrat mit der Seite $a = 8$ cm so ausgeschnitten werden, daß der Pyramideninhalt möglichst groß wird.

33 Das Bogenmaß des Winkels. Der Grenzwert $\lim\limits_{x \to 0} \frac{\sin x}{x}$

Das Bogenmaß des Winkels

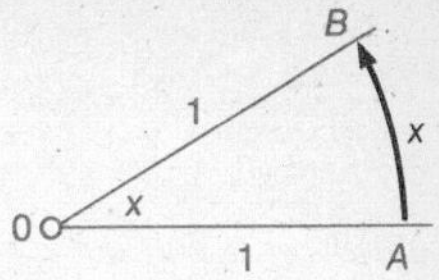

139.1.

In der Analysis und in anderen Bereichen der Mathematik, insbesondere auch in der Physik, werden Winkel fast immer im Bogenmaß gemessen.

In Fig. 139.1 ist um O der Kreis mit Radius $\overline{OA} = \overline{OB} = 1$, der Einheitskreis, gezeichnet.

D 1 Dreht man OA um O in die Lage OB, so versteht man unter dem **Bogenmaß** $\boldsymbol{x}$ des Drehwinkels AOB die **Maßzahl der Länge des Bogens $\widehat{AB}$ im Einheitskreis.**

Das Bogenmaß ist eine *positive Zahl*, wenn die Drehung *gegen den Uhrzeigersinn* erfolgt, im anderen Fall ist es eine *negative Zahl.*

Die Einheit des Bogenmaßes heißt 1 Radiant[1] (1 rad). Ein Radiant ist also das Bogenmaß eines Winkels, bei dem Radius und Bogen dieselbe Länge haben. Da der Umfang des Einheitskreises die Maßzahl 2π hat, gehört zum Gradmaß 360° das Bogenmaß 2π rad. Den *Winkel 1°*, den die Babylonier vor 5000 Jahren als Winkeleinheit eingeführt haben, benutzen wir weiterhin als eine *Sondereinheit*, nur definieren wir ihn jetzt durch die Gleichung

D 2 $$\mathbf{360° = 2\pi}\ \text{rad}, \quad \text{bzw.} \quad \mathbf{180° = \pi}\ \text{rad}, \quad \text{also} \quad \mathbf{1° = \frac{\pi}{180}}\ \text{rad} \approx 0{,}0175\ \text{rad}.$$

Umgekehrt gilt: $$1\ \text{rad} = \frac{180°}{\pi} = 57°17'45'' \approx 57{,}3°$$

S 1 Hat ein Winkel das Gradmaß $\gamma°$ und das Bogenmaß x rad, so gilt für die gegenseitige *Umrechnung von Bogen- und Gradmaß* $\frac{x}{2\pi} = \frac{\gamma}{360}$. Wir benutzen zur Umrechnung eine Tabelle[1].

Beispiel 1: Gib 72,7° im Bogenmaß an.

Lösung:

72°	= 1,2566 rad
0,7°	= 0,0122 rad
72,7°	= 1,2688 rad

Beispiel 2: Gib 2,3750 rad im Gradmaß an.

Lösung:

1,7453 rad	= 100°
0,6283 rad	= 36°
0,0014 rad	= 5′
2,3750 rad	= 136° 5′

Zur Drehung, die OA in OB überführt, kann man noch beliebig viele positive oder negative Volldrehungen hinzufügen, ohne daß sich die Endlage ändert. Da man der Hintereinanderschaltung von Drehungen eine Addition zugehöriger Bogenlängen entsprechen lassen möchte, ist das Bogenmaß nur bis auf positive oder negative ganzzahlige Vielfache von 2π bestimmt. Es ist daher das Bogenmaß von $\sphericalangle\, AOB$: $x + 2n\pi,\ n \in \mathbb{Z}$.

Das Bogenmaß eines Winkels kann somit jede reelle Zahl sein.

Bemerkung: Die Einheit rad wird in der Mathematik häufig weggelassen. Man schreibt also z. B. 72,7° = 1,2688; früher schrieb man auch arc 72,7° = 1,2688 (lies[2]: arcus 72,7°).

---

1. Sieber, Mathematische Tafeln, Ernst Klett-Verlag, Stuttgart, S. 24
2. arcus (lat.), Bogen

Aufgaben

1. Gib folgende Winkel im Bogenmaß an (als Bruchteile oder Vielfache von π):

a) 180°; 90°; 60°; 45°; 30°; 15° b) 120°; 135°; 150°; 225°; 270°

c) 450°; 540°; 720°; 900°; 1440° d) 36°; 75°; 6°; $67\frac{1}{2}$°; 105°; 54°

2. Gib die folgenden Bogenmaße im Gradmaß an:

a) π; $\frac{1}{3}\pi$; $\frac{1}{4}\pi$; $\frac{1}{6}\pi$; $\frac{1}{9}\pi$; $\frac{1}{10}\pi$ b) $\frac{3}{2}\pi$; $\frac{2}{3}\pi$; $\frac{3}{4}\pi$; $\frac{5}{6}\pi$; $\frac{7}{10}\pi$; 7π

3. a) Gib 1° (1′) auf 5 Dezimalen im Bogenmaß an ($\pi \approx 3{,}14159$).
b) Berechne auf 4 Dez. das Bogenmaß zu 20°; 65°; 126°; 6° 40′; 11,3°.

4. Schlage in der Tafel das Bogenmaß auf zu

a) 47°; 139°; 257°; 411° b) 18° 10′; 39° 42′; 116,7°; 283,8°.

5. a) Wieviel Grade und Minuten entsprechen dem Bogenmaß 1?
b) Welches Gradmaß entspricht dem Bogenmaß 0,3; 1,6; 3,75; 0,09?
c) Schlage in der Tafel das Gradmaß auf zu 0,48; 2,573; 4,816; 7,5.

6. Verwandle mit *einer* Einstellung des Rechenstabs:

a) 37°; 61,4°; 142,5°; 5° 48′ b) 1,25; 2,38; 5,62; 0,283; 0,088

7. Erläutere am Einheitskreis die Formeln (vgl. Fig. 141.1):
a) $\sin(x+2\pi) = \sin x$; $\cos(x+2\pi) = \cos x$; $\tan(x+\pi) = \tan x$; $\cot(x+\pi) = \cot x$. Ersetze in a) auch 2π durch $2n\pi$ und π durch $n\pi$, wenn $n \in \mathbb{Z}$ ist.

b) $\sin(\pi - x) = \sin x$; $\cos(\pi - x) = -\cos x$; $\tan(\pi - x) = -\tan x$; $\cot(\pi - x) = -\cot x$.

c) Was ergibt sich in b), wenn man $\pi - x$ durch $\pi + x$ ersetzt?

d) $\sin\left(\frac{\pi}{2} - x\right) = \cos x$; drücke entsprechend aus: $\cos\left(\frac{\pi}{2} - x\right)$, $\tan\left(\frac{\pi}{2} - x\right)$.

e) $\sin(-x) = -\sin x$; gib entsprechend an: $\cos(-x)$, $\tan(-x)$, $\cot(-x)$.

8. Bestimme: a) sin 0,875 b) cos 1,74 c) tan 3,5 d) cot 4 e) sin (−2)

9. Für welche x ($0 \leqq x < 2\pi$) ist

a) $\sin x = 0{,}6543$ b) $\tan x = 1{,}253$ c) $\cos x = 0{,}85$
d) $\cot x = 0{,}7$ e) $\sin x = -0{,}625$ f) $\cos x = -0{,}2$?

10. Beweise (140.1): Im Kreis mit Halbmesser r gehört zu dem im Bogenmaß gemessenen Mittelpunktswinkel x

S 2 a) der **Kreisbogen** mit der Länge $\boldsymbol{b = r \cdot x}$

b) der **Kreisausschnitt** mit dem Flächeninhalt $\boldsymbol{A = \frac{1}{2} r^2 \cdot x}$

11. Berechne b und A (Aufg. 10) für $r = 4$ cm (1,64 m) und $\varphi = 40°$ (137° 20′).

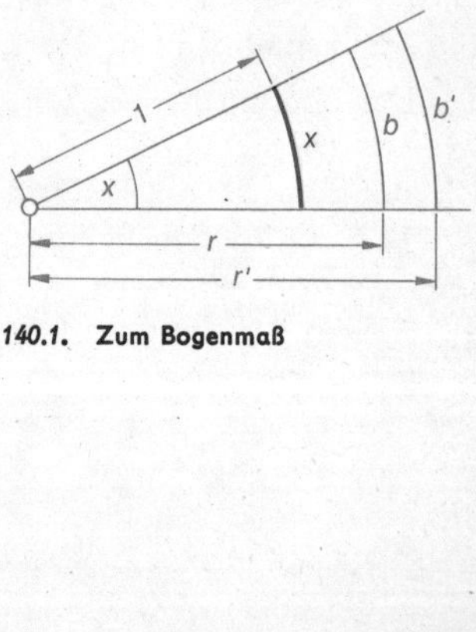

140.1. Zum Bogenmaß

Die Grenzwerte $\lim\limits_{x \to 0} \frac{\sin x}{x}$ und $\lim\limits_{x \to 0} \frac{\tan x}{x}$

12. a) Vergleiche nach der Tafel Bogenmaß, Sinus und Tangens von 10°; 5°; 2°; 1°.

b) Berechne $\frac{\sin x}{x}$ und $\frac{\tan x}{x}$ nacheinander für 10°; 5°; 2°; 1°. Beobachte!

13. a) Welchen Inhalt haben in 141.1 △ *OCB*, △ *OAD*, Kreisausschnitt *OAB*?

b) Zeige, daß sich durch Vergleich der Flächeninhalte ergibt:

$$\sin x \cos x < x < \tan x$$

oder $$\cos x < \frac{x}{\sin x} < \frac{1}{\cos x}$$

c) Laß in b) x gegen 0 streben und verdeutliche so:

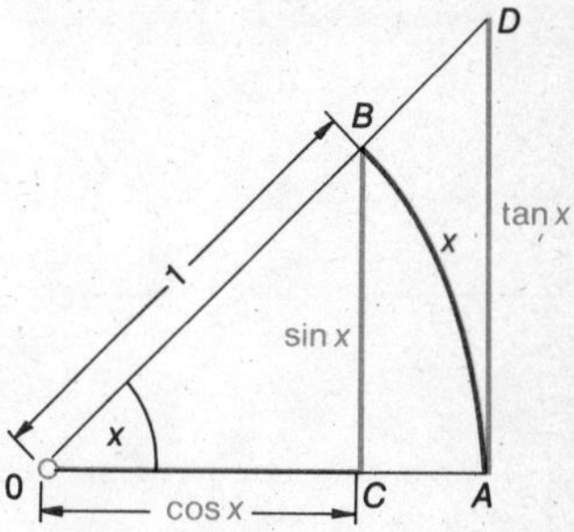

141.1. Zu $\lim\limits_{x \to 0} \frac{x}{\sin x}$

S 3 $$\lim_{x \to 0} \frac{x}{\sin x} = 1 \quad \text{oder auch} \quad \boldsymbol{\lim_{x \to 0} \frac{\sin x}{x} = 1}$$

d) Zeichne Fig. 141.1 mit kleinem x und großem $\overline{OA}$ und veranschauliche so das Ergebnis in c).

14. Zeige, daß aus Aufg. 13 c) folgt: In einem Kreisausschnitt strebt der Quotient „Sehne: Bogen" mit abnehmendem Mittelpunktswinkel gegen 1.

S 4 **15.** Beweise: $\lim\limits_{x \to 0} \frac{\tan x}{x} = 1.$ $\left(\text{Anleitung: Schreibe } \tan x = \frac{\sin x}{\cos x}\right)$

16. a) Zeige, daß aus Fig. 141.1 und Aufg. 13 c) und 15 folgt:

S 5 **Für kleine Werte von $|x|$ ist $\sin x \approx x$ und $\tan x \approx x$.**

b) Berechne den Sinus und Tangens von 4°; 2°; 1° 20′; 0,6°; 5,5°.

17. Bestimme: a) $\lim\limits_{x \to 0} \frac{\sin 2x}{x}$ b) $\lim\limits_{x \to 0} \frac{\tan ax}{x}$ c) $\lim\limits_{x \to 0} \frac{\sin 3x}{\sin 2x}$

d) $\lim\limits_{x \to 0} \frac{x}{\sin ax}$ e) $\lim\limits_{x \to 0} \frac{\tan ax}{\tan bx}$ f) $\lim\limits_{x \to 0} \frac{\sin x}{\tan x}$

Beispiel 3: $$\frac{1 - \cos 2x}{2x} = \frac{1 - (\cos^2 x - \sin^2 x)}{2x} = \frac{1 - (1 - 2\sin^2 x)}{2x} = \frac{\sin x}{x} \cdot \sin x$$

$$\lim_{x \to 0} \frac{1 - \cos 2x}{2x} = 1 \cdot 0 = 0$$

Beispiel 4: $$\lim_{x \to 0} \frac{1 - \cos 2x}{(2x)^2} = \lim_{x \to 0} \left[\frac{1}{2} \cdot \frac{\sin x}{x} \cdot \frac{\sin x}{x}\right] = \frac{1}{2} \quad \text{(vgl. Beispiel 3)}$$

Beispiel 5: $$\lim_{x \to 0} \frac{1 - \cos 2x}{\tan x} = \lim_{x \to 0} \left[2\sin^2 x : \frac{\sin x}{\cos x}\right] = \lim_{x \to 0} [2 \sin x \cos x] = 0$$

Die Ableitung der Funktion $y = \sin x$

❶ a) Zeichne (wie schon im Trigonometrie-Unterricht) ein Schaubild der Funktion $y = \sin x$. Wähle dabei als Einheit 2 cm und trage auf der x-Achse den Winkel im Bogenmaß ab.

b) Welche Steigung vermutet man in O? (Vgl. Fig. 142.1.) Wie ändern sich Steigung und Gestalt der Kurve, wenn man den Maßstab auf der x-Achse ändert?

142.1.

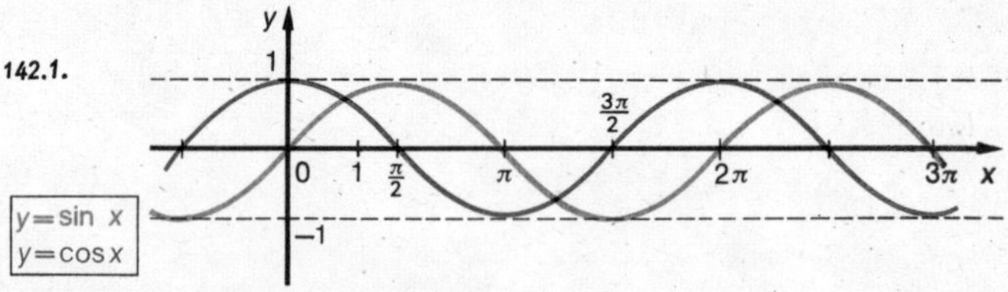

Aus der bekannten Darstellung der Sinusfunktion am Einheitskreis liest man ab (Fig. 142.1): Die Funktion $y = \sin x$ ist *für alle Winkel* $x \in \mathbb{R}$ *definiert*. Für ihren *Wertevorrat* gilt: $-1 \leqq y \leqq 1$. Sie hat die *Periode* 2π (Fig. 142.1) und unendlich viele Nullstellen (bei $x = n\pi$, $n \in \mathbb{Z}$). Die Sinuskurve ist *punktsymmetrisch* bzgl. der Punkte $(n\pi \mid 0)$, und *achsensymmetrisch* bzgl. der Gerade $x = (2n+1) \cdot \frac{\pi}{2}$. Es genügt daher, die Funktion für $0 \leqq x \leqq \frac{\pi}{2}$ zu untersuchen.

Stellt man wie in Vorüb. c) graphisch die Ableitungskurve her, so vermutet man:

S 1 **Die Ableitung von $y = \sin x$ ist $y' = \cos x$** $(x \in \mathbb{R})$.

Erster Beweis: Wir bemerken vorweg, daß im folgenden $\widehat{AP}$, $\widehat{PQ}$, $\overline{BP}$, $\overline{CR}$, $\overline{CQ}$, $\overline{RQ}$, $\overline{PQ}$ die Maßzahlen der betreffenden Längen bedeuten. Um $\frac{\Delta y}{\Delta x}$ zu untersuchen, zeichnet man im Einheitskreis den Winkel $x = \widehat{AP}$ und gibt ihm den Zuwachs $\Delta x = \widehat{PQ}$.

Dann ist $\overline{BP} = \overline{CR} = \sin x$ und $\overline{CQ} = \sin(x + \Delta x)$, also ergibt sich $\overline{RQ} = \sin(x + \Delta x) - \sin x = \Delta y$. Führt man nun die Sehne $\overline{PQ} = \Delta s$ und $\sphericalangle PQR = u$ ein, so ist $\frac{\Delta y}{\Delta x} = \frac{\Delta y}{\Delta s} \cdot \frac{\Delta s}{\Delta x} = \cos u \cdot \frac{\Delta s}{\Delta x}$.

Strebt Δx gegen 0, so strebt Q gegen P. Die Sekante PQ hat als Grenzlage die Tangente in P. Da diese mit BP den Winkel x bildet (Grund?), strebt u gegen x. Nach Aufg. 14 von § 33 strebt $\frac{\Delta s}{\Delta x}$ gegen 1, also gilt:

$$y' = \lim_{\Delta x \to 0} \frac{\Delta y}{\Delta x} = \cos x \cdot 1 = \cos x.$$

Bemerkung: Dieser an Fig. 142.2 anknüpfende Beweis ist für $0 < x < \frac{\pi}{2}$ gedacht. Der folgende, rein rechnerische Beweis gilt für alle $x \in \mathbb{R}$.

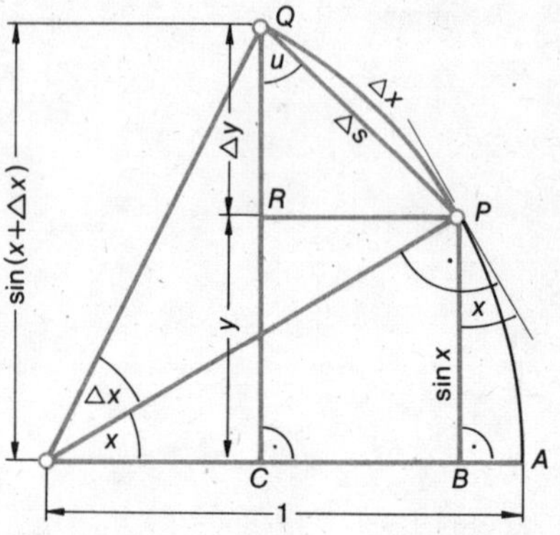

142.2. Zur Ableitung von $y = \sin x$

Zweiter Beweis (mit der Grundformel von S. 68):

Für $y = \sin x$ ist $\frac{\Delta y}{\Delta x} = \frac{\sin(x + \Delta x) - \sin x}{\Delta x} = \frac{\sin x \cdot \cos \Delta x + \cos x \cdot \sin \Delta x - \sin x}{\Delta x}$

$= \cos x \cdot \frac{\sin \Delta x}{\Delta x} - \sin x \cdot \frac{1 - \cos \Delta x}{\Delta x}$.

Nach § 33, S 3 und Beispiel 3 folgt daraus: $y' = \lim_{\Delta x \to 0} \frac{\Delta y}{\Delta x} = \cos x \cdot 1 - \sin x \cdot 0 = \cos x$.

Aufgaben

1. An welcher Stelle der obigen Beweise wird deutlich, daß es zweckmäßig ist, in der Differentialrechnung den Winkel im Bogenmaß zu messen?

2. a) Bestimme die Steigung von $y = \sin x$ für $x = 0;\ \frac{1}{6}\pi;\ \frac{1}{3}\pi;\ \frac{1}{2}\pi;\ \ldots\ 2\pi$ und zeichne die Kurve samt Tangenten (Einheit 2 cm; Fig. 142.1).
b) Wieso ergibt sich die Tangente $y = x$ in O auch nach § 33 Aufg. 13 c)?
c) Ersetze die Kurve durch die Tangente in O und verdeutliche so die Näherungsformel $\sin x \approx x$ für kleine x in Aufg. 16 von § 33.

Leite in Aufg. 3 bis 5 (teilweise mündlich) ab

3. a) $y = 5 \sin x$ b) $y = -0{,}8 \sin x$ c) $s = a \sin t$ d) $v = k^2 \sin u$

4. a) $y = \sin 2x$ b) $y = \sin \frac{1}{2} x$ c) $w = \sin \pi z$ d) $s = a \sin \omega t$
e) $y = 2 \sin \frac{x}{4}$ f) $s = k \sin \frac{\pi t}{3}$ g) $y = a \sin \frac{x}{a}$ h) $y = \frac{1}{p} \sin(px + q)$
i) $s = a \sin\left(\frac{\pi}{4} + \frac{3t}{2}\right) + b \sin\left(\frac{\pi}{4} - \frac{3t}{2}\right)$

5. a) $y = \sin(x^2)$ b) $y = \sin^2 x$ c) $y = \sqrt{\sin x}$ d) $y = \sin \sqrt{x}$
e) $s = \sin \frac{1}{t}$ f) $s = \frac{1}{\sin t}$ g) $z = \frac{-4}{\sin^3 x}$ h) $z = \sin^n x$

An welchen Stellen ist in Aufg. 5 und 7 die Funktion, bzw. y' nicht definiert?

6. a) $y = x \sin x$ b) $y = x^2 \sin^4 x$ c) $y = x^3 - \frac{1}{2} x^2 \sin x$

7. a) $y = \frac{\sin x}{x}$ b) $y = \frac{x^n}{\sin x}$ c) $y = \frac{x}{\sin^2 x} + \frac{1}{\sin 2x}$

8. a) $y = \sin\left(\frac{\pi}{2} - x\right)$ b) $y = \sqrt{1 - \sin^2 x}$ c) $y = 1 - 2 \sin^2 \frac{x}{2}$

Drücke in a) bis c) y einfacher aus. Welcher Satz ergibt sich?

Die Ableitung der Funktionen $y = \cos x$, $y = \tan x$, $y = \cot x$

S 2			
	Die Funktion	$y = \cos x$	$y = \tan x$	$y = \cot x$
	hat die Ableitung	$y' = -\sin x$	$y' = \frac{1}{\cos^2 x}$	$y' = -\frac{1}{\sin^2 x}$

Beweis: Schreibe $\cos x = \sin\left(\frac{\pi}{2} - x\right)$, $\tan x = \frac{\sin x}{\cos x}$, $\cot x = \frac{\cos x}{\sin x}$

Aufgaben

9. Führe die angedeuteten Beweise der obigen Sätze im einzelnen durch. Gib an, an welchen Stellen die betreffende Funktion oder ihre Ableitung nicht definiert ist.

10. Leite die Ableitung von $y = \cos x$ ebenso her wie die von $y = \sin x$.

11. Schreibe $y = \cot x = 1 : \tan x$ und bestimme y' aus der Ableitung von $\tan x$.

Leite in Aufg. 12 bis 14 (teilweise mündlich) ab. An welchen Stellen ist y bzw. y' nicht definiert?

12. a) $y = \frac{1}{2}\cos x$ b) $y = \cos\frac{1}{2}x$ c) $y = \frac{2}{3}\cos\frac{3}{2}x$ d) $s = \cos(a - t)$

13. a) $y = \cos^2 x$ b) $s = \cos(t^3)$ c) $z = \cos\sqrt{x}$ e) $y = 1 : \cos x$

14. a) $y = \tan u$ b) $y = \tan 3x$ c) $s = \tan^4 t$ d) $s = \frac{a}{t}\tan\frac{t}{a}$

Kurvenuntersuchungen

Untersuche die Funktionen und zeichne ihre Graphen in Aufg. 21 bis 33. (Achsenschnittpunkte mit Steigungen in ihnen, Tangenten parallel zur x-Achse, Wendepunkte und Wendetangenten, Asymptoten, Symmetrie, Periode, Erzeugung aus einfacheren Kurven.) Wähle passende Einheiten.

21. a) $y = \sin x$ b) $y = \cos x$ (Fig. 142.1) c) $y = \tan x$ d) $y = \cot x$ (Fig. 144.1)
Beachte die Steigung in den Achsenschnittpunkten. Wo und unter welchen Winkeln schneiden sich die Kurven bei a) und b), c) und d), b) und c)?

22. a) $y = \frac{1}{2}\sin x$ b) $y = 2\sin x$ c) $y = -\frac{3}{2}\sin x$
Wie gehen die Kurven aus dem Bild von $y = \sin x$ hervor (Fig. 144.2)? Vergleiche die Steigungen in O und die Hochpunkte.

Bemerkung: Die Funktionen in Aufg. 22 bis 29 sind in der Physik grundlegend für die „*Wellenlehre*". Schwingungen, die auf solche Gleichungen führen, heißen *Sinusschwingungen*. Die *Periode* der Funktion entspricht der *Wellenlänge*. Das Maximum, das die y-Werte erreichen, heißt der *Ausschlag*, der *Scheitelwert* oder die *Amplitude* der Kurve (der Schwingung).

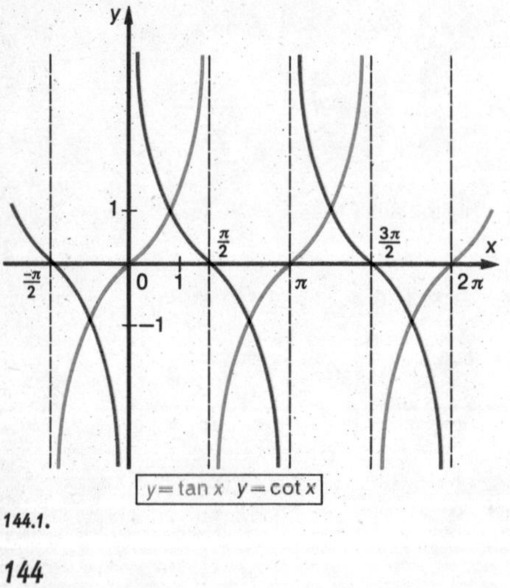

144.1.

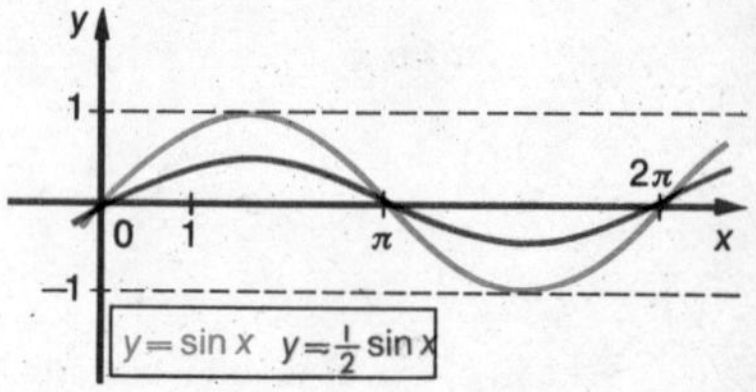

144.2.

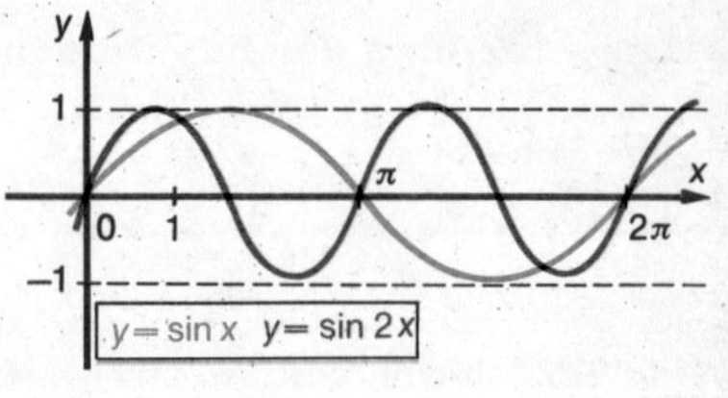

144.3.

S 3 **23.** Zeige: a) Der Graph von $y = a \sin x$ hat die Amplitude $|a|$ und die Periode 2π. b) Die Kurve $y = a \sin x$ entsteht als Bild der Kurve $y = \sin x$ durch Pressung oder Dehnung in *y-Richtung* im Verhältnis $a : 1$ (durch senkrechte Affinität). Für $0 < a < 1$ hat man eine *Pressung*, für $a > 1$ eine *Dehnung*, bei $a < 0$ kommt eine *Spiegelung* bzgl. der x-Achse hinzu.

24. a) $y = \sin 2x$ b) $y = \sin \frac{1}{2} x$ c) $y = \sin\left(-\frac{2}{3} x\right)$

Wie gehen die Kurven aus der Kurve m. d. Gl. $y = \sin x$ hervor? Vergleiche die Steigungen in O, die Perioden und die Amplituden der 4 Kurven (Fig. 144.3).

S 4 **25.** Zeige: a) Der *Graph von* $y = \sin kx$ *hat die Amplitude 1 und die Periode* $|2\pi : k|$, $k \neq 0$.

b) Die Kurve m. d. Gl. $y = \sin kx$ entsteht als Bild der Kurve $y = \sin x$ durch Pressung oder Dehnung in *x-Richtung* im Verhältnis $k : 1$. Für $k > 1$ hat man eine *Pressung*, für $0 < k < 1$ eine *Dehnung*; bei $k < 0$ kommt wegen $\sin(-z) = -\sin z$ eine *Spiegelung* an der x-Achse hinzu.

26. a) $y = 2 \sin \frac{2}{3} x$ b) $y = \frac{1}{3} \sin 3x$ c) $y = 3 \sin \frac{1}{2} \pi x$. Beispiel (Fig. 145.2): $y = \frac{1}{2} \sin 2x$.

S 5 **27.** a) Zeige: *Der Graph von* $y = a \sin kx$ *hat die Amplitude* $|a|$ *und die Periode* $|2\pi : k|$, $k \neq 0$.
b) Durch welche Transformation erhält man $y = a \sin kx$ aus $y = \sin x$?

28. a) $y = \sin\left(x - \frac{\pi}{4}\right)$ b) $y = \sin\left(x + \frac{\pi}{4}\right)$

Beispiel: Fig. 145.1

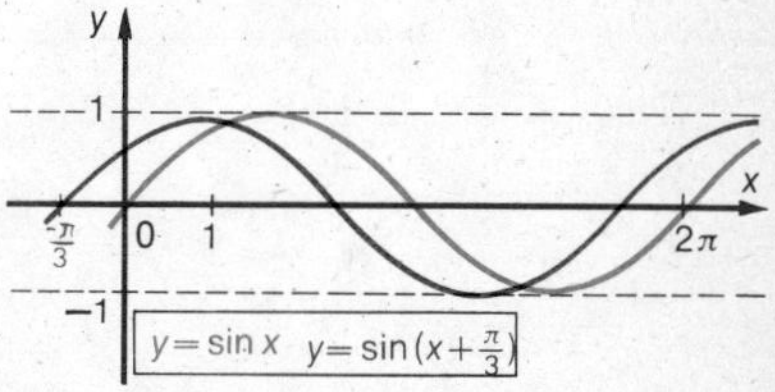

145.1.

S 6 **29.** Zeige: *Der Graph von* $y = \sin(x - x_0)$ *entsteht aus dem Schaubild von* $y = \sin x$ *durch Verschiebung um* x_0 *in x-Richtung*. Ist x_0 positiv, so liegt eine Verschiebung um x_0 nach rechts vor; ist x_0 negativ, so hat man eine Verschiebung um $|x_0|$ nach links.

30. Wie erhält man die Kurven a) $y = 1 + \sin x$, b) $y = 1 - \cos x$ aus $y = \sin x$?

31. a) $y = 2 \cos x + \sin 2x$
b) $y = \sin x - \sin 2x$
c) $y = \cos x + \frac{1}{3} \cos 3x$
d) $y = 3 \sin x + \frac{1}{2} \cos 2x$

Die Kurven in Aufg. 31 und 32 kann man durch Addition der y-Werte (*Überlagerung, Superposition*) aus einfachen Kurven erhalten.

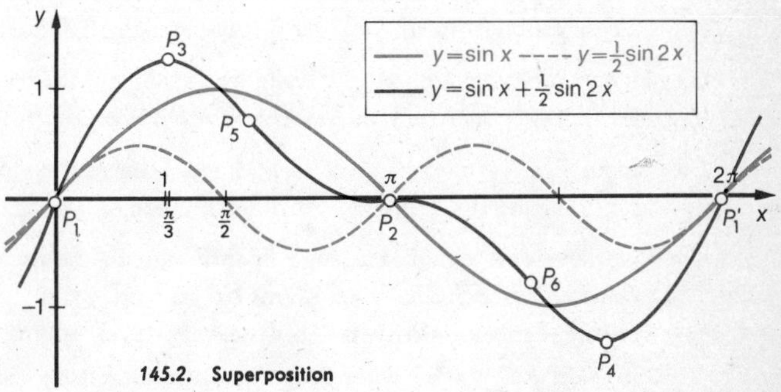

145.2. Superposition

10—7369/2

Beispiel (Fig. 145.1): Die Superposition von $y_{\mathrm{I}} = \sin x$ und $y_{\mathrm{II}} = \frac{1}{2}\sin 2x$ gibt

$$y = \sin x + \tfrac{1}{2}\sin 2x = \sin x \cdot (1 + \cos x)$$
$$y' = \cos x + \cos 2x = 2\cos^2 x + \cos x - 1$$
$$y'' = -\sin x - 2\sin 2x = -\sin x\,(1 + 4\cos x)$$

1. y_{I} hat die Periode 2π, y_{II} die Periode π; daher hat y die Periode 2π. Es genügt also, $0 \leqq x < 2\pi$ zu betrachten (oder auch $-\pi \leqq x < \pi$).

2. y_{I} und y_{II} sind *punktsymmetrisch* bzgl. O und $P_2(\pi \mid 0)$, also auch y.

3. *Nullstellen:* $y = 0$ gibt $\sin x = 0$ oder $1 + \cos x = 0$,
also $x_1 = 0$; $y_1' = 2$ und $x_2 = \pi$; $y_2' = 0$.

4. *Waagrechte Tangenten:* $y' = 0$ gibt $2\cos^2 x + \cos x - 1 = 0$. Daraus kommt:

a) $\cos x = \frac{1}{2}$, also $x_3 = \frac{\pi}{3}$; $y_3 = \frac{3}{4}\sqrt{3} \approx 1{,}30$; $y_3'' < 0$; Hochpunkt
und $x_4 = \frac{5\pi}{3}$; $y_4 = -y_3 \approx -1{,}30$; $y_4'' > 0$; Tiefpunkt

b) $\cos x = -1$, also $x_2 = \pi$; $y_2 = 0$; $y_2'' = 0$; Wendepunkt mit waagrechter Tangente.

5. *Wendepunkte:* $y'' = 0$ gibt $\sin x = 0$, also $x_1 = 0$ oder $x_2 = \pi$ (s. o.),
außerdem $\cos x = -\frac{1}{4}$, also $x_5 \approx 1{,}82$; $y_5 \approx 0{,}73$; $y_5' \approx -\frac{9}{8}$
und $x_6 \approx 4{,}46$; $y_6 = -y_5$; $y_6' = y_5'$

Beachte, daß y'' bei $x_1 = 0$ und $x_2 = \pi$ das Zeichen wechselt.

32. b) $y = \cos x - \sin x$. (Zeige: $y = -\sqrt{2}\sin\left(x - \frac{\pi}{4}\right)$; deute dies im Bild.)

S 7 ▸ e) Zeige: $y = a_1 \sin x + a_2 \cos x$ kann man in der Form schreiben:
$y = a\sin(x + x_0)$. Dabei ist $a = \sqrt{a_1^2 + a_2^2}$ und $\tan x_0 = a_2 : a_1$, $\cos x_0 = a_1 : a$.
Anleitung: $a\sin(x + x_0) = a\,(\cos x_0 \cdot \sin x + \sin x_0 \cdot \cos x)$.

33. a) $y = x - \sin x$ b) $y = \sin^2 x$ c) $y = \sin x \cos x$ d) $y = \sin^3 x$

Extremwerte (Wähle als unabhängige Variable einen Winkel.)

36. Bei welchem Grundwinkel φ hat ein gleichschenkliges Dreieck mit Schenkel s
a) den größten Inhalt, b) den größten Inkreishalbmesser?

37. Einer Halbkugel ist a) ein Zylinder größten Inhalts einzubeschreiben,
b) ein Kegel kleinsten Inhalts umzubeschreiben.

38. Einem Kreis ist ein gleichschenkliges Dreieck a) mit kleinstem Schenkel,
b) mit kleinstem Umfang umzubeschreiben.

▸ **39.** Wie lang darf eine Eisenstange höchstens sein, damit man sie durch einen senkrechten zylindrischen Schacht von 1,5 m Länge und 0,6 m Durchmesser in einen waagrecht verlaufenden zylindrischen Abwasserkanal von 1,8 m Durchmesser schieben kann?

Löse einige der Aufg. 36 bis 39 zur Probe auch ohne Benutzung von Winkeln.

Integrale, Flächeninhalte

Aus den Sätzen 1 und 2 ergeben sich umgekehrt die

Grundintegrale: $\int \sin x \, dx = -\cos x + C$; $\int \cos x \, dx = \sin x + C$

$\int \frac{1}{\cos^2 x} dx = \tan x + C, \quad x \neq (2n+1)\frac{\pi}{2}$; $\int \frac{1}{\sin^2 x} dx = -\cot x + C, \quad x \neq n\pi$

Aufgaben

44. a) $\int 2 \sin x \, dx$ b) $\int \sqrt{3} \sin t \, dt$ c) $\int \frac{1}{2} \cos x \, dx$ d) $\int \frac{\cos z}{\pi} dz$

45. a) $\int \frac{4}{\cos^2 x} dx$ b) $\int \frac{du}{2\cos^2 u}$ c) $\int \frac{3\,dx}{\sin^2 x}$ d) $\int \frac{5\,dt}{3\sin^2 t}$

46. a) $\int (3\cos x - 2\sin x)\, dx$ b) $\int \left(\frac{1}{2}\sin t - \frac{3}{4}\cos t\right) dt$ c) $\int (1 - \sin x)\, dx$

48. Integriere durch Überlegen und prüfe durch Ableiten nach:

a) $\int \sin 2x \, dx$ b) $\int \sin kx \, dx$ c) $\int \cos \frac{1}{2} t \, dt$ d) $\int \cos(\omega t)\, dt$

49. Berechne die Fläche zwischen dem Bild von $y = f(x)$, der x-Achse und den Geraden $x = 0$ und $x = b$, wenn b die kleinste positive Nullstelle von $y = f(x)$ ist.

a) $y = \sin x$ b) $y = 2\cos x$ c) $y = \cos 2x$ d) $y = 3 \sin \frac{1}{2} x$

50. Zeichne das Bild von $y = |\sin x|$. Existiert y' bei $x = n\pi \ (n \in \mathbb{Z})$?

▸ **51.** Gib die Nullstellen von $f(x) = \sin \frac{1}{x}$ und die Steigung in ihnen an. Wo liegen die Hoch- und Tiefpunkte? Zeichne! Wieso ist die Funktion bei $x_1 = 0$ unstetig, auch wenn man $f(x_1) = 0$ setzt?

35 Exponentialfunktionen

Neben den *Potenzfunktionen* $y = x^2$, $y = x^3$, ... und ihren Umkehrfunktionen, den *Wurzelfunktionen* $y = \sqrt{x}$, $y = \sqrt[3]{x}$, ..., traten in der Algebra schon die *Exponentialfunktionen* $y = 2^x$, $y = 3^x$, ... auf. Ihr Name rührt davon her, daß bei ihnen die unabhängige Variable x im Exponenten steht. Eine wichtige Rolle spielt dabei die Funktion $y = 10^x$. Ihre Umkehrfunktion ist die *Logarithmusfunktion* $y \to x$ mit $x = \lg y$; aus $100 = 10^2$ folgt z.B. $2 = \lg 100$. Wegen der Basis 10 nennt man diese Logarithmen bekanntlich *Zehnerlogarithmen*. In der mathematischen Wissenschaft und ihren Anwendungen hat als Basis der Exponential- und Logarithmusfunktionen neben der Zahl 10 die Zahl $e \approx 2{,}718$ eine besondere Bedeutung (vgl. S. 15). Die Bezeichnung e stammt von *L. Euler*.
Wenn man die Funktion $y = e^x$ bildet und ihre Ableitung nach der Grundformel (S. 68) bestimmt, so ergibt sich:

$$y' = \lim_{h\to 0} \frac{e^{x+h} - e^x}{h} = \lim_{h\to 0} e^x \cdot \frac{e^h - 1}{h} = \lim_{h\to 0} e^x \cdot \lim_{h\to 0} \frac{e^h - 1}{h} = e^x \cdot \lim_{h\to 0} \frac{e^h - 1}{h}$$

Um diesen Grenzwert zu bestimmen, wählen wir vorerst $h = \frac{1}{n}$, ($n \in \mathbb{N}$ und $n \geqq 2$), und erinnern uns daran (vgl. S. 44/45), daß gilt: $\left(1 + \frac{1}{n}\right)^n < \mathrm{e} < \left(1 + \frac{1}{n}\right)^{n+1}$, also auch

$$\left(1 + \frac{1}{n}\right)^n < \mathrm{e} < \left(1 + \frac{1}{n-1}\right)^n \Leftrightarrow \left(1 + \frac{1}{n}\right) < \mathrm{e}^{\frac{1}{n}} < \left(1 + \frac{1}{n-1}\right) \Leftrightarrow \frac{1}{n} < \mathrm{e}^{\frac{1}{n}} - 1 < \frac{1}{n-1},$$

somit $1 < \dfrac{\mathrm{e}^{\frac{1}{n}} - 1}{\frac{1}{n}} < \dfrac{n}{n-1}$. Für n gegen ∞, also h gegen 0, folgt: $\lim\limits_{h \to 0} \dfrac{\mathrm{e}^h - 1}{h} = 1$.

Entnimmt man der Anschauung, daß der Graph von $y = \mathrm{e}^x$ in jedem Punkt genau eine
S 10 Tangente besitzt, so folgt aus dem Vorstehenden: **Für $y = \mathrm{e}^x$ ist $y' = \mathrm{e}^x$.**

Vollständige Beweise von S 10 enthält die Vollausgabe.

Aufgaben

1. a) Zeichne das Schaubild von $y = \mathrm{e}^x$ samt Tangenten für $x \in \{0; \pm 0{,}5; \pm 1; \pm 1{,}5; \pm 2\}$. Wie läßt sich die Tangente in jedem Punkt auf einfache Weise zeichnen?
b) Bestätige rechnerisch, daß die Kurve monoton steigt und überall eine Linkskurve ist.
c) Zeige, daß $\lim\limits_{x \to -\infty} \mathrm{e}^x = 0$ ist, und bestimme so die Asymptote der Kurve (150.1).

Leite in Aufg. 5 bis 10 (teilweise mündlich) ab.

5. a) $y = 2\,\mathrm{e}^x$ b) $y = \mathrm{e}^{-2x}$ c) $y = \mathrm{e}^{x+2}$ d) $y = \mathrm{e}^{x^2}$

6. a) $y = \mathrm{e}^{-x}$ b) $y = \mathrm{e}^{-3x}$ c) $y = \mathrm{e}^{1-x}$ d) $y = -\frac{1}{2}\,\mathrm{e}^{5-4x}$

7. a) $s = \mathrm{e}^{\frac{1}{2}t}$ b) $s = 4\,\mathrm{e}^{-\frac{3}{8}t}$ c) $s = 6\,\mathrm{e}^{\frac{2}{3} - \frac{1}{4}\pi t}$ d) $s = 10\,\mathrm{e}^{-\frac{1}{4}x^2}$

10. a) $y = x \cdot \mathrm{e}^x$ b) $y = \frac{1}{2}x^2 \cdot \mathrm{e}^{-0{,}4x}$ c) $y = (x^2 - 2x + 3)\,\mathrm{e}^{\frac{1}{2}x}$

15. Zeichne die Graphen von $y = \mathrm{e}^x$, $y = \mathrm{e}^{-x}$, $y = \mathrm{e}^{2x}$, $y = \mathrm{e}^{-2x}$, $y = \mathrm{e}^{\frac{1}{2}x}$, $y = \mathrm{e}^{-\frac{1}{2}x}$ in ein Achsenkreuz und vergleiche.
Wie erhält man aus dem Schaubild von $y = \mathrm{e}^x$ die anderen Kurven?

16. Zeichne die Graphen von a) $y = 5\,\mathrm{e}^{-\frac{1}{4}x^2}$, b) $y = 5\,\mathrm{e}^{-0{,}1x^2}$ und vergleiche.
Bemerkung: Die Kurve m. d. Gl. $y = a \cdot \mathrm{e}^{-k^2x^2}$ heißt auch „*Kurve der normalen Häufigkeitsverteilung*" oder „*Gaußsche Fehlerkurve*".

17. a) $y = 5x \cdot \mathrm{e}^{-\frac{1}{2}x}$ b) $y = 2x^2 \cdot \mathrm{e}^{-\frac{1}{2}x}$ c) $y = 4x \cdot \mathrm{e}^{-\frac{1}{8}x^2}$ d) $y = \left(\frac{1}{2}x^2 + 2\right) \cdot \mathrm{e}^{-\frac{1}{2}x}$

Wachstumsfunktion

25. a) Bestimme bei der Funktion $y = a \cdot \mathrm{e}^{kt}$ die „Wachstumsgeschwindigkeit" $\frac{\mathrm{d}y}{\mathrm{d}t} = \dot{y}$ und zeige, daß diese Geschwindigkeit proportional zum augenblicklichen Funktionswert y ist. Warum heißt k wohl „Wachstumskonstante"?
b) Zeige, daß der relative Zuwachs $\Delta y : y$ bei gleichem Δt nahezu konstant ist.

26. 1 cm³ Kuhmilch enthielt 2 Stunden nach dem Melken 9000 „Keime", 1 Stunde später 32000. Bestimme a und k, wenn die Wachstumsfunktion hier $y = a \cdot e^{kt}$ ist und zeichne ein Schaubild. Nach wieviel Minuten hatte sich die Zahl der Keime verdoppelt?

27. Bei der radioaktiven Umwandlung von Wismut 210 in Polonium 210 beträgt die „Halbwertzeit" 5,0 Tage (d.h. in 5 Tagen zerfällt die halbe Menge). Stelle die Zerfallsfunktion $y = a \cdot e^{-kt}$ auf und zeichne ein Schaubild.

Integrale und Flächeninhalte

28. Bestimme durch Überlegen und mache die Probe durch Ableiten:

a) $\int 3\,e^x\,dx$ b) $\int e^{3x}\,dx$ c) $\int e^{-x}\,dx$ d) $\int e^{\frac{x}{2}}\,dx$ e) $\int e^{-kt}\,dt$

30. Deute als Flächenmaßzahl. Berechne und zeichne.

a) $\int_0^1 e^x\,dx$ b) $\int_{-2}^{2} e^{-x}\,dx$ c) $\int_0^4 e^{-\frac{1}{2}x}\,dx$

36 Logarithmusfunktionen

Der natürliche Logarithmus

① **Schreibe in Potenzform:**
a) $\lg 100 = 2$, b) $\lg 2 = 0{,}3010 \ldots$.

② **Wiederhole den Begriff des Logarithmus und die 3 Logarithmensätze.**

③ **Schreibe auch $y = \lg x$ in Potenzform. Wie ergibt sich der Graph von $y = \lg x$ aus dem Schaubild von $y = 10^x$? Zeichne beide Kurven.**

④ **Zeichne das Schaubild der Umkehrfunktion von $y = e^x$. Wie lautet ihre Gleichung?**

Aus der Algebra wissen wir, daß man die Umkehrfunktion von $y = 10^x$ mit $y = \log_{10} x$ bezeichnet und dafür kurz $y = \lg x$ schreibt. Dies bedeutet, daß $10^y = x$ ist. Es ist z.B. $0{,}3010 \approx \lg 2 \Leftrightarrow 10^{0{,}3010} \approx 2$.

D 1 Ganz entsprechend sagt man: **Die Umkehrfunktion von $y = e^x$ heißt $y = \log_e x$;** man schreibt für sie kurz $y = \ln x$ (lies: logarithmus naturalis x) und bezeichnet die Logarithmen zur Grundzahl e als **natürliche Logarithmen.** Der natürliche Logarithmus einer Zahl $x > 0$ ist also die Zahl, mit der man e potenzieren muß, um x zu erhalten:

$$y = \ln x \text{ bedeutet dasselbe wie } e^y = x, \quad (x > 0).$$

Beispiel: $\ln 2 = 0{,}6931\ldots$ bedeutet dasselbe wie $e^{0{,}6931\ldots} = 2$.

Merke besonders: $\ln e = 1$, $\ln 1 = 0$, $e^{\ln x} = x$ (Begründung?)

Auch für die natürlichen Logarithmen gelten die bekannten Logarithmensätze:

$\ln(a\,b) = \ln a + \ln b$; $\ln(a : b) = \ln a - \ln b$; $\ln(a^k) = k \ln a$ (Begründung?)

Aufschlagen von natürlichen Logarithmen (vgl. Sieber, Math. Tafeln, S. 108—111):

Findet man in Tabellen nicht alle gewünschten Werte von $\ln x$, so kann man sie häufig durch Anwendung der Logarithmensätze gewinnen.

Beispiel: $\ln 2{,}45 = \ln \frac{245}{100} = \ln 245 - \ln 100 = 5{,}5013 - 4{,}6052 = 0{,}8961$

$\ln 0{,}245 = \ln \frac{245}{1000} = \ln 245 - \ln 1000 = 5{,}5013 - 6{,}9078 = -1{,}4065$

Umwandlung von Zehnerlogarithmen in natürliche Logarithmen und umgekehrt:

Aus $y = \ln x$ oder $x = e^y$ folgt $\lg x = y \cdot \lg e$ oder $\mathbf{\lg x = \ln x \cdot \lg e} = 0{,}4343 \ln x$.

Aus $y = \lg x$ oder $x = 10^y$ folgt $\ln x = y \cdot \ln 10$ oder $\mathbf{\ln x = \lg x \cdot \ln 10} = 2{,}3026 \lg x$.

Schreibt man M für $\lg e = 0{,}4343$, so ist also $\lg x = M \cdot \ln x$ und $\ln x = \frac{1}{M} \cdot \lg x$ (vgl. Sieber, Mathematische Tafeln). M heißt der *Modul* der Zehnerlogarithmen.

Der Graph der Funktion $y = \ln x$ ist in Fig. 150.1 durch Spiegelung des Schaubildes von $y = e^x$ an der Gerade $y = x$ entstanden.

Für $x > 1$ ist $\ln x > 0$;

für $0 < x < 1$ ist $\ln x < 0$.

Die negative y-Achse ist Asymptote für $y = \ln x$:

Es ist $\lim\limits_{x \to +0} \ln x = -\infty$.

Da $\varphi(x) = \ln x$ die Umkehrfunktion von $f(x) = e^x$ ist, gilt nach S 3a von S. 132:

$$\varphi'(x) = 1 : f'(y) = 1 : e^y = 1 : x.$$

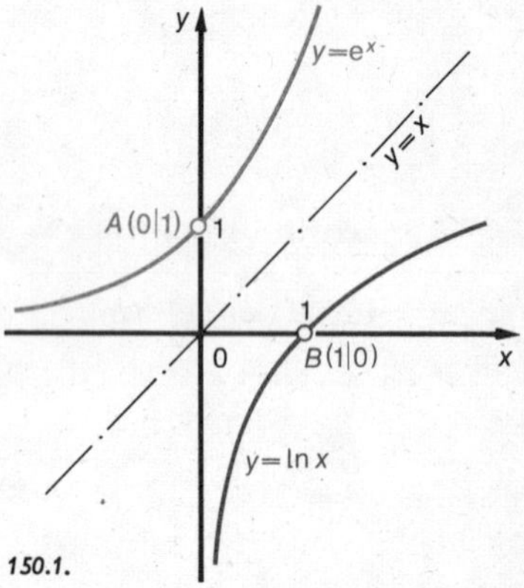

150.1.

S 1 **Die Ableitung der Funktion** $\mathbf{y = \ln x}$ **ist** $\mathbf{y' = \frac{1}{x}}$, $(x > 0)$.

S 2 Ist $u = g(x)$ differenzierbar und $y = \ln u$, so ist $\frac{dy}{dx} = \frac{1}{u} \cdot \frac{du}{dx} = \frac{u'(x)}{u(x)}$, $u(x) > 0$.

Aufgaben

1. Zeichne die Kurve m. d. Gl. $y = \ln x$ samt Tangenten. Beachte die Asymptote. Zeige mittels der Ableitungen: Die Kurve ist überall monoton steigend und eine Rechtskurve. Gib den Definitions- und Wertebereich an.

2. Bestimme aus der Tafel für $\ln x$ oder mittels Zehnerlogarithmen:
a) $\ln 3$ b) $\ln 30$ c) $\ln 3000$ d) $\ln 0{,}3$ e) $\ln 0{,}003$
f) $\ln 1{,}7$ b) $\ln 5{,}63$ h) $\ln 0{,}75$ i) $\ln 0{,}045$ k) $\ln 8{,}256$
Wie kann man die Umwandlung mit dem Rechenstab vollziehen?

3. Bestimme: $\ln e^2$, $\ln \frac{1}{e}$, $\ln \frac{1}{e^3}$, $\ln \sqrt{e}$, $\ln e^{kt}$, $\ln a^n$ mit $a > 0$.

Leite in Aufg. 4 bis 11 (teilweise mündlich) ab. Forme in geeigneten Fällen zunächst die rechte Seite mittels der Logarithmensätze um. Gib Definitionsbereiche an.

4. a) $y = \ln t$ b) $y = 2 \ln u$ c) $y = \ln \frac{x}{2}$ d) $y = \ln (a\,t)$ e) $y = \ln \frac{t}{a}$

5. a) $y = \ln x^2$ b) $y = \ln \frac{1}{x}$ c) $u = \ln \frac{a}{x^2}$ d) $v = \ln \sqrt{x}$

6. a) $y = \ln (1 + x)$ b) $y = \ln (2 - x)$ c) $y = \ln (a - b\,x)$

7. a) $s = \ln \frac{a}{1+t}$ b) $s = \ln \frac{a}{a-t}$ c) $s = \ln \frac{a+t}{a-t}$

8. a) $y = \ln (x^2 - a^2)$ b) $y = \ln (a\,x - x^2)$ c) $y = \ln (4\,x^2 - 4\,x + 1)$

9. a) $y = \ln \frac{5\,x}{x^2+1}$ b) $y = \ln \frac{a^2 + x^2}{a^2 - x^2}$ c) $y = \ln \frac{(1 + 2\,x)^2}{1 - 2\,x}$

10. a) $s = \ln \sqrt{4\,t - 5}$ b) $s = \ln \sqrt{1 - t^2}$ c) $s = \ln \sqrt{\frac{1+t}{1-t}}$

11. a) $y = \ln \sin x$ b) $s = \ln \cos (\omega t)$ c) $w = \ln \tan x$

Kurvenuntersuchungen

14. Lege von O aus die Tangente an die Kurve mit der Gleichung $y = \ln x$ und bestimme den Berührpunkt. Wie kann man die Tangente in beliebigen Punkten einfach zeichnen?

15. a) In welchem Punkt hat der Graph von $y = \ln x$ die Steigung $\frac{1}{e}$; e; $\sqrt{e}$?

16. a) $y = \ln (1 + x)$ b) $y = \ln (1 + x^2)$ c) $y = \ln (16 - x^2)$ d) $y = \ln \frac{6+x}{6-x}$

Erzeuge die zugehörigen Kurven in c) und d) aus zwei einfacheren Kurven.

18. a) $y = \ln |x|$ b) $y = |\ln x|$ c) $y = \sqrt{\ln x}$ d) $y = \ln |x^2 - 4|$

Integrale und Flächeninhalte

Nach S 1 gilt: $\int \frac{dx}{x} = \ln x + C$ für $x > 0$.
Für $x < 0$ ist die Funktion $y = \ln(-x)$ definiert (Fig. 151.1). Sie besitzt für $x < 0$ die Ableitung $y' = \frac{-1}{-x} = \frac{1}{x}$.
Für $x < 0$ gilt also $\int \frac{dx}{x} = \ln(-x) + C$.

Es ist üblich, die beiden Integralformeln für $x > 0$ und $x < 0$ in *einer* Gleichung zusammenzufassen:

S 3 $$\int \frac{dx}{x} = \ln |x| + C, \quad (x \neq 0)$$

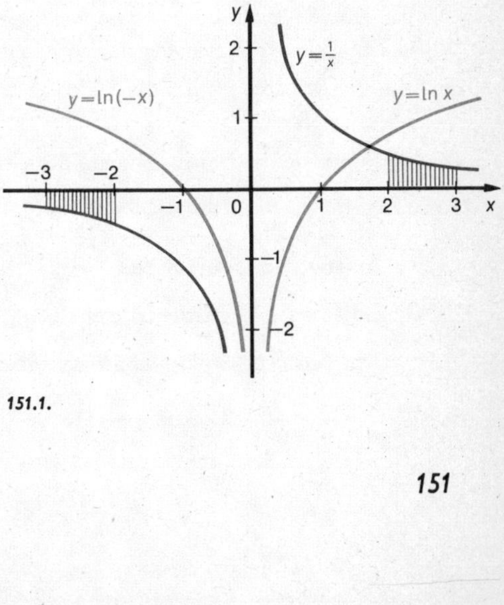

151.1.

Beispiel: (151.1) $\int_{-3}^{-2} \frac{dx}{x} = \left[\ln|x|\right]_{-3}^{-2} = \ln 2 - \ln 3 = \ln \frac{2}{3} = -0{,}406; \quad \int_{2}^{3} \frac{dx}{x} = \ln \frac{3}{2} = +0{,}406$

S 4 Aus S 2 folgt für $u(x) \neq 0$ der Satz: $\int \frac{u'(x)}{u(x)}\,dx = \ln|u(x)| + C$

Beispiele:

$\int \frac{2x\,dx}{x^2-4} = \ln|x^2-4| + C; \; |x| \neq 2; \qquad \int \frac{e^x}{e^x-5}\,dx = \ln|e^x-5| + C;$

$\int \frac{dx}{x \ln x} = \ln|\ln x| + C, \begin{pmatrix} x > 0 \\ x \neq 1 \end{pmatrix}; \int \tan x\,dx = \int \frac{\sin x}{\cos x}\,dx = -\ln|\cos x| + C, \; \cos x \neq 0;$

Aufgaben

19. Integriere durch Probieren und mache die Probe durch Ableiten:

a) $\int \frac{dx}{x+2}$ b) $\int \frac{dx}{4-x}$ c) $\int \frac{dx}{2x+3}$ d) $\int \frac{dx}{4-3x}$ e) $\int \frac{x^2+4x+3}{2x}\,dx$

21. Berechne die Flächeninhalte (beachte auch S 4):

a) $\int_1^4 \frac{5\,dx}{x}$ b) $\int_{-4}^{-1} \frac{x+4}{2x}\,dx$ c) $\int_0^3 \frac{dx}{1+x}$ d) $\int_0^6 \frac{4x}{x^2+4}\,dx$ e) $\int_0^{0,5\pi} \frac{2\cos x}{1+\sin x}\,dx$

22. Welchen Inhalt hat das Flächenstück, das im Intervall $\left[0, \frac{\pi}{2}\right]$ von der x-Achse und den Kurven mit den Gleichungen $y = \tan x$ und $y = \cot x$ umschlossen wird?

Extremwerte

33. Die Schaubilder der Funktionen $y = e^{ax}$ und $y = e^{-bx}$ $(a > 0, \; b > 0)$ schneiden sich rechtwinklig und umschließen mit der x-Achse ein dreieckförmiges Flächenstück. Welche Zahlen muß man für a und b setzen, damit diese Fläche einen kleinsten Inhalt hat?

34. Dem Schaubild von $y = e^{-x^2}$ ist das Rechteck größten Inhalts so einzubeschreiben, daß eine Seite auf die x-Achse zu liegen kommt. Zeige, daß 2 Ecken dieses Rechtecks in den Wendepunkten liegen.

36. An welcher Stelle x hat die Differenz der y-Werte bei $y = \sqrt{x}$ und $y = \ln x$ einen kleinsten Betrag?

37. Bestimme den kürzesten Abstand der Graphen von $y = e^x$ und $y = \ln x$.

38 Integrationsverfahren

1. Grundintegrale (Stammfunktionen)

Wir stellen zunächst die Grundintegrale zusammen, die wir bisher erhielten:

$\int x^k\,dx = \frac{x^{k+1}}{k+1} + C, \; (k \neq -1) \qquad \int \frac{dx}{x} = \ln|x| + C, \; (x \neq 0)$

$$\int e^x\,dx = e^x + C$$

$$\int \sin x\,dx = -\cos x + C \qquad \int \cos x\,dx = \sin x + C$$

$$\int \frac{dx}{\cos^2 x} = \tan x + C, \left[x \neq (2n+1)\frac{\pi}{2}\right] \qquad \int \frac{dx}{\sin^2 x} = -\cot x + C, \ (x \neq n\pi)$$

Als einfache Integrationsregeln kennen wir:

1. $\int a\,f(x)\,dx = a \int f(x)\,dx$

2. $\int [f(x) + g(x)]\,dx = \int f(x)\,dx + \int g(x)\,dx$

Aufgaben (Zur Wiederholung und weiteren Übung)

1. a) $\int x\,dx$ b) $\int 3t^2\,dt$ c) $\int -\frac{1}{4}x^4\,dx$ d) $\int dx$ e) $\int \frac{1}{2}\,dt$

2. a) $\int x^{-2}\,dx$ b) $\int \frac{2\,dz}{z^3}$ c) $\int \frac{4\,dt}{5t^4}$ d) $\int \frac{dx}{5x}$ e) $\int z^{-1}\,dz$

3. a) $\int x^{\frac{3}{2}}\,dx$ b) $\int x^{-\frac{3}{2}}\,dx$ c) $\int \sqrt{x}\,dx$ d) $\int \frac{3\,dx}{2\sqrt{x}}$ e) $\int \frac{dz}{3\sqrt{z^5}}$

4. a) $\int x^{\frac{1}{4}}\,dx$ b) $\int x^{-\frac{3}{2}}\,dx$ c) $\int \sqrt[3]{x^4}\,dx$ d) $\int \frac{dt}{\sqrt[3]{t}}$ e) $\int \frac{2\,dz}{5\sqrt[4]{z^5}}$

5. a) $\int \pi\,dx$ b) $\int -dt$ c) $\int \sqrt{2px}\,dx$ d) $\int \frac{dz}{\sqrt{2z}}$ e) $\int \frac{dr}{\pi r^2}$

6. a) $\int \left(\frac{z^2}{a^2} - \frac{a^2}{z^2}\right) dz$ b) $\int \left(\sqrt{ct} - \frac{1}{\sqrt{ct}}\right) dt$ c) $\int \left(\sqrt{\frac{x}{a}} + \sqrt{\frac{a}{x}}\right) dx$

7. a) $\int (5+4x)^2\,dx$ b) $\int (1-t)^3\,dt$ c) $\int (az^2 + bz + c)\,dz$

8. a) $\int (t+5)(t-2)\,dt$ b) $\int (a^2 - x^2)\sqrt{x}\,dx$ c) $\int (a-z)\sqrt{az}\,dz$

9. a) $\int \left(2x^3 - \frac{3}{4}x^2 + \frac{7}{8}x - \frac{5}{2}\right) dx$ b) $\int \left(4 - \frac{5}{v} - \frac{6}{v^2} + \frac{2}{3v^3}\right) dv$

10. a) $\int \frac{5x^4 - 6x^3 - 7x^2 + x - 3}{2x^2}\,dx$ b) $\int \frac{1{,}5x^3 + 1{,}8x^2 - 0{,}4x + 3{,}5}{x\sqrt{x}}\,dx$

11. a) $\int \frac{dx}{x^n}$ b) $\int \frac{dt}{t^{n+1}}$ c) $\int \sqrt[q]{x^p}\,dx$ d) $\int \frac{dx}{\sqrt[q]{x^p}}$

12. a) $\int \frac{1}{2}\cos x\,dx$ b) $\int \frac{\sin x}{\pi}\,dx$ c) $\int \frac{a\,dx}{\sin^2 x}$ d) $\int \frac{a^2\,du}{b^2\cos^2 u}$

13. a) $\int 4e^x\,dx$ b) $\int \frac{a}{2}\sqrt{3}\,e^t\,dt$

14. a) $\int \frac{5}{x}\,dx$ b) $\int \frac{dx}{2x}$ c) $\int \frac{\sqrt{3}\,dz}{4z}$ d) $\int 0{,}1\,v^{-1}\,dv$

3. Integration durch Substitution

❶ Leite nach der Kettenregel ab:

$\frac{1}{4}(2x+7)^4$ und $\frac{1}{5}(2x+7)^5$. Ermittle hiermit:

a) $\int (2x+7)^3 \cdot 2\,dx$; $\int (2x+7)^4 \cdot 2\,dx$,

b) $\int (2x+7)^3\,dx$; $\int (2x+7)^4\,dx$.

❷ Ermittle wie in Vorüb. 1 und 2 die Integrale:

a) $\int (x^2+4)^3 \cdot 2x\,dx$, b) $\int (x^3-1)^4 \cdot 3x^2\,dx$.

Mache die Probe durch Ableiten.

Die meist gebrauchte Regel für das Integrieren erhält man durch die *Umkehrung der Kettenregel.* Wir gewinnen die Regel zunächst an einem Beispiel:

Beispiel: Ist $y = \frac{1}{4}u^4$ und $u = g(x)$ differenzierbar, so ist nach der Kettenregel:

$$\frac{dy}{dx} = u^3 \cdot u'. \quad \text{Andererseits gilt: } \frac{dy}{du} = u^3.$$

Umgekehrt ist also: $y = \int u^3 \cdot u'\,dx = \int u^3\,du = \frac{1}{4}u^4 + C = \frac{1}{4}[g(x)]^4 + C.$

Ist also $\int u^3 \cdot u'\,dx$ bzw. $\int [g(x)]^3 \cdot g'(x)\,dx$ zu ermitteln, so darf man $u'\,dx$ bzw. $g'(x)\,dx$ durch du ersetzen und dann nach u integrieren. Allgemein gilt:

S 2 **Soll $\int f(u) \cdot u'\,dx$ ermittelt werden, wo $u = g(x)$ ist, so darf man $u'dx$ durch du ersetzen und dann nach u integrieren.** Man erhält so:

$$\int f(u)\,u'\,dx = \int f(u)\,du \quad \text{oder} \quad \int f[g(x)] \cdot g'(x)\,dx = \int f(u)\,du$$

Hat $f(u)$ die Stammfunktionen $F(u) + C$, so ergeben sich hieraus die Stammfunktionen von $f[g(x)] \cdot g'(x)$, falls man in $F(u)$ noch $u = g(x)$ setzt.

Beweis: Die Ableitung von $F(u) + C$ nach x ist $F'(u) \cdot u'$ oder $f(u) \cdot u'$.

Bemerkungen:

1. Die Regel lautet in anderen Worten: Ist ein Produkt nach x zu integrieren und kann man eine differenzierbare Funktion $u = g(x)$ so wählen, daß der 1. Faktor eine Funktion $f(u)$ und der 2. Faktor die Ableitung u' ist, so braucht man nur $f(u)$ *nach u* zu integrieren. Da es dabei wesentlich auf die Setzung (Substitution) $u = g(x)$ ankommt, heißt das Verfahren
D 2 „*Integration durch Substitution*“.

2. Die Regel sagt aus, daß sich etwas Richtiges ergibt, wenn man zu $u = g(x)$ die Differentiale $du = u'\,dx$ bzw. $dx = du : u'$ bildet und diese „mechanisch“ in $\int f(u) \cdot u'\,dx$ oder in $\int f(u)\,du$ einsetzt. Damit wird wieder einmal deutlich, wie vorteilhaft es ist, unter dem Integral das Differential dx bzw. du mitzuführen.

3. Hat ein Integral nicht von vornherein die Form $\int f(u) \cdot u'\,dx$, so kann es doch häufig auf diese Form gebracht werden.

4. In S 2 ist vorausgesetzt, daß $f(u)$ und $u'(x)$ stetig sind.

Im folgenden sind einige wichtige Arten solcher Integrale aufgeführt.

1. Art: $u(x)$ ist eine *lineare Funktion* d.h. $\boldsymbol{u = a\,x + b}$. Hierher gehört also

$$\int f(a\,x+b)\cdot a\,\mathrm{d}x \quad \text{und auch} \quad \int f(a\,x+b)\,\mathrm{d}x = \frac{1}{a}\int f(a\,x+b)\cdot a\,\mathrm{d}x.$$

Beispiele: (Um Platz zu sparen, wird im Ergebnis die Konstante C weggelassen.)

a) $\displaystyle\int \frac{\mathrm{d}x}{(a\,x+b)^3} = \frac{1}{a}\int (a\,x+b)^{-3}\cdot a\,\mathrm{d}x = \frac{1}{a}\int u^{-3}\,\mathrm{d}u = \frac{-1}{2\,a\,u^2} = \frac{-1}{2\,a\,(a\,x+b)^2}$

Substitution: $u = a\,x + b$; $\mathrm{d}u = a\,\mathrm{d}x$.

b) $\displaystyle\int \sqrt{2-3\,x}\,\mathrm{d}x = -\frac{1}{3}\int (2-3\,x)^{\frac{1}{2}}\cdot(-3)\,\mathrm{d}x = -\frac{1}{3}\int u^{\frac{1}{2}}\,\mathrm{d}u = -\frac{2}{9}\,u^{\frac{3}{2}} =$

$\displaystyle = -\frac{2}{9}\sqrt{(2-3\,x)^3}$ Substitution: $u = 2 - 3\,x$; $\mathrm{d}u = -3\,\mathrm{d}x$

c) $\displaystyle\int \sin 2\,x\,\mathrm{d}x = \frac{1}{2}\int \sin u\,\mathrm{d}u = -\frac{1}{2}\cos u = -\frac{1}{2}\cos 2\,x$

Substitution: $u = 2\,x$; $\mathrm{d}u = 2\,\mathrm{d}x$; $\mathrm{d}x = \frac{1}{2}\,\mathrm{d}u$

d) $\displaystyle\int \frac{\mathrm{d}x}{5\,x-4} = \frac{1}{5}\int \frac{\mathrm{d}u}{u} = \frac{1}{5}\ln|u| = \frac{1}{5}\ln|5\,x-4|, \quad \left(x \neq \frac{4}{5}\right)$

Substitution: $u = 5\,x - 4$; $\mathrm{d}u = 5\,\mathrm{d}x$; $\mathrm{d}x = \frac{1}{5}\,\mathrm{d}u$

2. Art: $u(x)$ ist eine *ganze rationale Funktion vom Grad $n \geqq 2$.*

Beispiel: $\displaystyle\int \frac{x\,\mathrm{d}x}{\sqrt{a^2-x^2}} = -\frac{1}{2}\int u^{-\frac{1}{2}}\,\mathrm{d}u = -\sqrt{a^2-x^2}, \quad (a>0,\ |x|<a)$

Substitution: $u = a^2 - x^2$; $\mathrm{d}u = -2\,x\,\mathrm{d}x$; $-\frac{1}{2}\,\mathrm{d}u = x\,\mathrm{d}x$

3. Art: $u(x)$ ist eine *Kreisfunktion.*

Beispiel: $\displaystyle\int \cos^3 x\,\mathrm{d}x = \int (1-\sin^2 x)\cdot\cos x\,\mathrm{d}x = \int (1-u^2)\,\mathrm{d}u = u - \tfrac{1}{3}u^3 = \sin x - \tfrac{1}{3}\sin^3 x$

Substitution: $u = \sin x$; $\mathrm{d}u = \cos x\,\mathrm{d}x$

4. Art: Unter dem Integral steht ein Quotient, dessen *Zähler die Ableitung des Nenners* ist (vgl. S. 152, S 4). Dann gilt: $\displaystyle\int \frac{u'}{u}\,\mathrm{d}x = \int \frac{\mathrm{d}u}{u} = \ln|u|, \quad (u \neq 0)$

Beispiele: a) $\displaystyle\int \frac{x\,\mathrm{d}x}{a^2+x^2} = \frac{1}{2}\int \frac{2\,x\,\mathrm{d}x}{a^2+x^2} = \frac{1}{2}\ln(a^2+x^2)$ b) $\displaystyle\int \frac{\sin x\,\mathrm{d}x}{1-\cos x} = \ln|1-\cos x|$

Aufgaben

21. a) $\int (x+3)^2\,\mathrm{d}x$ b) $\int (x-5)^4\,\mathrm{d}x$ c) $\int (x+b)^n\,\mathrm{d}x$

d) $\int (5\,x+1)^3\,\mathrm{d}x$ e) $\int (1-3\,x)^2\,\mathrm{d}x$ f) $\int (a\,x+b)^n\,\mathrm{d}x$

22. a) $\int \frac{dx}{(6-x)^2}$ b) $\int \frac{dx}{(7x+8)^4}$ c) $\int \frac{dx}{(ax+b)^n}$

24. a) $\int \frac{3\,dt}{4\sqrt{t+9}}$ b) $\int \frac{dt}{\sqrt{5-8t}}$ c) $\int \frac{dt}{\sqrt{(a-bt)^3}}$

25. a) $\int \cos 3x\,dx$ b) $\int \sin \frac{1}{2} t\,dt$ c) $\int a \cos \omega t\,dt$

d) $\int \sin\left(\frac{\pi}{4} - x\right) dx$ e) $\int \cos\left(\frac{3}{2} t + \frac{1}{6}\pi\right) dt$ f) $\int \sin\left(\frac{2\pi t}{T} - t_0\right) dt$

26. a) $\int \frac{dx}{\cos^2 2x}$ b) $\int \frac{dt}{\sin^2(\omega t)}$ c) $\int \frac{dt}{\sin^2(\omega t + t_0)}$

28. a) $\int e^{3x}\,dx$ b) $\int e^{-1{,}8x}\,dx$ c) $\int a \cdot e^{-kt}\,dt$ d) $\int e^{a-t}\,dt$

29. a) $\int \frac{dx}{3+x}$ b) $\int \frac{dx}{a-x}$ c) $\int \frac{dt}{2t-3}$ d) $\int \frac{dt}{a-bt}$

31. a) $\int \frac{x^3\,dx}{x^2+4}$ b) $\int 3x \cdot e^{x^2}\,dx$ c) $\int ax \cdot e^{-kx^2}\,dx$

32. a) $\int \sin^2 x \cos x\,dx$ b) $\int \cos^3 x \sin x\,dx$ c) $\int \sin \omega t \cos \omega t\,dt$

34. a) $\int \frac{2x\,dx}{1+x^2}$ b) $\int \frac{6x\,dx}{4-x^2}$ c) $\int \frac{x\,dx}{a^2+b^2x^2}$

35. a) $\int \frac{\sin x\,dx}{1+\cos x}$ b) $\int \frac{\cos x\,dx}{1+\sin x}$ c) $\int \frac{\sin x - \cos x}{\sin x + \cos x}\,dx$

39 Berechnung von Rauminhalten. Uneigentliche Integrale

Der Rauminhalt von Drehkörpern

1 Von welchen Körpern wurde im bisherigen Mathematikunterricht der Rauminhalt berechnet? Welche von ihnen sind Drehkörper? Warum kommen Drehkörper im Alltag und in der Technik besonders häufig vor?

a) Drehung um die x-Achse

In Fig. 156.1 ist eine Kurve mit der Gleichung $y = f(x)$ gezeichnet, die mit wachsendem x im Intervall $[a, b]$ ständig steigt, stetig ist und oberhalb der x-Achse verläuft.

D 1 Die Fläche zwischen der Kurve, der x-Achse und den Geraden $x = a$ und $x = b$ erzeugt bei Drehung um die x-Achse einen **Drehkörper.** Um seinen Rauminhalt zu bestimmen, teilen wir das Intervall $[a, b]$ in n gleiche Teile $\Delta x = \frac{b-a}{n}$. Die Teilpunkte seien $x_0, x_1, x_2, \ldots, x_n$.

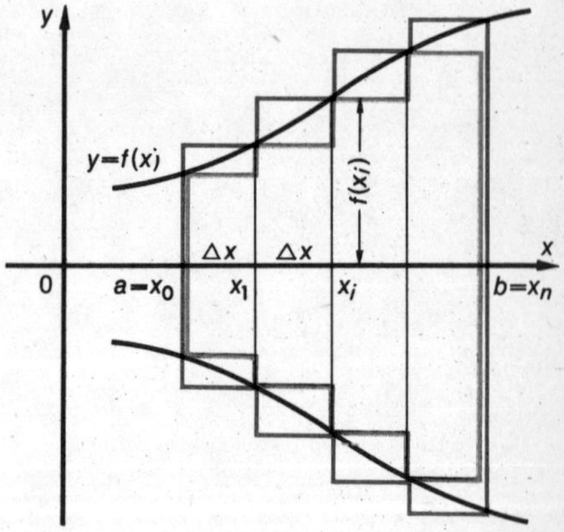

156.1.

Wir bilden nun aus je n zylindrischen Scheiben einen *inneren Treppenkörper* (grün) und einen *äußeren Treppenkörper* (rot). Die Maßzahl ihres Rauminhalts sei V_i bzw. V_a.

Dann ist $V_i = \pi \sum_{k=0}^{n-1} f^2(x_k) \cdot \Delta x$ und $V_a = \pi \cdot \sum_{k=1}^{n} f^2(x_k) \cdot \Delta x$.

Mit wachsendem n ist bei fortgesetzter Halbierung der Teilintervalle V_i monoton zunehmend, V_a monoton abnehmend. (Grund?) Die Differenzen
$V_a - V_i = \pi \cdot [f^2(x_n) - f^2(x_0)] \cdot \Delta x = \pi\, [f^2(b) - f^2(a)] \cdot \frac{b-a}{n}$ streben dabei gegen 0.
(V_i, V_a) bilden daher eine *Intervallschachtelung* und definieren also einen *Grenzwert*.
Er bedeutet für den Drehkörper die *Maßzahl V seines Rauminhalts*.
Wie in § 25 können wir schreiben:

$$V = \lim_{\Delta x \to 0} \pi \sum_{k=1}^{n} f^2(x_k) \cdot \Delta x = \pi \int_a^b [f(x)]^2\, dx = \pi \int_{x=a}^{b} y^2\, dx$$

V_i und V_a kann man auch als Unter- und Obersumme für die Bestimmung der Fläche „unter“ der Kurve m. d. Gl. $y = \pi f^2(x)$ deuten; man kann daher auch unmittelbar die Ergebnisse von § 25 übernehmen. Das Ergebnis bleibt wie in § 25 auch richtig, wenn $y = f(x)$ abschnittsweise monoton und stetig ist. Dasselbe gilt, wenn $f(x) < 0$ ist, es ist ja dann nach wie vor $f^2(x) > 0$.

S 1 **Dreht man die Fläche zwischen der stetigen Kurve mit der Gleichung $y = f(x)$, der x-Achse und den Geraden $x = a$ und $x = b$ um die x-Achse, so entsteht ein Drehkörper, dessen Rauminhalt die Maßzahl besitzt**

$$V = \pi \int_{x=a}^{b} [f(x)]^2\, dx = \pi \int_{x=a}^{b} y^2\, dx \qquad \text{(I)}$$

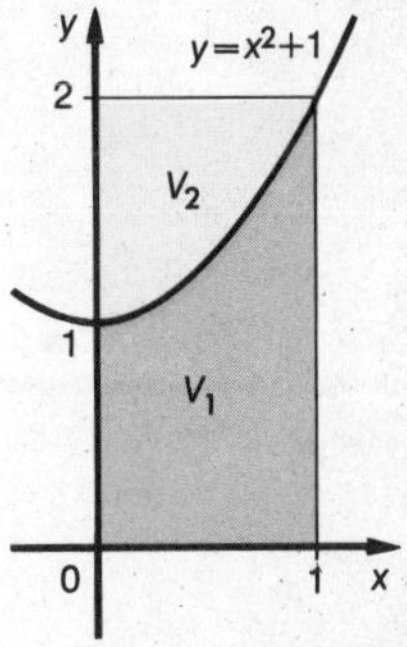

157.1.

Beispiel 1: In Fig. 157.1 ist $y = x^2 + 1$, also

$$V_1 = \pi \int_0^1 [x^2+1]^2\, dx = \pi \int_0^1 [x^4 + 2x^2 + 1]\, dx =$$
$$= \pi \left[\tfrac{1}{5}x^5 + \tfrac{2}{3}x^3 + x\right]_0^1 = \tfrac{28}{15}\pi \approx 5{,}86$$

) Drehung um die y-Achse (Fig. 157.2)

Ist $y = f(x)$ in $a \leqq x \leqq b$ monoton und stetig, so existiert eine Umkehrfunktion $x = \varphi(y)$, die in $c \leqq y \leqq d$ monoton und stetig ist. Dann gilt:

S 2 *Dreht man die Fläche zwischen dem Bild von $y = f(x)$ bzw. $x = \varphi(y)$, der y-Achse, und den Geraden $y = c$ und $y = d$ um die y-Achse, so ist für den entstandenen Drehkörper die Maßzahl des Rauminhalts:*

$$V = \pi \int_{y=c}^{d} [\varphi(y)]^2\, dy = \pi \int_{y=c}^{d} x^2\, dy \qquad \text{(II)}$$

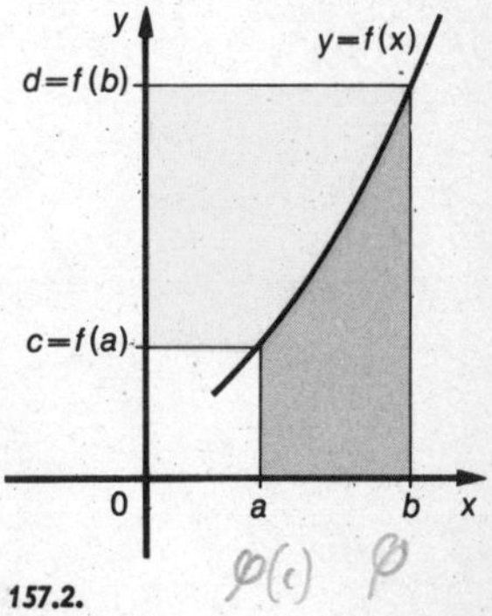

157.2.

Beispiele 2: In Fig. 157.1 ist

$$V_2 = \pi \int\limits_{y=1}^{2} x^2 \, dy = \pi \int\limits_{1}^{2} (y-1) \, dy = \pi \left[\tfrac{1}{2} y^2 - y\right]_1^2 = \tfrac{1}{2}\pi \approx 1{,}57$$

Bemerkung: Betrachtet man $y = x^2 + 1$ in V_2 als Substitution, so ist

$$dy = 2x\,dx\,, \quad \text{also} \quad V_2 = \pi \int\limits_{x=0}^{1} x^2 \cdot 2x \, dx = \pi \int\limits_{0}^{1} 2x^3 \, dx = \tfrac{1}{2}\pi \cdot [x^4]_0^1 = \tfrac{1}{2}\pi$$

Beachte dabei die Transformation der Grenzen: statt $1 \leqq y \leqq 2$ jetzt $0 \leqq x \leqq 1$. Dieses Verfahren ist immer dann anzuwenden, wenn sich eine Funktionsgleichung $y = f(x)$ nicht nach x^2 auflösen läßt.

Aufgaben

1. Berechne den Rauminhalt a) einer Kugel mit Radius r, b) eines Kugelabschnitts mit der Höhe h und dem Kugelradius r.

2. Mache dasselbe a) für einen Kegel mit Grundkreisradius r und Höhe h, b) für einen Kegelstumpf mit den Radien r_1 und r_2 und der Höhe h.

3. Drehe die Ellipse m. d. Gl. $b^2 x^2 + a^2 y^2 = a^2 b^2$ a) um die x-Achse, b) um die y-Achse. Vergleiche die Rauminhalte der beiden Drehellipsoide.

4. Drehe die Hyperbel m. d. Gl. $b^2 x^2 - a^2 y^2 = a^2 b^2$ zwischen $x = -2a$ und $x = 2a$ samt ihren Asymptoten a) um die x-Achse, b) um die y-Achse. Vergleiche den Rauminhalt des zweischaligen bzw. einschaligen Drehhyperboloids mit dem des zugehörigen Asymptotendoppelkegels zwischen $x = -ka$ und $x = ka$, $(k > 1)$.

5. Drehe die Parabel m. d. Gl. $y^2 = 2px$ zwischen $x = 0$ und $x = 2p$ samt ihrem Scheitelkrümmungskreis und der Tangente in $P(2p \mid ?)$ um die x-Achse. Vergleiche die Rauminhalte von Paraboloid, Kugel und Kegel.

Drehe in Aufg. 6 bis 8 die Fläche zwischen Kurve und x-Achse um die x-Achse. Berechne den Rauminhalt des Drehkörpers. Zeichne das Bild der gegebenen Funktion.

▸**6.** a) $y = 3x - \frac{1}{2}x^2$ b) $y = 2x^2 - \frac{1}{3}x^3$ c) $y = 3 + x^2 - \frac{1}{4}x^4$
Drehe die Fläche auch um die y-Achse. Zerlege in Teilkörper. Wieviel dm³ faßt die entstandene „Schale" (Einheit 1 dm), und welchen Inhalt hat jetzt der Drehkörper?

7. a) $a y^2 = x^2 (a - x)$ b) $a^2 y^2 = x^2 (a^2 - x^2)$ c) $a^3 y^2 = x (a - x)^4$

8. a) $y = \sin x$ b) $y = 1 + \cos x$ c) $y = 5x \cdot e^{-\frac{1}{2}x}$
Drehe die Fläche in b) um die y-Achse und berechne den Rauminhalt.

9. Die Fläche zwischen den folgenden Kurven soll um die x-Achse gedreht werden. Wie groß ist der entstandene Rauminhalt?
a) $y^2 - 12x + 36 = 0$; $y^2 + 6x - 36 = 0$ b) $y^2 = 4x + 8$; $y^2 = 2x^3$
c) $x^2 + y^2 = 16$; $y^2 = 6x$ d) $x^2 + y^2 + 2x - 24 = 0$; $y^2 = 8x$

10. Bezeichne in Fig. 159.1 den Rauminhalt, der bei Drehung der Fläche $F(x)$ um die x-Achse entsteht mit $V(x)$, den Zuwachs von V, der durch Drehung von ΔF entsteht, mit ΔV und zeige:

$$\pi y^2 \cdot \Delta x < \Delta V < \pi (y + \Delta y)^2 \cdot \Delta x, \quad \text{also}$$

$$\pi y^2 < \frac{\Delta V}{\Delta x} < \pi (y + \Delta y)^2$$

Was ergibt sich, wenn Δx gegen 0 strebt und $f(x)$ stetig ist? Wie erhält man dann S 1?

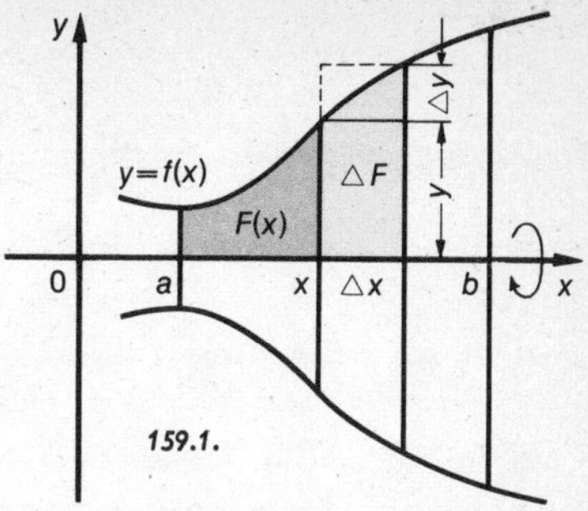

159.1.

Anwendungen

11. Ein Faß entsteht durch Rotation des Mittelteils einer Ellipse um deren große Achse. Es hat (im Lichten gemessen) einen größten Durchmesser $d_1 = 5$ dm, einen kleinsten Durchmesser $d_2 = 4$ dm und die Länge $l = 6$ dm. Wieviel dm³ faßt es?

12. Der lichte Raum eines Kessels hat die Form eines Drehparaboloids. Der größte Durchmesser ist $d = 80$ cm, die Höhe $h = 60$ cm.
a) Wieviel dm³ faßt er? b) Bei welcher Höhe ist er halb gefüllt?

15. Der Achsenschnitt eines Stromlinienkörpers wird durch die Gleichung $y = \pm \frac{1}{4}(4 - x)\sqrt{x}$ für $0 \leqq x \leqq 4$ gegeben. Bestimme den größten Durchmesser und das Volumen.

Extremwerte

16. Die Parabel m. d. Gl. $y^2 = 2px$ schneidet den Kreis $x^2 + y^2 - 8x = 0$ in $P_1(x_1 > 0 \mid y_1)$. Wie muß man p wählen, damit die Fläche zwischen der Parabel und der Gerade $x = x_1$ bei Drehung um die x-Achse einen Körper größten Rauminhalts ergibt?

17. Löse Aufg. 16, wenn der Kreis durch die Kurve $y^2 + 6x - 24 = 0$ ersetzt wird.

Flächen und Drehkörper, die ins Unendliche reichen. (Uneigentliche Integrale)

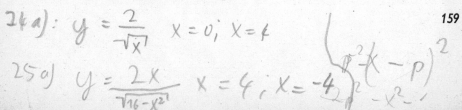

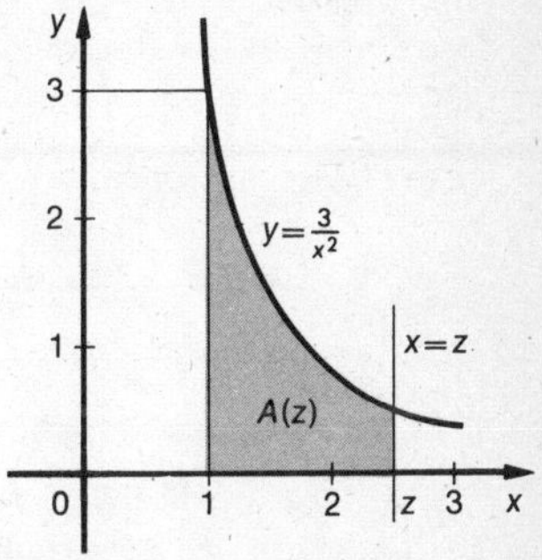

159.2.

Beispiel (Fig. 159.2): a) Die grüne Fläche hat den Inhalt

$$A(z) = \int_1^z \frac{3\,dx}{x^2} = \left[-\frac{3}{x}\right]_1^z = 3 - \frac{3}{z}, \quad \text{also ist} \lim_{z\to\infty} A(z) = 3.$$

Man sagt: Bei der ins Unendliche reichenden Fläche ist $A = 3$.

b) Bei Drehung der grünen Fläche um die x-Achse erhält man

$$V(z) = \pi \int_1^z \frac{9\,dx}{x^4} = 3\pi\left[1 - \frac{1}{z^3}\right], \quad \text{also ist} \lim_{z\to\infty} V(z) = 3\pi.$$

Man sagt: Der ins Unendliche reichende Drehkörper hat das Volumen $V = 3\pi$.

23. Berechne die ins Unendliche reichenden Flächen zwischen folgenden Kurven:
a) $y = \frac{4}{x^2}$; $x = 2$; $y = 0$ b) $y = e^{-x}$; $x = 0$; $y = 0$

27. Drehe bei Aufg. 23 a) und b) die Fläche um die x-Achse und bestimme den Rauminhalt des ins Unendliche reichenden Drehkörpers.

24 a): $y = \frac{2}{\sqrt{x}}$ $x = 0$; $x = 4$

25 a) $y = \frac{2x}{\sqrt{16 - x^2}}$ $x = 4$; $x = -4$

42 Vermischte Aufgaben

Ganze rationale Funktionen

2. Berechne die Fläche zwischen dem Schaubild von $y = -\frac{1}{3}x^3 + 3x^2 - 5x$ und der Tangente von O aus.

3. Berechne die Fläche zwischen der Kurve mit der Gleichung $y = x^2 - \frac{1}{6}x^3 - \frac{1}{12}x^4$ und der Verbindungssehne ihrer Wendepunkte.

4. a) Berechne die Fläche A zwischen dem Schaubild von $y = x^2 - \frac{1}{16}x^4$ und $y = -5$.
▸ b) Drehe A für $x \leqq 0$ um die y-Achse und bestimme das Volumen des Drehkörpers.
c) Wie viele dm³ faßt die Mulde dieses Körpers? (Einheit 1 dm.)

5. a) Eine Parabel 3. Ordnung hat in $A(0\,|\,-2)$ ihren Tiefpunkt und in $B(1\,|\,0)$ ihren Wendepunkt. Wie zerlegt sie die Fläche des Rechtecks, das von $x = 0$, $x = 3$, $y = 2$, $y = -2$ begrenzt wird?
b) Drehe das Kurvenstück zwischen Hoch- und Tiefpunkt um die y-Achse und bestimme den Inhalt der entstandenen „Schale".

6. a) Welche Parabel 4. Ordnung hat in O einen Wendepunkt mit waagrechter Tangente, schneidet diese in $P(4\,|\,0)$ und schließt mit ihr eine Fläche vom Inhalt 12,8 Flächeneinheiten ein?
b) Welcher Rauminhalt entsteht bei Drehung dieser Fläche um $y = 0$ $(x = 0)$?

8. Welche Parabel 3. Ordnung hat in $W(0\,|\,1)$ einen Wendepunkt mit waagrechter Tangente und berührt die Parabel m. d. Gl. $y = x^2 + x$? Welchen Inhalt hat die von beiden Graphen berandete Fläche?

9. Der Graph m. d. Gl. $y = x^2 - \frac{1}{6}x^3$ begrenzt mit der x-Achse im 1. Feld die Fläche A. Ein zur y-Achse paralleler Streifen mit der Breite 1 soll so gelegt werden, daß er aus A ein Flächenstück größten Inhalts ausschneidet.

10. a) Bestimme die Ursprungsgerade, welche der Graph von $y = x^3 + 1$ berührt.
b) Zeige: Die Kurve m. d. Gl. $y = x^3 - 3x^2$ berührt alle Kurven der Schar
$y = -\frac{3}{2}ax^2 + 6ax + \frac{1}{2}a^3 + 3a^2$.

Gebrochene rationale Funktionen

18. Die Fläche zwischen der Kurve m. d. Gl. $y = \dfrac{16 - x^2}{x^2}$ und den Geraden $x = 0$, $y = 0$, $y = 8$ soll durch eine Parallele zur x-Achse halbiert werden.

22. a) Bestimme die Fläche zwischen den Graphen von $y = 0$, $y = \dfrac{t}{x^2}$ und $y = \dfrac{x^2}{t}$.
b) Für welchen Wert von t schneiden sich die 2 Kurven rechtwinklig?
c) Drehe die Fläche in b) um die x-Achse und bestimme das Volumen.

23. Welcher Punkt der Kurve m. d. Gl. a) $y = 4 : x^2$, b) $y = 4 : x^3$ liegt am nächsten bei O?

24. Welcher Punkt der Kurve m. d. Gl. $y = 4 : x^2$ liegt am nächsten bei $A(4\,|\,3)$?

25. Ziehe durch den Punkt $A(2\,|\,1)$ eine Gerade, aus welcher die Hyperbel m. d. Gl. $xy = 1$ eine möglichst kurze Sehne ausschneidet.

27. Für eine gebrochene rationale Funktion $y = f(x)$ ist $y'' = \dfrac{-4}{x^3}$. Der Graph der Funktion hat die schiefe Asymptote $y = \frac{1}{4}x + 2$. Bestimme $f(x)$. Zeichne die Kurve.

Algebraische Funktionen

29. a) Zeige, daß sich die Kurven m. d. Gl. $y^2 - 4x + 4 = 0$ und $y^2 = \frac{16}{27}x^3$ berühren.
b) Bestimme die von ihnen eingeschlossene Fläche.
c) Drehe die Fläche um die x-Achse und berechne den Inhalt des Drehkörpers.

32. Der Achsenschnitt eines eiförmigen Körpers ist ein Kreisbogen mit dem Radius $a = 20$ cm und dem Mittelpunktswinkel $\alpha = 240°$, an den sich ohne Knick ein Parabelbogen anschließt. Berechne a) die Fläche des Achsenschnitts, b) den Rauminhalt des Körpers.

33. a) Drehe den Kreis $x^2 + (y - c)^2 = a^2$, wo $c^2 \geqq a^2$ ist, um die x-Achse. Welchen Rauminhalt hat der entstandene „Wulst"?
b) Drehe die Ellipse $b^2(x - c)^2 + a^2y^2 = a^2b^2$, wo $c^2 \geqq a^2$ ist, um die y-Achse und bestimme den Inhalt des Drehkörpers.

37. a) Untersuche und zeichne das Schaubild von $a^4y^2 = x^3 - a^2x$ für $a = 2$.
b) Zeige: Durch Rotation der Kurvenschleife um die x-Achse entsteht ein Drehkörper, der für alle $a \in \mathbb{R}^+$ denselben Rauminhalt hat.

42. Für welche Punkte der Kurve m. d. Gl. $y^2 = 4x^2 - x^3$ hat die Entfernung von $A(4 \mid 0)$ ein relatives Maximum?

43. Bestimme a und b so, daß sich die Graphen von $y = \frac{a}{\sqrt{x}}$ $(x > 0)$ und $y = b - x^2$ für $x_0 = 1$ berühren. Warum ist der Berührpunkt kein Wendepunkt der zusammengesetzten Kurve?

Kreisfunktionen, Exponentialfunktionen, Logarithmusfunktionen

54. Bestimme die ganze rationale Funktion 4. Grades, welche mit $y = \cos x$ an der Stelle $x_0 = 0$ im Funktionswert und den ersten 4 Abbildungen übereinstimmt. Zeichne.

55. In welchem Verhältnis teilt der Graph von $y = \sqrt{2} \cdot \sin x$ das Dreieck, welches die Geraden $y = 1$, $y = x + 1 - 0{,}25\,\pi$ und $x = 0{,}5\,\pi$ umschließen?

56. Bestimme a so, daß sich die Graphen von $y = \cos x$ und $y = a - \sin x$ berühren.

57. Zeige: Die Graphen von $y = \sin x$ und $y = \cot x$ schneiden sich rechtwinklig.

61. Bestimme die Parabel $y = ax^2 + bx + c$ so, daß sie durch $A(0 \mid 0)$, und $B\left(\frac{\pi}{2} \middle| 0\right)$ geht und die Fläche zwischen dem Schaubild von $y = \cos x$, der y-Achse und der x-Achse halbiert.

62. Welche möglichst einfache Relation zwischen y und y'' wird durch $y = \sin x \cos x$ erfüllt?

65. Welche Parabel 2. Ordnung hat mit der Kurve $y = \ln(10 - x^2)$ die Symmetrieachse, die Schnittpunkte mit der x-Achse und den Flächeninhalt zwischen Kurve und x-Achse gemein?

70. Beweise: Die Parabel mit der Gleichung $y^2 = -2\left(x - \frac{3}{2}\right)$ schneidet die Schar von Exponentialkurven mit der Gleichung $y = e^{x-t}$ alle rechtwinklig.

71. Bestimme in der Funktion $y = e^{tx}$ $(t > 0)$ den Wert für t, für den der Funktionsgraph die Gerade $y = mx$ berührt, wenn $0 < m \leqq 10$ ist. Darf m auch Null werden?

72. a) Welche Parabel 2. Ordnung berührt die Kurve m. d. Gl. $y = 4\cos 0{,}5\,x$ für $x = 0$ und stimmt hier mit dieser Funktion in der 2. Ableitung überein?

11—7369/2

Anwendungen, Extremwerte

75. Ein kleines Faß ist 60 cm lang. Der Durchmesser der Bodenkreise beträgt 40 cm, der des Spundkreises 50 cm. Berechne den Inhalt, wenn die Dauben parabolisch gekrümmt sind (vgl. Aufg. 11 von § 39).

76. Der symmetrische Querschnitt eines Abwasserrohrs besteht aus je einem Bogen der Kurven m. d. Gl. $x^2 + y^2 - 4y - 16 = 0$ und $x^2 = 4y + 16$. Wie groß ist die Querschnittsfläche?

77. Ein Stromlinienkörper entsteht dadurch, daß man die Ellipse m. d. Gl. $x^2 + 4y^2 = 100$ samt ihren Tangenten für $x = +6$ um die x-Achse dreht. Berechne den Inhalt der Fläche des Achsenschnitts und das Volumen des Drehkörpers.

78. Der Achsenschnitt eines Luftschiffes läßt sich mit großer Näherung durch die Gleichung $y = \pm a x \sqrt{b - x}$ darstellen. (Beispiel: $a = 0{,}014$, $b = 245$, $0 \leqq x \leqq b$)
Bestimme den Rauminhalt des Luftschiffes.

Allgemeine Eigenschaften von Funktionen

91. Welche Beziehung besteht zwischen a, b und k, wenn der Graph von $y = a x^2 + b x + c$ symmetrisch bezüglich der Gerade $x = k$ ist? Welche Rolle spielt dabei c?

92. Beweise: Schneidet man die Kurvenschar m. d. Gl. $y = a x^2 - x$, $(a \in \mathbb{R})$, mit der Gerade $x = k$, so gehen die Tangenten in den Schnittpunkten alle durch *einen* Punkt. Drücke seine Koordinaten mittels k aus.

93. Zeige: Die Tangente in Punkt $P_0(x_0 \mid y_0)$ der Kurve m. d. Gl. $y = a x^3 + b x$ schneidet die Kurve noch im Punkt $P_1(x_1 \mid y_1)$ mit $x_1 = -2 x_0$.

In Aufg. 98 bis 109 bedeutet $f(x)$ stets eine in $]\, a, b\, [$ differenzierbare Funktion.

98. Ist $y = f(x)$ differenzierbar, so ist $2 y y'$ die Ableitung von y^2 nach x. Welche Funktionenschar erfüllt demnach die Gleichung:

a) $y y' = 0$, b) $y y' = k = \text{const.}$, c) $y y' = k x$, d) $y y' = k x^2$, e) $y y' = \frac{k}{x}$?

99. Ist $y = f(x)$ differenzierbar und $f(x) > 0$, so hat $\ln y$ die Ableitung $\frac{y'}{y}$. Welche Funktionenschar erfüllt demnach die Gleichung:

a) $\frac{y'}{y} = 0$, b) $y' = k y$, c) $\frac{y'}{y} = k x$, d) $\frac{y'}{y} = \frac{k}{x}$?

102. Für welche Funktionen $y = f(x)$ mit $f(0) = 1$ ist die Bedingung $(y^2)' = (y')^2$ erfüllt?

103. Die Funktion $y = f(x)$ habe die Nullstelle x_1, es sei $f'(x_1) \neq 0$ und $f''(x_1)$ existiere. Zeige: $y = g(x) = \frac{f(x)}{f'(x)}$ hat dieselbe Nullstelle x_1, und es ist $g'(x_1) = 1$.

105. Für die zweimal ableitbare Funktion $y = f(x)$ sei $f(1) = 1$. Welche Bedingungen für $f(x)$ müssen erfüllt sein, damit die Funktion $g(x) = x \cdot f(x)$ an der Stelle $x = 1$ ein relatives Minimum besitzt? Sind die Bedingungen notwendig, hinreichend, oder notwendig und hinreichend?

108. Es sei $f(x)$ eine ganze rationale Funktion und $F(x) = e^{f(x)}$. Bestimme $f(x)$, wenn $F(0) = p > 0$, $F'(0) = 0$, $F''(0) = q \neq 0$ ist und der Grad von $f(x)$ möglichst niedrig sein soll. Welche Form hat der Graph von $y = F(x)$?

109. Zeige: Haben $f(x)$ und $f^2(x)$ bei x_0 einen Wendepunkt, so ist $f'(x_0) = 0$.

Geschichtliches

Folgen und Reihen

Aufgaben über Folgen treten schon in den ältesten Funden auf, welche die Geschichte der Mathematik kennt. In dem sogenannten Rechenbuch des *Ahmes*, einem ägyptischen Papyrus (um 1700 v. Chr.), wird z. B. verlangt, 100 Brote so an 5 Personen zu verteilen, daß die Anteile eine *arithmetische Folge* bilden und die beiden kleinsten Anteile zusammen $\frac{1}{7}$ von der Summe der übrigen betragen. Die Pythagoreer (6. bis 4. Jh. v. Chr.) kannten schon die Formeln $1 + 2 + 3 + \cdots + n = \frac{1}{2}n(n+1)$ und $1 + 3 + 5 + \cdots + (2n-1) = n^2$ (vgl. S. 2 und 6). Wenig später findet sich in einem babylonischen Text die Summe der Quadratzahlen in der Form $1^2 + 2^2 + 3^2 + \cdots + n^2 = \frac{1}{3}(2n+1)(1 + 2 + 3 + \cdots + n)$; vgl. § 6, Aufg. 5.

Über *geometrische Folgen* finden wir bei den Ägyptern und Babyloniern wenig. Die Griechen waren vom Begriff des geometrischen Mittels her zu Folgen gelangt, in denen jedes Glied die mittlere Proportionale zwischen den beiden benachbarten ist. *Euklid* (um 300 v. Chr., Alexandria) leitete die Verhältnisgleichung $(a_2 - a_1) : a_1 = (a_{n+1} - a_1) : s_n$ ab. Damit war die allgemeine Summenformel (S 2 in § 3) gefunden (wieso?). Die Schachbrettaufgabe (§ 3, Aufg. 25) erscheint zuerst bei dem Araber *Al Birmi* (um 1000), der sie wohl auf seinen Reisen bei den Indern kennengelernt hat. Im „*liber abaci*" (1202) des *Leonardo von Pisa* begegnet sie uns im Abendland wieder. Es hat lange gedauert, bis 1657 von dem Engländer *John Wallis* eine Durcharbeitung aller möglichen Aufgaben vorlag, aus irgend 3 der 5 Größen a_1, q, n, a_n, s_n die 2 übrigen zu berechnen.

Die erste *unendliche geometrische Reihe*, nämlich $1 + \frac{1}{4} + (\frac{1}{4})^2 + \cdots$, hat *Archimedes* (287—212 v. Chr.) summiert, als er die Fläche des Parabelabschnitts berechnete. Die allgemeine Summenformel für $|q| < 1$ ist durch *Vieta* (1540—1603) gefunden worden, indem er in der Formel $q = (s_n - a_1) : (s_n - a_n)$ beim Grenzübergang zu s_∞ das Glied $a_n = 0$ setzt. Etwas später finden wir bei *Fermat* (1601—1665) dasselbe Ergebnis in der Proportion $(a_1 - a_1 q) : a_1 q = a_1 : (s_\infty - a_1)$. In beiden Fällen ergibt sich unsere Formel $s = a : (1 - q)$. (Rechne nach!)

Die *Zinseszinsrechnung* gibt es im Altertum nicht. Sie entsteht erst mit dem Aufblühen des Handels im Mittelalter. Im Rechenbuch des *Joh. Widmann von Eger* (1489) werden mehrere Beispiele nach der Formel $k_n = a\,q^n$ gerechnet. Zinseszinstafeln erscheinen zuerst in der „*Practique d'Arithmetique*" des Holländers *Stevin* (1585, Leyden). *Stevin* geht auch über die Berechnung von k_n hinaus, indem er anhand der Tabellen nach a, p und n fragt. Bei p und n kann er allerdings nur Näherungswerte erhalten. Erst die Erfindung der Logarithmen ermöglicht die genaue Lösung. (Wieso?)

Differential- und Integralrechnung

Mit der Berechnung von *Flächen-* und *Rauminhalten* hat sich schon *Archimedes* beschäftigt. Er zerlegt z. B. die Parabelfläche durch Parallelen zu einer gegebenen Gerade in dünne Streifen und summiert die Flächeninhalte dieser Streifen. In einer anderen Betrachtung beschreibt er seinem Parabelsegment zuerst ein Dreieck ein, jedem der beiden so entstehenden Segmente ein neues Dreieck usw. Durch die unendliche Folge dieser Dreiecke wird der Parabelabschnitt „ausgeschöpft". Die Addition der Dreiecksinhalte führt auf die oben genannte Reihe $1 + \frac{1}{4} + (\frac{1}{4})^2 + \cdots$. *Archimedes* gelingt es ferner, bei Kegel und Kugel den Rauminhalt und die Oberfläche als Grenzwerte zn bestimmen. Diese Grenzwertbetrachtungen machen Archimedes zum ältesten Vorläufer der Integralrechnung,

Es ist eine große Leistung, wenn *Johannes Kepler* (1571—1630) bei seiner Aufgabe, praktische Regeln zur Inhaltsbestimmung von Weinfässern anzugeben, eine eigene Infinitesimalmethode ausdachte, indem er die Flächen und Körper in Elementarteile (z.B. zylindrische Scheiben oder Pyramiden) zerlegte und diese summierte. Er hat so 87 Inhaltsbestimmungen neuer Körper vorgenommen. Bei der Frage nach dem geringsten Materialverbrauch hat er auch schon *Maximalwertaufgaben* gelöst. Einige Jahre später bestimmt der Schüler *Galileis*, *Cavalieri* (1598 —1647), Flächen und Rauminhalte, indem er die Flächen auffaßt als „Gesamtheit" aller zu einer Tangente parallelen Sehnen. Er nennt zwei Flächen gleich, wenn je zwei in gleichen Abständen von der Tangente befindliche Schnitte gleich sind, sie heißen ähnlich, wenn jene Schnitte im gleichen Verhältnis stehen (*Prinzip des Cavalieri*). Wenn *Galilei* 1638 die beim freien Fall zurückgelegte Strecke s mit der Fläche des rechtwinkligen Dreiecks vergleicht, dessen Katheten die Zeit t und die zugehörige Geschwindigkeit $v = g\,t$ sind, so heißt das in unserer Sprache

$$s = \int_0^t v\,\mathrm{d}t = \int_0^t g\,t\,\mathrm{d}t = \tfrac{1}{2} g\,t^2 .$$

Blaise Pascal (1623—1662) verwandelt den Gesamtheitsbegriff Cavalieris in einen *Summenbegriff*, er sieht also das Wesen der Integrationsprobleme in der Bestimmung gewisser Summen und ist damit dem Begriff des bestimmten Integrals recht nahe. Allerdings kannte er keinerlei formale Bezeichnungen, er sprach alles nur in Worten aus. Einen wirklichen *Grenzübergang* finden wir erst 1654 bei *Andreas Tacquet* und 1657 bei *Fermat*.

Aufgaben, welche heute mittels der *Differentiation* gelöst werden, gibt es bei den Alten kaum. *Fermat* (1601—1665) hatte 1629 eine Methode zur Bestimmung von Extremwerten erdacht. Er bildet, ausgedrückt in unserer Symbolik, $\dfrac{f(x + \Delta x) - f(x)}{\Delta x}$ und setzt dann $\Delta x = 0$. Die entstehende Gleichung liefert ihm die Extremstellung (vgl. mit unserem Verfahren). Überhaupt haben *Fermat* und *Descartes* (1596—1650) durch die Entdeckung der Methode der analytischen Geometrie für die Lösung des *Tangentenproblems* wertvolle Vorarbeit getan. Den Zusammenhang zwischen Differentiations- und Integrationsproblemen hat wohl als erster *Newtons* Lehrer *Barrow* (1630—1677) erkannt. Er setzte den Bewegungsbegriff an die Spitze seiner Untersuchungen und leitete z. B. den von einem bewegten Punkt zurückgelegten Weg aus Zeit und Geschwindigkeit, im anderen Falle die Geschwindigkeit der Bewegung aus Weg und Zeit ab.

Es fehlte aber immer noch die klare Erfassung des *Funktionsbegriffes* und die Verwendung eines eigenen Rechnungsverfahrens. Dies haben dann der große englische Mathematiker und Physiker *Isaac Newton* (1643—1727) und der berühmte deutsche Philosoph und Staatsmann *Gottfried Wilhelm Leibniz* aus Leipzig (1646—1716) unabhängig voneinander und auf verschiedenen Wegen geleistet.

Newton wies zunächst nach, daß man die Bestimmung von Flächeninhalten („Quadraturen") allgemein ausführen kann, wenn man $y = f(x)$ in eine *Potenzreihe entwickelt* und die einzelnen Summanden integriert. So erhielt er z. B. den Flächeninhalt zwischen der Hyperbel mit der Gleichung $y = 1 : (1 + x)$ und der x-Achse, indem er $1 : (1 + x)$ in eine geometrische Reihe entwickelte und integrierte (vgl. Vollausgabe S. 227). Diese Methode verwendete er dann auch zur Bestimmung von Rauminhalten („Kubaturen"), Bogenlängen und Schwerpunkten.

In seiner bereits 1671 fertiggestellten, aber erst 1736 (neun Jahre nach seinem Tode) veröffentlichten Abhandlung über seine „Fluxionsmethode" faßt *Newton* seine Entdeckung über den neuen Infinitesimalkalkül zusammen. Er geht aus von der Bewegungslehre, so daß seine x-Koordinate die Zeit t ist, welche dann bei ihm die Bedeutung einer beliebigen veränderlichen Größe annimmt, „die durch gleichmäßiges Wachstum oder Fluß als Maß der Zeit dienen kann". Die beliebig kleinen Zuwächse ($\mathrm{d}t$) derselben bezeichnet er mit dem Buchstaben o (wohl zu unterscheiden von der Null). Die durch die Bewegung entstehenden „schrittweise und ohne Ende wachsenden Größen" (z) heißen „Fluenten", ihre kleinen Zuwächse ($\mathrm{d}z$) sind die „Momente", während die Geschwindigkeiten $\left(\dfrac{\mathrm{d}z}{\mathrm{d}t}\right)$ die „Fluxionen" sind, „durch welche die einzelnen Fluenten infolge der erzeugenden Bewegung vermehrt werden". Sie werden mit $\dot{z}$ bezeichnet. In seinen Reihenentwicklungen vernachlässigt Newton alle mit klein o als Faktor versehenen Glieder.

Mittels dieser Fluxionsmethode bestimmte er aus den Fluenten z die Fluxionen $\dot{z}$, d. h. aus den sich stetig ändernden Wegen die Geschwindigkeiten, und umgekehrt aus den Fluxionen $\dot{z}$ die Fluenten z, d. h. aus den Geschwindigkeiten die Wege. Ferner behandelt er Extremwertaufgaben, die Tangentenkonstruktion sowie die Ermittlung der Krümmung einer Kurve in einem bestimmten Kurvenpunkt. Der Punkt über der Variable wird heute noch von den Physikern für die Ableitung nach der Zeit benutzt, die anderen Bezeichnungen haben sich nicht eingebürgert.

Leibniz erkannte, daß alle Probleme der Infinitesimalrechnung letzten Endes auf zwei zurückgeführt werden können: auf das *Tangentenproblem* und das *Flächenproblem*; er sah auch, wie der Engländer *Barrow*, daß das eine die Umkehrung des andern ist (vgl. den Hauptsatz der Differential- und Integralrechnung, S. 110).

Beim Tangentenproblem ging er von den Differenzen Δx und Δy zweier benachbarter Punkte aus und suchte hieraus die Tangentensteigung zu gewinnen, indem er sich auf das *Prinzip der Stetigkeit* in der Natur stützte. Es ist der Weg, den wir im wesentlichen auch gegangen sind (vgl. § 16). Seine Erfindungen veröffentlichte er 1684 unter dem Titel „*Nova methodus pro maximis et minimis, itemque tangentibus* ...“ Er benutzte bereits die noch heute gebräuchlichen Symbole $\mathrm{d}x$, $\mathrm{d}y$, $\frac{\mathrm{d}y}{\mathrm{d}x}$, $\frac{\mathrm{d}^2y}{\mathrm{d}x^2}$ ... Auch das Integralzeichen stammt von ihm, desgleichen die einfachen Differentiations- und Integrationsregeln.

In regem Gedankenaustausch mit den Brüdern *Jakob* (1654—1705) und *Johann Bernoulli* aus Basel (1667 bis 1748) wurde der neue Rechenkalkül auf viele alte und neue Probleme der Mathematik, Physik und Astronomie angewandt und dadurch die von *Leibniz* geschaffene sehr zweckmäßige Symbolik weiteren Kreisen bekanntgemacht. Von Johann Bernoulli stammt z. B. die Bezeichnung „Integral“.

Einen gewaltigen Ausbau erfuhren die Entdeckungen von *Leibniz* und *Newton* durch den ebenfalls in Basel geborenen Mathematiker *Leonhard Euler* (1707—1783), der von 1726—1783 an den Akademien in Petersburg und Berlin lehrte. Von seiner ungewöhnlichen wissenschaftlichen Leistungsfähigkeit zeugen seine gesammelten Werke, die seit einer Reihe von Jahren neu herausgegeben werden und 70 Bände umfassen sollen. Durch die Einfachheit und Klarheit seiner Darstellung umfassender Bereiche der Mathematik und mathematischen Physik ist Euler auf diesen Gebieten bis ins 19. Jahrhundert hinein der Lehrer Europas geworden. Auch heute noch sind z. B. die von ihm aufgestellten Grundgleichungen für die Bewegung von starren Körpern und von Flüssigkeiten fundamental für die mathematische Behandlung der Mechanik.

Im Lauf des 19. Jahrhunderts, haben sich zahlreiche Mathematiker um eine *strenge Begründung* der Differential- und Integralrechnung verdient gemacht und das Gebäude dieser mathematischen Wissenschaft nach Tiefe, Breite und Höhe weiter ausgestaltet. Wir nennen vor allem die Franzosen *J. Lagrange* (1736—1813), *P. Laplace* (1749—1827), *A. Legendre* (1752—1833), *A. Cauchy* (1789—1864) und die Deutschen *C. F. Gauß* (1777—1855), *B. Riemann* (1826—1866) und *K. Weierstraß* (1815—1897).

Mathematische Zeichen

Relationen zwischen Zahlen

$a = b$	*a* gleich *b*	$a \neq b$	*a* ungleich *b*
$a < b$	*a* kleiner *b*	$a > b$	*a* größer *b*
$a \leqq b$	*a* kleiner oder gleich *b*	$a \geqq b$	*a* größer oder gleich *b*
$a \approx b$	*a* ungefähr gleich *b*		

Logische Zeichen

$A \Rightarrow B$ wenn A gilt, dann gilt auch B; aus A folgt B (ob $B \Rightarrow A$ bleibt offen)
$A \Leftrightarrow B$ A gilt genau dann, wenn B gilt; A äquivalent B (gleichbedeutend mit $B \Leftrightarrow A$)

Mengen

Schreibweise einer Menge

$M_1 = \{1, 2, 3, 4\}$ aufzählende Form; endliche Menge
$M_1 = \{x \mid x$ ist eine natürliche Zahl und $x < 5\}$ beschreibende Form;
M_1 ist die Menge aller x, für die gilt: x ist eine natürliche Zahl und $x < 5$.
$M_2 = \{1, 2, 3, 4, \ldots\}$ unendliche Menge
$3 \in M_1$ 3 ist Element von M_1
$5 \notin M_1$ 5 ist nicht Element von M_1
$\emptyset$ oder $\{\,\}$ leere Menge, sie enthält kein Element

Unendliche Zahlenmengen

$\mathbb{N} = \{1, 2, 3, \ldots\}$	Menge der natürlichen Zahlen
$\mathbb{N}_0 = \{0, 1, 2, 3, \ldots\}$	Menge der nicht negativen ganzen Zahlen
$\mathbb{Z} = \{\ldots, -2, -1, 0, 1, 2, \ldots\}$	Menge der ganzen Zahlen
$\mathbb{Z}^- = \{-1, -2, -3, \ldots\}$	Menge der negativen ganzen Zahlen
$\mathbb{Q} = \left\{x \mid x = \frac{p}{q};\ p \in \mathbb{Z},\ q \in \mathbb{Z} - \{0\}\right\}$	Menge der rationalen Zahlen
$\mathbb{Q}^+ = \left\{x \mid x = \frac{p}{q};\ p,\ q \in \mathbb{N} \text{ oder } p, q \in \mathbb{Z}^-\right\}$	Menge der positiven rationalen Zahlen
$\mathbb{Q}_0^+ = \mathbb{Q}^+ \cup \{0\}$	Menge der nicht negativen rationalen Zahlen
$\mathbb{R}$	Menge der reellen Zahlen
$\mathbb{C}$	Menge der komplexen Zahlen

Intervalle

$[a; b]$ abgeschlossenes Intervall; $x \in [a; b]$ bedeutet $a \leqq x \leqq b$
$]a; b[$ offenes Intervall; $x \in\ ]a; b[$ bedeutet $a < x < b$

Relationen zwischen Mengen

$A = B$ A gleich B bedeutet $x \subset A \Leftrightarrow x \subset B$
$A \subset B$ A Teilmenge von B bedeutet $x \in A \Rightarrow x \in B$ (Also auch $\emptyset \subset A$ und $A \subset A$)

Operationen mit Mengen

$A \cup B$ A vereinigt mit B (Vereinigungsmenge); $x \in (A \cup B)$ bedeutet $x \in A$ *oder* $x \in B$ („*oder*" im nicht ausschließenden Sinn)

$A \cap B$ A geschnitten mit B (Schnittmenge); $x \in (A \cap B)$ bedeutet $x \in A$ *und* $x \in B$

$A \setminus B$ A ohne B (Differenzmenge); $x \in (A \setminus B)$ bedeutet $x \in A$ *und* $x \notin B$

$\bar{B} = A \setminus B$ wenn $B \subset A$ ist (Ergänzungsmenge)

Weitere Zeichen

$x \to y$	x Pfeil y; y ist Funktion von x.
$\lim\limits_{n \to \infty} \frac{1}{n} = 0$	Limes $\frac{1}{n}$ für n gegen Unendlich gleich Null
$\lvert a \rvert$	absoluter Betrag von a; $\lvert a \rvert$ ist die nicht negative der Zahlen a und $-a$.
$[a]$	größte ganze Zahl z, die nicht größer als a ist.
$\mathfrak{r} = \overrightarrow{OP} = x\,\mathfrak{i} + y\,\mathfrak{j} + z\,\mathfrak{k}$	Ortspfeil von O nach $P(x \mid y \mid z)$
$\lvert \mathfrak{r} \rvert = \sqrt{x^2 + y^2 + z^2}$	Betrag von $\mathfrak{r}$
$\mathfrak{r}, \mathfrak{v}, \mathfrak{w}, \ldots$	Vektoren (als Klassen gleichlanger, gleichgerichteter Pfeile)

Wichtige Begriffe

Aussageform. Ein sprachliches Gebilde, das Leerstellen enthält und in eine (richtige oder falsche) Aussage übergeht, wenn in die Leerstellen geeignete Namen eingesetzt werden, heißt eine *Aussageform*. Zeichen, welche eine Leerstelle bezeichnen, heißen *Variable* (Platzhalter).
Beispiele:

1) $x < 5$ *Aussageform;* durch Einsetzen der Zahl 6 entsteht die (falsche) *Aussage* $6 < 5$.
2) $x^2 - x = 6$ *Aussageform;* durch Einsetzen der Zahl 3 entsteht die (richtige) *Aussage* $3^2 - 3 = 6$.

Lösungsmenge. Die Menge aller aus einer Grundmenge stammenden Einsetzungen in die Leerstellen einer Aussageform, die diese Aussageform zu einer richtigen Aussage machen, nennt man die Lösungsmenge der Aussageform.

Funktion. Die Menge A ist abgebildet in die Menge B, wenn jedem Element $x \in A$ genau ein Element $y \in B$ zugeordnet ist. Man schreibt $x \to y$ (lies: x abgebildet auf y). Ist f die Zuordnungsvorschrift, so schreibt man $x \to f(x)$; $f(x)$ ist der Funktionswert, der zu x gehört. Eine Funktion f läßt sich auffassen auch als eine Menge von Paaren (x, y), nämlich als die Menge $\{(x, y) \mid y = f(x)\}$.

Implikation $\Rightarrow$ und Äquivalenz $\Leftrightarrow$ (zwischen Aussageformen A und B)

$A \Rightarrow B$ bedeutet: die Lösungsmenge der Aussageform A ist eine Teilmenge der Lösungsmenge der Aussageform B; oder mit anderen Worten: A ist eine hinreichende (aber nicht notwendige) Bedingung für B; oder: B ist eine notwendige (aber nicht hinreichende) Bedingung für A; oder: aus A folgt B. (Es bleibt offen, ob gilt $B \Rightarrow A$.)

$A \Leftrightarrow B$ bedeutet: A hat die gleiche Lösungsmenge wie B; oder mit anderen Worten: B dann und nur dann (genau dann), wenn A; oder: A genau dann, wenn B; oder: A ist eine notwendige *und* hinreichende Bedingung für B; oder: B ist eine notwendige *und* hinreichende Bedingung für A; oder: aus A folgt B und umgekehrt.

Register (Die Zahlen geben die Seiten an)

Funkt. Darstell

A = ~~Argumentmenge~~ ~~Wertebereich~~ Definitions... $\mathbb{B}$ = Zielmenge $f = \{ A \to \mathbb{B} ;\ x \to y \}$

$y = f(x)$

wird jedem Elem von A genau 1 Element einer Menge $\mathbb{B}$ zugeordnet, so heißt diese Zuordnung

Funktion

(1) ~~Spiel~~ zu $y = x^2 - 4x + 9$ in D Graph
a) Wertetabelle

(2) $A(?)$, die ~~nur positiven~~ $\mathbb{R}^+$ b) $\mathbb{R}$ enthält, so daß $y = 2|x - 1|$ ...

$-\frac{12}{10} + \frac{2}{10} +$

$y^2 = 4 - x^2$

$x = (x-2)^2$

$|y| = \sqrt{\ }$

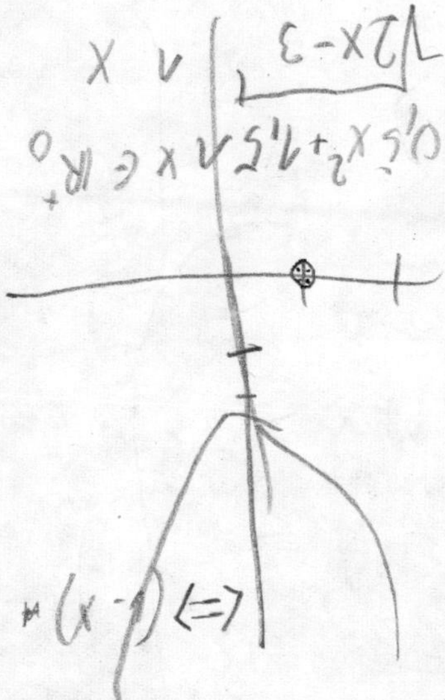

$f = x \to y : y = \sqrt{2x-3}$

$f = x \to y : y = 0{,}5x^2 + 1{,}5 \wedge x \in \mathbb{R}_0^+$

a) Zuordnungsvorschrift

Wertetabelle

$\frac{y}{2} = |x - 1|$

$\frac{y}{2} = \pm(x-1) \Leftrightarrow$

$x = (y - 0{,}5)^2$

1) gleich $x \to f(x) \wedge x \in A$

2) $\{(x;y) \mid x \in A \wedge y \in B \wedge y = f(x)\}$

Paarmenge $\{(x;y) \mid y = f(x)\}_{A \times B}$

a) Darstellung

Pfeildarstellung

x Argument

y Bild d. Wert

Definitionsmenge = max. Argument

$y = \frac{1}{x-2}$

$A = \{1, 5, \frac{1}{2}\}$

$D = \mathbb{R} \setminus 2$

b) Koordinatengraph

$\forall a \in \mathbb{R}$

a) $|a| \geq 0$

b) $|-a| = |a|$ Def

c) $a \leq |a|$

d) $|a|^2 = a^2$

$A = \mathbb{R} \setminus \{x \mid x \leq 0 \vee x > 2\}$

S. 27 Nr. 2

$W = \{y \in \mathbb{R} \mid y \geq 1 \wedge y \leq 2$

$M = \{x; y \mid y = \frac{1}{2}x + 1\}$

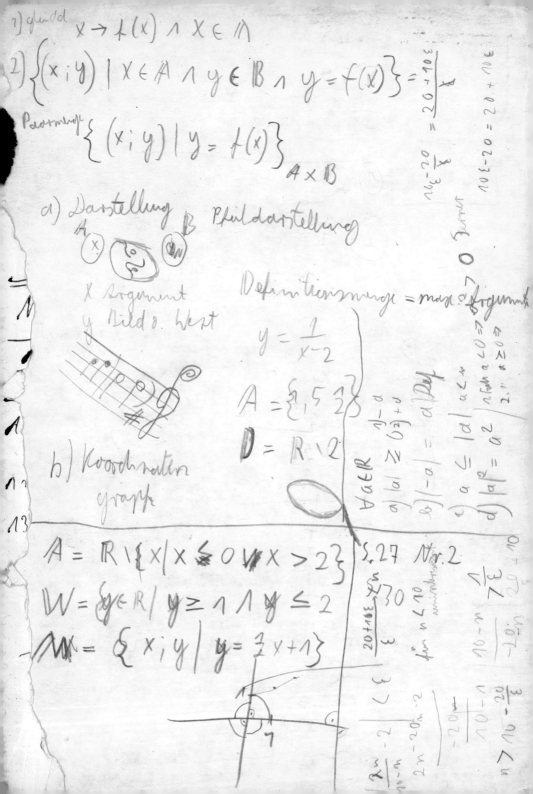

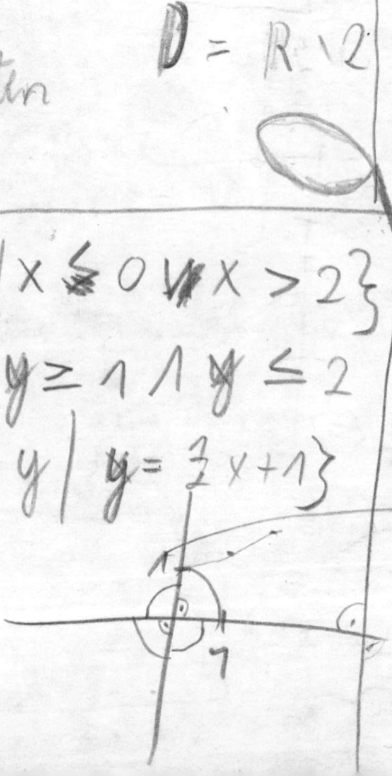

① Spannung entsteht durch: 1. Überraschungseffekte 2. Kontraste zwischen den Hauptpersonen 3. Erzählung in der Ich-Form 4. Häufiger Szenenwechsel 5. Blinde Motive 6. Über- & Untertreibung 7. Umgangssprache 8. Wiederholungen

② Der Handlungsbogen beschränkt sich auf die Aktionen Jerry Cottons zum Zwecke der Befreiung, auf den Versuch seiner Freunde, ihn zu unterstützen sowie auf Gegenmaßnahmen der Verbrecher.

③ Das benutzte Vokabular ist oft sprachlich falsch (z.B. Bitterkeit - Verbitterung); es werden Ausdrücke ~~ge~~ verwendet, die so kräftig sind, daß sie mehr verzerren als beschreiben, und schließlich benutzt der Verfasser Bilder zur Beschreibung, die ungeeignet sind, den Tatbestand zu erhellen. Das Wortmaterial stammt ausschließlich aus der Umgangssprache.

④ Eine Gesamtinterpretation ist unmöglich, da der Stoff bei einem genügend hohen Abstraktionsgrad zerfließt. Es fehlt weiterhin eine Aussage.

⑤ Die ~~Stil~~ Trivialliteratur ist gekennzeichnet durch:

1. Außergewöhnlich schlechtes Verhältnis zwischen sprachlichem Aufwand und wirklicher Aussage.

2. Durch "Vordergründigkeit" der gesamten Erzählung

3. Unrealistischer Handlungsablauf

Menschenrechte + Merkmale des totalitären Staates   Alliteration

Nr. 21   Gesamt Text / Analyse   5 - 3 - 5
$(a+b)^2 = a^2 + 2ba + b^2$ 5 - 2

Butte (Gei $\frac{a}{b}$) ^{3} =   / Mo /
Voß

Buse Mal   2 - 1   1 - 2
                    1. Schüler 2 - 1
Schap. Phys.   Schaper
                    Buse
Deutsch Schülerroma

Chemie   Puppel

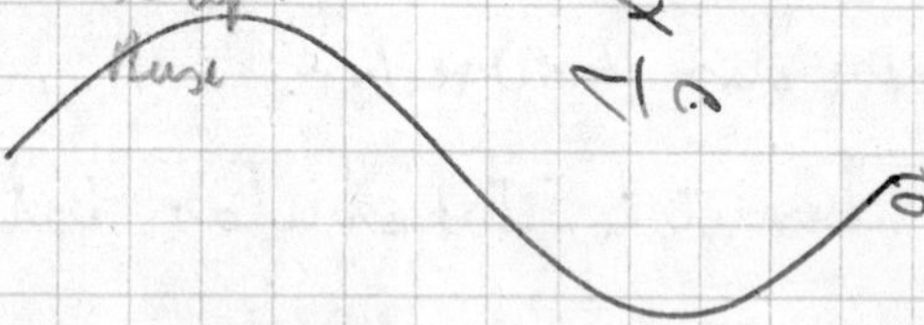

	Mo	Di	Mi	Do	Fr	Sa
I	Chemie	Deutsch	Deutsch	Schaper	Gemein	Schaper
II	Franz.	Franz	Gemein	Franz	Franz	—
III	Mathe	Mat	Mathe	Mathe	Deutsch	—
IV	Musik	Mathe	—	—	Puppel	— Mathe
V	"	"	Schaper	—	—	
VI	Schaper	—	Schaper	—	—	
	Turn				Sch	

$U = R \cdot I$ R / I

997 : 2 = 332 $\frac{7}{3}$ Höfling Physik   Döbner D.
$\frac{3}{0}$ 9   Bronner - Schuster Physik
$\frac{9}{07}$

                              Vieweg (j.) Verlag

                              Pohl Physik

$\frac{-3}{10} + \frac{5}{10} + \frac{8}{8} = 1$

$-\frac{12}{x} + 2 + 0,8$

$-0,3 - 0,5 + 9$

Perspektive

1) Situation des Arbeiters: gefährdete **Rationalität**

2) Zerstörung der Natur durch die Technik

3) Trügerisches Bewußtsein

$$(5x^4 - 6x^3 - 7x^2 + x - 3) : (7x^2) = 2,5x^2 - 3x + \frac{7}{2} + \frac{1}{2x} - \frac{3}{2x^3}$$

$$\underline{5x^4}$$
$$-6x^3$$
$$\underline{-6x^3}$$
$$0 - 7x^2$$
$$\underline{-7x^2}$$
$$-7x^2 + x$$
$$x - 3$$

$$\frac{2}{3} \cdot x^{-1} + \frac{3}{2} x^{\frac{2}{3}}$$

$$\frac{x}{-1}$$

$$\frac{x}{x^{-2}}^{x^{-1}}$$

$$\frac{x}{x^2} = \frac{-1}{x}$$

$$\frac{\frac{3}{2} x \cdot x^{1,5}}{x^{1,5}}$$